书业品牌报告　年度大势尽揽　产业数据详备
专业权威传媒　年度权威发布　市场权威观察

# 中国书业年度报告

## （2015～2016）

伍旭升　主编

商务印书馆
The Commercial Press
创于1897

2016 年·北京

**图书在版编目(CIP)数据**

中国书业年度报告.2015～2016/伍旭升主编. —北京：商务印书馆,2016
ISBN 978 - 7 - 100 - 12481 - 2

Ⅰ. ①中… Ⅱ. ①伍… Ⅲ. ①出版工作－研究报告－中国－2015－2016 Ⅳ. ①G239.2

中国版本图书馆 CIP 数据核字(2016)第 193199 号

中国书业年度报告(2015～2016)

伍旭升 主编

商 务 印 书 馆 出 版
(北京王府井大街 36 号　邮政编码 100710)
商 务 印 书 馆 发 行
北 京 冠 中 印 刷 厂 印 刷
ISBN 978 - 7 - 100 - 12481 - 2

2016 年 9 月第 1 版　　　开本 787×960　1/16
2016 年 9 月北京第 1 次印刷　　印张 26¾
定价:75.00 元

# 编委会成员名单

主任委员：伍旭升

委　　员：任江哲　李际平　陈　斌

　　　　　张维特　孟　叶　郭是海

　　　　　李　燕　金　霞　邹昱勤

执行编委：金　霞

# 目录

导言　·001

第一编　年度专题　·005

第 1 章　"十三五"出版传媒业趋势与格局
　　　　　主报告　·007

第 2 章　中国出版产业大势　·023

第 3 章　报刊传媒业嬗变五大路向　·032

第 4 章　出版传媒集团避同质化求专业化　·037

第 5 章　从五年市场数据看"十三五"走势　·046

第 6 章　三大出版望闻问切，把脉"十三五"
　　　　　开局年　·052

第 7 章　出版细分市场管窥　·061

第 8 章　书业市场营销新态　·070

第 9 章　文创产业开疆拓土前景可期　·075

第10章　"走出去"现状走势　·080

第 二 编 | 年度大势大事 ·085

第11章 | 2016 出版政经红利可期 ·087

第12章 | 2016 高端调查:超八成业者看涨
中国书业 ·096

第13章 | 2015 书业走势概观 ·102

第14章 | 2015 书店营销新趋向 ·110

第15章 | "品种减法"能否换来"效益加法" ·114

第16章 | 书企募资利用率"高开低走"? ·119

第17章 | 中外电子书势头减缓,未来生疑 ·124

第18章 | 社交阅读让出版不再孤单 ·129

第19章 | 榜单效应助力书企佳作推广 ·134

第20章 | 实体书店掀新一轮扩张潮 ·139

第21章 | 发行集团"五力"融合拓展文化销售力 ·146

第22章 | 少儿社未来需正视的 5 大痛点 ·154

第23章 | 大文化运营导航大学社转型 ·158

第24章 | 出版介入健康产业逐梦新蓝海 ·165


第 三 编 | 年度焦点热点 ·171

第25章 | "一带一路"铺开出版踏准商机 ·173

第26章 | 国有文企股权激励等待破冰 ·178

第27章 | 出版融合发展:怎么融? 往哪儿融? ·182

第28章 | 全民阅读地方立法:立什么? 立之后? ·186

第29章 | 五趋势驱动出版业"互联网+" ·191

第30章 | 新三板或成文化传媒企业新天地? ·196

第31章 "一优先 两统一"指明出版方向 ·201

第32章 书业"双11":看的是销量,抢的是流量 ·206

第33章 创客时代,出版传媒孵化新商机 ·210

第34章 社群经济撬动出版思维变革 ·215

第35章 VR技术,出版能否步入科技一线? ·220

第36章 业界IP争夺战:研运培育一体成关键 ·225


第四编 年度细分行情 ·229

第37章 学前教育风口,出版能否飞起来? ·231

第38章 抗战主题出版三招"接地气" ·234

第39章 原创绘本4大出版风向 ·239

第40章 掘金书法教育产品市场从何入手? ·242

第41章 高校新专业为教材开发带来新关注 ·247

第42章 辞书数字化三大维度待解惑 ·251


第五编 年度传媒新媒观察 ·257

第43章 "中央厨房"改造传媒生产 ·259

第44章 报业集团如何炒好"创客"菜 ·263

第45章 传统媒体从微信赚了多少钱? ·267

第46章 社办期刊调查报告 ·271


第六编 年度数据分析 ·281

第47章 2万亿大盘释放什么信号 ·283

第48章 中国书业销售大格局 ·301

第49章　商报·东方数据2015全国图书零售
　　　　市场分析　·315

第50章　中国图书世界馆藏影响力调查报告
　　　　(2015版)　·340

第51章　2015中文图书纸质馆配市场分析　·369


**附　编　国际出版观象　·381**

第52章　国际出版集团年报显示：在线教育成为
　　　　转型加速引擎　·383

第53章　2015全球出版业排行透视国际出版格局
　　　　与趋势　·386

第54章　国际出版集团并购重组为哪般？　·390

第55章　2015欧美出版大鳄年度"答卷"：有声书
　　　　自出版悄然改变出版格局　·394

第56章　国际高管预测2016出版走势　·399


**后记　·418**

# 导　　言

新年伊始，"十三五"拉开了帷幕。未来 5 年，对中国的意义将远远超出简单的"5"这个阿拉伯数字，而是承载着 150 多年来一个民族崛起的雄心和梦想。对于出版传媒业，尤为厚重。

古语有云："唯几也，故能成天下之务。"在这样一个事关"两个一百年"未来战略的重要节点上，对于出版传媒人，察几识务，尤为至要。

登高望远，方能拨云见日。溯往推来，有"四最"值得审思和把握。

**一曰"最设计"。**

"顶层设计"是近些年来的政治术语，同时也是所有相关与不相关领域的哲学观和方法论。党的十八大以来，从"四个全面"到"文艺座谈会上讲话"，再到关于"十三五"规划的"建议"和"五大理念"，有关"国企改革"和"双效结合"的指导意见，以及刚刚出炉的"供给侧结构性改革"等等理念和方向、思路和举措，凸显了今天与未来，中国前所未有的体系化、战略性的"设计感"。最讲"设计"、最重"设计"、最先"设计"，无疑是未来五年的主旋律。

出版传媒业比任何时候更需要"设计"。单从行业运作看，就治理结构、发展创新、行业主体、市场规则、技术驱动、资本杠杆、国际视角等而论，长期以来顶层设计不足，系统设计割裂，结构设计欠缺，功能设计单一，整体性、系统性、协调性问题长期存在，都需要纳入"创新、协调、绿色、开放、共享"的坐标系中，予以重新审视、优化设计。设计讲究时间空间统一、体系功能协调，内在外在和谐、当下长远兼顾。由此,出版传媒业迫切需要在管控与开放、内容与渠道、作者与读者、文化与技术、知识与资本、国内与国际等等方面同步强化顶层设计与利基设计、系统设计与局部设计、主体设计与关联设计。在互联网思维之上,强化"设计"思维,出版传媒业才能真正实现创新与跨越。

**二曰"最知本"。**

出版传媒业的本质是什么?本体在哪里?本源依托哪儿?这些原本不是问题的问题,竟困扰业界多年。"内容为王"还是"渠道为王"或是"资本为王",让各方莫衷一是。出版的内容特征、传承属性、知识形态、文化贡献等,在理想和现实面前,在情怀和经济面前,曾经忽左忽右,拿捏不定。社会效益经济效益的两难问题成为这个行业几十年来最纠结最尴尬的"二律背反"。未来五年,这种状况将有望得以转变。内容创意属性,将会更为清晰地回归其应有之义。文化本质、知识本体、阅读本源,让文化企业的定位、地位、区位有了更为确切的考量指标。对内容生产和文化企业规律的追寻和把握,将进入一个新时代。

内容创新将"置顶",版权产业将"利基",双效结合将"归位",在互联互通、读者主体的背景下,从价值传导以文化人、对社会有益人民有利的视角衡量出版传媒业的转型升级和市场取舍,将使原本复杂的"双效"问题重归简单,"双效"不再是一对矛盾冲突体。由此,社会效益就不再是政治的标签,而是经济的保障;经济效益也不再是庸俗的代名词,而是社会价值的体现。

未来五年出版传媒业的价值回归将更加凸显:回归中华文化本源精神,回归出版文化本质规律,回归公共文化本来面目。而贴近国家战略、呼应时代主旋律,也将成为内容原创的立基之本。切实把出版传媒业放到"四个全面""五位一体""制造强国""互联网+""双创战略""一带一路"等国家战略格局之中,则社会效益自然天成,而经济效益呼之欲出。过往在出版文化中偏重人文而忽视科技,偏重传承而忽视当下,偏重畅销而忽视长尾,偏重灌输而忽视互动的现象,也将得到极大改观。

三曰"最融合"。

这是一个"+"时代。"+互联网"和"互联网+",将出版传媒业的时空无限延展,媒介融合、跨界整合将成为未来五年主业态。内容+技术+资本,媒体融合、行业融合、所有制融合,交织出一幅绚丽的图景。"一切皆有可能"成为未来出版传媒业最具魅力的注脚。

问题是,既要加快融合又要审慎融合;既要大胆融合又要警惕融合。要看对象、看时机、看因宜、看成效。融合无边界,基因有差异。内容传媒产业有自身的融合规律,有自身的发展逻辑,不能为融合而融合,为赶时髦而融合,被技术和资本牵着鼻子走而融合。融合的目的是为了夺回影响力巩固话语权,融合的动力是重塑产业发展的商业模式,融合的成效是重构内容创意的战略高地。舍此融合,将失去方向和意义。

出版传媒业该如何融合?新近中央提出的"供给侧结构性改革"可谓一剂及时的良药。补短板、强要素、重创新、转方式是融合的要义。出版传媒业的融合,要获得乘数效应和"几何式增长",非有革新乃至革命的精神和路数不可。说到短板,首要解决的应当是内容创新的短板、版权产业的短板、知识生产的短板和知识服务体系数字化的短板,而非时下热衷的资本、跨界。说到要素,首要解决的应当是原创要素、市场要素、有效供给要素,而非时下热衷的IP化、"大数据"。

融合什么不融合什么,先融合什么后融合什么,大有讲究,辨证施治,方大有希望。

四曰"最国际"。

随着"一带一路""亚投行"、人民币"入篮"等的启动与实现,未来五年,中国将以前所未有的气魄和姿态全方位进入国际市场、融入国际社会,掀起新一轮中国经济、政治、文化的全球化浪潮。中国元素将比任何时候都更加全面而深刻地影响着世界、改变着世界。出版传媒业的国际化视野、国际化战略、国际化进路,也将跃升到一个全新的历史阶段。"讲好中国故事"将成为普遍性、全方位的要求；"讲好中国故事"将超越"本我"的主场、超越"自我"文化乃至政治的视角，结合"他者"的需要，深入本土化的环境、培育本土化的市场。对于"互联网＋"下的中国出版传媒业，既提供了广阔的空间，也提出了根本性的挑战。"文明的冲突"或可避免，但文化的藩篱却一时难以消除，更需要我们做长期的、艰苦的努力。

未来五年，中国的出版传媒业，当更加强化国际化战略，依循国际化的视野—国际化的响应—国际化的渠道—国际化的网络—国际化的绩效这一进路，探寻中华文化"走出去"的路径与规律。以国际的视角讲中国的故事，以中国的优势运作国际的市场，改变单一"输出"的模式，改写单一中文的版图。讲中国的故事与以中国视角讲国际故事应当并行不悖，中国元素与国际元素应当相辅相成，大力培育中国的贝塔斯曼、企鹅兰登，那时，中国出版的国际化才能打破文化、地域以至政治的藩篱，形成真正的世界影响。

未来五年，《中国出版传媒商报》也将立足"四最"大势，贴近"四最"战略，强化"四最"能力，为行业的"四最"转型升级提供更专业、更全面、更强力的服务；坚定不移地向专业咨询与全渠道品牌营销，以及全民阅读、成长教育和文化创意四大领域迈进，持续打造中国出版传媒业第一全媒体传媒（群），再创商报 60 年（20 年）后的新辉煌。

# 第一编　年度专题

# 第1章 "十三五"出版传媒业趋势与格局主报告

2016 年伊始，"十三五"大幕开启。

"十三五"时期是全面建成小康社会最后冲刺的五年，也是全面深化改革将取得决定性成果的五年。中央提出，要充分认识国际环境的深刻变化、我国发展新的阶段性特征和面临的风险挑战，强化全球视野和战略思维。坚持发展第一要务，突出改革创新，破解深层次矛盾，推动科学发展，促进中国经济保持中高速发展，迈向中高端水平，实现提质增效升级。

"十三五"时期是贯彻落实中央全面深化改革部署，持续深入推动新闻出版业转变发展方式加快产业发展，从新闻出版大国向新闻出版强国迈进的关键五年。随着世界多极化、经济全球化、文化多样化、社会信息化深入发展，我国经济发展方式加快转变，对外开放不断扩大，高新技术迅猛发展，新闻出版赖以生存和发展的经济基础、体制环境和社会条件发生了深刻变化，在面临新挑战的同时，也蕴涵着巨大的发展机遇。

国家新闻出版广电总局提出，"十三五"时期，新闻出版业要充分认识新常态、适应新常态、引领新常态，既优化顶层设计，又加强贯彻落实。未来五年，新闻出版业要继续深化改革，推动提质增效发展，重点转向完善新闻出版管理体制和新闻出版生产经营机制，把推动社会效益放在首位，实现经济效益和社会效益的统一。

总体来看，新闻出版业基本趋势依然整体向好，新闻出版业发展处于可以大有可为的重要战略机遇期。

一是党的十八大提出全面建成小康社会的奋斗目标和扎实推进社会主义文化强国建设的战略部署，新闻出版作为文化建设的重要组成部分，在全面建成小康社会和建设社会主义文化强国进程中的地位更加突出，作用更加凸显。

二是全面深化改革各项工作的扎实推进，必将进一步解放和发展新闻出版生产力，带来事业大繁荣、产业大发展和整个行业传播力、竞争力的大跨越。

三是新常态下经济结构的调整、发展方式的转变，特别是我国人均 GDP 已超过 7000 美元，文化消费存在巨大总量性、结构性缺口，昭示着新闻出版业广阔的市场前景和巨大的发展潜力。

四是网络和数字技术的裂变式发展，云计算、大数据等新一代信息技术广泛应用，改变了传统的内容生产者和消费者的角色定位，带来媒体格局的深刻调整，不仅推动作为文化产业重要内容源头的传统出版日益成为文化大繁荣大发展的新引擎，也为传统出版遵循新闻传播规律和新兴媒体发展规律，把内容优势转化为发展优势、实现产业转型升级开拓了新的路径。

五是改革开放以来，随着我国国际地位显著提高，中华文化在世界范围内的影响力越来越大，国际社会了解中国信息、阅读中国故事、学习中国文化的期待越来越热切，为新闻出版业"走出去"取得实质性突破，在全球范围内拓展传播空间创造出新的契机。

在此背景下，在"十二五""十三五"交替的时间节点上，《中国出版传媒商报》在新年编辑部文章中，提出"'四最'之机，五年之钥"，溯往推来，从"最设计""最知本""最融合""最国际"四个视角，审思和把握"十三五"对于出版传媒业的厚重之意。春节刚过，商报又特别推出《"十三五"出版传媒业趋势与格局报告》，包括主报告与 9 个分报告，以期与业界一道，坐"二"望"三"——总结"十二五"热点焦点，研判"十三五"动向动作，谋势布局，赢得先机。

## 1.1 "十三五"顶层设计的逻辑要领

未来五年，中国经济实力将进一步跃升，中国的国际影响力也将进一步增强,以"一带一路""亚投行""高铁外交"等一系列国际战略为引领,中国世纪、中国影响、中国声音、中国形象、中国故事将呈现全面扩大和强力提升的新格局。国内国际市场一体更为紧密,经济文化交融更为深入,文化外交互动更为频繁,文化形象文化产业"走出去"更为常态。大力提升国际文化传播能力体系建设,将成为中国文化强国战略的重中之重和核心工程。以国际化引领产业化、数字化将成为重要驱动力。

未来五年,以"互联网+""中国制造2025"计划为引领,大众创业、万众创新必将大潮澎湃,大数据、大平台、大融合、大盘整、大跨界,必将成为时代主潮,文化与科技融合、文化与金融融合、传统媒体与新兴媒体融合,将成为新业态。

未来五年,伴随全面建成小康社会目标的实现,新型工业化、信息化、城镇化、农业现代化、绿色化格局显现,新型国家知识生产体系将得以建立健全,以知识产权战略为核心,以数字资产的管理、存储为战略,知识生产的流程、编撰、传播、共享等必将呈现崭新的格局,信息化、标准化、专业化将成为标配,分众化、碎片化、圈子化阅读将成为时尚。

未来五年,出版产业转型、升级势在必行,集约化、跨界化、资本化、数字化、国际化态势凸显。各出版传媒集团竞争更趋激烈,随着各地方出版传媒集团纷纷上市,以及在创业板、新三板等的探索,围绕内容创新、版权资源、数字资产、资本运作、多元跨界、国际布局等方面的规划,呈现"大同小异"又"各有千秋"的局面。转型"知识体系综合服务商"成为业界共识。在线教育、影视文化、艺术市场、互动社区将是各出版大鳄不约而同的战略重点。

未来五年,纸质出版品种、规模将稳定在一定区间,逐渐告别单纯数量规模扩张的增长模式,传统纸质出版依旧有着坚实的发展空间,实体书店销售市场份额仍将占据大半壁江山;网络书店、移动电商渠道比重将大幅上升,增长势头将超越实体店销售。教育类、社科类、科技类、少儿类、文学类图书依旧是市场主力。主题出版、国际战略、传统文化、地方文库、当代中国、少儿教育以及创意文化、自助出版等，将是群雄逐鹿的主战场。

与此同时，新型出版业态将蓬勃发展，电子书、有声书、AR书、VR书、玩具书、立体书等等将成为市场新宠，新媒体、新技术、新形态与新营销同步拓升，内容创新与营销创新同体共生趋势明显，线上线下共存共荣的模式，将大行其道。

未来五年，围绕国家知识创新体系、小康社会公共文化服务标准化建设、中华文化国际化传播、出版产业数字化转型等一系列战略任务，中国出版传媒业要在把握高立意、循规律、抓重点的原则基础上，在战略、制度、资本、人才等方面，咬定内容创新、锁定版权资产、笃定品牌战略，瞄准时机、把握契机、赢得先机，扎实做好"十三五"规划的各项工作。

顶层设计理念，来源于十八大以来特别是十八届五中全会精神，《中共中央关于制定国民经济和社会发展第十三个五年规划的建议》《新闻出版业"十三五"时期发展规划（征求意见稿）》《关于深化国有企业改革的指导意见》《关于推动国有文化企业把社会效益放在首位、实现社会效益和经济效益相统一的指导意见》等。

**商报评析**：在顶层设计的逻辑要领中，有如下关键理念、关键词——一是"全面建成小康社会"（经济、政治、文化、社会、生态、党建），"经济社会双重转型"，其中文化凸显重要性——对接小康社会的文化指标体系。二是五大理念：创新、协调、绿色、开放、共享。强调"发展是硬道理，转型也是硬道理"。三是坚持创新驱动，扎实推进"大众创业、万众创新"。强调制度创新、科技创新、文化创新。四是新战略布局。强调"生态文化建设规划""健康中国""国家大数据""一带一路"等，强调改革（文化体制改革）、工程（重大文化工程）、体系（公共文化服务体系、文化产业体系、文化市场体系、文化评价指标体系）。五是建设和完善有文化特色的现代企业制度。明确社会效益指标考核权重应占50%以上、党组（党委）领导主体责任、分类指导、股权激励试点、媒体融合等。

六是供给侧结构性改革。

## □ 1.2　新常态下出版传媒业转型发展规划路向

### □ 1.2.1　把社会效益放在首位

2015年9月,中共中央办公厅、国务院办公厅印发了《关于推动国有文化企业把社会效益放在首位、实现社会效益和经济效益相统一的指导意见》,提出要在国有企业改革大框架下,充分体现文化例外要求,积极推进国有文化企业改革。以建立有文化特色的现代企业制度为重点,以落实和完善文化经济政策、强化国有文化资产监管为保障,建立健全确保国有文化企业把社会效益放在首位、实现社会效益和经济效益相统一的体制机制,打造一批具有核心竞争力的骨干文化企业,推动社会主义文化大发展大繁荣。

《意见》强调要正确处理社会效益和经济效益、社会价值和市场价值的关系,正确处理文化的意识形态属性与产业属性、文化企业特点和现代企业制度要求的关系,加强分类指导,创新资产组织形式和经营管理模式。强调要完善企业内部运行机制。形成体现文化企业特点、符合现代企业制度要求的资产组织形式和经营管理模式。强调推动企业做强做优做大。明确股份制改造的范围、股权结构和管理要求。按规定已经转企的出版社、非时政类报刊出版单位、新闻网站等,实行国有独资或国有文化企业控股下的国有多元。在新闻出版传媒领域探索实行特殊管理股制度,积极稳妥开展试点。推进以资本为纽带进行联合、重组。鼓励符合条件的国有文化企业上市融资。推动出版、发行、影视、演艺集团交叉持股或进行跨地区跨行业跨所有制并购重组,突出内容建设,强化技术支撑。推动传统媒体与新兴媒体融合发展,强化互联网思维,实现跨媒体、全媒体发展。强调完善资产监管运营机制和评价考核机制。推动主管主办制度与出资人制度的有机衔接。建立健全两个效益相统一的评价考核机制。强化国有文化资产监管运营。强调发挥文化经济政策引导、激励和保障作用。进一步加大财政支持力度。创新财政资金使用方式。落实和完善税收优惠政策。

□ 1.2.2　四个趋势、四个重新认识

中国新闻出版研究院院长魏玉山在 2016 年北京图书订货会高层论坛上表示，新闻出版业"十三五"规划总体思路是服务于全面建成小康社会，服务于建设文化强国；总体目标是建设新闻出版强国，要通过一系列的重大工程、重要项目，为未来五年做出一个整体规划。

根据十八大报告要求，"十三五"末文化产业要成为国民经济支柱性产业，即产业增加值要占到整个国家增加值的 5％以上。这就意味着到 2020 年，文化产业 GDP 要达到 5 万亿~6 万亿。2014 年全国文化产业 GDP 总量是 2.4万亿，占整个国家 GDP 总量的 3.76％。2014 年新闻出版业增加值是 5500亿，占文化产业的比重为 23％。按照这样一个总体目标，到 2020 年，新闻出版业如果要继续保持在文化产业中五分之一左右的比重，"十三五"期间其增加值的年均增长速度应该是 8％~9％。但在"十二五"的最后两年，新闻出版业从总收入和增加值增长速度都在明显下降，所以"十三五"期间新闻出版业产业增长的压力巨大。

在产业背景上，目前新闻出版业有四个趋势：一是产业增速由高速转向中高速；二是产业结构调整在加速，构成新闻出版产业的九大门类中，印刷业、传统书、报、刊所占的比重在逐年下降，数字出版业所占的比重在逐年提高；三是新媒体在加速发展，传统媒体在加速下降；四是新兴媒体在快速发展，数字出版产业规模由 2006 年的 213 亿增长到 2014 年的 3388 亿，在不到 10 年的时间中增加了 15 倍，而且还在继续增速，产品数量上也在不断增加。

在此背景下，出版企业制定"十三五"规划需要重点考虑四个方面：一是要重新认识出版业的地位和作用，应将社会效益放在首位，实现两个效益统一；二是要重新认识速度、质量问题，传统新闻出版领域很难保持较高的增长速度，新媒体领域还有机会，同时读者对精品的需求量越来越大；三是要高度重视技术对行业发展所带来的影响，加强数字内容平台建设和数字资源整合；四是要重新认识生产和消费的关系,高度重视全民阅读。

### □ 1.2.3　重点出版工程、全民阅读、媒体融合是三大抓手

从 2015 年 11 月召开的全国出版传媒集团负责人座谈会和 2016 年 1 月召开的全国新闻出版广播影视工作会议上释放的信号显示,新闻出版业的"十三五"规划,将突出九项战略重点:

1. 提高舆论引导能力,壮大主流思想舆论阵地。2. 加强创作引导,提高内容生产能力。3. 加快构建现代新闻出版公共服务体系,促进基本公共服务的标准化、均等化、便利化。4. 做优做大做强新闻出版产业,进一步提高规模化、集约化、专业化水平。5. 推动传统出版与新兴出版融合发展,创新出版方式,提高出版效能,建设出版传播新生态。6. 深化新闻出版体制改革,健全确保社会效益放在首位,实现社会效益和经济效益相统一的体制机制。7. 加快构建现代新闻出版市场体系。8. 以高度的文化自觉和文化自信做好新闻出版业"走出去"工作,提升中华文化国际影响力和竞争力。9. 加强版权管理,大力发展版权产业,加强版权保护体系建设。

以这些战略任务为框架,国家新闻出版广电总局将着力推动一系列重大工程项目(其中相当一部分是"十二五"重大工程项目的延续),主要有:

1. 社会主义核心价值观出版传播项目(包括社会主义核心价值观出版传播平台工程、重点报刊内容建设工程等);2. 国家重大出版项目(包括重大主题出版工程、"三个一百"原创出版计划、国家古籍整理出版工程、"原动力"中国原创动漫出版扶持计划等);3. 新闻出版重大公共服务项目(包括全民阅读工程、少数民族新闻出版东风工程、卫星数字农家书屋工程、出版物现代发行网络建设工程等);4. 新闻出版产业发展项目(包括新闻出版产业示范项目推广工程、绿色印刷推广工程等);5. 传统出版与新兴出版融合发展项目(包括国家数字出版创新促进工程、国家知识资源数据库工程、出版融合发展示范引导工程等);6. 新闻出版体制改革(包括深化行政审批制度改革、国家级骨干出版传媒企业培育工程、出版业领军人才培养工程等);7. 新闻出版市场体系建设项

目（包括网络出版监测与管理系统工程、全国"扫黄打非"技术装备保障工程等）；8. 新闻出版国际传播能力建设项目（包括"走出去"提质增效工程、中国出版物国际营销渠道拓展工程、丝路书香工程等）；9. 国家版权监管和版权产业推进项目（包括版权监管与服务平台项目、国家版权示范工作推进工程等）。

**商报评析**：通观国家与行业（新闻出版、教育、文化、科技等）的"十三五"规划总体思路和趋势，可以看到：一是更加强调了国际国内宏观战略与全球视野；二是更加强调各部门规划与中央"四个全面"战略布局的紧密配合；三是就新闻出版业而言，更加突出公共文化服务体系建设与服务能力提高，更加重视版权产业与国家知识产权战略与国家知识创新体系战略、"互联网＋"战略、"双创"战略、"制造强国"战略等的配合，更加重视传统出版、传统媒体与数字出版、新兴媒体融合，更加重视新闻出版"走出去"与服务国家国际地缘政治经济文化大战略如"一带一路"的关联。规划编制，同时也强调了与经济新常态下，从中高速增长向中高端水平、提质增效的转型相符合的总思路。

## 1.3 立足"十二五"研判"十三五"产业大势

### 1.3.1 从统计数据看趋势

透过总局及其他相关数据，中国出版业出现了一些新的产业态势，值得关注并在制定"十三五"规划时予以参考：

1. 纸介质出版整体规模下降。出版用纸持续 20 年上升后，2012~2014 年连续 3 年下降。一个持续 20 多年同比上升的纸介质出版标志性指标，连续 3 年持续递减，且降幅持续升高，历经 3 年，纸介质出版整体规模下降近 1 成，其态势可谓严峻。

2. 报刊出版下行，"十二五"报刊出版指标下调。2014 年年中，国家新闻出版广电总局对"十二五"规划进行中期评估后，下调终期报纸、期刊出版指标。即便如此，按近几年的趋势，要完成这两项指标也非易事。"十三五"报刊出版形势仍不容乐观。

3. 新书出版下降，选题总量减少。19 年间新书出版品种首次下降，2015 年选题总量低于上年。多年来中国图书出版品种持续递增、居高不下的局面或将被打破。虽然这种图书选题和新书出版品种的下降隐含出版单位精品意识增强，向少而精转化的因素；但不可否认这其中也包含了因数字出版、互联网阅读、移动互联网阅读冲击，传统图书出版面临萎缩所致。未来，这种趋势或将日渐加剧。

4. 数字出版营收几近纸介质出版营收翻番。数字出版中纸介质出版替代品微弱。2012 年以来，数字出版营收超过纸介质出版，2014 年其营收为纸介质出版的 1.99 倍。数字出版营收已占全行业营收的 16.97％，而纸介质出版营收所占比重尚不足 10％，为 8.52％。数字出版中网络广告和娱乐化产品占了绝大比重，这既反映出数字出版中真正和纸介质出版发生正面交锋的产品尚嫌微弱；同时也反映出传统出版业的数字化转型尚显稚嫩，即便进入"初级阶段"也尚需时日。

5. 实体书店销售回暖，人均购书现新高。出版物销售数量达 10 年间最高，人均购书量创 10 年高峰值。随着国家一系列扶持政策的出台和实体书店自身创新商业模式，优化卖场环境，加快转型融合的积极努力，一批实体书店正摆脱困境，转型前景可期。

6. 版贸逆差持续缩小，"十三五"期间逆差或将消除。出版物外贸逆差反弹。2011～2014 年全国版权贸易逆差由 1∶2.14 降至 1∶1.62。倘若这一趋势能延续下去，至"十三五"末中国出版业的版贸逆差或将消除，版贸顺差或将出现。在出版物外贸逆差连续几年下降后，2014 年数量逆差金额逆差均告上升。

□ 1.3.2　**从市场数据看行情**

根据商报·东方数据 2011～2015 年市场行情数据分析，在细分市场码洋份额方面，教育类毫无悬念地维持榜首地位，码洋份额在 3 成上下波动；社科类连续五年位居榜眼,码洋份额接近2成;少儿类的码洋份额逐年上升,连续五年入围前三。

在品种份额方面,社科类、科技类和教育类长期争夺榜首前三的位置,教育类和科技类大体呈现下滑态势,社科类则是稳中有升,自2013年起稳居品种份额榜首。少儿类的品种份额同样逐年上升,自2013年起超过1成。

纵观2011~2015各年出版社TOP50榜单,商务印书馆保持榜首地位。在2011~2014年期间,人民邮电社连续四年位列榜眼,码洋份额在2%以上。2015年,人民社则跃居榜眼。机械工业社连续五年位列第四。

据2011~2015各年畅销榜TOP20,共有3本书登榜次数在3次以上。其中,南海版《窗边的小豆豆》和浙江少儿版《狼王梦/动物小说大王沈石溪·品藏书系》连续5年登榜,南海版《百年孤独》则分别在2011、2012、2014和2015年登榜。

**商报评析:**从市场大势看,虽然受到移动互联网阅读与营销的影响,纸质图书品种数、单品种贡献率降低,但实体书店依然保持较强劲的竞争拓展实力,2015年新开业大书城、大卖场依然较热,图书主业销售依然比较坚实,绝大多数实体店销售保持持平或者有较突出增长。而网络书店、出版社自营天猫店趋势也在快速增强,但还未动摇新华系实体店销售根基。由此提示出版社要采取正确的战略、战术,不能被网络书店的表面增势所左右。对于出版集团来说,教育类、少儿类、科技类产品线还有相当成长空间。

## 1.4 出版集团"同质化"中各显千秋

"十二五"励精图治,"十三五"出版集团发展趋势脉络清晰,呈现出七大方向——

一是不断开拓出版主业新局面。以重大出版工程、重点文化项目带动,持续扩大文化影响,走规模化、集约化、专业化发展之路。

二是加速与新媒体深度融合。加快构建信息化业务平台建设,利用"三网"融合的契机,开发出版物的网上阅读、网上销售及服务等电子商务,与互联网运营商和三大通信运营商合作,共同建设数字内容加工、投送平台,开展全媒体出版。

三是持续深化改革优化管理。大力实施股份制改造,着力落实新一轮制度创新,形成符合现代企业制度要求、体现文化企业特点的资产结构和经营管理模式。以跨行业、跨地区、跨媒体、跨所有制"四跨"重组与并购为主要手段,推进混合所有制改革。

四是股改上市或现新一轮风潮。过去五年中,先后有凤凰传媒、中文传媒、长江传媒、大地传媒、青岛城市传媒、读者传媒、北教控股等成功登陆资本市场。"十三五"或将有多家出版集团上市取得突破。

五是跨界发展成主流共识。多元链条布局涉及影视、新媒体、动漫、手机、电视、金融、旅游、地产等等,成为各集团业务新的赢利增长点。"十三五"时期,跨界发展大趋势已清晰可见,出版集团将利用"文化＋"模式,打造"大文化"产业格局,成为综合性产业集团。

六是人才重视度显著提升。人才强企已经成为"十二五"时期各出版集团改革发展的重要抓手。"十三五"时期,随着出版集团在转型升级、创新融合发展过程中对人才的迫切需求,对人才的重视度将进一步提升,人才的激励和服务保障体系也将更趋完善。

七是"走出去"方式更立体更丰富。在国家加强国际传播能力建设、经济发展全球化、区域经济一体化、文化与经济协同发展的大背景大趋势面前,可以预测,"十三五"期间出版业将迎来走向世界的最佳机遇期。

**商报评析:**各地集团发展战略"同质化"趋势明显,均瞄准上市、资本运作、体制改革、数字化、国外布局等主体战略,内容产品线主要锁定重点工程、地方文库、工具书、学术出版、在线教育等。数字化方面,更重视内容资源集聚与内容生产平台的一体化。多元经营方面,艺术品、物流园、影视院线、云教育等基本思路相近。"走出去"更加注重本土落地、全球布局、地方区域特色产品。因此,各出版集团要赢得战略优先、战略主动或者战略优势,重在全局掌控、综合效应与方向引领上,而不是局部和个体比拼上。

"十三五"期间,出版集团积极涉足文化和创意领域,不仅可以借助出版业原有品牌资源和渠道资源优势,向整个文化创意产业拓展,对于出版集团打造全新产业链、丰富和提升产业业态来说亦具有深远的意义。

## 1.5 市场格局悄变 营销模式持续创新

### 1.5.1 三大出版热点动向

在大众出版方面,无论是从出版品种还是参与热度,童书领域继续把持着最热板块的大旗。资源的马太效应更为明显,好的资源和资本向更为专业以及布局构架更为稳固的少儿出版商倾斜。此外,越来越多的畅销图书被改编为热门电影、电视剧和网络游戏,影响力不容小觑,一条围绕图书的版权而构建的产业链亦初现脉络。

在专业出版方面,随着出版社纷纷拓宽出版领域,尤其是许多选题日渐贴近大众出版领域,因而有必要开辟新的营销渠道;加上诸如民营书店和实体书店的式微,电商平台力量的兴起,渠道本身的格局也发生重大变化。

在教育出版方面,在新技术一路深入的大出版环境之下,在新生代学生群体成为互联网、移动终端的骨灰级粉丝的当下,教辅出版开始顺应媒介融合的大势。在出版转型升级的背景下,出版社也对学术期刊的发展有了新定位,正在从体制机制、运营管理、平台搭建、内容建设等多个角度入手,以集群拉动的方式推动学术期刊的发展。

具体到细分市场,路径创新和思维创新尤需关注。如出版企业的原创动漫应更多关注授权开发;版权拍卖的形式应引起更多内容提供商的注意和探索;政企单位的阅读项目、出版项目一直具备较为长远的开发潜力;搭建图书产品增值服务的线上平台,让增值服务产生放大效应;视频出书的风潮格外强劲,由火爆网络视频延伸出来的图书产品已经成为一大亮点;在医学出版领域,"本土化"的理念尤为突出;学术出版"走出去"要抓好学术出版内容,以优势学科和新型学科为主;教辅出版和技术公司联手开始推出多媒体教辅用品等。

数字出版已成为出版企业"十三五"规划的战略重点和"标配"。数据库是数字产品主力。转型知识服务体系是方向。

### □ 1.5.2 书业营销花样翻新

创新品牌力、全媒体营销、社店对接、微营销、实体书店转型升级"文化中心"、单品营销、造节营销、异业合作、出版众筹、跨界营销、"选秀"营销等手段可谓是书业在面临图书市场巨大变革面前,不断创新的营销模式,这些营销模式和举措中,有的已经成为一些书业机构"跑马圈地"的得力举措,有的正在成为书业营销的潮流与趋势。未来,以读者为中心,以打造特色、从细节提升服务为聚焦点的营销,将成为必然。

**商报评析:**内容创新在选题策划、生产编发流程、呈现形态三个方面,都发生了新的变化。选题领域方面,市场上走势较好的传统品类,如文教类、社科类、少儿类、文学类、时政类、艺术类等依然唱主角,但也涌现了不少新的形态、新的品类,特别是少儿类、艺术类等,增加了许多科技应用、多媒体元素。多媒体复合出版已经大大扩展了数字出版单纯数字产品的意义。年青一代读者的阅读趣味要引起更多的关注。与此同时,随着国家强化公共文化服务体系标准化、均等化战略,公共文化服务产品将大量涌现。在这个大背景下,内容主业的创新,除单个选题的创新外,更重要的是内容资源一体化、生产流程多媒体数字平台的一体化,以及公共服务产品的专业化、定制化。

对于数字化的发展规划,一是加快从产品的数字化、单体社的数字化向集团化的通用标准化、平台化、一体化升级;二是实现由纸本向数字化第一阶段的再提升，加快多媒体的数字化应用；三是充分重视专业性知识服务产品（群）的数字化服务；四是数字化产品推送渠道、终端价值实现与赢利模式的探索。

在互联网大潮中，书业营销方式也在不断改变。未来，图书市场从产品到渠道平台、从读者阅读方式到购买方式，都会经历快速变化。营销工作最重要的就是快速适应变化，选择有效手段，挖掘有创意的活动，不断创新产品营销模式。

## 1.6 报刊传媒业发展凸显五大路向

第一，媒体融合成主线。媒体融合正表现出三种方式：一是传统媒体通过资源整合或重组，以实现优势资源的整合和互补，从资源上更好地实现融合；二是传统媒体整合其旗下资源成立新媒体集团；三是互联网巨头倒整合传统媒体。

第二，跨界经营常态化。几乎所有的报刊集团已不再仅仅经营报纸、期刊，都增加了与集团原有的产品几乎毫不相关的新业务。"跨界合作"已经成为期刊业的发展常态，尤其是经济实力雄厚的期刊集团。

第三，多元化布局日渐成熟完善。报刊传媒业与通信业、休闲旅游业、电子商务业之间的界线日渐模糊，在产业融合推动下形成的商业生态系统，报刊传媒业只是其中的一个"标配"。

第四，加速移动化，强攻"两微一端"。手机超越电脑成为中国网民第一上网终端，手机应用软件（APP）爆发式增长。微信公众平台推出后，大量企业和个人蜂拥而入，移动互联网就此进入了微信时代。传统媒体公众号具有更为强大的内容生产能力和运营能力，未来传统媒体应进一步推进融合与转型。

第五，内容生产方式多媒体一体化。当前基本上所有的传统媒体都采取"中央厨房"式的新闻采编方式，即采取新闻由中央集中处理，再发到各类终端的方式。在内容生产上，愈来愈趋向于 PGC ＋UGC 的内容生产方式。用户生产内容增多，视频、音频的内容表达方式的尝试已成趋势。

商报评析:"十二五"期间,一些有作为的传统报刊媒体全面迎接数字化,数字、移动互联成为中国传媒图景中重要的引领者。在大数据、云计算、物联网、可穿戴设备等数字技术以及高新设备的推动下,报刊传媒将有条件成为集内容、关系、服务于一身的综合服务体。技术更新、经营创新、融合发展是传媒产业每一个活跃主体前进的动力,也是大方向。上述趋势发展对"十三五"也同样具有指向和延展的参考意义和价值。

## □ 1.7 "走出去"紧贴国际市场需求变化

"十二五"期间,国内出版社积极响应"走出去"战略,除了大量主题图书在有关政策的号召下成功登陆国际市场外,童书、类型文学等代表中国文学特点的优质作品输出国际的现象屡见不鲜,获得国际主流媒体的青睐。输出目标区域也从我国港台地区发展到发达国家主流市场和部分发展中国家和区域。合作方式上也从单纯地从版权输出转向国内外合作出版,与境外出版机构成立合资公司,扩大境外投入已经成为中国出版"走出去"的新途径。

与此同时,国际市场与格局也悄然生变。欧美主流出版集团为了打通国际市场,进一步打开发展中国家与地区市场,加速资本的迅速流通,通过收购合并等方式实现资源的优势互补。大众出版方面,优质畅销书种类增多;教育出版领域,出版社加速业务改革,在新技术的支持下实现数字出版转型;电子书虽然销量惊人,但增速已明显放缓;有声书和在线教育领域成为出版社新的竞争战场。

商报评析:近几年来,"走出去"已经成为中国出版界的自觉战略,以出版集团、部委社、大学社为主导,在图书版权输出、中外合作、兼并重组、市场营销、全球布局、数字化产品等各个方面,均取得了积极进展。下一步,重点应当是:一是强化外向型重点产品的集约化、规模化选题策划、运作组织的力度;二是解决翻译和外语专业推介、传播、营销问题;三是加强中外出版机构在共同策划选题、分工协作、同步营销模式上的探索；四是本土海外宣传、传播、营销落地；五是海外本土机构与布局的务实推进；六是数字化产品推送、数字化平台打造。

【链接:《中国出版传媒商报》2016.2.19,《中国出版传媒商报》专题组,金霞/执笔《"十三五"出版传媒业趋势格局主报告》】

# 第2章　中国出版产业大势

近年来,中国出版业除保持总量持续增长外,尚存在一些新的趋势,值得在制定、实施"十三五"规划时参考、借鉴,引为重视。

## 2.1　纸介质出版整体规模下降

由于受互联网阅读、移动互联网阅读和数字出版的冲击,自2012年起,纸介质出版整体规模下降,其标志是当年图书、期刊、报纸的用纸量同比下降了0.79%,虽然降幅不足1%,但这却是自20世纪90年代以来,20多年间首次出现的纸介质出版业用纸同比下降。如果说早几年数字出版对纸介质出版的冲击还只停留在"狼来了"的"虚张声势"状态,那么这次出版用纸量整体下降,却是纸介质出版实实在在地缩减,而且是不含价格因素的实物量规模的缩减。特别是这一状况不是偶然的出现,而是在2013年、2014年持续再现——2013年纸介质出版用纸量同比降低2.27%,2014年纸介质出版用纸量同比降低6.49%。一个持续20年同比上升的纸介质出版标志性指标,连续3年持续递减,且降幅持续升高——历经3年,纸介质出版整体规模下降近1成,其态势可谓严峻(见表2.1)。而据最新统计:2015年全国报业用纸量约为221万吨,同比下降18.15%。

表 2.1　1993—2014 年全国纸介质出版用纸量

| 年　份 | 用纸量(万吨) | 同比(%) |
|---|---|---|
| 1993 | 147.95 | 8.6 |
| 1994 | 156.67 | 5.89 |

续表

| 年　份 | 用纸量（万吨） | 同比（%） |
|---|---|---|
| 1995 | 173.21 | 10.6 |
| 1996 | 191.31 | 10.42 |
| 1997 | 208.21 | 9.15 |
| 1998 | 231.02 | 10.6 |
| 1999 | 261.38 | 13.14 |
| 2000 | 296.05 | 13.26 |
| 2001 | 335.27 | 13.25 |
| 2002 | 377.95 | 12.73 |
| 2003 | 418.59 | 10.75 |
| 2004 | 486.19 | 16.15 |
| 2005 | 524.45 | 7.9 |
| 2006 | 534.11 | 1.84 |
| 2007 | 542.7 | 1.61 |
| 2008 | 613.06 | 12.96 |
| 2009 | 624.95 | 1.94 |
| 2010 | 679.11 | 8.67 |
| 2011 | 717.01 | 5.58 |
| 2012 | 711.36 | −0.79 |
| 2013 | 695.24 | −2.27 |
| 2014 | 650.13 | −6.49 |

## 2.2　新书出版下降，选题总量减少

2014 年全国初版图书出版 255890 种，同比下降 0.04%，虽然下降不足 1%，但这却是自 1996 年以来 19 年间初版图书的首次下降（见表 2.2），这可以说是图书出版收缩的一个"征兆"。而这一"征兆"在 2015 年被放大：据 2015 年年初统计，当年全国 500 多家出版社共报送图书选题 229968 种，比 2014 年报送的选题下降 0.2%，这是多年来图书选题申报持续增长后的首次下降。其中包括江苏、江西、河北等强势出版集团在内的一批省（自治区），

2005 年图书选题数量同比降幅均逾 10%。虽然 2015 年图书出版的最新统计数据尚未正式发布,但 19 年来初版图书的首次下降和与其相关联的 2014 年图书出版总品种仅同比微增 0.9%(19 年间最低增幅),以及 2015 年报送选题的减少,综合表明:图书出版品种的减少或成定势;多年来中国图书出版品种持续递增、居高不下的局面或将被打破。

表 2.2　1996—2014 年全国初版图书出版统计

| 年　　份 | 初版品种 | 同比(%) |
|---|---|---|
| 1996 | 63647 | 7.59 |
| 1997 | 66585 | 4.62 |
| 1998 | 74719 | 12.22 |
| 1999 | 83095 | 11.21 |
| 2000 | 84235 | 1.37 |
| 2001 | 91416 | 8.5 |
| 2002 | 100693 | 10.1 |
| 2003 | 110812 | 10 |
| 2004 | 121597 | 9.73 |
| 2005 | 128578 | 5.74 |
| 2006 | 130264 | 1.31 |
| 2007 | 136226 | 4.58 |
| 2008 | 148978 | 9.36 |
| 2009 | 168296 | 12.97 |
| 2010 | 189295 | 12.48 |
| 2011 | 207506 | 9.62 |
| 2012 | 241986 | 16.62 |
| 2013 | 255981 | 5.78 |
| 2014 | 255890 | －0.04 |

虽然这种图书选题和新书出版品种的下降隐含出版单位精品意识增强,向少而精、力求出版精品转化的因素;但同样不可否认这其中也包含了因数字出版、互联网阅读、移动互联网阅读冲击,传统图书出版面临萎缩所致。未来,这种趋势或将日渐加剧。

## ▢ 2.3 报刊出版下行，"十二五"报刊出版指标下调

与纸介质出版整体规模下降相对应，特别是根据"十二五"以来，报纸出版和期刊出版微增或不增反降的现实状况，《新闻出版业"十二五"时期发展规划》中报纸出版规模和期刊出版规模的指标已完成无望（即至"十二五"末报纸年出版总印数达552.3亿份，期刊年出版总印数达42.2亿册，而至2013年年末时间已过半，报纸总印数仅达482.41亿份，期刊总印数仅达32.72亿册），因而2014年年中，国家新闻出版广电总局对"十二五"规划进行中期评估后，将终期报纸出版指标下调至485亿份，将终期期刊出版指标下调至34亿册。同时下调的还有与此相关的人均年拥有期刊数量，由3.1册调减为2.6册；每千人日均拥有日报份数，由100.6份调减为85份；足见官方对报刊出版严峻态势的重视和采取的策略。

只是事态发展恐仍超出官方预估——至2014年年底的出版实绩是：报纸出版总印数463.9亿份，同比下降3.84%；期刊出版总印数30.95亿册，同比下降5.44%（见表2.3）；二者与"十二五"终期指标的距离进一步加大。倘若完成调整后的"十二五"终期指标，2015年报纸出版总印数必须同比增长不低于4.55%，期刊出版总印数必须同比增长不低于9.86%，按近几年的趋势，要实现这两项增长确非易事；而下调后的"十二五"终期报刊出版指标不能完成的可能性也是存在的。

表 2.3 2011—2014 年全国报纸、期刊出版统计

| 年 份 | 报纸出版数量(亿份) | 期刊出版数量(亿册) |
|---|---|---|
| 2011 | 467.43 | 32.85 |
| 2012 | 482.26 | 33.48 |
| 2013 | 482.41 | 32.72 |
| 2014 | 463.9 | 30.95 |

## 2.4　数字出版营收几近纸介质出版营收翻番

数字出版经过几年的快速发展,2012 年其主要经济指标——营业收入首次超过纸介质出版。当年数字出版营业收入 1935.49 亿元,而纸介质出版的营业收入为 1796.69 亿元,数字出版营收为纸介质出版营收的 1.08 倍。2013年,这一态势得以延续,数字出版营业收入达 2540.35 亿元;纸介质出版营业收入为 1769.42 亿元,数字出版营收为纸介质出版营收的 1.44 倍;二者的差距进一步加大。2014 年数字出版营业收入突破 3000 亿元,达 3387.7 亿元,同比增长 33.36%;纸介质出版营业收入 1701.02 亿元,数字出版营收几近纸质出版营收的翻番,达 1.99 倍(见表 2.4)。数字出版营收已占全行业营收的16.97%,而纸介质出版营收所占比重尚不足 10%,为 8.52%。

表 2.4　2011—2014 年全国数字出版、纸介质出版营收统计

| 年　　份 | 数字出版营收(亿元) | 纸介质出版营收(亿元) |
|---|---|---|
| 2011 | 1377.9 | 1645.9 |
| 2012 | 1935.49 | 1796.69 |
| 2013 | 2540.35 | 1769.42 |
| 2014 | 3387.7 | 1701.02 |

## 2.5　数字出版中纸介质出版替代品微弱

数字出版虽然营收总体规模快速增长,且营收总量已大幅高于纸介质出版,但剖析数字出版的营收结构可见(以 2014 年为例):数字出版的 9 大部类构成中网络广告的营收居首,达 1540 亿元,占数字出版总营收的比重为45.46%;网络游戏的营收次之,达 869.4 亿元,占数字出版总营收的25.66%;列第三位的是移动出版,营收达 784.9 亿元,占数字出版总营收的23.17%;居第四位的是在线音乐,营收为 52.4 亿元,占数字出版总营收的1.55%。此外,网络动漫营收 38 亿元,博客营收 33.2 亿元,二者分别占数字出版总营收的 1.12%和 0.98%。而真正与纸介质出版有直接关联的电子书

营收 45 亿元,占数字出版总营收的 1.33%;互联网期刊营收 14.3 亿元,占数字出版总营收的 0.42%;数字报纸营收 10.5 亿元,占数字出版总营收的 0.31%;三者营收总计 69.8 亿元,占数字出版总营收的比重尚不足 3%,为 2.06%。这一数字出版结构态势已是持续 5 年的延续(见表 2.5)。

表 2.5  2010—2014 年全国数字出版营收结构　　　　(单位:亿元)

| 数字出版分类 \ 收入 \ 年份 | 2010 | 2011 | 2012 | 2013 | 2014 |
|---|---|---|---|---|---|
| 互联网期刊 | 7.49 | 9.34 | 10.83 | 12.15 | 14.3 |
| 电子书 | 24.8 | 16.5 | 31 | 38 | 45 |
| 数字报纸 | 6 | 12 | 15.9 | 11.6 | 10.5 |
| 博客 | 10 | 24 | 40 | 15 | 33.2 |
| 在线音乐 | 2.8 | 3.8 | 18.2 | 43.6 | 52.4 |
| 移动出版(移动彩铃、铃音、移动游戏等) | 349.8 | 367.34 | 472.21 | 579.6 | 784.9 |
| 网络游戏 | 323.7 | 428.5 | 569.6 | 718.4 | 869.4 |
| 网络动漫 | 6 | 3.5 | 5 | 22 | 38 |
| 互联网广告 | 321.2 | 512.9 | 753.1 | 1100 | 1540 |
| 合计 | 1051.79 | 1377.88 | 1935.49 | 2540.35 | 3387.7 |

如此营收细分表明:数字出版中网络广告和娱乐化产品占了绝大比重,真正能对纸介质出版产生替代作用的产品尚不足为势。这既反映出数字出版中真正和纸介质出版发生正面交锋的产品尚嫌微弱;同时也反映出传统出版业的数字化转型尚嫌稚嫩,即便进入"初级阶段"也尚需时日。

## 2.6  实体书店销售回暖,人均购书现新高

2014 年,全国新华书店系统和出版社自办发行单位出版物纯销售 69.86 亿册,777.99 亿元,与上年相比,销售数量增长 2.61%,销售金额增长 5.76%,折射出实体书店销售回暖,走势上行。这一销售增长特别是销售实物

量的增长使直接作用于广大民众的书业销售数量达到 10 年间的最高。由此
还衍生一个佳绩，即创下年度全国人均购书量增至 5.11 册这一 10 年间全国
人均购书量的新高（见表 2.6）。这一人均购书量是 10 年间几经升降、徘徊
后，全国人均购书的“高峰值”。

表 2.6　2005—2014 年全国书业销售、人均购书统计

| 年　　份 | 销售量（亿册） | 销售额（亿元） | 人均购书量（册） |
| --- | --- | --- | --- |
| 2005 | 63.36 | 493.22 | 4.85 |
| 2006 | 64.66 | 504.33 | 4.92 |
| 2007 | 63.13 | 512.62 | 4.78 |
| 2008 | 67.09 | 539.65 | 5.05 |
| 2009 | 63.18 | 580.99 | 4.73 |
| 2010 | 64.62 | 599.88 | 4.82 |
| 2011 | 65.78 | 653.59 | 4.88 |
| 2012 | 68.32 | 712.58 | 5.05 |
| 2013 | 68.08 | 735.64 | 5 |
| 2014 | 69.86 | 777.99 | 5.11 |

近年来，尽管实体书店遭受新兴阅读方式（互联网阅读、移动互联网阅读）
和新兴销售方式（网上销售）的双重冲击，经营艰难，一度出现下滑萎缩，但随
着国家一系列扶持政策的出台和实体书店自身创新商业模式，优化卖场环境，
加快转型融合的积极努力，一批实体书店已摆脱困境，前景可期。2014 年，全
国实体书店零售同比增长 3.26%，其中一线城市大型书城零售增幅逾 8%。

## 2.7　版贸逆差持续缩小，“十三五”期间逆差或将消除

“新闻出版业‘十二五’时期发展规划”确定版权输出与合作出版品种的终
期指标为 7000 种。这一指标在“十二五”首年——2011 年即已超额完成，当
年全国版权输出数量达 7783 种，五年目标一年完成，指标显然偏于保守。

此后几年，虽然版权输出数量增减不一，但版贸逆差持续缩小：2011 年为
1∶2.14，2012 年为 1∶1.88，2013 年为 1∶1.75，2014 年为 1∶1.62（见表 2.7）。

2015 年的数据尚未公布,但据初步统计,逆差进一步缩小。2011~2014 年,历经 3 年,版贸逆差缩小 0.52。倘若这一趋势能延续下去,至"十三五"末中国出版业的版贸逆差或将消除,版贸顺差或将出现。

表 2.7  2011—2014 年全国版权贸易统计

| 年　份 | 输出数量(种) | 引进数量(种) | 输出引进比例 |
|---|---|---|---|
| 2011 | 7783 | 16639 | 1∶2.14 |
| 2012 | 9365 | 17589 | 1∶1.88 |
| 2013 | 10401 | 18167 | 1∶1.75 |
| 2014 | 10293 | 16695 | 1∶1.62 |

## 2.8  出版物外贸逆差反弹

版权外贸和出版物外贸是中国出版外贸的两翼,版权输出和出版物出口是中国出版走出去的"双栖"。比之版权外贸,出版物外贸状况不甚乐观。

"十二五"前期,出版物外贸与版权外贸相仿:2011 年至 2013 年,出版物出口数量和出口金额持续上升,外贸逆差持续缩小,数量逆差从 1∶1.94 降至 1∶1.001,几近消失,金额逆差从 1∶5.75 降至 1∶4.59。只是进入"十二五"后期,势态逆转,2014 年出版物出口数量同比下降 10.05％,出版物出口金额同比下降 3.99％,由此导致当年出版物外贸逆差反弹,数量逆差升至 1∶1.19,金额逆差升至 1∶4.92(见表 2.8)。这一逆差反弹倘若持续下去,那对"十三五"开局的出版物外贸不啻是一新的考验。

表 2.8  2011—2014 年全国出版物外贸统计

| 年份 | 数量(万册、份、盒、张) | | | 金额(万美元) | | |
|---|---|---|---|---|---|---|
| | 出口 | 进口 | 出口进口比例 | 出口 | 进口 | 出口进口比例 |
| 2011 | 1557.49 | 3019.50 | 1∶1.94 | 7396.55 | 42508.04 | 1∶5.75 |
| 2012 | 2087.92 | 3222.52 | 1∶1.54 | 9474.08 | 46875.15 | 1∶4.95 |
| 2013 | 2387.43 | 2390.04 | 1∶1.001 | 10462.43 | 48070.97 | 1∶4.59 |
| 2014 | 2147.45 | 2552.29 | 1∶1.19 | 10044.86 | 49381.70 | 1∶4.92 |

　　"十二五"终期 2015 年的统计数据尚未公布,寄希望于能扭转逆差反弹,给"十三五"的出版物外贸以"趋良"的基础,使中国出版走出去实现"双栖"并行。

　　【链接:《中国出版传媒商报》2016.2.19,文东《中国出版产业大势》】

# 第3章　　报刊传媒业嬗变五大路向

　　"十二五"期间,互联网、移动互联网新型介质成为新势力,颠覆了传统的信息传播渠道与方式,重塑了信息内容框架,并重新分配话语权,进而改变了整个传媒产业的规模与结构,以及诸多关联产业的生存逻辑和运行规律。2014年,中国传媒产业走向融合之路成为主旋律,传媒产业总值首次超越万亿元大关,达11361.8亿元,同比增长15.8%,为GDP增长率的2倍多。其中,互联网广告首次超过电视,跃居媒体广告市场首位。但在行业总体发展的大势下,报纸广告收入则是连续4年下降,2014年的下降幅度更是达到15%,期刊的发行收入也在持续下降。电视和报刊都面临着前所未有的巨大危机。在此背景下,报刊业寻求多元化发展的力度在不断加强。

　　"十二五"期间,一些有作为的传统报刊媒体全面迎接数字化,数字、移动互联成为中国传媒图景中重要特质。在大数据、云计算、物联网、可穿戴设备等数字技术以及高新设备的推动下,报刊传媒将有条件成为集内容、关系、服务于一身的综合服务体。技术更新、经营创新、融合发展是传媒产业每一个活跃主体前进的动力,也是大方向。

　　整体而言,传媒业在"十二五"期间及未来发展呈现出五大主要路向。

## 3.1　趋势一：媒体融合成主线

　　2014年8月18日,中央全面深化改革领导小组第四次会议审议通过了《关于推动传统媒体和新兴媒体融合发展的指导意见》,成为"十二五"期间报刊传媒业政策导向的重大亮点。融合表现出三种方式:

第一,在传统媒体通过资源整合或重组,以实现优势资源的整合和互补,从资源上更好地实现融合。比如,上海文化广播影视集团把旗下的百视通和东方明珠两家上市公司进行重组整合,成为传统媒体领域首个跨越千亿市值门槛的传媒公司,其牌照资源、内容资源和渠道资源丰富,将更有利于实现媒体融合。2014年10月,高端精品月刊《商业价值》与网站钛媒体合并成立新媒体公司BT传媒,开创国内杂志与网站整合的先例。

第二,传统媒体整合其旗下资源成立新媒体集团。湖北日报报业集团、安徽日报报业集团、河南省新闻出版广电局分别成立湖北日报新媒体集团公司、安徽新媒体集团和河南大象融媒体集团。

第三,互联网巨头倒整合传统媒体。阿里巴巴为了打造自己的传媒帝国而成为倒融合的急先锋。2013年4月以来,阿里巴巴先后收购新浪微博股份,战略投资《商业评论》,获得文化中国60%的股份;又相继进入华数传媒、优酷土豆、虎嗅网、华谊兄弟、光线传媒、《北青社区报》等公司;2015年以来,与新疆、财经联合创办"无界",与华西都市报联合创办"封面",收购香港南华早报等。通过近几年一系列的收购动作,目前阿里巴巴毫无疑问已经打造了一个庞大的传媒帝国。

## 3.2　趋势二:跨界经营常态化

在近些年的集团化发展中,几乎所有的报刊集团已不再仅仅经营报纸、期刊,都增加了与集团原有的产品几乎毫不相关的新业务。如宁波日报报业集团和国家级孵化器杭州楼友会共同打造的"宁波云创空间"启动运营,这是继推出甬派新闻客户端、独家运营地铁1号线和2号线平面广告之后,宁波日报报业集团在跨界转型方面迈出的重要一步。再如中原报业传媒集团正式携手河南汇艺置业、河南赛科特电器、美美娱乐,进军创意文化旅游和酒店连锁产业。

"跨界合作"已经成为期刊业的发展常态,尤其是经济实力雄厚的期刊集团。2014年9月,赫斯特中国公司与视频传媒风行网开放平台达成一系列深度化战略合作,赫斯特在风行网开设专属平台,从而实现内容系统化、组织化、节目化的呈现,让原本一个月或者一周才能看到的内容更快捷、更清晰地呈现。2014年8月15日和8月18日,时尚集团分别与天猫和京东达成战略合作协议,通过引入时尚领域的知名设计师、品牌等资源,天猫和京东两大电商平台能够为用户创造更时尚的网络购物体验。相继与两大电商平台展开合作,无疑也是时尚集团向电商化拓展的有力号角。此外,时尚集团旗下《时尚芭莎》还与银泰百货集团合作推出网购衣橱。

## 3.3 趋势三:多元化布局日渐完善

互联网打破了既有产业之间的界线,报刊传媒业与通信业、休闲旅游业、电子商务业之间的界线日渐模糊。在产业融合推动下形成的商业生态系统,报刊传媒业只是其标配之一,而传媒企业要发展壮大,就必须充分利用这种机遇,通过多元化收购来进入融合后的产业蓝海,进而实现自身的产业转型。

2014年,《中华手工》旗下电子商务品牌"漫淘网"和"百工制器"工艺品牌成为该刊多元化探索的重大成果。而商界传媒也确定了将以《中华手工》为传媒平台、以百工制器为实业平台构建一个丰富而立体的综合文化产业链的发展道路。

2014年10月13日,知音传媒集团控股的湖北木兰花家政服务股份有限公司登陆新三板。知音传媒集团以《知音》杂志为核心的期刊出版、广告经营、书刊发行、动漫开发、网络媒体、印刷制版、物业开发等多元产业构成的产业格局成为中国期刊业的典型代表。

2014年年初,由《IT时代周刊》杂志推出的科技博客网站"创客100"成功上线,该网站立足打造创业家的创业平台,引入大量资本在全国成立10个创业项目孵化中心。随着移动互联网时代的到来,借着创新创业的伟大契机,《IT时代周刊》正迅速转型成为创业服务平台。

### 3.4 趋势四：加速移动化，强攻"两微一端"

新浪提供的数据显示，截至 2015 年 8 月，经认证的媒体类微博为 26259 个左右，其中传统媒体微博 17323 个。传统媒体微博的发展呈现出四个特点：第一，依旧有较强的内容生产能力，是微博原创力量的主要来源。第二，在对重大突发事件的报道中，传统媒体微博保持着较强的议题设置能力。第三，纸媒在微博上的表现比广电媒体突出。第四，中央媒体微博依旧保持领先。

2012 年，微信挟"燃烧一切"的力量横扫整个中国，此后便成为国内移动互联网第一大手机应用。微信简单却人性化的设计颠覆了之前很多移动互联网应用，而微信公众平台推出后，大量企业和个人蜂拥而入，移动互联网由此进入了微信时代。

传统媒体公众号具有更为强大的内容生产能力和运营能力，但这一优势并未得到充分发挥。未来传统媒体应进一步推进融合与转型，打造更符合微信公众号的内容形式、传播方式及互动模式。

2015 年是地方传统媒体尤其是大型报业集团客户端的启动年。虽然此前已有不少地方传统媒体上线了新闻客户端，但大多数仅仅是将原有内容移植到客户端上，并未基于移动客户端打造全新的新媒体产品。2014 年"澎湃新闻"上线，作为传统报业集团新媒体项目的试验之作，"澎湃新闻"的成功揭开了地方报业集团试水客户端的序幕。2015 年，各大地方报业集团纷纷上线新闻客户端，并初步形成"东澎湃、西封面、北无界、南并读、中猛犸"的格局。

### 3.5 趋势五：内容生产方式多媒体一体化

当前基本上所有的传统媒体都采取"中央厨房"式的新闻采编方式，即采取新闻由中央集中处理，再发到各类终端的方式。在内容生产上，愈来愈趋向于 PGC ＋UGC 的内容生产方式。例如《中国新闻周刊》在纸媒部分强调精英化，投入更大的资金和资源去追求原创的深度、观点。在新媒体部分，则延伸杂志与受众的接触点，增加 N 多个新媒体平台，有效延伸新媒体中的接触点和覆盖面。

用户生产内容增多。比如《名车志》《城市画报》杂志微信在推送资讯时很重视用户生产的内容，"名车志 Daily"2014 年 3 月上线了微社区助互动，而"好玩"成为《城市画报》微信的特点，比如微信上举办的"抱大腿送礼物"活动中，读者创造出很多幽默内容。

视频、音频的内容表达方式尝试已成趋势。2014 年世界杯期间，《新京报》新媒体推出三档世界杯视频特别节目《女神，干杯！》《疯说世界杯》《阿九猜猜猜》引起业内关注。

视频、音频传播形式成为传统媒体新的探索。《南都周刊》在其 APP 中为影评、诗歌内容加入音频、视频，增加平面介质无法传播的元素。《21 世纪英文报》还在微信公众号开通了"微信听报"功能。

【链接：《中国出版传媒商报》2016.2.19，晓雪《报刊传媒业嬗变五大路向》】

# 第4章　出版传媒集团避同质化求专业化

从"十二五"来展望"十三五",可以看到,在五年积累的发展态势下,"十三五"期间出版集团的发展趋势脉络清晰,呈现出 7 大方向。

"十三五"期间,出版集团如何使老行业老品牌在"互联网＋"下再焕活力,依然离不开创新和融合两大主题。此时的创新不仅仅是出版技术和传播手段的创新,更是体制的创新,经营管理和赢利模式的创新,融合也不仅仅是传统纸媒与网络数媒的融合,更是体制的融合,经营理念和人才队伍的融合。只有做好创新和融合发展这篇文章,出版业才能在大数据和网络时代,在完成转企改制、进入市场的基础上,展现出新的活力。

## 4.1　不断开拓出版主业新局面

"十二五"时期,各出版集团的出版主业不断壮大,文化影响日益扩大,在组织实施重大出版工程、项目建设,调整产品结构,加强精品出版等方面取得优异的成绩,充分发挥文化引领作用。

主业始终是出版集团的核心竞争力。

中国出版集团国家级大奖获奖总数从"十一五"的 111 项增加到"十二五"的 137 项,增长 23.42％;版权输出从"十一五"的 1044 项增加到"十二五"的 3338 项,增长近 220％。年销售 10 万册以上的图书,从 2011 年 48 种上升到 2015 年 82 种,增长 70.83％。集团在"五个一工程"奖、中国出版政府奖、"中国好书"榜、全国图书零售市场占有率等 12 项重要出版指标上位居全国第一。以强导向强质量为中心,创新内容生产,努力开创出版主业新局面。以调结构强实力为中心，创新发展方式，努力开创产业经营新局面。以强党建强动力为中心，推进企业文化建设，努力开创人才强企新局面。

"十三五"时期，浙江出版联合集团提出，将坚守出版主业不动摇，坚持文化责任不懈怠，坚定走规模化、集约化、专业化发展路子，以优质内容建设为根本，以信息技术建设为支撑，着力抓好博库全媒体文化传播平台、在线教育服务平台、文化物联平台和出版物目录信息平台等四大平台建设，构筑各种资源和要素互联互通的产业发展新格局。

上海世纪出版集团要通过搭建多样化的阅读推广平台，加强与政府和社会力量的合作，并积极探索各类文化活动商业模式，扩大世纪版图书市场影响力。山西出版集团提出，要坚持"内容为王"，不断开发优质内容，提高内容的品牌影响力。

北京出版集团充分开发"十月"品牌价值，筹建成立十月文学院，推出更多的名家力作，全面提升北京文学创作和出版的社会影响力。

## 4.2 加速与新媒体深度融合

"十二五"初期，各出版集团纷纷提出向数字化转型。五年间，各出版集团通过积极的探索和尝试，成功实现了当初制定的数字化转型目标，从内容制造到硬件创新和软件研发，大规模、全方位地进行了卓有成效的创新融合。

2011年，上海世纪出版集团提出要加快构建信息化业务平台建设，开拓数字化产品，努力实现业务转型。广东省出版集团在业态创新上利用"三网"融合的契机，开发出版物的网上阅读、网上销售及服务等电子商务。与互联网运营商和三大通信运营商合作，共同建设数字内容加工、投送平台，开展全媒体出版。

2015年，新旧媒体的融合成为我国出版传媒业发展的主流趋势。这一趋势也将延续至未来相当长一段时期。

读者数码代表读者集团的新生力量,目前已经成功研发并推出了8代电纸书、平板电脑和智能手机,同时将最新电子信息技术和互联网技术等科技成果运用到文化出版领域,形成了以"读者云图书馆"为主体,以"数据加工业务"和"读者智能终端"为两翼的"一体两翼"发展格局。

目前,中国教育出版集团正努力从内容提供商向教育服务提供商转型。集团旗下的高等教育出版社已经做了初步的尝试,目前已有75门视频公开课上线。从2012年到2015年,中国教育出版集团以中国高校为主体,建成1000门视频公开课,此外还制作了1.2万种电子书。

2015年,江西出版集团以发行股份和募集资金的方式投资26.6亿元并购北京智明星通科技公司,利用其90%的业务在海外的互联网国际化和超过40个国家的市场推广的优势,进一步提升集团现代出版的国际竞争力。2015年,智明星通发展迅速,贡献了数亿元的净利润,其自研游戏《列王的纷争》被Facebook评为2015年度最佳游戏。

天津出版传媒集团推动相关出版单位开发建设数字内容运营平台,建立百花"听式"阅读文学资源库,打造"《科幻Cube》出版文化产业平台""百花短篇文学"和"百花文学门户"媒介融合产业平台,建设MPR技术应用及全媒体数字出版平台等。

安徽出版集团推出"时光流影"社交互动平台2.0版、3.0版、英文版,规划建设4.0版,上线一搜成书、视频书、定制书等新品种,推出视频、音频、时光银行等新功能。

四川新华文轩提出,要适应媒体融合发展新常态,不断提升传统书报刊、影视、艺术、音乐、动漫、网络出版等各种媒体传播能力,成为行家里手。还要积极转型,适应"互联网+"发展新常态,着力重构出版发行产业链,融入数字出版、信息教育、按需印刷、电子商务、智慧书城等新兴产业形态,全面提升行业运行效率和竞争力。

## ☐ 4.3 持续深化改革优化管理

转企改制是实现出版业改革发展的根本途径,深化改革势在必行。在过去五年中,以股改上市为标志,各出版集团不断深化改革,着力打造真正的现代企业。通过持续不断的改革,集团规模和竞争力显著提升。

"十三五"时期,改革渐入佳境的出版集团充分意识到现代企业制度的优越性,持续深化改革,优化管理,进一步解放生产力,增强企业活力,将成为共同的选择。

浙江出版联合集团将实施股份制改造,探索建立混合所有制企业组织形式,鼓励有条件的企业探索建立股权激励、项目入股等激励机制。

凤凰出版传媒集团主动适应深化改革新局势,着力落实新一轮制度创新,形成符合现代企业制度要求,体现文化企业特点的资产组织形式和经营管理模式,用企业化思维和方式管理各级高管,包括合股企业。

吉林出版集团内控体系全面启动,将进一步规范财务行为、提高财务管理水平;通过改进和加强内部控制管理,实现产品管理制度和流程规范化。

长江出版传媒以深化改革为动力,在党的领导与企业法人治理结构的结合方式、集团公司与上市公司融合发展的领导体制与协调机制、企业产权制度、企业经营机制、资本运作、企业管理六个方面进行改革创新。以跨行业、跨地区、跨媒体、跨所有制"四跨"重组与并购为主要手段,推进混合所有制改革。

山东出版集团完善薪酬管理办法,重新修订薪酬管理办法,完善以绩效考核为基础的薪酬分配制度。完善对各子公司的考核办法,均衡考量企业发展的长期绩效和短期绩效,通过合理的考核兑现相应的薪酬,充分调动各方面的积极性。

重庆出版集团在思想观念、管理体制、运行机制、人事用工和分配制度以及增长方式等方面加大改革力度。大力发展混合所有制经济,既在集团层面探索引进战略合作者,建立现代企业制度,又鼓励下属公司结合自身实际积极开展对外合作,实现双赢。

中国人力资源和社会保障出版集团将继续加快集团现代企业制度建设，完善以产权为纽带的母子公司治理结构，进一步深化已有的 5 个子公司改革，探索多种所有制模式，促进子公司的规范高效经营。同时积极推进股份制改造，组建股份公司，优化资本结构，探索投资主体多元化和跨地区、跨行业、跨所有制兼并重组，努力提高规模化、集约化、专业化水平。

## 4.4 股改上市或现新一轮风潮

上市是出版集团重组后实现产业转型、实施重大项目、优化企业形态、迅速做大规模的必要手段。"十二五"时期，上市始终是出版集团改革发展的关键词。

过去五年中，先后有凤凰传媒、中文传媒、长江传媒、大地传媒、青岛城市传媒、读者传媒等成功登陆资本市场。2014 年 11 月 18 日，北京出版集团旗下的京版北教文化传媒股份有限公司在全国股份转让系统公司举行挂牌仪式，成为全国首家登陆"新三板"的国有控股图书发行企业。2015 年 11 月 12 日，天津出版传媒集团上市壳公司天津滨海能源发展股份有限公司发布公告，接公司控股股东天津京津文化传媒发展有限公司通知，目前正在筹划关于该公司非公开发行股票募集资金的相关事宜。

刚刚进入"十三五"的第一个月，南方传媒也迎来了网上申购，并于日前登陆 A 股市场。

可以预测的是，"十三五"时期，出版界将再次迎来多家上市出版集团。目前，中国出版集团公司、中国教育出版传媒集团、中国科技出版传媒集团等"中"字头国家级出版集团继续加速上市进程。同时，河北出版传媒集团、山东出版集团、吉林出版集团、黑龙江出版集团的上市进程也都取得了实质性进展。

近日，中国出版传媒股份有限公司的 IPO 预披露材料出现在证监会网站，中国出版拟发行不超过 3.645 亿股，募投项目拟投资总额为 23.15 亿元。IPO 募集资金将投向包括中华国学资源总库、在线教育和数字图书馆的建设运营、云服务平台等 12 个项目，合计总投资额达到 23.15 亿元。

## 4.5 跨界发展成主流共识

如果说"十二五"初期，关于多元发展反哺主业还存在一定的质疑声，经过五年发展，跨界多元发展已经成为出版业的普遍共识，并成为改革发展的基本理念之一。多元链条布局涉及影视、新媒体、动漫、手机、电视、金融、旅游、地产等等，成为各集团业务新的赢利增长点。

"十三五"时期，跨界发展大趋势已清晰可见，出版集团将利用"文化＋"模式，选择多元化发展，打造"大文化"产业格局，甚至广泛涉猎医药、物流、地产等产业，成为综合的产业集团。这一趋势通过近两年各出版集团在产业布局上的新动作已经充分显现。

2014 年，中国教育出版传媒集团联合中国教育电视台、华夏电影发行有限责任公司发起成立全国校园电影院线，教育部、国家新闻出版广电总局共同支持，这是中国教育出版集团跨媒体发展的重要一步。

中国科技出版传媒集团投拍娱乐节目《两天一夜》大获成功。

凤凰出版传媒集团继续拓展文化金融业务，提升文化地产价值，进一步创新经营酒店板块。安徽出版集团大力发展智慧建筑、智慧能源、火灾早期预防和高空消防工程业务，争创城市级智慧建筑整体服务提供商。山西出版传媒集团在主业经营上创新方式，以电影院线、生活体验馆、亲子乐园等特色文化业态为依托，配套以餐饮、教育培训、书吧、文化用品经营及文化创意、电子数码及电教产品零售，多途径、多手段拓展赢利空间。北方联合出版传媒全力支持沈阳鼎籍堂文化艺术品有限公司开展艺术品拍卖、展览、零售、培训及与其他知名艺术品公司的业务合作，实现发展新突破。

## 4.6 人才重视度进一步提升

人才强企已经成为"十二五"时期各出版集团改革发展的重要抓手，各集团纷纷出台一系列政策加强人才的培养和引进，创造人才成长的有利环境。

2012年4月，中国出版集团公司在热烈庆祝成立十周年之际，召开人才工作会议，实施人才强企战略，第一次大规模地在全集团范围内公开选拔后备干部。整个选拔过程历时5个月，稳妥有序，注重质量，关注度高，参与度高，满意度高，选拔公开、公平、公正，后备干部队伍呈现年轻化、知识化、专业化三个主要特点。此后后备干部工作重点由选拔转移到培养、管理和使用上。

湖南出版投资控股集团2012年开始实施"金色人才工程"计划，分为"金平台""金摇篮""金手链"三个部分。"金平台"是指为人才搭建事业发展新平台，"金摇篮"是指始终坚持"以事业吸引人、以情感凝聚人"的人才理念，让人才在宽松、自由、舒心的环境中发挥作用、奉献才智。"金手链"是指继续稳步推进薪酬改革，不断研究建立薪酬与产业联动增长的长效机制。

中国科技出版传媒集团着力构筑科技文化人才高地，加强集团人才队伍建设，优化创新型科技出版人才队伍；加强一流编辑、创意、营销、管理领军人才的引培力度；健全人才评估体系和激励机制，推出有力措施留住、用好人才。

凤凰出版传媒集团提出要进一步深化分配激励机制改革，加强优秀人才培养选拔和引进工作。充分发挥工会、职代会的作用，保障员工合法权益，不断提高员工幸福指数。

"十三五"规划建议提出："深入实施人才优先发展战略，推进人才发展体制改革和政策创新，形成具有国际竞争力的人才制度优势。""十三五"时期，随着出版集团在转型升级、创新融合发展过程中对人才的迫切需求，对人才的重视度将进一步提升，人才的激励和服务保障体系也将更趋完善。

## 4.7　"走出去"方式更立体更丰富

出版集团在过去五年的"走出去"实践中呈现出突出的特点：一方面做强

"内功"，推出了大量针对性的"走出去"精品图书，另一方面与业内外企业合纵连横，整合优化"走出去"资源，提升"走出去"实力。

在版权输出呈现良好态势下，出版集团数字版权输出也稳步提升，同时注重加强与海外文化企业通过交流活动增进了解。此外，通过海外并购或者合资拥有当地的本土公司也成为不少大型出版集团"走出去"的重要举措，且并购对象大多为当地极具影响力的出版企业，有效扩大了中国出版企业的海外影响力。

2012年5月24日，四川新华文轩出版传媒股份有限公司与中国国际出版集团旗下新世界出版社在成都签订战略合作协议、实施走出去战略合作协议和图书供销合作协议。

2012年，山东出版集团下属的山东友谊出版社首先在国内建立两所尼山书屋。自2013年起，尼山书屋开始走出国门，目前已在马耳他、俄罗斯、波兰、新西兰、意大利、阿根廷、澳大利亚、美国等9个国家设立13家海外尼山书屋，成功举办一系列文化活动并开展国际出版。

时代出版传媒股份有限公司品牌产品"时光流影"海外版于2015法兰克福书展期间正式发布，通过与德国、美国、英国、印度、韩国等十多个国家和地区的出版机构深入洽谈，现场达成版权输出项目近20项。公司旗下安徽少年儿童出版社与黎巴嫩数字未来公司共同合资打造的时代未来有限责任公司于2015年9月在黎巴嫩首都贝鲁特正式注册。

2015年8月，浙江出版联合集团旗下浙江少年儿童出版社收购澳大利亚新前沿出版社（New Frontier Publishing），成为中国专业少儿社进行海外并购的第一次探索。

继2014年成功收购美国童书龙头企业PIL成立凤凰美国出版公司之后，2015年5月，凤凰美国控股公司在美国芝加哥市揭牌，这是凤凰出版传媒在美国注册成立的又一家实体公司，在纽约州、伊利诺伊州、特拉华州等各地均设有办事处，业务涉及投资、金融、文化产业等，是凤凰传媒搭建北美战略发展平台的重要基础。

在国家加强国际传播能力建设、经济发展全球化、区域经济一体化、文化与经济协同发展的大背景大趋势下，"十三五"期间出版业将迎来走向世界的最佳机遇期。

【链接：《中国出版传媒商报》2016.2.19，田丽丽《出版传媒集团避同质化求专业化》】

# 第5章　从五年市场数据看"十三五"走势

2015 年是全面完成"十二五"规划的收官之年,亦是"十三五"规划编制之年。《新闻出版业"十二五"时期发展规划》明确提出:"到 2015 年,我国图书出版品种数要达到 41.9 万种,年均增长 5.0％;图书出版总印数达到 79.2 亿册,年均增长 2.0％;人均年拥有图书数量达到 5.8 册/人,年均增长 1.5％。"

五年来,中国出版通过优化顶层设计,加强贯彻落实,取得了令人瞩目的成绩。据统计,"十一五"规划最后一年 2010 年中国出版各类图书 32.8 万种。2011 年达到 37 万种,2012 年 41.4 万种,2013 年 44.4 万种。2015 年是"十二五"规划的收官之年,我国年出版图书品种估计可达 50 万种,高居世界之首,全国图书零售市场总体码洋将超过 500 亿,远远超过了"十二五"发展规划对新闻出版业的要求。

随着我国经济进入从高速增长转向中高速增长的新常态,出版业作为意识形态的前沿阵地,文化安全的任务依然艰巨。在这一背景下,"十三五"将成为中国文化产业提质升级的关键时期,是初步形成传统出版和新兴出版融合发展格局的重要阶段,也是我国从出版大国向出版强国迈进的关键五年。我国出版业在继续深化改革,推动提质增效发展,完善出版管理体制和出版生产经营机制,优化主题出版,强调经济效益和社会效益统一的同时,迫切需要保持健康快速可持续的发展,完成推动文化产业成为国民经济支柱性产业的战略任务。

本文根据 2011～2015 年 5 年"商报·东方数据"进行分析,包括整体市场指数变化及分析、出版社市场份额排名变化及分析、细分市场份额变化及分析、畅销和长销产品分析等。

## 5.1　整体市场指数周期规律明显

2011～2015 年各月指数如表 5.1 所示。从年度指数来看,2012 年下降后,2013 年小幅回升,2014 年指数再度探底,2015 年重新走高。从指数月份分布来看,整体市场指数呈现明显的周期性规律。暑期的 7 月,寒假、春节的 2 月,新学年开学学汛的 9 月,普遍出现指数高点,而缺乏热点题材的 11～12 月和 4～5 月则是低点。2011～2015 年的指数最高值出现在 2011 年 2 月,为 144.0 点,最低值则是 2014 年 12 月,为 67.4 点。

表 5.1　2011～2015 年各月指数

| 时　　段 | 2011 年 | 2012 年 | 2013 年 | 2014 年 | 2015 年 |
|---|---|---|---|---|---|
| 全年 | 104.3 | 87.6 | 96.6 | 88.2 | 98.2 |
| 1 月 | 127.4 | 102.7 | 109.8 | 105.5 | 104.9 |
| 2 月 | 144.0 | 105.0 | 121.4 | 107.9 | 113.0 |
| 3 月 | 113.8 | 81.2 | 100.5 | 84.1 | 101.1 |
| 4 月 | 99.5 | 75.2 | 87.1 | 73.0 | 85.7 |
| 5 月 | 84.4 | 68.3 | 79.9 | 81.7 | 88.4 |
| 6 月 | 92.2 | 79.2 | 85.2 | 86.1 | 87.7 |
| 7 月 | 131.6 | 110.2 | 126.2 | 114.5 | 114.7 |
| 8 月 | 110.5 | 92.9 | 105.2 | 100.5 | 93.8 |
| 9 月 | 105.6 | 95.3 | 100.5 | 97.8 | 111.7 |
| 10 月 | 91.4 | 83.2 | 86.0 | 71.5 | 89.8 |
| 11 月 | 78.0 | 79.7 | 81.0 | 68.6 | 89.1 |
| 12 月 | 73.6 | 78.4 | 76.3 | 67.4 | — |

## 5.2　零售结构:教育类、社科类领军

### 5.2.1　码洋份额结构:教育类连续 5 年位居榜首

2011～2015 年细分市场码洋份额结构如表 5.2 所示。教育类毫无悬念地维持榜首地位,码洋份额在 3 成上下波动。社科类也连续五年位居榜眼,码洋份额接近 2 成。少儿类的码洋份额逐年上升,连续五年入围前三。文学类码洋份额也逐年走高,自 2012 年起超越科技类位列第四。科技类的

码洋份额逐年下滑,2011 年尚居第四位,2014~2015 年的码洋份额低于 1 成,位列第五。

表 5.2 2011~2015 年细分市场码洋份额

| 类 别 | 2011 年码洋份额(%) | 2012 年码洋份额(%) | 2013 年码洋份额(%) | 2014 年码洋份额(%) | 2015 年码洋份额(%) |
|---|---|---|---|---|---|
| 文学 | 11.70 | 12.42 | 12.34 | 12.69 | 13.74 |
| 社科 | 20.49 | 19.11 | 19.43 | 19.93 | 22.57 |
| 科技 | 12.39 | 11.57 | 10.31 | 9.68 | 8.90 |
| 少儿 | 12.86 | 14.00 | 15.23 | 16.54 | 16.95 |
| 艺术 | 4.57 | 4.56 | 4.79 | 4.74 | 4.77 |
| 生活 | 6.41 | 6.52 | 6.68 | 6.34 | 5.28 |
| 教育 | 29.97 | 30.14 | 30.80 | 29.82 | 27.57 |

□ 5.2.2 品种份额结构:教育类科技类呈下滑趋势

2011~2015 年细分市场品种份额结构如表 5.3 所示。社科类、科技类和教育类长期争夺榜首前三的位置,教育类和科技类大体呈现下滑态势,社科类则是稳中有升,自 2013 年起稳居品种份额榜首。少儿类的品种份额同样逐年上升,自 2013 年起超过 1 成,在 2014 年首度超过文学类,位列第四。文学类的码洋份额则是稳中有升,自 2012 年起品种份额连续四年在 1 成以上。

表 5.3 2011~2015 年细分市场品种份额

| 类 别 | 2011 年品种份额(%) | 2012 年品种份额(%) | 2013 年品种份额(%) | 2014 年品种份额(%) | 2015 年品种份额(%) |
|---|---|---|---|---|---|
| 文学 | 9.68 | 10.17 | 10.10 | 10.28 | 10.55 |
| 社科 | 22.79 | 23.61 | 22.63 | 22.76 | 22.25 |
| 科技 | 24.40 | 23.72 | 22.26 | 21.74 | 21.41 |
| 少儿 | 8.16 | 8.96 | 10.04 | 11.20 | 12.57 |
| 艺术 | 6.92 | 6.84 | 7.67 | 7.43 | 7.49 |
| 生活 | 4.77 | 4.79 | 5.26 | 5.33 | 5.19 |
| 教育 | 22.17 | 20.77 | 21.51 | 20.79 | 20.08 |

## 5.3 出版社排名变化：强者愈强

2011～2015 年出版社集中度如图 5.1 所示。在 2010 年，CR10[①] 和 CR100 均为最低值，CR10 在 2012 年达到最高，2014 年次高；CR100 则在 2015 年最高，2014 年次高。

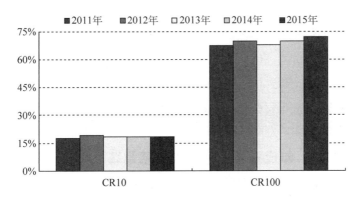

图 5.1 2011～2015 年出版社集中度示意图

纵观 2011～2015 各年出版社 TOP50 榜单：商务印书馆保持榜首地位，2012 年码洋份额最高，达 3.02%。在 2011～2014 年期间，人民邮电出版社连续四年位列榜眼，码洋份额在 2% 以上；2015 年码洋份额略低。在 2015 年，人民出版社取代人民邮电出版社位居榜眼，码洋份额接近 2.5%。机械工业出版社连续五年位列第四，2011～2012 年码洋份额也超过 2%，2013～2015 年码洋份额略低于 2%。

## 5.4 畅销榜：3 种书登榜超 3 次

据 2011～2015 各年畅销榜 TOP20 可知，共有 3 本书登榜次数在 3 次以

---

① CR：经济学术语.市场集中度，用来表示该类市场竞争的激烈或垄断程度，一般用 CR4、CR10 表示。本文中 CR10 数值上来讲是前 10 出版社的合计码洋份额。CR100 是指前 100 出版社的合计码洋份额。

上。其中,南海出版公司《窗边的小豆豆》和浙江少年儿童出版社《狼王梦/动物小说大王沈石溪·品藏书系》连续五年登榜。南海版《百年孤独》则分别在2011、2012、2014 和 2015 年登榜。2014～2015 年连续两年登榜的还有上海人民出版社《追风筝的人》、浙少社《香巴拉·世界的尽头/查理九世 23》和湖南文艺出版社《从你的全世界路过》。

再看 2011～2015 五年的畅销榜榜首书。2011 年,榜首书为中信出版社《史蒂夫·乔布斯传》。2012 年,榜首书为明天出版社《孩子们的秘密乐园/笑猫日记》。2013 年,榜首书为广西师范大学出版社《看见》。2014 年,榜首书为中国书籍出版社《汽车驾驶模拟培训实用教材》。

## 5.5 趋势:年度指数预期低位小幅震荡

在指数方面,"十三五"期间的整体市场月度指数将延续长期以来的格局,年度指数依然会在低位小幅震荡。各月指数中,最高峰将出现在暑假期间的7～8 月,次高峰则是 1～2 月;而在下半年的 10～12 月出现低谷。

码洋份额结构方面,教育类可高居榜首之位,码洋份额保持在 3 成左右。社科类受时政因素影响,可能占据超过 2 成的市场份额。少儿类连续 5 年蓄势待发,码洋份额预期会继续走高,很可能超过 16%。文学类的码洋份额则可能在 12% 左右。科技类的码洋份额可能仍低于 1 成。艺术类和生活类垫底,码洋份额预计在 5% 左右。

品种份额结构的变数较大,教育类、社科类和科技类仍能保持鼎足之势,品种份额均在 2 成以上。少儿类的品种份额有望突破 12%,文学类则依然保持在 1 成左右。生活类和艺术类的品种份额仍将垫底,均在 5% 左右。

出版社方面,集中度预期稳中有升,CR10 继续逼近 20%,CR100 则在70% 左右。凭借教育类的巨大体量,商务印书馆蝉联榜首并无悬念。得益于少儿类市场的规模和发展潜力,人民邮电出版社的榜眼之位应该能得以稳固。机械工业出版社预期仍居第三,但如果缺乏卖座的产品,可能继续留在码洋份额 1％～2％的第二阵营。

出版集团方面,中国出版集团卫冕冠军可谓毫无悬念,码洋份额有望逼近 7％。上海世纪出版集团仍将占据第二把交椅,码洋份额超过 4％。码洋份额 在 3％～4％之间的第二梯队可能竞争更加激烈,长江出版传媒集团、凤凰出版传媒集团、中南出版传媒和吉林出版集团均有望问鼎三甲。

畅销榜方面,"秘密花园"系列在 2015 年一鸣惊人,《秘密花园:一本探索奇境的手绘涂色书》跃居 2015 年畅销榜榜首,但在 2015 年最后一个季度走势乏力。如果没有类似榜单黑马的影响,榜单三甲很可能依旧花落少儿类,"查理九世"系列和"笑猫日记"系列都是角逐榜首的热门。连续多年登榜的常销书,如南海出版公司《窗边的小豆豆》和浙江少年儿童出版社《狼王梦/动物小说大王沈石溪·品藏书系》等,仍有较大可能留在畅销榜 TOP20 中。同时,文学类也有足够实力在畅销榜中博得较多的席位,如诺奖主题的《百年孤独》,日系推理小说《解忧杂货店》《白夜行/东野圭吾作品 02》等,与热播影视作品同步走红的《平凡的世界(全三册)》《狼图腾(修订版)》等,后市均值得期待。

【链接:《中国出版传媒商报》2016.2.19,商报·东方数据专题组　郑佳、毛丽颖/执笔《从五年市场数据看"十三五"走势》】

# 第6章　三大出版望闻问切，把脉"十三五"开局年

## 6.1　大众出版：品种创意与品牌优势共赢

### 6.1.1　新趋势：网络IP、自商业模式、社群经济

多年来，从引领大众出版风潮的板块看，功能性阅读、碎片化轻阅读、与新媒体结合的产品成为新的趋势。聚焦心灵成长的励志书有些过于泛滥，畅销书只能接续前几年的热度，不断推出续集，比如刘同书系。市面上能看到的关于"迷茫""长大""坚强"等元素的作品仍然是当下都市年轻人消解职场和人生压力的必需读物，未来仍是卖点。此外，年轻族群对于电视媒体的热度向网络视频蔓延，由此诞生的一批畅销书与视频节目有效互动，销量不断攀升，成为新的趋势。与民国题材图书出版趋于冷静理性相比，碎片化的短篇故事集成为新亮点，不仅从作品数量上看有丰富呈现，高品质的作品也获得了市场的肯定。除了功能性阅读需求，大众出版领域读者的个性化阅读需求也日渐明朗，而由此带来的"腔调"美食书出版潮即是最好的证据。

传统文学一直是大众出版关注的对象，格非的《江南三部曲》、王蒙的《这边风景》、金宇澄的《繁花》、苏童的《黄雀记》、周大新的《曲终人在》等作品从不同侧面反映了近年来长篇小说创作的思想高度、艺术水准，在题材和叙述上都有所突破。网络文学方面，从《步步惊心》《甄嬛传》开始，一大批改编作品使IP市场陡然升温。2012年年末至2013年年初，改编数量飞涨，2015年《花千骨》《芈月传》火爆荧屏，IP已经成为大众出版的新"撒手锏"。

以阅文集团2015年的重点项目《择天记》为例，该IP由腾讯影业与阅文

集团、柠萌影业、湖南卫视以及腾讯视频联手打造,未来 4 年内,计划出 3 季电视剧。在传统出版社方面,曹文轩儿童文学艺术中心即可视为一个 IP 孵化工厂。2015 年,阿里文学也强势拓进。当前,阿里文学已有多部签约作品,正在进行漫画和动画改编合作、游戏改编合作、网络剧改编合作、电视剧改编合作、电影改编合作的前期筹备工作,预计从 2016 年开始,阿里文学及阿里的合作伙伴们将会在 IP 正向衍生领域陆续产出令行业振奋的成果来。同时,阿里文学也在同合作伙伴尝试进行 IP 的反向衍生,同一些拥有知名 IP 的游戏公司、动漫公司、影视公司进行深度合作,将这些 IP 的内容拓展和传播,同低进入门槛的网络小说有机结合起来,充分调动作者的积极性,最终实现整条 IP 产业链合作各方的共赢。

针对大众出版的营销模式则伴随微信、微博等自媒体的火热开始出现新的商机。以大 V 店、意见领袖为代表的自媒体在诸多爆款阅读产品的分销上开始独当一面,单日销量过万产品屡见不鲜。在此类"自商业"模式下,用户所见即所得,阅读与购买行为几乎同步产生,"自商业"让真实场景需求与消费动机无缝对接,并且逐渐形成品牌影响力。而基于分享即获得的移动互联社交大逻辑和跟随意见领袖分享加强参与感的传播规律,"自商业"影响力的指数级增长引爆点随之而来,背后的分享红利也成为产品引爆的关键机制。

值得一提的是,对于不少童书经营者而言,围绕社群、深入终端去做培训、做童书、做活动也成为另一趋势。其中最为显著的特点是,借由自媒体平台,进行社群的开发、维护、产品销售,并开展线上线下的培训、亲子游等各种活动,最终实现产品到渠道到终端的全线贯通,并可持续品牌建设。更为重要的是,社群掌门、用户(读者)、参与者高度黏合的局面,链条一旦通畅,商业形态将无限可能。

### □ 6.1.2　新力量:集中引爆童书领域

大众出版企业接触市场较为频繁,因此,一些企业率先以骨干编辑为龙头组建工作室,采取单位与个人共同投资、独立核算、盈亏共担的机制来培育和发现人才,探索新的经营模式。人民文学出版社在 2012 年建立的脚印工作室已经成为了业内的经典案例。2013 年 11 月,作家出版社宣布成立"王海鸰工作室",筹建专门的职能部门,充分利用作家自身的品牌,结合出版社编辑、发行和宣传等方面的优势为作家创作、作品出版、影视改编和开发提供服务。与此同时,北京燕山出版社成立了马明仁工作室。燕山出版社的出版定位之一是突出北京特色文化出版。马明仁此前是第一编辑室主任,作为土生土长的北京人,其对北京特色文化非常熟悉。

在童书方面,少儿出版近些年来一直充当着拉动全国图书市场上行的主力军角色。目前,童书零售市场的集中度水平较大,所以这一市场在未来的一段时间内还将持续比较激烈的竞争,后期市场发展的关键在于各社的特色经营与品牌打造。结合商报·东方数据等公开数据信息来看,在走过"黄金十年"之后,当前的少儿出版力量依然是我国整体图书市场中最为活跃的一支力量。就市场格局而言,全国近 500 家出版社参与少儿出版市场竞争,形成了以专业少儿社为龙头,教育社、大学社、专业社以及民营出版企业互相促进的格局,对市场份额的割据上也是近于"惨烈",生存者各怀优势。这两年,以中信出版社童书品牌"小中信"为首的又一拨童书新力量迅速冒尖。小中信已经成立自己的 INHOUSE 团队,在创意阅读产品领域加大研发力度,未来会在少儿认知和科普阅读领域利用强势 IP 带动整个少儿阅读市场的强劲增长。继前几年成立定位于低幼阶段的"魔法象"品牌的广西师范大学出版社,2015 年推出主打青少人群的"神秘岛"童书品牌,设立青少年文学、青少年科普、青少年励志三大产品线板块。品牌成立伊始就出手不凡,签下刘慈欣首次献给少年儿童的科幻作品——"刘慈欣少年科幻科学小说"系列,眼球效应十足。化学工业出版社、北京阳光秀美童书馆是传统非专业少儿社尝试童书出版后成功运营的典范;万卷"最小孩"处于市场打拼进行时状态,艰难但执着;外研社的少儿板块新业务核心产品显然已不仅仅是图书,而是阅读服务——他们为童书出版提供了更为新锐和广阔的思维方式:图书与课程、师训与活动并行,成为"配套基础资源"服务的内容之一。

## 6.2　教育出版：政策影响与技术介入凸显

### 6.2.1　新趋势：政策推动内容改革

近年来，随着教育政策的变动，教育出版进行了"大洗牌"。有些曾经"红极一时"的销售品类开始降温。如 2015 年起中学生学科奥林匹克竞赛、科技类竞赛等 5 个加分项目的取消，导致了相应学科教材教辅出版的"衰落"；2011年起严格实施的"教辅新政"将一些民营教辅出版商淘汰出局；"互联网＋"的兴起，在线教育、教育类 APP、答题网等产品的层出不穷，给纸质教辅带来的冲击更是不言而喻。种种因素导致教辅出版新力量近年来极为少见。

当然，一些新学科、新教育理念的推行，反过来促使了另一批教育出版力量的兴起。2015 年 9 月，教育部审查通过的 11 套"义务教育三至六年级·书法练习指导（实验）"教材正式在全国投入使用，出版社再次掀起"书法出版热"。早在 2013 年教育部正式发布《中小学书法教育指导纲要》，要求将书法教育纳入中小学教学体系，同时明确，义务教育三至六年级《书法练习指导》须经教育部审定通过方能使用，一场关于书法教材市场的竞争开始白热化。2014 年 12 月这场竞争尘埃落定，北京师范大学出版社、广东教育出版社、河北美术出版社、湖南美术出版社、华文出版社、江苏少年儿童出版社、青岛出版社、人民美术出版社、山西人民出版社、上海科技教育出版社、西泠印社出版社11 家出版社的教材从全国 100 多套送审的教材中脱颖而出成为第一批国标书法教材。此外，2015 年，教育部、国家发展改革委、国家体育总局等 6 部门联合印发《关于加快发展青少年校园足球的实施意见》：足球列入体育课教学内容，足球运动作为学校大课间和课外活动内容，足球学习情况还要纳入学生档案，作为学生综合素质评价的参考，还计划以普及校园足球，示范带动校园田径、篮球、排球等其他体育运动项目发展。人民教育出版社的《中小学校园足球用书》，用真人图片对技术动作进行分解示范，首次用先进的 3D 图像技术展示战术运行过程。

一度受困于品种高度饱和、内容高度同质等市场弊端的教辅出版和策划机构,越来越清晰地呈现出向"深度出版"发展的趋向,而这种"深度出版"说到底还是要以优质的内容和服务满足目标群体的学习需求乃至体验需求。在新技术一路深入的大出版环境之下,在新生代学生群体成为互联网、移动终端的骨灰级粉丝的当下,教辅出版在被动与主动中顺应媒介融合的大势,越来越多的相关机构以"多媒介复合出版"作为深度出版的切入口。一批带有互联网和数字出版基因的教辅产品越来越多地参与到市场竞争中来,教辅出版"复合"时代正在全面开启。

### □ 6.2.2 新力量:技术公司涌入结盟

越来越多的出版企业开始注重"出版地理"的布局意识。面对日趋复杂的市场环境,一些有识之士从整体和大局着眼,考虑自身企业的市场与资源分布,以便提高竞争能力,增强竞争地位,最大限度地去实现总体利益,进而纷纷跳脱出固有的出版根据地,通过设立分支机构的形式,将其一部分生产经营能力分散在外省、外市。南京大学出版社和江苏省一些城市展开合作,先后成立淮安中心、常州中心、连云港中心等。譬如,常州近年来积极发展以动漫产业为核心的文化创意产业,常州中心与常州银河动漫发展有限公司合作,推出"晶码战士"的品牌动漫图书;同时,常州在乾嘉时期,涌现出今文经学派,常州中心便重版了清末实业家盛宣怀的"常州先哲遗书"。相似地,自2011年以来,西安电子科技大学出版社已经与杭州电子科技大学、桂林电子科技大学、西安培华学院等院校达成战略合作协议,成立了西电出版社杭电分社、桂电分社、培华分社等高校分社,在整合电子信息类出版优质内容资源上迈出了坚实步伐。

童书出版商拓展家教出版成为教育出版领域的新现象。作为儿童出版品牌,海豚传媒股份有限公司在2014年涉足家教出版,因为"图书出版要服务于儿童,不能仅仅面向孩子,还要面向父母、面向家庭",于是,"父母教练"品牌书系应运而生。无独有偶，2015 年，青豆书坊进一步构筑家教图书出版与线上线下教育培训、讲座的互动格局，形成了家教类服务闭环，为儿童家长提供一站式服务。从 2007 年开始引进出版国外家教图书开始，青豆的家教类图书长期占据家教类畅销书榜，特别是"如何说孩子才会听"书系。

教育出版中另一个显著特点是专业技术公司的涌入。它们为教学教育资源提供了更为完善的解决方案。在 2015 年山西全国图书交易博览会上，多家数字化产品研发公司受到瞩目。2011 年先后获得两轮共计 8000 多万元风险投资的西安博创软件有限公司带来了"导学号"APP 产品，并认定此类产品将代表今后出版业最多读者群的教辅书的未来。据悉，该公司目前已与多家教育出版单位达成合作关系，以"导学号"为纽带，将教辅中每道题目数字化，当学生遇到不会解答的题目，只需输入题目后边的导学号，即可得到专业的分步的讲解辅导。无独有偶，作为一家小学数学领域的个性化教学平台服务商，"狸米科技"于 2015 年 4 月创建，其旗下目前已拥有"狸米学习"和"狸米教师"等互联网教育产品。目前，狸米的内容实现了一至六年级的全覆盖，适配了人教版、北师大版、苏教版、北京版、冀教版等主流教材版本。数字教育产品研发迎来了井喷期。

## 6.3　专业出版：独占资源与跨界优势并重

### 6.3.1　新趋势：特色经营、专业期刊、数字项目

2012～2015 年，全国出版单位围绕"雷锋"主题出版、十八大主题出版、"中国梦"主题出版、"一带一路"、中国人民抗日战争暨世界反法西斯战争胜利 70 周年等集中推出了一批理论研究、宣传普及和实践认知的读本，满足不同层次读者的学习需要，呈现出"井喷"式的出版现象。为此，不少出版单位持续部署主题出版工作，视为重要的板块加以经营，并呈现出从"主题出版年"的专项化，变成常年组织的常规化；从部分出版社"被适应"，变成全行业"自组织"；从出版业自下而上报批选题的"基层探索"为主，逐渐强化为以国家管理层自

上而下总体策划"顶层设计"为核心的三大变化趋势。

对于一些较有特色的专业出版企业,其提升文化销售力的模式则更多元。为了提升文化销售力,荣宝斋积极开拓主业市场,构建全国营销网络,其推进落实"五年十店"工程和拍卖"三跨"工程。目前荣宝斋已在全国范围内开设有10家股份制分店和5家拍卖公司。古吴轩出版社是另一个显著代表。古吴轩为了增强其文化销售力,利用北京已有的拍卖公司,借助于他们已有的拍卖资质、多年的拍卖经验和丰富的客户资源,通过授权品牌和合作经营的模式,更名注册了北京古吴轩国际拍卖有限公司,还在苏州本地成立了古吴轩国际拍卖苏州中心。

对科技期刊的培养,也有望成为专业出版新的亮点。以科学出版社为例,该社的期刊业务划分为三大板块,包括以北京中科期刊出版有限公司和北京科爱森蓝文化传播有限公司为代表的科技期刊集群出版与服务,以《中国科学》杂志社为代表的《中国科学》《科学通报》及《国家科学评论》等高端学术期刊出版,以《科学世界》杂志社为代表的《科学世界》等大众科普期刊出版。科爱公司则是科学出版社与爱思唯尔注册成立的一家合资公司,原以图书业务为主 2013 年转型后的科爱公司致力于为中国的英文版科技期刊提供编辑出版服务,为科技期刊和科研机构提供评价与信息分析等相关业务,以搭建中国科技期刊"走出去"发展平台。又如清华大学出版社,也在初步实现刊群化的基础上走向国际化。该社出版的《清华大学学报自然科学版（英文版）》《纳米研究》(*Nano Research*)、《建筑模拟》(*Building Simulation*)、《网络科学》(*Networking Science*)、《先进陶瓷》(*Journal of Advanced Ceramics*)、《摩擦学》(*Friction*)都属于是英文期刊。《纳米研究》和《建筑模拟》的影响因子更是名列前茅。

对于专业出版领域而言,专业出版企业的市场销售能力的提升,往往并不体现在一般的图书卖场,而体现在对各种专业机构、学术机构的影响上。其中,专业数据库已经成为了专业出版社提升市场销售能力的主要产品。以科学出版社为例,该社积极推进向知识服务的产业转型和升级,实施"数字科学工程",初步搭建起了包括科学文库云平台、期刊出版云平台、医学数据云平台、数字教育云平台在内的知识服务云平台架构。借鉴海外先进出版商的经验来看,学术数据库的研发和贩售,显然是一种颇具潜力的赢利模式,例如数据库 ScienceDirect、SpringerLink 即分别成为了爱思唯尔、施普林格的核心产品,相关领域的大学、企业、图书馆等购买者众。近两年国内的有识之士也已经梳理手中的学术资源,意欲重新进行知识发掘,构建一整套的学科关联体系,搭建学术数据库。

而在选题开发上,专业出版近年的特点可谓紧贴当下。比如大众关注的跑步健身、PM2.5 问题、大数据、互联网金融等都有相当多的图书面世。还有像二孩政策变化,由此带来的影响,可能远不止是有关二孩生育的图书,很可能会给诸如少儿图书市场、教育图书市场都带来较大的变化,这对专业出版企业而言则是另一种商机。

### □ 6.3.2　新力量:品牌创立频繁、资本运作成熟

从事国家政策、经济金融、社科法律等细分领域的出版商对新品牌的打造和规划也有可圈可点之处。2013 年,继"理想国"之后,广西师范大学出版社开始全力打造全新文化品牌"新民说",立足于法学、政治学及社会学等领域。2015 年 6 月,广西师范大学出版社集团有限公司组建济南分社。"国富论"将包括三个板块:学术板块,出版高品位经管学术书;大众板块,出版面向大众的经管畅销书;教育板块,出版青少年经济学教育、财商教育读物,以及高校教材。相似地,法律出版社则在 2015 年推出了全新文化品牌"天下",该品牌以"博稽古今融汇天下"为宗旨,穿越历史与当下,既有大历史叙述又有社会之管窥,以中国问题为出发点,借古今中西之势,为中国未来提供理性透彻之见。

此外,资本运作的成熟有望进一步刺激相关的市场份额和市场影响。2015 年 11 月,杭州蓝狮子文化创意股份有限公司挂牌新三板,最大股东是皖新传媒。随着新媒体的发展,蓝狮子的具体业务范围也在不断变化。近年,蓝

狮子提出战略转型,由原创财经出版机构发展成专业的商业阅读服务机构,打造商业阅读服务平台。蓝狮子也从传统出版向数字出版转型,从内容提供商向内容服务商转型。从2014年开始,蓝狮子试水新媒体,建立"吴晓波频道"。目前,蓝狮子的数字出版和新媒体业务已占其主营业务的一半以上。又如,在旅游出版方面,北京出版集团与德国梅尔杜蒙公司共同投资组建的京版梅尔杜蒙(北京)文化传媒有限公司宣告成立。新公司注册资本3000万元人民币,计划投资总额6000万元人民币,旨在成为"中国最优秀的旅游信息和服务整合提供商",该公司还计划通过3年的努力,实现年经营规模上亿元的目标。

【链接:《中国出版传媒商报》2016.2.19,刘志伟《三大出版望闻问切把脉"十三五"开局年》】

# 第7章　出版细分市场管窥

　　"十二五"期间,出版传媒业体制改革成效显著,产业规模迅速壮大,传统出版业结构优化,新兴出版业态异军突起,令人瞩目。随着文化软实力重要性的日益凸显,"十三五"期间,出版传媒业在传播中华文明、增强综合国力等方面的作用也将更加突出。建立以政策为先导、投入为保障、企业为主体、创新平台为支撑、市场需求为导向、产学研相结合的新闻出版科技创新体系也尤为重要,而策划好出版选题又是实现这一目标的基础所在。《中国出版传媒商报》记者特别依据产品形态、选题视角等层面梳理出多个热点与趋势,以期给更多有识之士以启发。

## 7.1　路径创新

　　**动漫产品形象授权多元化**　　出版企业的原创动漫应更多关注授权开发。动漫产业作为高附加值产业,其高附加值不仅体现在所开发的动漫产品本身,更多的是体现在动漫产品对品牌的塑造力及对周边衍生品销售的拉动力上。北京梦之城文化有限公司目前运营的"阿狸""皮揣子""罗小黑""象扑君"等原创动漫品牌是其中的代表。起初其仅仅是以阿狸为核心,从表情、漫画连载开始在互联网发酵,提供阿狸 QQ 表情、社区模板、壁纸等在内的互联网增值产品;后来扩展到授权和周边开发,三个商业模块共同发展,现在拥有千余款周边商品,品类覆盖毛绒公仔、服饰、箱包、文具、生活用品等;并与包括麦当劳、太平鸟家纺、御泥坊、DQ 冰淇淋、珂兰钻石多个知名品牌授权跨界合作。

**出版走近定制服务** "定制出版"对于客户而言，是宣传手段、营销手段，对于出版单位来说，也是一种值得探索的经营方式。尽管出版的定制服务，在国内陆续显现，但真正关注这一概念，厘清有关模式，将其作为重点项目加以部署的单位还少之又少。江苏美术出版社总编室主任王林军表示，该社在2013年为南京博物院提供了定制出版物"南京博物院珍藏大系"，这也是其进军文博出版的一套重点产品。商业领域也不乏相关的合作与策划。中信出版社的一位知情人透露，中信证券就与其保持密切联系，时常有"定制出版"的需求，此类定制出版物与一般的市场书在内容上没有差别，只是在装帧上加以区分。

**IP 培育火热** 从《步步惊心》《甄嬛传》《裸婚时代》到《琅琊榜》《芈月传》，一大批改编作品使 IP 市场陡然升温。2012 年年末到 2015 年，改编数量飞涨，2015 年整个行业几乎言必称 IP。IP 可以是一个文本故事、一个角色、一个概念以及其他任何一个被大量用户喜爱的事物。因此 IP 的内涵是"可供多维度开发的文化元素"，而它的外延，就是所有的文化产品形态——文学、电影、电视剧、游戏等等无所不包。关注 IP，是出版传媒业不可抗拒的趋势。出版传媒业以及娱乐公司在构建自己的业务领域或生态系统时，需要更灵活的 IP 来孵化和繁衍产品，以发挥优势。

**开发纸质书收藏价值** 在网络阅读和电子阅读的盛行背后，不少业内同仁都对纸质书的未来产生过思考甚至焦虑。特别是纸质书的"信息承载""阅读体验"等功能受到了前者极大的挑战和冲击，正因如此，越来越多的有识之士开始重视纸质书的"收藏价值"。中华书局版《史记（修订本）》，首印版限量印制 2 万套，每套定价 590 元，均有统一编号。限量编号的设定极大地吸引了藏书家、爱书家的争相抢购。与《史记（修订本）》的首印版遭遇热销相似，2013年，《哈扎尔辞典》的中文版时隔多年终于再版，特别是"阴本"的限量问世，对后现代文学情有独钟的读者将其视为收藏的重点品种。

**开发政企机构阅读项目** 政企单位的阅读项目、出版项目一直具备较为长远的开发潜力,目前其发掘程度较浅,仍有不容小觑的利益空间。一些专业类出版机构,凭借自身的行业资源和专业优势,纷纷抓住"大型"的阅读工程,率先在这一领域展开布局,并取得了一定成效,值得业内同仁借鉴和思考。中国石油集团公司在 2013 年持续开展的"送书工程"就是一个典型案例。作为一项知识投资和战略投资,其向员工配发 130 万套由石油工业出版社出版的"中国石油员工基本知识读本"丛书,效果明显。

**电视节目二度开发** 近两年频频针对电视资源的二度开发和利用,俨然成为一股潮流。特别是有了电视台这个强势媒体作宣传后台,节目出书的前景也是潜力看涨。2013 年下半年,亲子节目《爸爸去哪儿》横空出世。第一季的节目刚刚结束不久,节目组趁热打铁 2015 年年初推出电影版,并与中南博集天卷联手出版了同名图书。北京大学出版社在 2015 年接连推出的《姿势对了,你就美了》《最强大脑——陈俊生快速记忆训练手册》,正是由《最强大脑》节目的参赛选手写作,可谓成功抢占先机。青岛出版社在 2014 年力捧的《美丽俏佳人:不美不活》即是黑龙江卫视《美丽俏佳人》节目开播 7 周年之际的第二本书,二者 2013 年合作的《美丽俏佳人:最享瘦》上市后更是一度"卖断货"。

**图书影视版权瞩目拍卖形式** 版权拍卖这样的创新影视版权开发的形式也应引起更多内容提供商的注意和探索。2014 年年末,由作家出版社、北京东方雍和国际版权交易中心主办的"首届中国影视文学版权拍卖大会",就属于这样的一次探索。据主办方公布,此次拍卖大会累计成交金额达 18241 万元。其中,前期交易撮合成交 4681 万元,现场签约 5200 万元,现场拍卖成交 8360 万元。从效果来看,主办方显然颇为乐观和满意,而类似版权拍卖这样的创新影视版权开发的形式也应引起更多内容提供商的注意和探索。除却此次针对传统的文学创作进行影视版权的拍卖,早在 2014 年 8 月,国内首个网络文学作品游戏版权拍卖会在上海举行,"拍品"包括《雄霸蛮荒》《大圣传》等 6 部网络作品,最终,6 部作品累计拍卖价格达到 2800 万元,单部最高拍出

810万元。不难想见，盛大文学试水拍卖旨在将版权交易带入"明码标价"时代，对业内也有着潜移默化的影响。

**网络视频出书潜力大**　这两年，视频出书的风潮格外强劲，由火爆网络视频延伸出来的图书产品已经成为一大亮点。典型的例子包括《侣行》（江苏文艺出版社）、"晓说"系列（北京联合出版公司）等。热门视频改编图书，与同名视频相生相长，但绝不是视频的简单拷贝。图书应该有书的独立价值，尽管在某种程度上似乎存在向网络借势的"嫌疑"。视频衍生书最抢眼的特点就是它不是视频的简单拷贝，是经过大量视频外的挖掘与深访，从视频外资料中采撷最精华的部分，重新结构而成。在动画视频领域，出版商的动作也相当敏捷并且积极运用视频进行推广的反向操作。比如长江文艺出版社与著名原创动漫网站"有妖气"达成合作，主打动画《十万个冷笑话》推出全彩漫画图书。

**童书引进升级原创合作**　原创童书多国合作在几年前还不可能，近年来，这种现象已经有很大改变。当前少儿出版的版权贸易也从单纯的引进、输出，转变为中外联手创作的模式。二十一世纪出版社集团的《熊猫的故事》是该社再次联合日本插画家木下晋及在日本福音社工作多年的旅日华人编辑唐亚明远赴四川成都，对大熊猫的习性、居住环境以及野外生活进行实地采风，从而联手创作的。此外，中国少年儿童新闻出版总社签约曹文轩等人的《羽毛》《河对岸》《挂太阳》《怎样教大象跳》，并分别邀请了意大利、俄罗斯、美国、马来西亚的画家就这些脚本进行创作。天天出版社出版的曹文轩图画书《帽子王》《我不想做一只小老鼠》和《小野父子去哪儿了？》，邀请到了三位意大利著名插画师为其创作。

**增值服务规避盗版问题**　以数字出版为基础，搭建图书产品增值服务的线上平台，让增值服务产生放大效应，显然更值得业内期待。人民卫生出版社依托人卫医学网专门搭建了针对教材、专著、参考书的增值服务平台。该社有关负责人介绍，"人卫社的'增值服务'线上平台的初衷，仅仅是将随书附赠的光盘内容转移到网络。在实际操作中，出版单位又充分利用长期积累的医学数据库。譬如一本内科的教材，可能原书只有作者的 PPT 或少量视频，上传过程中，责任编辑就会从数据库中挑选相符的医学素材搭配进去、充实原作"。这种平台化的内容增值，可谓一种长期的累积服务，对专业领域的读者颇具吸引力，而且还有效规避了盗版问题。

**电纸书优惠组合成趋势**　近年，不少出版社都尝试了纸质书与电子书同步发售的做法，意欲将深度阅读和碎片化阅读相结合，从而形成完整的阅读体验。读者可以根据自己惯常的阅读场景和需求，选择购买纸书或电子书，或者直接购买纸书与电子书的优惠组合包。纸质书与电子书的同步发售的例子在业内也逐渐增多。例如人民文学出版社在 2013 年年初同步推出贾平凹新作《带灯》的纸质书和电子书，实现出版社与电子书销售平台双赢的局面。商务印书馆在 2013 年 6 月推出"18 种小语种汉外分类词典全媒体出版"，在推出纸质词典的同时推出 APP 应用和电子书形式的数字产品。此外，上海人民出版社的《群山回唱》、测绘出版社的《大明猩》等图书都尝试了电子书与纸质书同步发行的做法。类似的做法或许在来年也将继续成为一股趋势。

## 7.2　思维创新

**教辅出版联手网络技术**　在纸质教辅产品资源的基础上，利用新媒介进行叠加、增值生产，成为目前各相关参与力量的一致选择。"二维码＋微视频"正在成为流行选择，而各机构正在探索的教辅复合出版明显不止于此，产品类型初步呈现出多样化，代表产品如华东师范大学出版社于 2013 年推出的《解题高手（微视频版）》。"网络错题本"则是曲一线为正版用户解决手抄错题费时、低效、页面零乱、不方便整理等问题提供的创新型增值服务：对相关中考和初、高中同步图书配备了网络错题本，通过 web、手机应用实现快速的错题整理、变式题推送等功能，实现了图书、网络的结合。世纪金榜在英语图书中引入了"快乐学英语"APP 题库工具，学生遇到难题，用手机快乐学扫描软件进行扫描,可以在手机上查到习题讲解,并形成学生大数据分析,系统可根据学生习题扫描情况给出针对性学习解决方案。

**励志书成就畅销书黑马** 励志书板块的超级畅销书在 2010 年前后集中爆发,当时涌现一批诸如《秘密》《遇见未知的自己》(湖南文艺出版社)、《当下的力量》《幸福的方法》(中信出版社)、《少有人走的路》(吉林文史出版社)等产品。此后,畅销书的数量逐步减少,但每年都会有几家出版机构幸运"中奖",比如中信社的"我的青春不迷茫"系列,广西科学技术出版社的"因为痛,所以叫青春"系列,印刷工业出版社的《世界如此险恶,你要内心强大》等。当前,这一主题图书并未局限于励志故事、散文等成人类别,儿童文学、绘本等作品也层出不穷,这个市场也越来越细分,并且在产品上出现了更为有趣、更为贴近民众生活的品种,虽然没有超级畅销书,但也有不少产品销售业绩不俗。

**"大美术"出版观破解思维定势** 美术出版多年来在业内有些"不温不火"。特别是美术出版给人以"圈内读物"的印象,其出版品种走对应学科道路,往往依托艺术界学会、协会和院校,具有会员式特点,出版的传播服务类似于学报,是给专业人士看的。为了破除这样的思维定势,"大美术"的出版概念呼之欲出。不少非美术类出版社出版了大量"大美术出版"类型的书籍,这类书的市场看好。例如,中华书局出版的扬之水《奢华之色》讲古代金银首饰和其他饰物,3 册定价 200 多元,已销售 1.5 万套;生活・读书・新知三联书店出版的《花间十六声》通过古代各种图像探究《花间词》里涉及的 16 种古代贵妇人用品,已销售 4 万多册,反映服装、手提袋等各种物品设计师作品的《创意市集》也销售了几万册。而《中国古建筑二十讲》,定价 68 元,更是销售 13 万册。

**科学动手实验书崛起** 科普书中的一个分支——动手实验书趋热走势明显。青少科普动手或取材生活详细指导实验过程或配备了完备的工具包,让平面的知识立刻活起来。值得注意的是,关注动手书市场的出版商,具备科技背景的不在少数。近年,人民邮电出版社借旗下《无线电》杂志优势,发展科普图书品牌"爱上科学",并选择发展动手实验书领域。成人动手实验书是近年的一个新鲜板块,其新品的出炉伴随新消费群体的崛起。该类图书并不完全主打科普知识,多为小清新以及喜欢 DIY 的族群设计。例如磨铁图书公司出品的"大人的科学——DIY 手作模型书"(北京联合出版公司出版),在日本已刊行 10 多年,共有 40 多个品种。

**少儿分级阅读积极推进**　"分级阅读"在西方基础教育领域早已成为通识,单就国内而言"儿童分级阅读模式"却依然是新生事物,其对童年阅读规划之功、引导之义还无法得以充分彰显。不少出版社都在"分级阅读"的出版上做出努力和尝试。例如,二十一世纪出版社集团重点推出的"世界经典文学分级阅读文库"就是这样的作品。其希望通过编译队伍确保"世界经典文学分级阅读文库"的水准,着力强化阅读指导,突出"分级阅读"的价值取向与教育关怀,这也恰恰是该套文库区别于市面上诸多"同质化"公版世界经典儿童文学读物的优势所在。相似地,湖北科学技术出版社也引入"青少年科普分级阅读"的概念,推出"中国青少年科普分级阅读书系"。

**环保图书渐受瞩目**　向"污染"宣战,从"科普"开始,是出版企业秉持的一大宗旨,近两年来也有许多环保主题的作品陆续受到读者的瞩目。上海科学技术出版社在 2014 年成功打造的畅销品种《洛杉矶雾霾启示录》即是如此。该社为了确保出版质量的精良,还特别邀请中国科学院地球环境研究所所长曹军骥博士进行翻译。北京理工大学出版社在 2015 年年初推出的《寂静的春天》一书,则是环保运动的奠基著作。

**优势学科带动学术出版"走出去"**　学术出版"走出去"要抓好学术出版内容,以优势学科和新型学科为主,突出中国学术出版和学术"走出去"的重点领域,特别是类似高铁技术这种国内的高精尖技术,需要有更多出版社关注,把经验和技术总结出版。2015 年 4 月,西南交通大学出版社与爱思唯尔合作出版项目"中国高铁出版工程"第一部图书、也是目前世界上第一部专注于中国高铁的英文学术著作——《高速铁路道岔设计理论与实践》正式出版。高铁已经成为中国制造业的一张名片，也是李克强总理重点推销的拳头产品，而中国1.6万公里的高铁网络是总理向外推销产品的底气。

**挖掘图像小说新市场**　图像小说比一般的漫画更有深度，涉及领域较为广泛，适合成人阅读，其作画也与电影分镜头有相似之处，因此很多图像小说已经被拍成了电影。在国内市场，图像小说的出版还非常罕见。人民美术出版社的大众美术编辑室在2015年5月推出了从法国Casterman出版社引进的一套图像小说"朦胧城市"系列。并精选了6种出版：《巨塔》《倾斜的女孩》《沙粒效应》《影子》《撒玛利亚的城墙》《布鲁塞尔》，初具规模。

**医学出版本土化**　在医学出版领域，"本土化"的理念尤为突出，人民卫生出版社的运作颇具代表性。该社国际出版中心主任姬放谈到，"比如我们引进的皮肤病学著作，原著涉及了大量非洲特有皮肤病，而在国内并不存在类似病例，既对有关医师和卫生工作者缺乏实用性，又增添该书出版成本，从'本土化'角度考虑，这些内容都被删去"。相较于专业类的医学图书，像一些医学科普、大众健康等市场图书，进行"本土化"运作的案例则比较常见。青岛出版社分别引进了我国台湾的五种中医著作，在"本土化"时整合为系列图书，从市场定位到涉及装帧保持一致，甚至书名都呈现出系列特色。

**新生代教育理念带来家教书新风向**　近年来，80后父亲和母亲的登场为家庭教育带来了不少新鲜的话题，这一新生代群体的教育理念也越来越多地影响到了家教书的出版，例如"父教"类图书成为家教书市场上新生的突出亮点。其实，近几年来，父亲为主角的家教书渐有苗头，但是并没有明显起色。2013年，电视节目《爸爸去哪儿》火了，"爸爸效应"由此蔓延，出版圈也找到了切入的契机，这便引发了2014年一众家教选题大打"爸爸牌"。

**博物学细分市场重受关注**　科学史上，博物学传统是与数理传统同样重要的两大研究范式。当今许多世界性难题的解决，可能仍然需要发挥博物学思维的特长。近两年，一些出版单位如商务印书馆、北京大学出版社、上海交通大学出版社不约而同地将选题策划的目光集中在博物学上，推出了一批博物学方面的普及著作，将这一稍显暗淡的传统学问重新拉回人们的视野。2014 年 8 月，商务印书馆在上海书展期间推出"自然文库"系列。该系列旨在复兴博物学的传统，"以博物之精神，体悟自然一草一木；以发现之眼光，感受万物有灵且美"。相似地，北京大学出版社在 2014 年年初推出重点品种"徐仁修·寻找大自然的秘密""徐仁修·写给大自然的情书"。

【链接：《中国出版传媒商报》2016.2.19，刘志伟《出版细分市场管窥》】

# 第8章　书业市场营销新态

很多读者都不去实体店了？有电子书等阅读方式,不少读者都不买书了？书业经历的尴尬是在互联网大潮中,传统企业所面临的共同问题,根源是习惯的改变。电商发展改变了购物习惯,新媒体崛起改变了信息获取途径,网络金融出现改变了理财习惯……过去5年的这些变化,使得书业营销方式也在不断改变,其中最值得关注的是:全媒体营销的概念已深入渗透,成为常态。

## 8.1　新态一：创新品牌力

品牌创新是企业营销发展的时代大势,通过品牌创新彰显品牌力是营销的最终目的。在新营销中,如何将品牌力贯穿始终,通过品牌力带动社会效益和经济效益双增长,将成为重要的看点。过去5年是品牌图书建设的5年,尤其在2015年趋势更显:首先,强化产品的标识、包装设计;其次,在营销活动中注意品牌的统一宣传;再次,营销宣传资源向品牌产品线倾斜,加大投入;最后,在品牌产品线建设上制定长远规划,持续发力。

未来,图书市场将面临巨大变革。从产品到渠道平台、从读者阅读方式到购买方式,都会经历快速变化。营销工作最重要的就是快速适应变化,选择有效手段,制定有创意的活动,不断创新产品营销模式。

## 8.2　新态二：全媒体营销

顾名思义,即打通线上线下平台,全方位、多维度营销。书店和出版社像跑车一样,将"自身特色微信＋官网维护＋第三方电商平台"的网络服务平台融入到目前的供应链,与市场需求、实体产品、采购实现四轮驱动,全速运转,从而支撑线下、线上、移动＋其他社会化渠道的全渠道快速发展。

全媒体营销手段的更新同样值得关注。当新媒体营销成为常态,书业营销可以为读者做些什么? 方便读者、提升服务。无论是书店的微信售书,还是出版社的"微书城",都让读者足不出户即可买到心仪作品。三联 24 小时书店的出现如一剂强心针,服务夜间读者。

对于出版社某本书或单个书店的营销来说,全媒体营销大概念也是必备利器。在未来,以读者为中心,以打造特色、从细节提升服务为聚焦点的营销,全方位"攻陷"读者,或许会成为一种必然的趋势。

## 8.3　新态三：社店对接抓准读者需求

在阅读习惯不断改变、电商平台销量不断扩大的情况下,出版社和实体店双方,面对面围绕产品推介和营销推广的实务层面进行对接、交流,洽谈商务、促进合作,共谋传统书业的创新、融合发展,十分必要且值得称道。

人民教育出版社推出了全国第一家人教社全系列产品展示体验店"人教书苑贵州书城体验店",商务印书馆首次在大学校园内开办阅读体验店,海豚传媒连开海豚儿童书店,外语教学与研究出版社开展有 120 人参与、遍及 320 个县市地区的驻店巡店进校园活动,以及高等教育出版社等高校出版社深入营销院校渠道,中国地图出版社将旅游图书上架到 7-11 便利店、少儿图书和地球仪上架到家乐福等超市加大专业渠道营销开拓力度等,都是社店渠道对接、开拓的有效举措,成效显著。

## 8.4　新态四：微营销服务读者新径

过去 5 年里,刷微信、刷存在感已成潮流,书业在微信营销也已找到了"门道"。自 2014 年始,书业微信营销"千树万树梨花开",呈现爆发态势。微信预告成为越来越多参与活动读者的信息渠道和店面活动的信息聚集地。书业重视加强新媒体的宣传力量,并且注重做好大型活动与专项活动微营销的时间差。目前,业界存在这样一种说法:微店购书的读者最大特点是晚上睡前下订单,这也显示出微店卖书的便捷性。微书店已经成为读者的随身书店,而其带来的营销效果也逐渐显现。

## 8.5　新态五：多元改造吸引读者进店

在数字阅读、电商平台等多重冲击下,"文化中心"概念或许已成为实体书店转型升级的发展新趋势。大书城重装成文化休闲体验中心获"新生"。个性小书店主导主题创意。大书城升级的同时,新华书店对个性化小书店的探索也在不断尝试,试图打造一种全新的有别于传统新华书店的经营模式、阅读体验,尝试开拓新华书店有关文化创意的全新子品牌。

"3.5代"书城后的挑战。书城升级,带来了经营环境、读者群、消费方式的改造,效果在多家改造后的书城可以说是立竿见影。但在升级改造的过程中,不少书店减少图书品种、增加多元产品的做法,也引起一些业内人士的担忧。

## 8.6　新态六：单品营销稳定卖场销售利器

营销是图书销售的灵魂,抓住常销书、畅销书,对书店出版社营销来说,是一个有力的保障。其中,单品营销更是营销策划中的一种重点推销法则,即用一个品种的营销来带动整个书店卖场其他品种的销售。如2013年,中华书局的发货码洋达4.2亿,其中70%是常销书。市场变化、图书品种多、客户选择困难,因此,需要给客户提供精选图书,同时利用20%的产品创造80%的销售。

## 8.7　新态七：造节营销

造节,是零售企业惯用的一种营销手段,在传统节日之外,企业自发创造

"节日""庆祝日",刺激消费、引起消费者的品牌关注度。近两年,"京东6·18""双11""双12"等,一场场始于网络的造节消费活动,让每个行业都没法回避,也正不断刷新书业的销售纪录。借助网络力量出现的造节销售,必须为书业营销人所重视。

### 8.8 新态八:异业合作为读者奉献文化盛宴

转型、升级、多元化经营一直以来都是书店在激烈市场竞争中最关注,也是最头痛的难题之一。就多元经营而言,如何更好地实现异业合作已经成为书业关注的重点,一些市场嗅觉灵敏的出版发行机构早已抢滩布局教育培训市场,投石问路;而一些个性书店,通过组织中外交流合作活动,成为异域文化聚集地。

### 8.9 新态九:出版众筹找到读者再出书

怕图书销量不好?担心图书关注度低?开店钱不够,手头紧,来众筹吧!近两年的书业热词,众筹必然占据一席之地。仔细观察,所有众筹式的成功都集合了这些经典元素:一个听上去颇具吸引力或是创意的项目、一群狂热的支持者直接向这个项目发起捐赠赞助。而出版众筹是一种让读者选择、分类特别强的方式,可以让出版社很清楚地知道这本书的受众群在哪里。

### 8.10 新态十:跨界多维服务读者

近几年里,书业兴起"跨界营销"的热潮。出版社通过对跨界营销这种新商业模式的探索扩大品牌影响力。

双线打造品牌,增强不同消费群体的认知度。跨界营销的新商业模式,能够实现从不同路径打动不同消费群体的效果,无论从影响力还是赢利上都事半功倍。

多维服务读者,增强原有读者的消费黏度。近年来,出版社不断开发衍生产品，一方面是受到出版行业"蛋糕"瓜分愈加困难的影响，一方面是由于读者的要求不断提高，出版社提供的服务已远远不能满足当下读者的需求。在此基础上，2015年的出版行业显现出通过跨界营销的模式从多个维度为读者提供更为全面服务的现象。

## 8.11　新态十一："选秀"营销增强读者互动

对"选秀"营销书业可谓后知后觉，搭上了"选秀"热潮的末班车，不少出版单位纷纷大打"选秀"营销牌，注重实现读者的参与度和体验度，吸引了来自业内和社会上的广泛关注，不但打响了品牌，也带动了销售。

立足传统文化，"选秀"活动凸显出版行业优势。出版单位经营文化多年，往往手握丰富的内容资源和人脉资源，发挥自身资源优势，顺应当下传统文化的热潮和"选秀"的热潮，举办主题营销活动，可谓是"近水楼台先得月"，如由中国出版集团主办的"诗词中国"传统诗词创作大赛。

聚焦业内实务，集体"选秀"带来品牌、销售双丰收。通过整合资源充分利用线上和自媒体优势，助力实体店销售，共创共赢。

【链接：《中国出版传媒商报》2016.2.19，邹昱琴、王双双《书业市场营销新态》】

# 第9章　文创产业开疆拓土前景可期

2000 年,党的十五届五中全会强调完善文化产业政策,推动有关文化产业发展,这是中央文件首次提出"文化产业"概念。经过 15 年的发展,中国文化创意产业从无到有,从无序竞争到政府引导,行业监管让位于市场的力量,新的产业格局终将建立。出版是文创产业的重要组成部分,借助出版业原有品牌资源和渠道资源优势,向整个文化创意产业拓展,对于出版集团打造全新产业链、丰富和提升产业业态具有深远的意义。在向文创领域拓展的进程中,从来不缺乏机遇。

## 9.1　文化产业发展机遇

近两年,似乎没有哪一个领域像文化创意产业一样,受到国务院及中央各部门、各地方政府的全方位持续关注。公共需求增长、政策不断出台、地方专项资金扶持等,无不昭示文化产业进入快速发展轨道。

**政策"暴雨"全面覆盖兼顾重点。**2013 年、2014 年,一大批涉及文化产业的重要政策和规划相继出台。政策中,既有对文化与相关产业融合的关注,也有对区域间协同发展的鼓励,如"一带一路"战略、京津冀协同发展等,还有地方政府对当地文化产业的支持。可以说,从国家到大区域再到地方,文化产业相关文件覆盖全面。

与此同时,全面之中,又不乏对重点领域的关注。文化与金融、文化与体育等细分领域相关文件的出台,让文化产业的外延得以拓展,并且在融合过程中细分领域也得到深度创新与发展。

**"一带一路"战略布局带来新机遇。**2013 年,习近平主席在哈萨克斯坦提出了"丝绸之路经济带"的合作倡议。2015 年 3 月 28 日,习近平主席在博鳌亚洲论坛 2015 年年会开幕式上发表主旨演讲,使得世界的目光再次聚焦到"一带一路"构想上。促进东西方的思想交流和文化交融,是古丝绸之路不可磨灭的历史作用。因此,文化在"一带一路"建设过程中,有其特殊的作用和地位。举办高端论坛、开展艺术交流、推出专项基金,各地方和单位抓住"一带一路"战略,积极布局发展。

**"互联网＋"让创新力无处不在。**2015 年,李克强总理在政府工作报告中首次提出"互联网＋"行动计划。互联网与文化产业高度融合,激发创新力,推动了产业自身的整体转型和升级换代,也为我国整体经济发展提供了重要动力。其表现在,互联网激发文化消费意愿,提升服务;互联网打通文化领域产业链,消除壁垒;互联网创新文化金融合作模式,实现跨界融合;规范互联网文化生态,促进产权保护。

## 9.2　出版集团文创拓路

在文化大发展的新时代,身为文化企业的出版集团开始注重传承文化精粹,积极涉足文化和创意领域,这一现象愈发多见。

**拓路一:影视投资热来袭**

2014 年,由于与互联网娱乐的紧密联系,影视板块的业绩全年持续强劲增长,影视细分龙头与出版传媒企业纷纷参股互联网公司凸显了这一趋势。不过各出版集团在影视产业的投资路径则不尽相同。

以版权开发为手段,参股优质影视资源。湖北长江出版传媒集团将图书的改编权转让,发挥电视剧对图书销售的拉动作用;人民交通出版社策划、出版并拥有自主版权的《中国港口》引发关注。

以强力资本注入,进军影视制作。新华文轩于 2008 年全资成立的北京华影文轩影视文化有限公司至今投资额已上亿;中文传媒 2013 年提出影视板块

"品质提升年";凤凰传媒不仅旗下有多家业务涵盖影视策划的子公司或联营公司,更有凤凰传奇影业和凤凰传媒投资有限公司为其影视制作和影视投资提供双料保证。

以动漫影视为跳板,辐射电视产业。皖新传媒把动漫作为突破影视产业的入口,中南出版传媒集团股份有限公司战略拓展电视媒介领域,强力介入电视节目制作和广告运营,拓展了营业收入来源。

借书店地产资源,联姻电影发行。长江传媒下属的新华银兴影视发展有限公司是由湖北省新华书店有限公司和湖北省电影发行放映总公司合资成立的,主营业务是影院建设,目前已有两座影城开张,其中都设有大型书吧;上海新华传媒股份有限公司也对院线进行投资。

开美术馆成潮流。书画产业是文化产业的重要组成,而且,随着中国书画市场渐趋理性,该产业值得关注。在出版集团中,其主要表现为开设美术馆,并陈列自有非书文化产品。2014年1月,商务印书馆宣布涵芬楼艺术馆开馆,标志着老字号商务印书馆首次涉足艺术市场领域。相似地,文轩美术馆的建立、湖南美术社对旗下三个美术馆的硬件升级,均是挺进各出版单位文创艺术的表现。

**拓路二:发力按需印刷**

江苏凤凰出版传媒集团构建"凤凰印"云服务平台。2013年凤凰印务启动了"零距离"的实践与宣传推广,以点突破、整合成线、以线组面,最终立体推进,给POD的发展提供了强有力的技术支撑,让数字印刷赢利成为可能。随着"中国教图按需印刷国际联盟"的成立,中国教育出版集团的按需印刷发展前景看好。

**拓路三:商业文化地产受青睐**

"商业文化地产"日渐成为出版界的高频词汇。以凤凰传媒旗下的江苏凤凰置业投资股份有限公司为例,其每一个项目从拿地、设计、配套、服务以及环境营造等各个方面,都在围绕"文化核心"展开,深植于城市历史发展及区域人文内涵。此外,安徽出版集团与安徽省投资集团"战略牵手",其中就包括共同开展文化置业、地产营销等业务。

**拓路四:出版众筹初尝试**

"众筹"概念在 2014 年越来越频繁地被出版业所提及。学林出版社的"人文社科学术著作自出版平台"、知识产权出版社正式上线"来出书"图书自助出版平台等,都是出版社对"众筹"项目的初探。

## 9.3 出版业外文化企业行动路径

如果说出版业内的文创发展处于探索阶段,那么业外的文化企业发展可谓轰轰烈烈。

**大型文化投资集团"跑马圈地"打品牌。**2014 年,中国对外文化集团公司创造了年演出场次超过 4800 场,年观众总量超过 400 万人次的成绩;云南文化投资集团通过建设文化园区、文化旅游、文化金融投资等方式,2013 年年底,集团资产达 66 亿元,5 年增加了 50 多亿元。可以说,以并购和子公司形式的"跑马圈地",大型文化集团逐渐打造自身品牌,加强竞争力。

**文化金融炙手可热。**我国文化产业投融资已初具规模,2012 年投融资总额为 5000 亿元。根据公开信息的整理和测算,2016 年文化产业投融资规模将突破 1.2 万亿元。对于文化企业来说,具有较强地域性、分散性、原生性和文化底蕴深厚是寻找融资的核心;就银行来说,文化金融创新的第一个方向是"专业化投行的金融理念";第二个方向是整合多方资源,实现各方共赢。

**文创众筹群雄四起,全民皆可创意。**截至 2014 年年底,国内已有 128 家众筹平台,覆盖 17 个省(含直辖市、自治区,不含港台澳地区)。2014 年度,15 家主要商品众筹平台成功完成筹资的项目总数为 3014 个,成功筹款金额约为 2.7 亿元,活跃人数至少为 70 万人。2015 年度,众筹项目正逐渐走向多元化。

**文艺演出"走出去"步伐加快。**中国对外文化集团公司将 2015 年定为"全球推广年",并在资本合作、音乐剧发展、会展活动、配送体系等方面提出了可行性措施;上海梦东方文化投资有限公司通过把中国文化故事用时尚和娱乐的方式"走出去";北京天创国际演艺制作交流有限公司成功开拓"一个剧目国内驻演同时国际巡演"的经营模式。

**3D 打印市场渐趋多元。**根据市场调查机构 TMR 公司最新发布的一份报告显示,全球 3D 打印市场在 2012 年市值为 22 亿美元,预计在 2019 年将达到 72.4 亿美元,2013~2019 年的复合年化增长率为 16.8%。在 2012 年,北美是全球最大的 3D 打印市场;欧洲地区紧随其后,对 3D 打印技术的需求在近年来也呈增长的态势。随着越来越多 3D 打印企业的出现,3D 打印机市场也呈现出款式多样、规格各异、销售模式多元的特点。

【链接:《中国出版传媒商报》2016.2.19,邹昱琴、王双双《文创产业开疆拓土前景可期》】

# 第10章　"走出去"现状走势

　　数据显示,近年来,我国新闻出版业"走出去"成效显著,版权贸易逆差已经由 10 年前的 15∶1 缩小为今天的 1.7∶1,对发达国家的版权输出 10 年间增长了 77.65 倍,一批反映中国梦、中国道路、中国模式、中国经验的主题图书进入西方主要国家的主流人群。这背后,是有关方面加强统筹规划、推动重点工程取得突破的结果。如《新闻出版业"十二五"时期"走出去"发展规划》《关于加快推动中国新闻出版业国际布局的实施意见》等先后出台,针对不同区域,制定差异化"走出去"战略;"经典中国国际出版工程""丝路书香工程"启动实施,该工程针对丝路国家的不同特点,强调多国合作等。

## 10.1　中国图书走进国外主流市场

　　近年来,国内出版社总体强化了四方面的内容输出:一是以传播当代中国主流文化为主要内容的中国主题图书;二是以当代实力派作家及其作品为主体的中国文学图书;三是以让国外读者学好汉语为目标的对外汉语教材;四是以弘扬中国优秀传统文化为核心的中国传统文化图书。

　　"十二五"期间,凤凰传媒旗下江苏科技出版社的"中国长城出版工程""中国运河出版工程",上海交通大学出版社的"大飞机出版工程"取得重大突破;浙江大学出版社、清华大学出版社、科学出版社等学术出版商通过海外出版巨头爱思唯尔等走出国门;此外,江苏教育出版社的《小学奥数读本(1～6 年级)》《新课标新奥数(1～6 年级)》等教材输出英文版和韩文版;华东师范大学出版社的《一课一练》教辅也成功登陆英国;而建筑设计类图书方面,北方出版传媒每年输出 100 多种,对外贸易额 2000 多万元。中国建筑工业出版社、天津凤凰空间文化传播有限公司、大连理工大学出版社、中国青年出版社等建筑类出版商在这一板块每年都有不少斩获。

除上述方向,童书成为"十二五"期间走出去的一大热点门类,在多个领域取得突破:由中国少年儿童新闻出版总社出版、曹文轩创作的"丁丁当当"系列小说获得 2015 年国际儿童读物联盟颁发的全球最优秀儿童图书奖;2015 年揭晓的博洛尼亚童书展年度最佳童书出版社获奖名单中,二十一世纪出版社获评"亚洲地区年度最佳出版社",这是中国内地出版社首获该荣誉;由少年儿童出版社输出的法文版《三毛流浪记》漫画荣获第 42 届昂古莱姆国际漫画节文化遗产奖;来自北京外国语大学的吴青教授获选为 2016 年国际安徒生奖评委,也是该奖项设立以来的首位中国评委。仅 2015 年,整个中国展团在博洛尼亚童书展上共达成 420 项版权输出。中少总社除了连续独立成团参加博洛尼亚童书展,还承办"2015 年中国原创童书及期刊巡回展",将近千种优秀原创精品图书带进柬埔寨、老挝。北方出版传媒打造出一套"中国儿童文学经典",精选叶圣陶的《稻草人》、冰心的《寄小读者》等具代表性的儿童作品输送到韩国,与韩方签约近 20 项,在韩国本土市场销售 30 多万册。

"十二五"期间,类型文学输出取得重大突破。中国教育图书进出口有限公司(下称中国教图)成功输出作家刘慈欣的"三体"三部曲,截至 2015 年 6 月底,《三体》英文版在北美地区的销量近 3.4 万册;同年 8 月,刘慈欣凭借科幻小说《三体》获得科幻文坛最高荣誉雨果奖,这是中国作家首获该奖,也是中国科幻文学受到欧美主流市场肯定的重要表现。目前,《三体》土耳其语版已于 2015 年 11 月出版,德语版也有望 2016 年推出。据悉,中国教图已经签下了悬疑小说家蔡骏、周浩晖的 7 部长篇小说的外文版版权,之后,更多中国类型图书将输出海外市场。

此外,悬疑文学作家麦家的《解密》英文版也于 2014 年通过企鹅出版社和 FSG(法勒-斯特劳斯-吉鲁)出版社在英美同步上市。FSG 甚至为麦家开出了

5万美元的预付金和6000册印数以上15％的高版税。《纽约时报》《华尔街日报》《卫报》等几大西方权威报刊也都对该书的出版给予好评和赞赏。

## 10.2 "走出去"输出区域、语种更丰富

"走出去"的输出目标区域范围发生根本变化,不再拘泥于我国港台地区,除发达国家和地区外,也开始向发展中国家市场扩展。语种数量也有很大变化,一批重要图书实现多语种对外推广。

中国出版集团连续两年举办中外出版翻译恳谈会暨"一带一路"出版论坛,旗下出版社除了欧美等传统版权输出市场以外,还与俄罗斯、哈萨克斯坦、吉尔吉斯斯坦、土耳其、印度等国家实现版权签约,其中,生活·读书·新知三联书店的《中华文明核心价值观》多语种版权输出;中华书局的《建筑的意境》韩语版权输出,《论语译注》印度语、土耳其语版权输出等签约;商务印书馆与格鲁吉亚签署版权输出合约;人民文学出版社与美国书评出版社及南美两家出版社签署版权输出合约;中译出版社与阿根廷大陆出版社及伊泰勒公司达成版权输出合作意向;中国图书进出口(集团)总公司与LID公司签约;人民美术出版社、中国民主法制出版社、华文出版社与阿拉伯出版商签署版权输出合约。另外,浙江联合出版集团旗下浙江科技出版社从医学保健、农业技术入手开拓非洲图书市场,合作出版了法语版《非洲常见病防治读本》、"中非交流史系列"多语种版本、《汉语斯瓦希里语分类词典》斯瓦希里语版等。高等教育出版社与泰国教育部门和出版机构合作,"体验汉语"中小学系列项目落户泰国,被泰国教育部列入泰国教育部推荐教材,进入泰国国民教育体系,还与泰国BOWT出版社签订"泰国职业教育汉语教学资源合作出版"协议,并与泰国教育部门合作,在普吉女子中学建立全球首家"体验汉语教学示范基地"。

## 10.3 数字化实现输出形态多样化

随着国内出版社对数字出版的不断探索,出版物形态也在发生变化,以数

据库、在线服务形式推出海外的产品数量增多。

凤凰传媒旗下江苏人民出版社与美国圣智学习集团暨圣智盖尔电子图书馆就《南京大屠杀史料集》《中国近代通史》签署合作协议；江苏科学技术出版社的《针灸经络穴位》APP 售价 9.99 美元，累计下载近千次。凤凰传媒通过自建或与国际一流企业合作或并购，构建国际化以及数字化营销平台。中图的"易阅通"项目，聚合 160 多万种海外电子书和电子期刊资源，实现进出口业务的数字化转型，当年实现 4 亿多元的营收。商务印书馆开发供外国人学汉语的词典软件，并发布《牛津高阶英汉双解词典》（第 8 版）APP。中华书局的《中华古籍数据库》即将投入运营，开展落地营销。中国民主法制出版社与全球化的电子书发行代理公司 Trajectory 合作，将中文电子书发布到全球的主流平台上，并提供强大的数据分析和多语言翻译功能。中国时代经济出版社与美国约翰·威立国际出版有限公司启动数字化合作出版项目，为中国审计重点图书搭建一条面向国内外用户的快速通道。

## 10.4　出版营销全方位同步

越来越多的国际合作出版加入了出版营销全方位同步的阵营。如中版集团《中印文化交流百科全书》和《中印经典和当代作品互译出版项目》，是中印两国政府确定的合作项目，采取国际组稿、境外组稿的方法。

中版集团与企鹅兰登集团合作出版的"中国历史文化与当代生活系列"，也将借助企鹅兰登集团的销售发行渠道进入西方主流市场。重庆出版集团相继提出的中韩法项目、"重读中国·行走重庆"项目、"地球村的孩子们"项目，都没有以现成的本版图书作为选题依托，而是通过专题打造的长期多边国际合作项目，由中方提出和主导，实现国际同步出版、同步营销。

## 10.5　并购、控股拓展走出去渠道

除了上述形式外，近年来，国内出版社从版权输出转向国内外合作出版；

从设立海外分支机构到直接收购国外出版机构、成立合资公司等方式,扩大境外投资,输出重点产品,参与国际资本运营和国际市场竞争。

二十一世纪出版社集团与麦克米伦(美国)出版集团成立合资公司麦克米伦世纪公司,运作了一批畅销品种。凤凰传媒对美国出版国际有限公司(简称PIL)的并购成为中国出版业最大跨国并购项目,交易总额为8500万美元,一举获得其分布于美、欧、亚、澳四大洲7个国家的有声童书资产与业务,并拥有迪士尼、芝麻街、梦工厂、孩之宝等国际一流品牌形象授权及沃尔玛、玩具反斗城等全球市场销售网络。广西师范大学出版社集团200万美元收购视觉出版集团、浙江少儿出版社收购澳大利亚新前沿出版社、人民卫生出版社收购加拿大BC戴克公司的全部医学图书资产等,都是出于各自对建筑、童书、医学等产品体系"出海"的需要。

【链接:《中国出版传媒商报》2016.2.19,刘亚《"走出去"现状走势》】

# 第二编　年度大势大事

# 第 11 章　2016 出版政经红利可期

　　2015 年是"十二五"的收官之年,也是开启"十三五"的承前启后之年,这一年的政策动向对于指导未来工作具有重要意义。自文艺工作座谈会召开以来,文化与出版领域以此为纲领,并结合十八届三中全会、四中全会精神以及相关领域的"十二五"改革发展规划,频出政经利好。

　　2016 年,出版机构对社会效益以及主题出版的重视,加强原创力建设以及将网络文艺创作纳入到主流渠道中来,都将给 2016 年带来一些新气象和新变化。相关管理部门还将通过不断提升全民阅读水平、完善公共文化服务体系,为书香社会、知识型社会建设添砖加瓦。

　　《中国出版传媒商报》特梳理 2015 年度政经热点,从中研判 2016 年度产业、行业动向与热点。

## 11.1　社会效益优先,鼓励原创与网络文学

　　习近平总书记在文艺工作座谈会上的讲话,对相应政策的出台具有纲领性的意义。正如其讲话所说,好的作品"应该是把社会效益放在首位,同时也应该是社会效益和经济效益相统一的作品"。讲话还首次提出要抓好网络文艺创作生产,加强正面引导力度。

**《关于繁荣发展社会主义文艺的意见》**

关键词:文艺　人民性　网络文学

　　《意见》与文艺工作座谈会精神一脉相承,同时《意见》提出"要把创新精神贯穿创作生产全过程,大力发展网络文艺",成为其亮点之一,网络文学逐渐被

官方认可,正如习总书记所说"既要有阳春白雪,也要有下里巴人"。《意见》同时要求:繁荣发展社会主义文艺,要坚持以人民为中心的创作导向;要聚焦中国梦的时代主题,培育和弘扬社会主义核心价值观,唱响爱国主义主旋律,传承和弘扬中华优秀传统文化,让中国精神成为社会主义文艺的灵魂,要把思想道德建设放在队伍建设首位。

**《关于推动国有文化企业把社会效益放在首位、实现社会效益和经济效益相统一的指导意见》**

关键词:社会效益　量化考核

《意见》强调,必须始终坚持把社会效益放在首位、实现社会效益和经济效益相统一。当两个效益、两种价值发生矛盾时,经济效益服从社会效益、市场价值服从社会价值。其中对国有文化企业社会效益考核的量化是重要亮点,《意见》指出,"明确社会效益指标考核权重应占50%以上,并将社会效益考核细化量化到政治导向、文化创作生产和服务、受众反应、社会影响、内部制度和队伍建设等具体指标中。"

《意见》也明确了国有文化企业的改革任务,"国有文化企业是发展文化产业、建设社会主义先进文化的重要力量,必须着力建立有文化特色的现代企业制度"。"要完善企业内部运行机制,明确把社会效益第一、社会价值优先的经营理念体现到企业章程和各项规章制度中,推动党委领导与法人治理结构相结合、内部激励和约束相结合,形成体现文化企业特点、符合现代企业制度要求的资产组织形式和经营管理模式。"

**《关于申报中国文艺原创精品出版工程项目的通知》/《关于推动网络文学健康发展的指导意见》**

关键词:原创　精品网络文学

为落实文艺工作座谈会讲话精神,完善精品创作出版机制及推动网络文学健康有序发展,国家新闻出版广电总局首次发布上述两政策。最终77个项目入选原创精品出版工程,国家出版基金规划管理办公室对入选项目进行专项评审,并对通过的项目给予资助。

推动网络文学发展意见的目的是用三至五年时间,使创作导向更加健康,创作质量明显提升,培育一批网络文学出版和集成投送骨干企业,打造一批具有市场竞争力的品牌。相信未来几年会在两项政策推动下,催生一批原创精品。

**《关于做好纪念中国人民抗日战争暨世界反法西斯战争胜利 70 周年主题出版工作的通知》/《关于报送 2016 年图书、音像电子出版物出版计划的通知》**

关键词:主题出版　抗日战争　红军长征

每年中宣部与国家新闻出版广电总局都会发布当年主题出版的通知,2015 年纪念抗战胜利 70 周年是重头戏,总局为此遴选了 120 种重点选题和"百种经典抗战图书"目录,中宣部还对"百种经典抗战图书"重印给予适当资助,总局对此次入选的重点出版物开启"绿色通道",以确保按时保质完成出版工作。

相关部门将加大主题出版专项资助力度,2016 年主题出版专项资助资金将增至 4000 万~5000 万元。2016 年主题出版重点是纪念中国工农红军长征胜利 80 周年、中国共产党建党 95 周年等。

**业界观点——**

**童健(浙江出版联合集团总裁)**:《关于推动国有文化企业把社会效益放在首位、实现社会效益和经济效益相统一的指导意见》的出台需要通过继续深化改革来实现,企业内部在体制机制的改革上下功夫,通过组织结构、管理方式、制度规定、决策程序以及资本投入等各个方面,怎么确保社会效益第一,两个效益相统一,两种价值相统一,沿着这个轨道去运营,这个任务还很重。对于出版企业来说要做两个方面的工作,"一是在出好书、卖好书上更加努力,从选题开始,从内容把关,到最后的营销都做好;二是从企业内部的组织结构、管理方式、制度规定、决策程序等方面深化改革。"

## 11.2　深化现代公共文化服务体系均等化、标准化

十八届三中全会强调"现代公共文化服务体系"及其子项"促进基本公共文化服务标准化、均等化",是对公共文化体系建设概念的深化与拓展。党的十八届四中全会也明确提出,制定公共文化服务保障法,促进基本公共文化服务标准化、均等化。

未来数年文化领域的重要工作,一是通过立法手段保障"现代公共文化服务体系"建设及"促进基本公共文化服务标准化、均等化";二是利用现代数字技术等实现其现代化,新的运营模式实现其社会化;三是均等化,实现"填平补齐",优先保障老少边穷地区及特殊群体的权益。2015 年相应立法及规范性文件的出台均遵循这些精神。落实到新闻出版广电领域,主要是全民阅读活动的推广、农家书屋的补齐及提升、扶持少数民族的新闻出版工作以及鼓励社会资本参与公共服务。

**《关于加快构建现代公共文化服务体系的意见》/《公共文化服务保障法草案(稿)》**

关键词:标准化　均等化

《意见》强调,到 2020 年基本建成覆盖城乡、便捷高效、保基本、促公平的现代公共文化服务体系。《国家基本公共文化服务指导标准(2015～2020年)》与《意见》一同印发。落实到出版领域,主要包括推进"三农"出版物出版发行,完善农家书屋出版物补充更新工作,以县级文化馆、图书馆为中心推进总分馆制建设,加强对农家书屋的统筹管理,实现农村、城市社区公共文化服务资源整合和互联互通。加强老少边穷地区基础公共文化设施建设。加强边

境地区基础公共文化设施建设,如实施盲文出版项目,开发视听读物,建设有声图书馆。《公共文化服务保障法草案(稿)》则是对相应要求的落实。

### 《关于加强新时期中小学图书馆建设与应用工作的意见》

关键词:中小学　建图书馆　落实经费

《通知》要求到 2020 年,绝大部分中小学要按照国家规定标准建有图书馆,基本形成中小学图书馆与公共图书馆、高等学校图书馆馆藏资源共享格局。要求落实经费保障,各地教育部门要在每年教育经费预算中安排中小学图书等馆藏资源购置经费,并向农村学校和薄弱学校倾斜。

### 《"十三五"时期贫困地区公共文化服务体系建设规划纲要》

关键词:贫困地区　填平补齐　达标

《纲要》提出,"十三五"时期贫困地区公共文化服务能力和水平明显改善,群众基本文化权益得到有效保障,基本公共文化服务主要指标接近全国平均水平,对县级公共图书馆、文化馆等公共文化设施"填平补齐"、消除空白,普遍达标、全面覆盖。

### 《新闻出版广电总局贯彻落实〈加快构建现代公共文化服务体系的意见〉的实施方案》

关键词:标准体系

《实施方案》从四方面提出了具体要求:一是加快完善标准体系。二是深入实施重点工程。落实到出版领域,为"深入推进全民阅读,加强公益性出版物出版发行,建设城乡公共阅报屏(栏),构建数字出版物传播平台等重点任务,研究提出发展规划和支持政策"。三是着力提高服务能力。"抓好重大主题出版和重点出版物规划",对特殊地区、特殊人群方面采取倾斜政策给予支持。四是加强科技创新和融合发展。总局将加强关键技术研发和标准制定,

"提升传统新闻出版内容资源的数字化和共享利用水平"。

### 《中华人民共和国公共图书馆法（征求意见稿）》

关键词：公共图书馆　免费　均等化

征求意见稿旨在政府主导、各方参与的基础上，推动公共图书馆服务标准化、均等化，建设免费的覆盖城乡、便捷实用的公共图书馆网络。此外，征求意见稿还表示"中国境内出版单位应当按照国家有关规定向公共图书馆呈缴正式出版物，具体办法由国务院出版主管部门会同文化主管部门制定"。

### 《关于推进基层综合性文化服务中心建设的指导意见》

关键词：乡镇村　整合统筹　提升

《意见》旨在推进基层公共文化资源整合和统筹利用，提升基层公共文化设施建设、管理和服务水平。

落实到出版领域，包括推进县域内公共图书资源共建共享和一体化服务，加强村（社区）及薄弱区域的公共图书借阅服务，整合农家书屋资源，设立公共图书馆服务体系基层服务点，纳入基层综合性文化服务中心管理和使用。在管理模式中，《意见》鼓励加大政府向社会力量购买公共文化服务力度，拓宽社会供给渠道。鼓励支持企业、社会组织和其他社会力量，通过直接投资、赞助活动、捐助设备、资助项目、提供产品和服务，参与基层综合性文化服务中心建设管理。

**专家点评——**

**周正兵（中央财经大学文化与传媒学院院长助理）：** 中国目前的公共图书馆处于发展的初期阶段，即"填平补齐"阶段，争取藏书与人员配备达标。但是图书馆藏书品种及质量与现实需求还有较大差距，利用率极其低下，并且缺失软性服务与自我决策能力，与书店相比缺乏竞争力。而实体书店提供的产品和服务具有外部性,所以不妨先在体制外增量的部分做一些努力,倒逼图书馆提供优质服务。实体书店办的很多公益讲座,本身就具有外部性,类似于公共产品,那么它拥有获取财政支持的合法性。另外从政府购买公共服务这个角度讲也具有合法性,最大的意义是给体制内的图书馆敲敲警钟。美国的公共图书馆就是被倒逼出来的,早期工业化进程中大批农民进城,公共人士建立图书馆,给他们补知识。一开始政府不愿意投资,但是民间有捐助资金投入,并且认为这些事情应该政府做,这样才在波士顿建立了美国第一个公共图书馆。

## 11.3　教材教辅酝酿变革

为了适应简政放权的大潮、行政审批制度改革的需要以及深化教育综合改革,教育部联合其他部委出台了一系列规范性文件,尤其在中小学教材教辅领域,在教材的编写、价格以及教辅管理上均出现一些微妙的变化,将对 2016 年及今后的教材教辅出版市场产业深远影响。

### 《中小学教材编写审定管理暂行办法》修订

关键词:中小学教材　编写审核

此举旨在将已取消下放的行政审批落实到位,修订内容均与教材编写核准有关。原总则第四条中“编写教材事先须经有关教材管理部门核准”及以下对应的具体条文被删除。但教材的初审、试验与发行使用仍需要教育行政部门同意、核准或报备。但这只是中小学教材编写管理改革的第一步,教育部相关负责人表示,将研究制定一个包括中小学教材编写、审定、选用等各环节的全面规定。

### 《关于下放教材及部分服务价格定价权限有关问题的通知》

关键词:教材定价　下放

《通知》确定将中小学教材定价下放到省级价格主管部门管理,“列入中小学用书目录的教科书和列入评议公告目录的教辅材料印张基准价及零售价格,由省、自治区、直辖市人民政府价格主管部门会同同级出版行政部门按照微利原则确定"。各省市教材价格应由价格主管部门及相关同级部门在2016年5月1日前制定出台。

### 《中小学教辅材料管理办法》

关键词:中小学教辅　发行资质　自愿购买

《办法》旨在规范中小学教辅材料出版、使用管理,对2001年《中小学教辅材料管理办法》的修订,对出版发行中小学教辅有资质要求;在中小学教科书发行中不得搭售教辅;学生自愿购买等。新办法规定,严禁任何形式的买卖书号、刊号、版号和一号多用等行为;各级行政、命题、监测评价单位不得组织编写考试辅导类材料。

### 《关于进一步完善城乡义务教育经费保障机制的通知》

关键词:三免一补　中央财政

《通知》要求建立城乡统一、重在农村的义务教育经费保障机制。其中统一城乡义务教育"两免一补"政策是其重要内容,即"免除学杂费、免费提供教科书,对家庭经济困难寄宿生补助生活费"。之前城市义务教育免费提供教科书只对低保家庭学生,调整后,统一为对城乡所有义务教育学生,包括民办学校学生。免费教科书资金,国家规定课程由中央财政全额承担。

**专家观点——**

　　**鲍红(中国新闻出版研究院副研究员):**此次《中小学教辅材料管理办法》强调"任何部门和单位不得以任何形式强迫中小学校或学生订购教辅材料",是对2009年原新闻出版总署等7部门出台的《关于规范教育收费进一步治理教育乱收费工作的实施意见》的重申,也是对目前强制征订现象的回应,但办法同时规定"各地市教材选用委员会从本省中小学教辅材料评议公告目录中，一个学科每个版本直接为各县（区）或学校推荐 1 套教辅材料供学生选用"，在此情形下是否能有效治理还需观察。同时办法强调"自愿购买和无偿代购"，"学校可以统一代购，做好服务，不得从中牟利"。实际操作中，学生的选择权很难体现。在教辅市场上，属于真正完全竞争的零售教辅不会高码低折，没有强制购买，品牌质量也是最受认可的。非义务教育的高中阶段教辅购买评议品种的比例相对较低，竞争最激烈，品牌质量也最高。教辅市场的问题，在于教辅采购中的部门利益干预。

**商报观察——**

《中小学教材价格管理办法》明文指出，"教材零售价格＝（印张单价×印张数量＋封面价格＋插页价格×插页数量）×（1＋增值税率）"。《关于进一步加强中小学教材价格管理等有关事项的通知》明确了不同版型教材的印张基准价格，并要求各省市"在下浮 5％的浮动幅度内"。在上述文件的指导下，各省市中小学教材相对于其他出版物平均印张价格只有一半左右。《关于下放教材及部分服务价格定价权限有关问题的通知》出台，除了"简政放权"，发挥价格杠杆作用，促进出版行业的健康发展也是其重要出发点。可以预见的是，在市场力量的驱动下，教材价格会有一定程度的上涨，也呼应了业界对于放开中小学教材定价的呼吁。但是根据《中华人民共和国价格法》及《中小学教材价格管理办法》，中小学教材仍然需要遵循"政府指导价"及基于印张的计价法则，仍然没有达到完全市场化。同时《义务教育法》及《中小学教材价格管理办法》明文指出"教材出版发行实行保本微利原则"，除此之外，教材也要由地方财政埋单，综合上述诸多因素，中小学教材价格上涨幅度短期内不可能太大。

【链接：《中国出版传媒商报》2016.1.23，龚牟利《2016 出版政经红利可期》】

# 第12章　2016高端调查:超八成业者看涨中国书业

尽管国内经济增速整体放缓进入新常态,但对出版传媒业来说,生机不减——政策利好频出,实体书店新张消息频传,全民阅读活动一波接一波,加上2016年农历新年后第一股南方传媒开盘即秒涨停,无不让从业者对行业回暖抱有较大的期待。这从《中国出版传媒商报》第9次高端调查反馈也得到了印证。

高端调查是商报在每年北京图书订货会前后业内群贤齐聚时,邀请业界高端人士(包括社长、总经理、总编辑等)总结上年书业表现、预测来年书业的品牌调查活动,至今已是第9次。有超八成的受访者看好2016年中国书业,这受益于国家政策的扶持,也得益于网络渠道与社群的销售增长,以及少儿读物持续发力。调查结果还显示,在优势领域品种过度集中、市场热点逐渐分散的当下,加强营销是当务之急,培养、完善人才队伍是解决之道,不仅适用于书业传统业务板块,对新媒体业务开拓而言更是如此。

## 12.1　政策扶持阅读推广景气指数八成看涨

在此次高端调查中,受访对象普遍对2016年书业的发展持乐观态度。累计有81.48%的受访者表示看涨,同比2015年商报高端调查的73.68%增长了8.80个百分点;其中,74.07%的受访者认为"稳中有升,增长5%以内",较2014年增长16.18个百分点;7.41%的受访者认为"将快速增长,涨幅超过10%",较2014年下降了8.38个百分点。此外,认为"与2015年基本持平"的受访者占 16.67％,认为"略有下降,降幅 5％以内"的为 1.85％。一系列反馈数据的变化,显示出业者一方面对 2016 年抱有信心,另一方面也对增长幅度保持了理性。

超八成受访者看涨的理由有三:一是书业助推相关行业发展(如影视、视频点播内容构建、游戏、地产等),因此书业的发展受到更多行业的关注和支持。二是阅读推广工作更为普遍,既有"凯叔讲故事"这样的大 V,也有阿甲这样的专业资深推广人,更有许多民间人士的参与,阅读推广的热情很高。三是国家层面支持,利好政策持续跟进。

实际上,行业整体环境的利好,透过各家 2015 年销售回款也可见一斑:近八成的受访者透露,所在书企 2015 年销售回款同比增长较好。其中,"大幅上升,10％以上"的有 32.08％,比上一年度的 37.14％下降了 5.06 个百分点;而"明显上升,5％～10％"占 18.87％,则比上一年度的 11.43％增长了 7.44 个百分点;"略有上升,5％以内"的也有 26.42％,三者累计高达 77.37％。表示"同比持平"的受访对象则为 15.09％,比上一年度的 11.43％增长了 3.66 个百分点;表示"略有下降,5％以内""明显下降,5％以上"的均为 3.77％,累计 7.54％,比上一年度的 5.72％多了 1.82 个百分点。这从另一个层面显示,在 2015 年销售回款普遍增长的同时,无论是增长幅度还是涨跌幅,两极分化的情况已经开始显现,并有逐渐放大的可能。

不过,在 2015 年支出增长情况方面,选择"上涨超半数"的有"人员工资""稿费和版税""营销推广费""新设公司开支"等,分别为 68.63％、66％、66.67％、60％,相较上一年度普遍高达 7 成以上的比例,均有一定比例的下调;而纸张印刷费和物流运输费用同比"持平"的均超过半数,分别为 50％、52％。这一方面说明书业生产成本的增长压力仍然存在,但受整体经济环境下滑影响有一定程度的缓解,而纸张印刷费用和物流运输费用的相对稳定,结合 2015 年回款增长情况,则说明销售回款增长更多来源于单品价格的上涨,而不是销售册数的增长。

## 12.2 网络销售占比续升 社群领衔渠道创新

尽管国内外的消息都显示实体书店网点持续增长、门店有复苏回暖迹象，但从此次高端调查结果来看，网络渠道的销售收入与总销售收入的占比延续了逐年上升之势，2015 年书业销售回款的增长，同比之下来源于网络渠道的比重也同步增长，若仍以占比 10％为界，相比上一年度将近各占一半，2015 年网络渠道占比 10％以上的已经高达 67.31％，同比上一年度的 44.44％增长了 22.87 个百分点。其中，网络销售占比"10％～20％"的为 17.31％、占比"20％～30％"的为 26.92％，占比"30％以上"的占到了 23.08％，后两者分别为超过四分之一和接近四分之一。而占比"5％以内"的占 17.31％，比上一年度 33.34％下降了 16.03 个百分点，"5％～10％"的占 15.38％，比上一年度的22.22％也下降了 6.84 个百分点。

2015 年"加大馆配、团购及定制渠道"的出版社再度增长，占到 83.33％，分别比 2014 年度的 82.05％、2013 年度的 81.82％增长了 1.28 个百分点、1.51 个百分点；"开设天猫、淘宝店"的出版社占到 57.41％，比上一年度的53.85％增长了 3.56 个百分点；进行了"发行部门分工重组"的出版社与上一年度相仿，占到 55.56％；"在京东、当当、亚马逊电商平台开品牌专营店"的出版社占 37.04％，低于上一年度近 4 个百分点；值得一提的是，相较往年，2015年书业渠道变革的一大特色，就是"与各类社群渠道合作"，有 51.85％的受访出版单位在开拓社群渠道，这在渠道拓展举措排名第四位。此外，"组建自营实体渠道""新辟机场母婴商超影院等其他渠道"也一直在进行中，但相比上一年度都有所下降，分别占到 16.67％、12.96％。

相较于上一年度，在全民阅读的深度影响下，各家的阅读推广力度也在不断加大，过半的出版社"组织各种图书捐赠活动""组织名家名师进校园、社区""举办各种阅读比赛活动"，分别为 74.07％、64.81％、50.00％，其中"组织各种图书捐赠活动"有较大幅度增长，同比增长了 17.66 个百分点，而后两者同比基本相当。有业界人士认为，这一方面说明出版机构越来越注重自身形象，在打公益牌和文化牌方面有较多的实践；另一方面，捐赠活动的大幅增长，或有转企改制多年后库存又有较大增长，适当捐赠可以对外提升形象，对内有利削减库存。此外，在政府部门主导并大力开展阅读推广活动的同时，"成立阅读推广小组""设立阅读推广基地"的出版机构也有一定幅度增长，各自占比38.89%、24.07%，分别增长2.99、0.99个百分点。

## □ 12.3　"少儿读物"再居榜首　"热点政策"持续发酵

那么，究竟哪些细分领域在2015年表现突出并有望在2016年持续热销呢？

结合近年来的调查发现，在细分领域的表现预期方面，一方面大家看好的热点领域多年来仍没有根本性改变，基本是少儿读物类唱主角，另一方面每个年度都一定程度上受到当年热点政策的影响。比如2015年的调查结果显示，婚育指导类、少儿读物类、时政类分别位列前三，关注度分别为76.92%、74.36%、43.59%，其中婚育指导类跃居第一位主要是受到单独二孩和全面放开二孩政策的影响；而2014年的调查结果显示前三名分别是少儿读物类、生活健康类、名人著作类，关注度分别为75.76%、51.52%、45.45%，名人著作类的凸显更多是受退休高官们的回忆录或相关著作的推动；而2013年度和2012年度则分别受生活健康方式的大讨论、就业难度高企和职场生存类影视剧热播等影响。而2016年的调查结果，则体现了国家对"一带一路等主题出版"的重视，位居前三名的分别是少儿读物类、时政类、一带一路等主题出版，关注度分别为72.22%、44.44%、38.89%，少儿读物类再次高居榜首。

而关注度超过两成的依次是婚育指导类、生活健康类、投资理财类、教材教辅类、文史类尤其是二战史等、游戏动漫类、名人著作类。其中婚育指导类、生活健康类关注度分别为33.33%、31.48%；投资理财类与教材教辅类均以27.78%的关注度并列第6位；其后是文史类尤其是二战史等、游戏动漫类、名人著作类，分别有24.07%、22.22%、20.37%的受访者关注。此外，影视同期类、财经话题类均有 18.52% 的关注度,心理励志类和职场生存类则均有 12.96% 的关注度。值得一说的是,相比往年,除少儿读物有 72.22% 高比例关注度外,其他类别的关注度均低于 50%,有受访者表示这一方面说明市场热点开始分散,不再那么聚焦,另一方面也提示有些看似小众化的领域也有机会。"市场正处于转型的关键,加之国家相关政策的推动和影响,不同门类的图书发展态势不同,会出现有增有降的情况,综合起来看,应该是稳中有升"。

## 12.4 "强化营销""人才培养"乃当务之急

而优势领域品种过度集中、市场热点的分散带来的首要问题,显然就是如何强化营销把图书产品销售出去,"强化营销特别是网络营销"也成了各出版机构的当务之急,有 68.52% 的受访者选择了这一选项,"在年新书品种超过 23 万种的今天,即便好书如果没有声响也将被瞬即埋没"。

当然,企业的发展靠产品项目推动,这就需要高层次编辑、营销、管理人才,但人才断层骨干紧缺现象普遍,人员知识结构、管理工作思维有待更新,因此立足人力资源建设是应对当前人力资源不足的根本,有 66.67% 的受访者表示,立足人力资源建设是应对当下人力资源不足的解决办法。

选择"延伸主业产品线"的也超过六成,达 61.11%,跟上一年度的情况相仿。与此同时,选择"编辑流程再造""跨界多元发展"的受访者超过三成,关注度分别为 35.19%、33.33%。一是"传统编辑流程不适合当下出版发展",二是"这是一个融合的时代,传统出版必须突破需求,打破自身壁垒、跨界合作,突破传统营销模式并与科技结合""只有多元发展才有强有力的发展后劲"。

而"走出去""资本运作"等受国外市场和资本市场等外界因素影响较大的选项,关注度则相对靠后。为此,2016 年高端问卷也特意增设了版权输出情况等选项了解"走出去"的现状。调查结果显示,目前的版权输出多数还是局限于华文市场和亚洲市场,输往欧美市场的仅占 18.31%,一带一路区域占比 14.66%;在国外受欢迎并市场表现最好的品种,则有诸如四大名著、画谱和技术类丛书、中医类图书、中国传统文化精粹系列和中国通史等，年度现象级热播剧集同名小说《琅琊榜》也走出了国门。

### 12.5　媒体融合广受重视　数字收入未达预期

显然，随着新媒体的崛起，以及国家对传统媒体与新兴媒体融合的重视，当前的阅读已经不仅仅是纸面上或文字的阅读，"转型已成为传统出版企业发展的关键"，比如国防工业出版社目前正下气力推动军民融合协同创新项目和数字出版融合发展项目。

此次"新进入或有可能投入的领域"调查也显示，选择 2015 年"设立数字新媒体部门或公司"的居第一位，占到 38.89％，紧随其后的是"设立书业新公司新部门开辟新门类"，占到 24.07％。似乎恰好说明业界在开拓新媒体的同时也不忘充实传统媒体的内心。而 2016 年，"设立书业新公司新部门开辟新门类""新设创意公司开发创意产品""新设或参投在线教育公司""设立数字新媒体部门或公司"，是最有可能投入的四个领域，分别占比 25.93％、16.67％、11.11％、9.26％。结合上一年度调查发现，"新设或参投在线教育公司"或许将成为 2016 年的亮点。

具体到新技术的运用领域，目前市场实际运用较为普遍的依次是按需出版、MPR 技术、AR 技术、VR 技术、MPP 技术，以及二维码在教辅中的运用等，关注度分别为 50％、33.33％、25.93％、12.96％、7.41％、5.56％。需要注意的是，数字化产品收入与总出版收入的占比还不明显，新媒体与传统出版的融合进程并未如业界所愿，一来是各家对纸质图书的需求依然看好，二来是数字出版的免费阵痛期还未过去。其中，数字化产品收入占比"5％以内"的高达80％，跟上一年度的 77.14％相仿，占比"5％～10％"的仅有 16％，略低于上一年度的 20％。但值得重视的是，首次出现了占比"30％以上"的，达到 4％。

【链接：《中国出版传媒商报》2016.1.23，商报专题调查组，蓝有林执笔《2016 高端调查：超八成业者看涨中国书业》】

# 第 13 章　2015 书业走势概观

2015 年作为"十二五"规划的收官之年,与调研、制定"十三五"规划的关键一年,显得格外重要与特殊。在过去的一年中,伴随着我国经济进入新常态,书业发生了哪些大事,有哪些热点,又有哪些新常态?

## 13.1　年度六大热点

### □ 热点一:新政策带来新机遇　紧跟国家战略谋发展

出版业的发展与繁荣离不开政策支持,从 2015 年年初的《关于加快构建现代公共文化服务体系的意见》《国家基本公共文化服务指导标准(2015～2020 年)》到年尾的《中共中央关于繁荣发展社会主义文艺的意见》,一系列新出台法律法规与政策为出版产业"保驾护航",为出版发展提供了良好环境。同时,公共文化服务、大数据、"互联网＋""大众创业、万众创新"等一系列国家战略重磅推出,自贸区数量增加、负面清单减少,贯穿整年的政策利好不断涌现,为出版业的发展带来新机遇。各出版企业纷纷行动,借政策之便,谋划长远发展。

### □ 热点二:出版转型升级进入深水区　"互联网＋"带来新方向

对出版业而言,数字化转型升级迫在眉睫,但是如何真正有效地实现转型升级则是其面临的最大难题。互联网时代,随着产品、技术与消费需求不断迭代与升级,出版转型升级已进入深水区。"互联网＋"的提出,无疑给出版业插上现代化的翅膀,带来发展新方向。"互联网＋"出版,意味着要利用互联网的先进技术和创新成果与出版业深度融合,重塑新闻出版创新主体,激发其创新活力,提升新闻出版业的创新力及生产力。从选题策划到营销推广,"互联网＋"给出版带来颠覆性的变化。在"互联网＋"思维下,出版业与互联网行业之间的融合渗透更深入,人才双向流动更频繁。此外,各出版企业也纷纷借"互联网＋"将其转型升级推入深水区,建设专属数据库,搭建知识服务平台,发力在线教育,由内容提供商转向服务提供商。

□ **热点三:资本运作带来新空间　出版跨界增值成常态**

文化要大发展、大繁荣,必须依托资本的力量。回首2015,资本市场成为出版企业发展借力的主阵地,并购重组、挂牌上市、成立基金公司……对各出版企业来说,投身资本市场既是机遇也是挑战,如何在激烈的市场竞争中保持创新活力、突出重围成为各出版企业资本运作的重点。借助资本之力跨界增值成为各出版传媒集团优化产业结构、加快产业升级、打通产业链、拓宽势力版图的选择。2015年,出版与文化产业、出版与文化产业以外产业之间互动融合加剧;合作项目日益广泛,既有与关联业态的联合,如影视、幼教、培训等,也有与非相关产业的联合,如艺术、医疗、智慧城市项目等。

□ **热点四:出版"走出去"再升级　文化、资本影响加深**

在国家政策大力支持下,2015年出版"走出去"再升级,其文化与资本的影响日甚一日。中国频频被邀参加国际书展成为主宾国,越来越多的中国出版人活跃在书展场内场外,图书版权输出持续增加,中国出版企业海外获奖捷报频频传来;跨境合作不断加深,在境外独资或者合资成立子公司,打造出版分社、出版中心,目标更为明确,自主权更强;海外并购不断,凸显了日益强大的出版实力,国际影响力持续提升。

□ **热点五:IP热潮带来新可能　出版全产业链开发**

2015年,《花千骨》《何以笙箫默》《琅琊榜》《芈月传》等由网络小说改编的同名电视剧热播,不仅带火了演员,也带火了一个词——IP。如果说IP是2015年度出版圈的年度热词,应该不会引起任何争议,所谓IP即"Intellectual Property",也就是知识产权。IP与出版行业有着先天的联系,如许多游戏、动漫、影视都是通过图书内容衍生而来。随着 IP 市场竞争进入白热化阶段,IP 价值不断攀升。2015 年,IP 争夺战更加激烈,网络文学 IP 价格从 300 万元到 1000 多万元不等。2015 年 IP 热潮来袭,则给出版业的内容运作提供了新的可能,那就是出版全产业链开发。

□ **热点六:实体书店"止跌回暖" 线上线下融合成趋势**

近几年来,在电商的冲击下,实体书店生存空间被大幅压缩。然而近一年来,伴随全民阅读的推广,各类利好政策被推出,实体书店开始逆袭。相关数据显示,2015 年上半年,实体书店图书零售市场同比增长 0.54%。其中,一线城市书店的增幅最为显著,同比增长 4.16%。一方面,大书城频频开业,注重"体验"和"服务",引入数字体验、亲子阅读、创意生活、咖啡餐饮等多元业态,逐步向文化 Mall 转型,将其建设成当地的文化地标。各发行集团为拓宽经营范围,纷纷下沉渠道,将书店开到消费者身边。另一方面,在 O2O 大潮席卷下,越来越多的图书电商开始走到线下,开起了实体店。实体书店也在不断发力线上,搭建线上平台,打造 O2O 体系,线上线下融合终成趋势。

## 13.2 分销视野走势大要

### □ 实体书店拓展

受电商平台、阅读习惯等因素影响,不少新华书店近年来提出新的整体发展思路,重新定位实体书店品牌形象。在新战略驱动下,随着 2014 年实体书店整体销售的回暖,2015 年实体书店迎来了新一轮扩张潮。实体书店改造、重建大卖场、社区书店和校园书店建设步伐加快;个性书店进商圈、进社区全新打造与拓展,电商、微商建设进程全面推进,在"力挺书店"全面扩张的道路上,实体书店"多条腿"共进,走出创新发展的扩张新路。

### □ 新华发行集团青睐"互联网+"

当"互联网+"以风暴之态席卷众多行业时,新华发行集团再也坐不住了。进入 2015 年,发行集团的发展规划,大有"互联网+一切"之势。"互联网+"

解决了发行集团面对互联网经济时的发展难题,让它们在持续推进线下业务发展时可拓进线上,朝线上线下融合发展的目标前进。如今发行集团极其热衷的一站式文化消费中心是"互联网＋"经济的很好体现。在对传统大书城做升级再造时,新华发行集团或多或少地增加"互联网＋"的因素;同时给线下业务安上"互联网＋"翅膀,让线下成为线上流量的入口,发展动力十足。

□ 大物流

随着发行集团对传统主业的提升转型,不少发行集团已将现代物流作为未来转型、拓展的主要方向之一。发行集团正由单一的出版物流逐步向资本型、科技型、智慧型、金融和商贸型、全产业链型物流拓延,由企业物流向物流企业转变;由行业物流向社会化物流转变,实现全面跨越式发展。目前,物流业务已成为发行集团多元化开拓的重要一极,与图书主业、教育装备构成发行集团未来拓延的鼎立三足。2015 年以来,发行集团物流业务整体销售呈现出稳健发展的态势。

## 13.3　专业出版走势大要

□ 出版介入健康产业

近些年,随着大众健康图书持续趋热,该类图书市场成为众多出版社竞相关注的领域。一些嗅觉敏锐的出版企业,已经不满足于单纯的图书出版,而是转型、跨界涉足大健康产业。分析此类出版企业进军大健康产业的案例,不难发现,其运作模式主要为和健康医疗企业的强强联合,所展开业务也多先从医药健康书刊的出版、定制入手,逐步过渡至学术、商业活动等。

□ IP 培育、争夺白热化

围绕 IP 的争夺直接造成了这两年数字阅读格局的强烈震荡。2014 年年末,百度文学成立,计划通过原创平台、分发平台、版权增值平台三个平台打造完整的网络文学产业链。其中,版权增值平台方面,百度文学与游戏、影视、出版公司签约合作,将旗下原创作品转化为游戏、影视等作品,挖掘 IP 价值。阅文集团成立后便制定围绕签约作家进行 IP 运作的战略。阿里文学也在 IP 的衍生渠道上下足气力,意欲携手阿里巴巴集团及以外的原创网站、出版集团、动漫公司、影视公司、游戏开发厂商等,一起朝着将文学 IP 向多元化版权衍生和变现发展的方向努力。

□ **专业社深度开发馆藏资源**

受到文化产业政策的扶持,近年来,我国博物馆、公共图书馆数量保持持续增长的态势。不难想见,随着我国经济和文化产业的持续发展,未来新建博物馆和图书馆的数量将稳步上升。这为出版提供了新的契机,许多出版企业开始着眼于挖掘博物馆和图书馆的馆藏资源,这些馆藏资源经过整理成为出版资源,内容既有传统的古典文献,也有诸如经济档案、美术藏品、音乐唱片等新的出版领域。博物馆和图书馆的馆藏资源再利用或再出版,业已成为一股潮流,中华书局、上海古籍出版社、广西师范大学出版社、国家图书馆出版社均在这一领域展开布局,成绩斐然。

## 13.4　教育出版走势大要

□ **高考新政策、高校新专业搅动相关出版**

2015 年,诸多教育改革牵动了千千万万人的心。对出版业来说,2015 年起,体育特长生、中学生学科奥林匹克竞赛、科技类竞赛、省级优秀学生、思想政治品德有突出事迹等五项加分项目的取消,直接导致了竞赛类辅导书市场降温。另一方面,从教育部公布的新增备案本科专业来看,很多新增专业都为教材开发带来了不小的空间,如物联网工程专业成为新兴产业相关专业中发展最为快速的一个专业,"中国制造 2025"和"一带一路"两大新热点成为高校新专业的方向,也为出版业带来新的出版空间。

□ **中华优秀传统文化教材教辅迎来"春天"**

在完善中华优秀传统文化教育相关政策,如 2013 年《中小学书法教育指导纲要》、2014 年《完善中华优秀传统文化教育指导纲要》指引下,2015 年大批量优秀传统文化教材出版并投入使用。教育部传统文化相关课题组已完成从幼儿园到大学、成人教育、海外汉文化教育近700种传统文化标准化教材研发工作。全国25套500册省级版中小学传统文化教材整体亮相,为国家社科基金教育学重点课题《中华优秀传统文化教育研究》科研项目之一,并由总课题组传统文化教材研发基地——中国国学文化艺术中心承担各省教材的统筹、编校等工作。在2015年秋季,第一批三至六年级的国标书法教材正式投入使用,相关书法图书产品随之看涨。

### □ 教育类 APP 受热捧

随着大数据挖掘与分析技术的不断提升,出版商逐渐加重教育类特别是工具书数字化的布局力度,为图书出版增加附加值,延伸自身品牌。如商务印书馆已上线18个小语种APP。其他涵盖数学、英语、语文、地理、历史、生物、科技、天文学等多学科内容的APP也不少见,如湖北教育出版社和武汉秉文科技有限公司开发的小学《语文》"移动家庭课堂"系列APP、福建教育出版社开发的与小学英语教材同步的"闽教英语"APP等。可以预见,内容完备、携带便利、互动性强等优势将会使教育类APP市场进一步加大。

## 13.5 大众出版走势大要

### □ 少儿文学市场现新拐点

总结2015年少儿出版,可做一个基本判断:品牌"量"的扩张和累加将继续,而跨界与创新,将从"质"上为少儿文学市场注入新活力,甚至带来新拐点。目前,少儿文学面临两大问题,一是中国本土儿童文学创作最大的问题是"简单",在思想上和艺术上不够丰饶。二是新媒体崛起而引发的媒介生态复杂化,以及国际形势和市场环境不断变化。这些都需要出版人对"系列化""类型化"和"跨界"进行全新的思考和探索。10年前,郑渊洁、秦文君、杨红樱等一批少儿作家塑造了诸多经典文学形象;白冰等一批资深出版人触发了少儿市场的新气象。而未来的机会,或许在于重新定义文化产品的边界和面向未来。

这要求少儿名家需基于其艺术探索所累积的能量，来影响儿童文学现在和未来的创作格局、艺术水准，以及少年儿童的阅读取向、文学新人的艺术选择与文学前途。

□ **首家完整儿童阅读服务体系平台上线**

2015年12月1日，由二十一世纪出版社集团主导的国内首家提供完整儿童阅读服务体系的平台——"二十一世纪中国儿童阅读推广云平台"正式发布。这是出版机构第一次尝试与终端读者建立牢固联系，通过提供优质的延伸服务获得读者认可和追随。通过云平台，家长能根据自己孩子的阅读特点，获得量身定制的个性化书单，不必再面对庞大复杂的图书产品线，不必再困惑于孩子究竟适合看什么书，又该如何一起共享亲子阅读等问题；另一方面，出版社通过云平台进行大数据搜集，可以精确了解读者的需求，为选题提供依据，并动态跟踪孩子的阅读行为，构建儿童阅读服务生态体系，让出版社不仅为孩子提供优秀图书，而且延伸成为父母提供图书产品之外的专业阅读指导服务，让父母与孩子享受更多的阅读快乐。云平台将被打造为从内容生产到最终消费的完整产业链条，成为出版社向上下游产业融合的实验基地。

□ **出版商构建"自商业"生态**

2015年，以大V店为代表的自媒体在诸多爆款阅读产品的分销上独当一面，单日销量过万产品屡见不鲜，童书出版"自商业"模式正悄悄崛起。在"自商业"场景下，用户所见即所得，阅读与购买行为几乎同步产生，"自商业"让真实场景需求与消费动机无缝对接，并且逐渐形成品牌影响力。而基于分享即获得的移动互联社交大逻辑和跟随意见领袖分享加强参与感的传播规律，"自商业"影响力的指数级增长引爆点随之而来，背后的分享红利也成为产品引爆的关键机制。在这样的格局下，出版商理应将分布在移动互联生态之中的"自商业"平台纳入到分销和信息分享结构中去，整合各个垂直分布的社群，以用户体验为中心、以场景黏性为中心提供用户需求的解决方案，为其综合性产品的传播和分销提供有益的补充。综合性出版商可以不断整合"自商业"生态，不断针对垂直细分市场进行深耕细作，不仅可以发现早期商业机会或模式，甚至可以通过对优质"自商业"项目的收购来丰富自身的商业生态。

□ **原创绘本暖意融融**

十年来，原创绘本在不断试错修正的过程中迅速成长，无论是发掘作者，还是产品制作，抑或市场推广。2015 年，一本具有里程碑意义的原创畅销绘本《妖怪山》诞生。《妖怪山》2015 年 1 月面市，不到半年加印 5 次，印数达到 5 万册，实现了原创绘本的逆袭。就在这一年，刚成立一年的童书品牌"小活字图话书"携其首批 6 种原创绘本《方脸公公和圆脸婆婆》《奶奶的布头儿》《桃花源的故事》《恐龙快递》《很小和很老》《鸡妈妈的蛋宝宝》亮相，二十一世纪社出版，该品牌总编辑唐亚明受"日本绘本之父"松居直之邀赴日。2015 年还涌现了诸如《跑跑镇》《会说话的手》等一批有新鲜气息的原创绘本。可以说，2015 年，中国原创绘本真的闻到一点春天的味道。原创绘本的作者队伍也在壮大，绘本创作者不断涌现。此外，绘本文字作者中有不少儿童文学作家、名家大家。

【链接：《中国出版传媒商报》2015.12.29，王婷、倪成、刘志伟、李丽萍、徐潇然、孙珏《2015 中国书业大势大事》】

# 第 14 章　2015 书店营销新趋向

2014 年,对于实体书店而言是个经营转型、营销重塑的重要年份,也是实体书店销售止跌进入平稳发展的重要一年。一方面,众多 3.5 代大书城、中而优门店、小而特书店陆续以新面貌出现,取得良好社会、经济效益。这成为实体书店转型升级的主要方向。另一方面,大多数实体书店在羊年春节乃至更早周期的"图书销售总体平稳,非书产品增长迅猛"所带来的"蝴蝶效应",也正在持续发酵。《中国出版传媒商报》记者调查了全国 30 余家实体书店的 2015 年经营营销工作计划,发现在互联网思维的指引下,它们 2015 年联动、融合全媒的经营之路正逐渐深入。

对于 2015 年乃至未来,实体书店经营路径选择,南京凤凰国际书城营销策划部孟庆宁的总结具有一定代表性。2015 年,他们将以信息化、平台化、互联化、智慧化"四化联动融合"为路径,不断深化改革创新:第一,以互联网思维推动渠道融合,积极探索以技术为引领的传统书业转型;第二,积极推动公司从销售商品型企业向营销服务型企业转型;第三,加快企业从传统经营向文化运营的转变;第四,对线下实体书店进行整合运营;第五,坚持走出去,寻找合作销售新路径;第六,探索个性化卡券定制、推广的新模式。

## 14.1　平台化:图书非书融合　文化体验拓新

无论大店小店,文化休闲体验中心是实体书店转型升级的目标。这种改造模式在 2014 年的广州购书中心、南京新街口新华书店、合肥三孝口新华书店、深圳书城南山城等大书城取得成功之后,实体书店图书非书融合的文化大平台建设之路正在不断拓进中。2015 年将有更多实体书店以书为媒进行多业态的组合重塑,通过改变传统书店的经营思路,打造品质文化空间,实现主营业务与非书业态的有机结合。"书店一定要走个性化的路子,结合自身情况与市场读者的需求,精准定位;实体书店更要走大文化的路子,使自己融入市民的文化生活之中,"广州购书中心相关负责人总结道。

即将装修升级改造的昆明书城,2015 年力争将自身打造成一家以图书为主、多业态组合的文化商业综合体。浙江乐清市新华书店在东浦书吧成功改造的基础上,将对乐清书城、柳市书城的书吧进行改造升级,打造自有品牌"漫书咖",突出体验性、互动性。即将开业的大连市新华书店中心书城,将成为集图书销售、精品零售、教育培训、特色餐饮、休闲娱乐等多种业态的跨界融合式文化生活空间。

在这种文化空间中,互动、体验是各家文化综合体经营的重中之重。为此,实体书店将进一步加强人员配置,提升多元化专业水平,因地制宜,发挥自身优势,在品牌、场地、资金、网络等方面,整合资源,积极探索发展新途径。

升级后的北方图书城为增加读者在书城的体验与互动,在 2015 年将打造书城读书会、故事姐姐讲故事、文化沙龙、艺文展览等 6 个文化体验交流平台,让读者体验书城的文化氛围与体验。北京王府井书店将于 2015 年 3 月底于负一层推出餐饮服务,同时将通过举办名人讲座、文化沙龙、新书发布和签售等传统营销方式,提升卖场文化氛围。此外,天津图书大厦在 2015 年将结合卖场装修改造,以类别、楼面特色营销为主,抓好重点时段的营销,因地制宜结合经营。

## 14.2　全媒化:强互联网思维　扬自媒体发力

有人说,微信红包一夜之间建立起来的数据库抵得上支付宝数年的用户积累。全民微时代,以微信为主体,兼顾微博、豆瓣等其他社交平台的自媒体正在颠覆传统商业模式。这种基于大数据的全新互联网思维,尤其是在读者群体不断年轻化,不断向 90 后、00 后转移的情况下,实体书店自媒体营销,正不断得到重视,得到充分应用并走上逐渐细化、完善之路。

微信营销具有简单易用、即时策划、互动便捷、读者黏性强的特点。记者了解到,不少实体书店在 2014 年强力推进自媒体及网站建设的基础上,2015年将持续发力,不断完善微信营销,以吸引年轻读者对新华书店的关注,使其成为实体书店"新书发布平台、读者交流平台、口碑营销平台",并力争实现"微信公众号"向"微书城"拓展且"微书城"销售更上层楼。

以常州新华店为例,该店在 2015 年提出了电商全面发展之路:一是扩大影响力,扬长避短,拓展教辅品种,以点带面,通过常州新华天猫店、当当店、京东店尝试承包负责制或代理制,提升平台影响力;二是加快移动端开发,做强微信文化商城,以常州为中心,优先占领本地移动端消费市场,把品牌影响、资源优势和资金实力转化为市场力量和市场效益。"2015 年,电商平台的任务在原有基础上要呈几何级数的增长,目标 800 万~1000 万元销售,"该店相关负责人介绍。

又如,沈阳市新华书店在 2015 年继续开发新媒体应用功能,探索及完善"双微"营销新模式。沈阳市店张旺表示,他们将把传统微信、微博管理工作职能升级到销售战略;探索新媒体领域,开发技术平台,更进一步完善"双微"营销模式。在充分运用自媒体做好各阶段书店营销信息宣传推广的同时,通过技术手段升级来实现、提升自媒体的销售功能。

## 14.3 精准化:紧盯特定群体满足用户需求

实体书店在转型升级、调整经营格局结构的同时,也在有意无意间细分与扩充读者:除持续吸引以线下购书为主体的中老年读者外,文化综合体概念的打造也吸引了更多 90 后、00 后读者。这种精准选择并锁定读者的经营模式,除了大书城,还在社区书店、校园书店等各地新华努力打造的新型小而特书店中有明显体现。通过独特的设计、产品、经营,这些书店吸引了更多特定读者群体的关注。

新华文轩 2015 年的经营思路是由"产品销售商向阅读服务提供商转型"的发展思路，就是实体书店紧盯读者、强化品牌的典型表现。在这种思路下，成都购书中心提出了"从经营产品向经营用户转型"经营理念，不断加强客户关系的管理，利用网络的便利性，通过微信、微博与客户进行交流，及时了解客户的需求，让客户主动参与互动，做到线上了解需求、情感分享，线下设计互动提高读者到店的愉悦度和黏度。新华文轩西南书城提出从读者角度去思考需要、喜好，正确把握读者群体的特征，开展针对性的营销活动。

在具体操作上，像沈阳市店每年寒暑假推出的《假期成长手册》发放活动，主要针对学生读者。皖新传媒宣城公司通过组织名人文化行，"送文化"进社区、企业机关流动送书；北京王府井书店组织大型讲座、见面会、签售会等活动，走进高校、大型企事业单位等，都是加强对社区、企业读者的营销。其中，海宁市新华书店 2015 年重点关注书香校园馆藏、政府采购平台项目、电子书包市场推广、读书活动等书香校园工程。这是因为课堂教学趋向网络化信息化、学生阅读越来越受重视，所带来的人均销售额度的增长。校园读者强大的购买力，增强了书店进校园的宣传热情与促销力度。

【链接：《中国出版传媒商报》2015.3.10,倪成《2015 书店营销新趋向》】

# 第 15 章　"品种减法"能否换来"效益加法"

国家新闻出版广电总局近期发布的《2014 年新闻出版产业分析报告》显示,2014 年新版图书 25.6 万种,同比减少 0.04%,这是新书品种近 20 年来的首次负增长,释放出一个积极的信号——从 20 世纪 90 年代初就开始讨论的"图书品种数与单品效益不能同步增长"的老大难问题,在市场倒逼下是否迎来拐点,开始从规模增长向效益增长转变? 这一点从《2015 年度全国图书选题分析报告》也部分得以印证:全国 500 多家出版社报送选题同比下降 0.2%,系近五年来的首次下降。

商报记者走访调查发现,包括北京大学出版社、电子工业出版社、机械工业出版社等在京出版单位都在压缩品种,但整体效益未下滑。很多地方出版社,如广东人民出版社、江苏文艺出版社、明天出版社、江西美术出版社等也都在控制品种规模和库存,提高单品效益和周转率。出版社调整结构,从品种规模扩张向单品效益转身的大幕已徐徐拉开。

## 15.1　对品种扩张亮红灯

传统跑马圈地的战略不可持续——单品效益及资本回报率的下降、库存增加、图书质量下滑以及编辑的高负荷工作,都给出版社的品种扩张亮了红灯。

过去 5 年的产业分析报告显示,图书销售增长率一路下行,利润增长缓慢,2014 年甚至出现了 1.3% 的负增长。除了经济因素,拖垮品种模式的最后一根稻草是人的问题——超负荷的编辑任务、遍地的跟风之作和不高的物质回报消耗着编辑们的热情。

与二三十年前相比,出版物在印刷、材料、装帧设计等方面有所提升,但在内容编校质量方面却出现了下滑,这是不可回避的事实。北京大学出版社社长王明舟认为,这与编辑工作强度太大有直接的关系,"之所以控制品种规模,最重要的考虑是编辑。虽然我们的编辑队伍整体相对年青,30 岁到 40 岁为主,但是身体和精力长期透支也是不可持续的。"江苏凤凰文艺出版社总编辑汪修荣也持类似观点,"前几年品种与规模的扩张确实加大了编辑工作压力,为了完成任务,编辑往往采取广种薄收的方式,但这样增加了工作量,又导致效益低下、库存增加。"

现在出版社砍掉部分低效益品种,也是理性选择的结果,不仅重视总销售额,还要重视利润、库存和回款。近三年来,北大社新书品种每年下降10%左右,但效益仍保持 10%以上的增长。据王明舟透露,北大社 2015 年度的考核时间是从 2014 年 11 月 1 日到 2015 年 10 月 31 日,半年考核期已过,新书品种下降 10%以上,净发货增长了 12%～13%。

机械工业出版社在过去数年中扩张迅速,从一个以机械、电子及汽车为主的科技出版社发展为包含计算机、经管、外语及基础教育等的综合大社。该社总编室主任杨民强表示,"机工社的圈地战略使得 2000～2010 年品种增长规模比较大,但在保证效益的情况下,各个板块开始战略收缩,2013 年出版 4100多种图书,2014 年的指标是不超过 4000 种,最终出版 3800 多种。品种限制政策 2015 年仍会继续。"江西美术出版社也主要以控制库存、保证回款率及资金周转为目标从而控制品种,社长汤华表示,"从 2014 年的实践情况来看,年库存增加量已降到 500 万元,仅为历年的数分之一"。

## 15.2　追求专业之道极尽精微管理

目前出版社多是将出版、营销及渠道资源集中在少数几十种具有强大社会效益或经济效益的品种上,给予投资上的优先权及较少的考核压力;而在其他一般图书上进行严格的品种控制，无论是事后的考核还是事前的合同制，均由编辑承担部分投资风险。

图书品牌建设是出版社的战略目标，也是明天出版社控制品种的动力所在，在营销资源、人员规模及管理手段有限的情况下，控制品种规模是必需的手段和目标。明天社"小而美、少而精"的战略广受称道。据总编辑李文波介绍，2014 年明天社旗下 50 多个少儿文学品种，起印在 10 万册以上的品种逾30 种。明天社的做法是一个作家一个系列，确立作家品牌和产品品牌以后不断地跟进和巩固，精耕细作。在品牌成熟的基础上，每年不断推出新品种，扩大该品牌销售能力。

当然，大部分出版社尤其是综合出版社的单品销量很难达到 10 万册以上。杨民强以互联网企业小米、华为打比方："从经营的角度讲，图书可能很难以做'爆品'的策略来做，像小米、华为一个产品就有上千万的销量。传统大社有自己传统的业务领域和担当，不可能像有的民营策划公司，只做一两个以一当十的'爆品'。"普通出版社尤其是综合类出版社在效益指标压力下，仍然有品种扩张的压力和冲动，通过制度保障精品的经济效益、社会效益与品牌效益，控制其他一般图书的品种、质量成为不二选择。一些出版社开始尝试重构出版流程、加强选题管理、图书分级及采取内部采购模式。

首先加强对非重点图书品种的经济指标考核。汤华告诉记者，江西美术社的图书结构为"金字塔"结构，分为塔尖、塔中、塔基三个部分，大概为 1∶3∶6 的比例。塔尖主要是国家重点图书，瞄准"十二五"国家重点图书出版规划项目、中国出版政府奖、中华优秀出版物奖等，对美术社起支撑作用。塔中部分主要为兼具品牌影响、学术影响与文化传播力的图书。前两部分由社里直接进行项目投资，不给编辑考核增加压力，保障其积极性。塔基部分则是品种控制的重点，占总数的 60％以上，也就是以市场为导向的图书，责编必须要承担投资和库存的责任，严格按照市场效益的指标来考核，资金投入的回报率要有一定的标准，包括利润、退货率等，并且库存不能超过 30％。

其次是通过项目合同制、事业部制实现出版项目风险与编辑的共担。广东人民出版社采取了类似的分级管理及内部采购制度来提高编辑的精品意识及品种控制意识。据该社副社长肖风华介绍，"我们将一般图书分成 A、B、C 三类，采取内部采购制，A 类是首印 1 万册以上，预期市场 3 万册的图书；B 类是首印 5000～1 万册，预期市场 1 万册以上的图书；C 类是首印 3000～5000 册的图书，如高端学术著作等。A、B 类图书都必须有具体的营销方案和发行方案。"针对 A 类图书制定了三级流程确认表——编辑流程确定表、营销流程确定表及发行流程确定表。图书编辑、营销与发行的每个节点都会进行评估，并及时奖惩，直接以现金奖励或处罚。广东人民社每年 A、B 两类图书控制在几十个品种。通过对重点图书的重点营销投入，带动这些高印量图书销售增长。

江西美术社也计划将塔基部分的图书严格按照合同制进行管理，出版社作为出资人，与编辑签项目合同，保障出版社的资本回报及风险共担，但是目前苦于缺乏高成长性的板块来推动相应的改革。

## 15.3　以 20％品种搏 80％市场

在控制品种、提升效益的思路上，各家出版社根据自身的战略规划和办社宗旨略有差异。但都离不开经济学界所谓的"二八法则"，以 20％的品种占有 80％的市场，即以品牌产品控制品种规模。

当然，经济效益并不是品种控制的唯一目标，品种的控制导向也要符合出版社的类型和办社宗旨。王明舟表示："北大社教学用书、学术研究用书比重要稳定在比较合理的范围内，希望能够有所提升，比例不低于 75％。出版要'贴近群众、贴近生活'，北大社更应该贴近高等教育这个层面的群众。面向社会服务的大众出版也不能没有，但是应该起更好地支撑前者的作用，不仅仅是经济上，还有文化方面的支撑。"

出版社也应该根据自身的资源优势和定位来调整品种方向，找好发力点。

李文波表示，"出版社不要涉及太多的门类和细分市场，一定要找准自己的定位。定位非常重要，只在一两个细分市场精耕细作就可以了，门类太多很难做专做透。如明天社只做少儿文学和绘本，在少儿文学中只涉及原创少儿文学，名家原创里面只涉及名家原创新作。而在细分市场中要再度细分。"明天社之所以定位在两个领域，是由于他们有一批10年以上工作经验的优秀儿童文学编辑，这些编辑不仅与作家是好朋友，很多人本身就是儿童文学作家，能够与作家默契沟通。北大社转身教育出版和学术出版，控制大众出版规模，也与其背靠北京大学，有着丰富的学术资源优势有莫大的关系。

日本出版业就是我们最好的警示——1996~2008年，图书销售几乎年年下滑（除了2004年），但品种数却几乎年年上升，导致图书退货率不断攀升，有的新书退货率高达80％，不少中小出版社、中小书店倒闭，由销售下滑引发的恶性循环可谓前车之鉴。"宁食仙桃一口，不吃烂杏一筐"，这句俗话在出版市场增速放缓、单品效益下滑、库存增多的当下，能否成为出版人最朴素的追求？

【链接：《中国出版传媒商报》2015.8.4，龚牟利《"品种减法"能否换来"效益加法"》】

# 第16章　书企募资利用率"高开低走"?

近期读者传媒和南方传媒相继过会,江苏可一、新华文轩、中国科技出版传媒、山东出版传媒等也正在筹备上市,加上已上市的中文在线与借壳成功的青岛出版传媒,出版传媒企业正经历新一波上市热潮。上述出版企业上市的直接费用都超过 2000 万元,存在银行里的巨额募集资金的机会成本更是难以统计。国有上市出版企业的募集资金的使用效果究竟如何? 该怎么利用好募集资金回报市场,反哺出版业呢?

## 16.1　募集资金利用率尚低

实际完成情况不足 60%,上市书企规划项目整体执行情况并不理想。

根据上市国有出版企业 2014 年年报数据,进入此次分析样本的包含出版传媒、时代出版、皖新传媒、长江传媒、凤凰传媒、中文天地、中南传媒等 7 家国有出版发行企业。由于新华文轩在香港上市,港股并不要求严格的募投规划和限制,因此将其排除在分析样本框外;另外借壳上市的新华传媒及大地传媒的针对控股母公司的非公开增发主要是置换母公司的出版传媒类资产,并没有获得太多的现金流,因此也排除在分析样本框之外。对于上述 7 家国有上市出版发行企业,其募集资金总额 133.94 亿元,已投入的资金 68.38 亿元,资金使用率达 51.1%,如果除去已 100% 划转的用于"补充流动资金"的募投资金,这个比例可能要下降到不足 40%。

这些上市企业中,中文天地和长江传媒分别于 2013 年 3 月、2013 年 9 月增发成功,由于距离 2014 财年时间相对较短,所以募集资金使用率相对较小,两家共增发募集 24.28 亿元，占到 7 家书企总募集资金的 18% 左右。剔除这两家，其余 5 家企业均在 2011 年以前首发或增发，且规划项目基本在 3~5 年，从时间上来讲应该基本执行完毕，但实际完成情况不足 60%，由此可以推断上市书企规划项目整体执行情况并不理想。

## 16.2  项目执行还不顺畅

募投项目中，印刷技术改造工程执行效果较好，文化地产是投入的另一个重点，但内容策划项目较少，而且以渠道建设为主。

在这些募投项目中，内容策划项目较少，发行网点建设、物流项目、数字出版平台、印刷项目及文化地产占了其中的多数。除了 100% 执行的"补充流动资金"项目，在工信部等部门推动下，印刷技术改造工程执行效果较好，整体在 70% 以上，如中文天地在募集资金后的一年多的时间，就执行了"印刷技术改造项目"一半以上。门店改造、图书策划、数字出版及文化地产等方面执行程度各异。物流、文化地产由于政府规划调整、房租上涨等因素未达到预期的进度。一些物流项目在募投项目中执行得较为不理想，完成度大概不到 20%。而门店改造、数字出版由于图书市场的不明朗及技术的快速迭代升级也搁浅不少。

国有出版发行企业上市的重要目的之一是要"挺拔主业，多元发展"。挺拔主业包括内容建设和渠道建设。

从年报可以看出，上市国有出版企业的募集资金规划投向，渠道占主导，包括物流体系、发行网点、网络销售及传播平台等，大概占据募投资金总量的 40% 以上。"图书策划项目"与"数字内容策划项目"等内容建设项目占总资金量的比例不到 10%。对于这种现象，中央财经大学文化传媒学院院长助理周正兵认为，国有出版企业由于专业分工和区域规划处于分散状态，行政领导下的出版体制及区域壁垒使得无法通过并购实现产业集聚。通过外延式的扩张实现内容集聚不太现实，而内涵式的发展所需的资金不会太大，因此不可能有太多资金投入到内容策划上。"除了北京聚集了上百家出版企业,其他出版企业分散在全国各省,各省基本已实现集团化重组,在主业领域目前很难依靠规模经济降低出版成本、积累资本实现流程改造和技术创新。"

从近年数据看,不少出版企业仍通过品种数的增长而不是对优质的具有创新能力的出版企业的并购实现增长。在市场没有扩大的情况下,只会增加人工成本和库存成本,也抑制了出版企业利用募集资金投资内容的动力。同时地方省市出版企业越强大,区域壁垒越严重,出版"航母"越难以形成,形成一种二律背反。虽然上述企业中偶尔也有募集资金用于出版企业的并购和重组,如中南传媒收购旗下的中南博集天卷文化传媒有限公司部分股权并增资,中原大地收购河南的出版企业,但更多的是对省内出版企业的重组。

除了渠道建设体系,文化地产也是出版发行企业投入的一个重点。但是现有的文化地产的经营也存在一些尴尬。因为文化地产不仅要让它建起来,还要活下去。江苏凤凰出版传媒股份有限公司发行分公司副总经理孙刚指出:"大型的文化 Mall 不仅要建好,还要引导、招商。还需要思考引进什么业态、何种业态适合我们。"在传统的国有出版发行企业的考核体制下,建好的文化地产必须马上有回报来完成利润指标,但高昂的租金却伤害商户的积极性。现代很多大型商业购物中心、文化广场出租给餐饮或其他娱乐业,会采取类似免租 3 年或减租的政策培养商圈生态、聚集人气。海豚传媒、西西弗等连锁书店就是利用这种减租政策活跃在各大商圈。想要捕鱼,首先要"放水养鱼"。

募投项目的问题一直纠结着上市国有书企,周正兵认为其深层问题是市场改革尚未到位。"出版与电影业的改革差不多同时开始,《出版管理条例》和《电影管理条例》都是 2001 年左右出台。但是电影业现在没有这个纠结,华谊、光线等影视公司募集的资金很多都投在了主业上。并且电影行业通过一系列的优胜劣汰已经建立了一套比较完善的产业结构。产业集中度代表着结构是否合理,中国电影业的集中度与好莱坞的差距已不大,多年前 CR8 已经达到 60% 以上。而目前出版业前 8 的出版集团产业集中度不到 30%"。

## 16.3 做实募投规划

除了做实项目调研,募投规划还需要拥有前瞻性的眼光关注多元化发展。从新兴领域寻找可供拓展的多元化空间,毕竟传统出版业容量有限。

之所以募投资金的问题一直困扰着出版企业,中国新闻出版研究院市场研究所所长张晓斌认为:"一方面是超募,另一方面是募投项目本身规划不严谨。"募投项目必须要进行严格的可行性论证,规范测算。张晓斌曾参与江苏可一、天舟文化、读者传媒及数家国家级出版传媒企业的上市辅导,他举例说:"例如要做市场调研,需要请调查公司,需要开多少次会,去实地调研,都要按照商业计划书严格规划,不能只停留在概念和文字上。"此外,各家的募投方向重合率比较高,一些募投方向的投入产出比无论从直接回报还是回报速度上都无法满足要求。而为了赚"快钱",并购重组、文化地产乃至购买理财产品就成了其主要方向。

除了做实项目调研,募投规划还需要拥有前瞻性的眼光关注多元化发展。传统出版企业已经意识到数字化转型是其实现产品与服务升级与多元化的重要手段,但在募投规划上不少出版企业却走了弯路。正如周正兵指出的,随着第三方物流的快速发展,传统出版发行企业不得不对物流发展规划做出调整;而数字内容风险高,赢利模式不清晰,且产品快速迭代,出版企业在历经数年的上市之路后,其产品规划已落后于现实需求,而不得不调整。比如出版企业上市之路往往耗费数年,数字出版领域技术与新商业模式风起云涌,瞬息变幻,稍不留神原来募投规划中的数字项目就落伍,失去了可投入的价值。例如"平台化"是前几年数字出版的一个趋势,数家出版企业也将其列为募投规划发力点,但现在除了拥有海量内容和用户资源的电信运营商和互联网巨头,鲜有出版企业来进行这种烧钱的游戏;又如电子书包的风潮刚刚过去,慕课已经开始成了新宠。出版企业必须灵活运用政策,可以先行立项投资相关产业再从募投资金中划拨,这样才能紧跟时代发展。同时出版企业要拿出具有前瞻性的概念题材,关注未来产品及业态的改造,业外资本才会感兴趣。最关键的一点是应尽量从新兴领域寻找可供拓展的多元化空间，毕竟传统出版业容量有限，一个池塘，容不下这么多鳄鱼。

而在募投项目的操作和管理上，应从顶层开始规划，紧抓品牌，关注消费动向。孙刚以其连锁店面改造及多元产品经营为例，"现在消费者对连锁品牌的关注程度变高了，门店多元产品的一地一品牌不合时宜。"凤凰正在进行的"连锁网点改造"及"文化数码连锁"等募投项目经营多元产品，从顶层对每个门店的产品、服务及引进商家进行集团层面的规划管理，以此克服单个门店的资金及人员的不足。

对于上市书企来说，主业仍是安身立命之本。读者出版传媒股份有限公司刚从证监会拿到上市的批文，其总经理彭长城感叹上市之路的不易与责任的重大："之所以读者上市受到各方的关注，是因为《读者》这本杂志在无数人成长之路中对他们的启发与帮助，这些受众也真心希望读者能通过上市焕发更大的生机与活力。在中国品牌 500 强的评比中，我们之所以能和销售额上百倍于我们的万达同列，这代表了来自大众的力量与价值评价。"彭长城表示，"将来的发展方向还会专注于传统主业这块，不会放弃，这是我们的立身之本！"

【链接：《中国出版传媒商报》2015.7.7，龚牟利《书企募资利用率"高开低走"》】

# 第 17 章　中外电子书势头减缓，未来生疑

创新工场董事长兼首席执行官李开复在四年前曾断言："长期来说纸质书必然会消失，将进入全面电子书时代。"这种观点在几年前电子书兴起的时候颇有市场。但数据给出了不一样的答案。电子书在整体出版物市场中的销售份额不足 1 成，除了英美之外的所有国家皆如此，而且增速已经下降到百分之十几或百分之几。增速放缓的主要原因之一，是借势移动网络爆发带来的红利已耗尽。现有的电子书模式还有未来吗？现有的创新尝试能够给市场带来新的突破吗？

## 17.1　电子书销售增速放缓市场份额不足 1 成

不论电子书是否能取代纸质书，电子书在整个出版格局中的比例至今甚微甚至可能会固化。出版业已进入后数字出版时代——电子书销售增速放缓，在整体市场中的比例固化，亟须技术和模式创新。

国际出版商协会（IPA）、美国出版商协会（AAP）、英国出版商协会（PA）及中国新闻出版研究院各自发布的 2014 年出版业数据显示，电子书销售增幅已明显放缓，大部分增幅已下降到百分之十几至百分之几。

AAP 数据显示，美国市场电子书销售额 2014 年增长 3.8％，达到 33.7 亿美元，低于整体市场 4.6％的增幅。而之前的 5 年，美国电子书销售收入增速从 2009 年的 366％一直下降到 2013 年的 -0.7％。英国 2014 年电子书市场销量增幅下降到 15.3％（2013 年为 18.2％），德国电子书销售增长率从 60.5％暴跌到 7.6％。其他欧洲主要市场的电子书销售也都在显著放缓。中

国市场也不容乐观,据《2014—2015中国数字出版产业年度报告》披露,中国电子书2014年销售增速已经下降到不足20%。

当然,大部分国家的电子书销售增速仍高于纸书。但考虑到电子书的销售基数和市场份额,就不那么乐观了。英美电子书市场占比与基数较高,分别占到了整体市场的27.2%与21%,其他国家都在10%以下,其中德国为4.3%,法国为2.3%,西班牙为4%,荷兰为4.7%,巴西为4%。电子书在中国整体出版市场占比为6%左右,2014年销售增速为18.4%,传统出版增速为2.65%。业内认为占比30%是数字出版的一个坎,即使让中国数字出版持续保持现有增速,还需要15年才能达到这个规模,而让数字与传统出版一直保持如此大的增速差距几乎不可能。

这意味着对于大多数国家来说,电子书还没有成长为出版市场主力板块,就已经进入了成熟期。但对于中国来说,用"瓶颈期"这个词更合适。所谓成熟的数字出版市场,除了市场相对饱和,还包括良好的行业生态。而从实际情况来看,在中国三者都不满足,网络盗版仍猖獗,网络分销商往往拿不到出版社的优质图书,而全国出版商2014年从电子书市场获得的收入只有2亿元左右,与传统出版收入相比九牛一毛。

英美电子书市场已成熟,但中国市场则是早熟。令人欣慰的是,从业者也正慢慢意识到,培养读者付费意愿,营造良好行业生态的重要意义。在2015年中国数字出版博览会上,"共赢共生"的观念得到了共鸣。

## 17.2　红利耗尽　资源配置低效

电子书增长放缓主因是移动阅读带来的数字出版红利已经耗尽。纸质书电子化,一本本销售的模式,本身落后且不适合我国国情,对此种模式的政策保护阻碍了市场调节,也遏制了数字出版的正常演进与产品迭代。

中国的电子书市场放缓是短期波动还是长期趋势?增长放缓的原因是什么呢?

在我国互联网发展早期就有数字阅读尝试，如 2000 年前后的全景中文书库，2003 年北大方正的 Apabi。但电子书真正的发展是借势手持移动设备及移动互联网服务的爆发。中版文化传播有限公司总经理助理沈昊认为，从世界范围看，此轮电子书增长放缓主要是由移动阅读带来的数字出版红利已经大大消减，"每一轮增长都有契机，当这个有利的因素逐步消化以后增速会逐渐平缓下来"。

前期的增长除了市场需求本身，政策倾斜以及出版机构略显盲目而低效的资源投入，也助推了前期的市场增长，但却是不可持续的。沈昊认为现在的增速调整是一件好事，重新回归市场理性，"增幅的下降其实是市场的成熟，跟风产品逐步被挤出，那些内容和经营好的电子书企业最终脱颖而出"。一些新参与者做出了榜样，如中信电子书 2014 年销售 2000 万元并实现赢利。

我国电子书长期以来模仿亚马逊的模式。但这种纸书电子化、大平台的模式与国内市场环境并不适应。国内分销商和出版社的双边垄断格局导致二者难在版权上形成合作，无法通过市场手段形成资源聚集的大平台。与互联网巨头相比，出版社分散且缺乏议价权，但是在区域市场及版权上处于垄断地位，在读者缺乏支付意愿的情况下，双方博弈的最终结果就是互不合作。

"这种模式比较落后，并没有体现数字出版的优势，也未带给读者真正的附加价值"，澳大利亚南昆士兰大学数字未来研究所研究员任翔认为。同时大量资源投入导致配置低效，阻碍了产业的进化。

对于现有电子书模式，阿里巴巴数字阅读事业部总经理胡晓东直言，"这种模式已没有未来，只是一种过渡形态，旧内容只不过换了一个新包装，与个性化需求背道而驰。将来的内容应该基于大数据，定向投放的小众模式。"任翔也持类似的观点，"现有的电子书只是纸书数字化，单本贩售模式的成长空间应该说不会有太大的惊喜了"。

2015 年的数博会，出版社鲜有提及电子书。记者询问了数家出版社的电子书销售状况，负责人均三缄其口，大多表示正在积极推进新旧出版融合和数字化建设。广西科学技术出版社数字出版部主任冯靖城透露,2015 年电子书销售不是太好,增长明显放缓。"广西科技社电子书主要是从国外引进版权翻译成中文销售,但是电子书预付金 500 美元起,国内电子书收益很难超过这个数额。"

除英国之外的欧洲主要国家电子书市场也比较孱弱,原因是出版商及行业协会在政策制定方面较为强势,如各种补贴政策、对谷歌的反垄断调查、对亚马逊的税务制裁等。中国虽然也有纸质书保护,但是对于电子书的政策倾斜也不少。并且中国纸书阅读率较低,恰恰给数字阅读提供了非常大的空间。

令人欣慰的是,出版商与分销商正在相互靠拢,改善收费难题、版权困境以及纸电不同步的状况。如当当正在积极推动电子书收费及"纸电联动",并且要求出版社重点纸书 75% 以上都要有电子书。出版社也在打破传统思维,如商务印书馆与亚马逊在 2014 年年末启动纸电同步战略。

## 17.3　数字阅读的未来还是电子书吗?

在现有模式的基础上,国内外出版及分销机构都在数字阅读方面进行有价值的尝试,如订阅模式、社交阅读、自出版及有声书等。国内正在尝试的知识库、慕课等,是否代表数字出版的未来,还需观察。也许未来的突破还需更大创新。

将传统纸书转化为 ePub 或 PDF 格式的文件定义为电子书,这种模式的前途已经很有限,但如从更加广泛的角度定义电子书,将其与数字阅读等同,需要做的事情还很多。正如鲁迪格·威森巴特所说,电子书的潜力并没有被完全发挥,其发展仍处于初级阶段。

在以亚马逊为代表的基本模式上,欧美及中国市场也有不少创新亮点,如订阅服务、自出版以及有声书等。美国 2014 年可下载有声书总销售额达到3.93 亿美元,同比增长 26.8%,若将其统计入电子书,其占比接近 12%;同时订阅服务达到 1350 万美元,同比增长了 10 倍。2013 年美国的自出版市场已经达到了 1.8 亿美元,约占据电子书市场的 11%,英国在 2012 年的这一数字是 12%。

国内也正在进行有意义的尝试,京东畅读、淘宝阅读等正在尝试订阅服务,喜马拉雅 FM 与阅文集团的资本合作也正在改变有声书市场的生态。但胡晓东认为这些都只是对现有模式的修修补补,并不会有太大突破。他预言,从技术上说,电子书将来越来越脱离特定介质的依赖,读者会根据自己的生活习惯、使用习惯随意选择一种媒介,而电子书将逐步做到无处不在,甚至是随身的穿戴设备。

目前国内正在积极推动的知识库、资源库及慕课建设等在数字出版业内引起了不小的反响。这种模式经营的不仅仅是一本本电子书,而是对其内容的精细化、深度加工处理。冯靖城介绍了他们正在开发的产品,“我们正在建设东盟医学书籍数据库,包括壮医、瑶医等。还是以前的电子书,但是条目化入库了。虽然包括作者授权、利润分成等仍有问题,但是还要不断尝试。”

电子书正经历着阵痛,但这是产业发展前期必需的。经过一段时间的稳固,当人们的生活方式或技术条件出现新变时,电子书业务也许会迎来新一轮快速增长。时代因素决定了电子书还没有进入收割利润的时候。正如胡晓东所说,“与普通的技术变革不同,文化领域的产业变革周期较长,即使比较快的电子商务也走了将近 20 年才成型,从这个角度讲数字出版时间还不长,其变革更慢,我们不能操之过急。”

【链接:《中国出版传媒商报》2015.8.14,龚牟利《中外电子书势头减缓,未来生疑》】

# 第 18 章

社交阅读让出版不再孤单

"社交阅读"之风似有越吹越劲之势。一个多月前,微信团队联合阅文集团推出主打社交功能的"微信读书",要"让阅读不再孤独",引发关注。微信背靠数亿用户,转化为"读者"用户的竞争力不容小觑。京东也不甘拜下风,收购高端社交阅读平台——拇指阅读,同时推出京东阅读,拥有阅后即焚、智能推荐等功能。在此势头下,咪咕数字传媒有限公司总经理戴和忠表示"未来数字阅读的市场将继续蓬勃发展,社交化阅读将成为一种新的形态",咪咕数媒将以 IP 为核心,"构建出版社—作者—读者社交化创作的生态圈"。无独有偶,国际数字出版资深专家威辛巴特在 2015 国际数字出版论坛上也指出,"随着社交媒体对图书影响逐渐加大,图书开始由读者社区驱动发展。过去几个文学评论家就能告诉读者读什么,但在电子书时代,评论家的统治地位受到动摇。"社交阅读真能给阅读和出版带来实质性变化吗?

## 18.1 补全出版闭环

如果说在线阅读体验是一道菜,社交元素则是一把盐——内容及阅读本身还是主菜,社交元素用来增添阅读的体验和味道,只要未喧宾夺主,无可厚非,说不定相互注评中还能催生出一两个金圣叹和脂砚斋呢!

社交阅读并不新鲜,将喜欢的语句分享,在书中评注,相互讨论,这种行为古已有之,那时叫作"批注"。数字阅读专家沙特金认为,"现代社交化阅读中,人们真正想做的,是把自己的想法作为最新的信息散布出去,通过互联网参与一场不断进行的博取流行度的竞争,而且是实时的。"

亚马逊旗下 Goodreads 网站可谓社交阅读的首个成功者，在全球拥有超过 2000 万用户和 3 万个读书俱乐部，用户在上面可以找到逾 3.6 亿种图书，并可以进行书籍评论和互动分享荐书。2013 年亚马逊以 1.5 亿美元收购了 Goodreads，加强其"阅读＋社交＋推荐"优势。Goodreads CEO 钱德勒表示，社交在未来 5 年内将改变出版业界的形态。研究数据表明，除了作者的知名度与品牌力，读者买书最大的动力来自朋友推荐，得到近 8 成读者的认可。

京东和阅文或许受到了亚马逊的启发，以社交阅读平台完善从图书前期试读、中期购买、后期评论互动的全程布局。

从 2013 年以后发布的在线阅读平台来看，无不具有社交元素。网易云阅读的客户端拥有完善的书摘分享功能，让用户可以针对书中某一段语录进行分享，也是网易云阅读打造立体化移动阅读社交的一次实践。多看阅读在 2013 年年底前新推"书友圈"也顺应了这个大趋势，用户在个人中心可以关注自己的朋友、陌生人、多看认证大 V 用户及米聊好友。通过关注他们，用户之间可以相互分享书评、书摘及笔记。Kindle 则新增了电子书批注同步功能，读者不单自己可以在阅读中标注自己特别喜欢的段落，还能在同一本书上看到其他用户的批注，豆瓣的电子书阅读界面不久前也使用了该功能。

正如中版文化传播有限公司总经理助理沈昊所说："在线社交阅读平台不是由数字出版部门开发的一种孤立的服务模式，现在多数服务方式都借助了社交模式，社交阅读会成为数字阅读的一个基础。产品、服务设计都要满足相应社交圈子的需要，如果没有考虑这些，几乎不可能生存。"

社交阅读也并非讨所有人喜欢。青岛出版集团海洋图书编辑部主任张性阳认为："要实现社交，现在有多种工具，阅读恰恰是最不具备社交功能的。"阅读并不是实现社交的最佳工具，但阅读中添加社交因素无可厚非，关键在于社交阅读到底强调的是社交还是阅读。微信读书引发社交阅读争议，很大程度上在于其过于强大的社交基因，尤其是其读书排行榜功能，"做书"副主编张远就表示：对于真正的读书人来说，并不在乎排名。腾讯阅读部门相关负责人张倩怡也回应了记者的关注,"好友排行的目的是促使爱书人发现身边相同的爱书之人,以刺激他们进行阅读交流。一时尝鲜的人们不会仅仅因为炫耀而坚持下去,日积月累,这部分流失了,沉淀下来的就是核心客户。"

## 18.2 中小社数字创新的良策

内容不再是一次性售卖的商品,而应持续不断地更新,并成为聚集特定兴趣人群的纽带。这种建立在专业细分市场上的深耕模式,不失为中小出版社数字创新的良策。

社交网络或阅读平台对出版另一大好处是对中小出版社和长尾产品的影响。据澳大利亚南昆士兰大学数字未来研究所研究员任翔介绍:"独立出版商通过专业化内容,在细分市场建立连接读者、作者与出版商的活跃社交网络,并形成社交化的系列出版产品。比如,Hardie Grant Books 出版的《詹姆斯·哈利迪的美酒伴侣》以付费内容网站为传播主体,以此衍生出纸质图书、电子图书、iPad 与安卓应用等系列产品。通过立体化的产品体系吸引众多读者,最终形成了具有影响力的品酒者社交网络,该读者数据库成为后续商业模式的基础。这是电子书社交化转型的典型案例。内容不再是一次性售卖的商品;而是持续不断地更新,并成为聚集特定兴趣人群的纽带。这种建立在专业细分市场上的深耕模式,不失为中小出版社数字创新的良策。"

Goodreads 之所以能引发社交阅读的潮流,不仅因其负载社交应用,而且因为引入作者、读者和出版商形成的社群,2000 多万在线活跃用户的评论的力量可想而知。但为何豆瓣和"毒药"等平台却无此影响力,问题在于要将阅读社群商业化并非简单。首先,Goodreads 有良好的社区自治传统,拥有 4 万多名志愿者编辑,这就是人们常说的"众包"。其次,Goodreads 的用户数量多,归功于美国良好的阅读传统,而 Goodreads 加入 Facebook 的"开放图景",使全球数以十亿计的 Facebook 用户实现"无缝体验",当年仅此一项其用户数量就增加了 77%,而其最核心的优势在于收购了最好的图书推荐引擎

Discovereads.com 网站。

拇指阅读、微信阅读都有可能复制这种模式。首先从用户数量来说，微信用户数可以转换为微信阅读的用户，电商京东在做推荐引擎上也颇具实力。但为何微信阅读另作 APP 而不是直接嵌入到微信中？张倩怡表示，微信读书"最大的不同是将圈子缩小至身边的微信友人圈子。阅读是一件偏严肃较个人的事情，志同道合的人容易成为好友，我们将圈子缩小至微信好友，好友间进行阅读的分享交流行为会比陌生人更加自然和容易。"但这种方式是否符合社交阅读的发展趋势，还有待观察。

## 18.3　传统出版如何做社交？

社交平台是改造传统出版的突破口，多年来出版界转型所做的都是电子书、手机阅读一类的数字阅读，没有真正地整合内容、开展数字出版。国有传统出版企业不经过脱胎换骨的变化，很难适应形势的发展，而目前来看，建立社交平台是出版界开展互联网出版、建立数据库的出路之一。

社交阅读作为一种服务手段，其实传统出版社很早就在用，那就是读书会。而在互联网时代的社交阅读，出版社在社交平台上可与服务商合作。

据人民出版社在线阅读社交平台"读书会"秘书长徐庆群介绍，"人民社希望把爱读书和写书评的人、作者、编辑以及各种媒体、出版社资源在这个平台上汇聚，让有需要的人知道去哪里找，有资源的人知道找什么样的人分享"。人民社的线上和线下读书会并行，线上读书会已运营两个多月，每期请作者现场座谈，例如最近邀请的是《读懂中国股市》的作者董少鹏。但读书会也面临一些问题，"理想很丰满，现实很骨感，线上读书会各种功能的技术实现比想象中困难得多，所需的资金也不少"。从记者体验看，从注册到评论仍有很多地方需完善。

而国内社交阅读走在前列的是时代出版传媒的时光流影。时代出版股份有限公司前董事长王亚非认为，社交平台是改造传统出版突破口，多年来出版界转型所做的都是电子书、手机阅读一类的数字阅读,没有真正地整合内容、开展数字出版。国有传统出版企业不经过脱胎换骨的变化,很难适应形势的发展,而目前来看,建立社交平台是出版界开展互联网出版、建立数据库的出路之一。

传统出版企业利用社交网络链接用户,目前主要通过各种社交工具如微信、微博以及上述的在线阅读平台。真正自己做社交阅读平台的仍是少数,毕竟成本和技术隔阂不得不考虑,但阅读社交化已经是不可逆转的趋势,拇指阅读的创始人左志坚表示:"阅读并非对所有人都私密,它能够体现读者的兴趣,而这是有社交需求的。社交化已经是必需的配置了。"

正如加布瑞埃拉·泽文在《岛上书店》中说:"我们读书,因为我们孤单;我们读书,然后就不孤单,我们并不孤单。"社交阅读也许是让读者不孤单的更加直接的方式。

【链接:《中国出版传媒商报》2015.10.27,龚牟利《社交阅读让出版不再孤单》】

# 第 19 章　榜单效应助力书企佳作推广

　　曾有人撰文考证,1895 年,美国《读书人》杂志登载了 19 个城市书店里最畅销的 6 种书的书名,这被认为是历史上的第一个畅销书排行榜。自 1903 年开始,《读书人》每期公布本月内最好销的 6 种书,称为"畅销书六种"。此后图书排行榜逐渐被推行到世界各地。随着国内出版业的发展,由媒体发布的各类图书榜单愈发多见,一些媒体也因为刊登各类图书排行榜而逐步确立了自己的特色和地位。岁末年初,许多出版企业也纷纷针对自身的出版物,遴选、评比,总结为相关的"好书榜""十大好书"等。不同的出版企业在评选时,也有不同的考量标准。此外,在榜单评选过后,如何借助榜单效应再次推广营销也值得各位有识之士的关注。

## 19.1　两类推选模式:专家引导　社内评审

　　许多读者都有这样的感触,最近这段时间,无论看报还是上网,"2015 年度十大好书"等相似的标题总会不时从字里行间跳出。因为每逢岁末年初,不少文化机构都会为读者总结、盘点这一年度值得一读的佳作,出版企业的自评榜单也愈发多见。

　　记者发现,一些大社名社,近年颇为看重此类图书榜单。像中华书局,特别举办了 2015 年度中华书局双十佳图书评选会。经过提名和专家评审,最终评选出 2015 年度中华书局"古籍整理类十佳图书"和"人文社科类十佳图书"。《酉阳杂俎校笺》《古新圣经残稿》《唐五代传奇集》《旧五代史》(修订本)等获选"古籍学术类十大好书";《晚明大变局》《京都古书店风景》《故宫营造》(插图典藏本)获选"人文社科类十大好书"。据中华书局总编辑顾青介绍,2015年中华书局共出书1800余种,以弘扬传统文化为核心,出书方向一是古籍整理和学术著作,二是面向市场的传统文化普及读物。因出书结构的不同,所以会设置两个榜单。

中华书局市场部负责人李忠良告诉记者,对"传统文化类的好书,现在不少读者缺乏判断力。需要借助于权威专家的推荐来进行引导。此次评选,书局提前从2015年所出新书中遴选出50种备选书目交各评委进行初选。评选会上,经过学者和媒体专家的阅读、讨论,并综合中华书局官方微信上的读者投票意见,最终评选出2015年度中华书局'双十佳'图书。"值得一提的是,在双十佳现场会前,中华书局官方微信也发起两个榜的投票,参与人数1.7万余人,多有海外读者参与投票。相似地,人民文学出版社的"人文社科双十佳"则是由社内外专家、学者联合推荐并参考了市场反馈、读者意见等多方面因素综合评选产生,获选好书分为"原创十佳"和"综合十佳"两大类别。人文社的佳作有一个显著特点即"双效俱佳"。如"原创十佳"的《抗日战争》《群山之巅》《曲终人在》《路遥传》,"综合十佳"的《鲁迅手稿丛编》《林徽因集》《我的家》《复堂师友手札菁华》,都是既具有极佳的社会效益,又具有良好的经济效益,多部图书获得2015年度各大图书奖项,获得了较好的社会反响,取得了向大众普及文学知识、提高文化素养的良好效果。

也有一些出版社因图书的专业性,而采取自评为主的方式。譬如法律出版社,该社相关负责人张心萌谈到,"法律社的年度'十大好书',是在社内综合甄选彰显品牌影响力、市场反映等综合因素,由我们市场部选定。"其另一个重要选定依据是,作品能够"穿越历史与当下,既有大历史叙述又有社会之管窥,以中国问题为出发点,借古今中西之势,为中国未来提供理性透彻之见"。年终之际,总是要对这一年的出版工作盘点一番,几番选评,"我们向业界和读者朋友交出了我们这一年的答卷——'法律出版社2015年度十大好书'。其中,《历史的巨镜》《中国思想史十讲》《中国法政的起源1900~1919》《正义的源泉》即由法律社的新品牌'天下'推出。我们也关注那些年代久远却品质优良的选题作品,比如许良英先生的《民主的历史》;曾被尘封多年的'遗珠',潘汉典先生翻译的《博登海默法理学》;法律大家的小品杂文,如日本学者穗积陈重的《法窗夜话》;新人法制史佳作《历史的潜流:律师风骨与民国春秋》;思想与实践并存的审判实务经典《正义永不决堤——水牛湾惨案》等。"

此外,社会科学文献出版社的"十大好书"会更注重社科图书,他们邀请的评委背景也涉及多个学科,成为一大特色。该社每年从年度新书中海选50种,邀请社会学、政治学、经济学、中国史、世界史与文化传媒领域的评委组成社会科学组与人文历史组进行讨论评议,并参考读者网络票选的30种图书展开学术考核与推荐。2015年度专家组成员共28名,既有学界专家、书评人,也有期刊编辑、纸媒及新媒体负责人。经过两组评委的讨论与投票,推选出年度"十大好书"。值得一提的是,为了活跃读书社群的参与氛围,2015年商务印书馆除了推出了传统的由书评人评选出的"十大好书"外,还推出了由微信读者选出的"读者喜爱的21本好书"及由19所大学22个读书会选出的"大学生喜欢的15本好书"。

## 19.2 催生马太效应:品牌曝光 提升销售

年度好书榜单是社会研究人员的一个很好的了解社会的捷径。这些作品能从同类图书中脱颖而出,在那个庞大的数字背后往往反映了一个时代的社会、生活、政治、文化等方面的内容。任何读者都可以在看到榜单之后,从中发现榜单所总结的那个时期或年度的信息。此类好书榜单也一直是读者、编辑、作者、出版管理者与研究者购买图书、策划选题、确定写作方向、规划战略、研究资源的有力工具和珍贵资源。

曾有媒体对"年度好书榜"的大众影响做过跟踪调查。结果发现多数普通读者春节期间购买、阅读最集中的,往往是当年频繁登上诸多媒体、文化机构

"年度好书榜"的作品。以"绿茶"这一笔名在书业的方绪晓也承认,"年度好书榜单"对精英读者层的阅读影响有限,但他认为其对多数普通读者还是在一定程度上起到了引导阅读的作用。

特别是在互联网时代,图书榜单的马太效应尤其明显。各式各样的图书排行榜,并非仅有统计功能,促销也是其目的。由于人们普遍存在从众心理,上榜的图书会卖得更快,从而产生引导消费、"强者更强"的现象。面对海量的出书品种,各类渠道也不能将佳作全部展现,对于一般读者而言,榜单更是获取好书的直接途径。可以说,在图书卖场中对读者决策影响最大的元素一定有榜单。因此,不少出版企业在评选出自身的好书榜单后,还会通过各种方式,二次推广。张心萌介绍,"法律社会利用微信推送、订货会展位设计,在出版行业报纸和杂志做了广告。对内鼓励出版有价值的书,对外宣传出版社的优质产品、彰显我们的价值追求和影响力"。出版企业在评选好书榜单、合理利用榜单效应的同时,还要学会分析榜单。即对选题、营销、发行等方面的统筹,得到最有效的广告投放策略。

不过,许多民营出版企业则鲜有自评好书的传统。有编辑私下和记者交流谈到,"各种维度的'年度好书榜'能帮读者降低选择成本,但我们不会特别重视,因为书卖得好不好最重要,所以坦率地说,其实我们最看重的是销量排行榜、畅销书排行榜。"

在其他关联榜单方面,也有不少可借鉴的地方。亚马逊中国在 2015 年首次发布年度十大新锐作家榜,分别是蔡崇达、张皓宸、斌卡、白茶、苑子文和苑子豪、余秀华、李尚龙、里则林、艾力、燕公子。这些作家在此前不为读者所熟知,但在 2015 年都出版了具有良好读者口碑和销售成绩的优秀作品,其中张皓宸的《我与世界只差一个你》位列亚马逊中国 2015 年度畅销榜第 29 位,蔡崇达的《皮囊》、斌卡的《硬派健身》、白茶的《就喜欢你看不惯我又干不掉我的样子》等均曾进入亚马逊中国图书周榜前十。"新锐作家榜"评选是亚马逊中国于 2015 年 5 月为关注图书行业新锐创作力量而启动的,此榜单依据作家作品年度总销量及月均销量等数据评选而出。这些新锐作家也有望成为各家出版企业竞相争夺的热门资源。当当也在 2015 年首次推出好书榜,并专门制作了"2015 当当好书榜年度榜单""影响力作家评选 2015 年度"等专题页面,进一步扩大销售。

【链接:《中国出版传媒商报》2016.2.5,刘志伟《榜单效应助力书企佳作推广》】

# 第 20 章　实体书店掀新一轮扩张潮

　　受电商平台、阅读习惯等因素影响,不少新华书店近年来提出了新的整体发展思路,如安徽新华规划了"新华书店、前言后记、阅生活、布克乐园、读书会"五大品牌战略,内蒙古新华发行集团提出了"力挺书店、做强二教、做大资产、多元经营"16 字战略设计,深圳书城在"大书城小书吧"的战略指导下加快书城群落建设,北方图书城提出了"二次创业""转型升级"战略设想以及经营发展规划等,这些实体书店重新定位了实体书店独具特色的品牌形象。在新战略驱动下,随着 2014 年实体书店整体销售的回暖,2015 年实体书店迎来了新一轮扩张潮。

　　实体书店改造、重建大卖场、社区书店、校园书店整体步伐加快;个性书店进商圈、进社区全新打造与拓展,电商、微商建设进程全面推进,在"力挺书店"全面扩张的道路上,实体书店"多条腿"共进,走出了创新发展的扩张新路。

## 20.1　"一站式"文化广场综合体主打文化牌

　　早在 2012 年,江苏凤凰出版传媒集团就投资建设了苏州凤凰文化广场,以文化消费为核心特色,将文化与商业进行有机融合,实现了"一站式文化消费";2013 年 9 月 25 日江西新华发行集团红谷滩文化综合体投入试运行,以书城为纽带,将影院、休闲、娱乐等多种泛文化业态融为一体。进入 2015 年以来,随着几大文化广场综合体项目的推出或在建,这些主打文化牌的"一站式"文化广场综合体项目走热,并渐成趋势。

　　即将于 2015 年 8 月开业的山东书城是这一模式的典型体现。山东书城总建筑面积 13.1 万平方米,由山东出版集团有限公司投资建设,被定位为山东省首家新业态综效性文化综合体,除个性迥异的独立书店、音像店、美术馆、文艺小店,还有众多国内外一线品牌入驻,将生活、时尚、休闲、艺术全方位打通。

致力于打造沈阳文化新地标的沈阳盛京文化商业广场是由沈阳出版发行集团全新推出的文化创意产业项目,以图书经营为核心,包含了图书专营、视听体验、传统文化、创新生活、亲子娱乐、新华教育、文化活动与服务配套等 8 大主题板块,兼顾文化的商品属性和公益属性,将传统与现代创意文化相结合,突出 O2O 线上线下的交互性。该项目将于 2016 年 3 月亮相沈阳太原街,沈阳出版发行集团董事长王京表示:"书店是城市的智慧和浪漫,该项目的策划和构想是想开创出一个新的适应互联网时代的商业模式。"

6 月 25 日,地处合肥市滨湖新区核心区、占地近 200 亩的一个黄金地块被总部设在深圳的联投地产成功拍下——该地块将主要用于建设一座全新概念的文化创意书城合肥书城,深圳出版发行集团将作为建成后书城的项目运营商,负责书城内各种业态的招商、引进和整体运营。这是深圳书城模式在深圳外地区拓展的重要一步,也是深圳出版发行集团创新文化发展的升级实践。深圳出版发行集团总经理尹昌龙表示,合肥书城目标是打造以读书、购书为主导力量的大型公共文化休闲空间,不仅是文化综合体,还是文化创意产业平台。

此外,像湖北荆门荆楚文化广场项目以文体为核心,以引进新华书店为主力,打造一站式文体购物中心;河北新华沧州市新华书店正在全力推进沧州新华文化广场项目建设等,都是实体书店"一站式"文化广场综合体的有益尝试。

## 20.2 大书城改造、4.0 代书城启动路向前

在一系列利好指引下,从 2014 年开始出现的实体书店大书城重装改造潮,在 2015 年有渐扩之势,从广州购书中心、青岛书城、昆明书城等大书城改

造,到深圳书城新开业的第 4 代宝安书城,实体书店大书城经营开拓之路不断向前。

2015 年 2 月 17 日,广州购书中心正式重装开业。新广州购书中心在设计上被定位为城市书房,成为学习、休闲、娱乐、体验等为一体的综合型文化生活中心。据广州新华出版发行集团股份有限公司董事长、广州购书中心有限公司董事长沈育明介绍,新广购打造"风尚生活""博阅天下""艺文空间""童梦乐园"4 大板块,按经营主题细分为 9 大区域,使空间布局和功能清晰明确,在增加体验性的同时,融入新社会趋势,实现以移动互联网为导向的营销思路的转变。

目前正在改造的青岛书城,围绕打造"城市课堂"和"城市书房"的核心理念,以消费者习惯做动线引导,以特色的"书城体验",多维智能和全业态立体交互查询、微信及 APP 互通等打造"智慧书城";通过开设生活美学馆、童趣苑等多功能专区设置和文化业态的互动,将书城打造成读者体验文化休闲、接受文化教育、丰富文化生活的场所。5 月 1 日,青岛书城一楼全新亮相"变身"城市书房,实现了城市课堂、露台艺术节、人文苑、黑胶音乐沙龙、生活美学馆、童趣园各种文化板块的相互融合。据青岛市新华书店董事长李茗茗介绍,青岛新华书店以"青岛书城"的升级改造为转型的突破口,以点带面,全面开启全系统的转型发展,形成了一核(书城)、多点(各区市店和特色主题书店)、多面(跨所有制合作、多种文化衍生品和文化周边配套产品)共同发展的布局,全面推进青岛新华卖场的经营转型。

2015 年 5 月 15 日,第四代深圳书城宝安书城正式亮相,开启了深圳书城经营探索的全新模式。深圳出版发行集团总经理尹昌龙介绍,宝安书城创新空间设计,促发各种元素在空间内自由流动;提升探索"书城＋"的业态组合,"书城＋影城""书城＋创意城"等模式得以进一步升华;注重人文关怀及与区域文化的融合,设立打工文学中心;设立创客空间,突出创意引领和创意孵化功能;进一步优化阅读体验,推动线上线下互通互联的 O2O 模式等,实现了第四代深圳书城建设的尝试。

## 20.3　强拓校园店重推校园营销

校园市场一直以来都是实体书店销售的重点市场之一。随着教育体制改革与市场竞争的加剧，为适应市场发展，各发行集团均加大了校园市场业务开创与经营创新力度，通过校园店开拓、加强校园营销，多举措、持续增强对校园市场的开拓力度。

从最初的浙江新华、江西新华、安徽新华、河北新华，到如今的内蒙古新华、湖北新华、广东新华等，各大发行集团校园书店建设以不同特色、不同的设计安排分步骤、有批次进行。安徽新华把拓展校园书店作为实现图书主业低成本扩张的重要途径；浙江新华将校园书店作为"小连锁"模式的重要组成部分来进行推广；内蒙古新华已在呼和浩特市开办 38 中和 17 中校园书屋；湖北新华 2015 年全面推进"百家校园店"建设工程，计划开设 300 家以上校园店。湖南新华、河北新华、广东新华等都在有条不紊地在省内建立校园书店，增加图书销量，了解师生所需。

随着教育部门和家长希望给学生减负，减少作业量，校园书店的经营模式也随之相应改变。河北新华近年将新华绘本馆作为重点项目进行推广；江西新华不久前针对校园超市多由私人承包，"多、乱、杂"的粗放发展现状推出了壹品超市，全省建设目标是 400 家。广东新华通过"拓博网"建设校园书店专区宣传，借助微信公共号每月向学校推广 10 种好书。

此外，近年来，实体书店也加大了对校园市场的营销力度。江苏、浙江、湖南、江西、河南、河北等地发行集团持续发力名家进校园推广活动，成效卓著。2015 年 5 月，借助凤凰传媒绘本营销培训的契机，江苏新华开始在全省学校开展"凤凰姐姐讲绘本"活动，每场活动可带动图书销售 1000 册以上；新华文轩在 2015 年加大了"书香进校园"活动的推广力度，成功举办了多场校园活动；沈阳市店已将 19 台自动售书机布局于全市各大校园，进校园活动也在持续开展中……实体书店通过创新形式,增加多种互动交流环节等,做深做透校园市场,提升书店在校园市场的影响力与号召力。

## 20.4　进社区、进商圈创新图书销售模式

内蒙古新华提出实体书店"进商圈、进校园、进社区"的图书产业发展模式,计划在未来五年内,初步形成布局合理、各具特色的实体书店网络体系。进校园之外,实体书店也加大了对其他销售渠道的重拓、扩张力度,通过社区店、商圈店进一步抢占市场。

5月1日,内蒙古图书大厦开设的第7家城市书房金游城店开业;5月8日,第8家城市书房万达店开业。自2014年年初摩尔城城市书房开业以来,内蒙古新华开启了实体书店进商圈的破冰之举,为书店下一步发展积累了经验、提供了发展思路。这种依托商圈物业优惠推出特色书店的经营模式,以往主要受如方所、西西弗书店等民营书店重视,近年来新华书店正逐渐试水,成效尚可。

除商圈店外,社区店建设更是各家新华书店的重拓方向。1月23日,面积为260平方米的河南首家O2O社区体验书店"尚书房"正式开业。这是河南省新华书店发行集团打造的O2O社区体验书店微连锁体系旗舰店,周边多个大型社区居民均能全面享受各种类型的阅读服务、线上线下互动体验服务、便民服务等由大数据支持实现的精准化、个性化文化集成消费服务,为城市社区目标读者群体购买图书、品质阅读等知识型、综合型消费提供了解决方案。下一步,河南省新华书店发行集团正在郑州及全省其他城市开设社区书店,微连锁体系正在逐步形成。

4月18日上午,江西新华建设的江西省首家"新市民书吧"在南昌红谷滩新区普贤社区成功揭牌。首家书吧坐落南昌红谷滩新区普贤社区,服务对象主要锁定该社区近万名外来务工人员,上架包括法律法规、医药卫生等类别图书超1万种,还提供图书借阅、咖啡、茶水、会员积分等服务。广州新华

出版发行集团股份有限公司约阅 BOOKBAR 是广州新华对实体书城、书店经营的又一次探索，是广州新华第一家以大学城校园社区为立足点，主打"复合业态""多元功能"的大学社区书店，标志着广州新华全面发力校园、社区市场。

### 20.5　特色小门店满足个性化需求

集图书阅读、休闲体验、多元经营于一体，有个性、有特色、环境优美、产品多元、经营灵活，拥有自身风格、特色，不同以往的小而特个性门店，满足了现代读者尤其是 90 后、00 后读者文化需求，也改变了新华书店网点建设与店面经营格局。

1 月 28 日，昆明安宁市集建水紫陶、华宁陶、多肉植物等经营项目的宁湖"格调书店"开业；2 月 6 日，上海新华传媒地中海店开张；5 月，以细分与差异化经营聚合资源，满足儿童阅读体验需求的石家庄汇文儿童书店开门迎宾；6 月 12 日，河北涿州市店"涿阅轩"书店正式亮相……这些新推出的个性书店，与 2014 年乃至更早开业或正在持续推进的新华文轩"轩客会"，合肥新华"前言后记"书店，深圳新华"简·阅书吧"，北方图书城大都汇店咖啡书吧，银川新华"书香苑"，沈阳新华"爱·味道书屋"，宁波新华"女性书苑"等一大批具有鲜明风格的新华个性书店，成为实体书店门店建设的靓丽风景。

正如青岛市新华书店董事长李茗茗认为的那样，在数字出版、新业态、跨地区项目合作等可能成为新华书店转型方向的今天，小而特、小而美或中而特、中而优的门店将会大量涌现，成为新华书店在新时期转型升级的重要组成部分。沈阳市新华书店营销策划部经理田强也认为，新华书店正面临着两头发展，大书城与小门店相互协调的设想，即：大书城，努力打造文化集合概念，实现一站式购书体验；小门店，努力成为创意休闲文化空间，成为新文化综合体，满足读者个性化阅读需求。目前，新华书店正将这些可复制的新型小门店，打造成为所在区域的活动中心、文化中心，促进书店的整体均衡发展。

## 20.6 O2O 建设力度加大

"互联网+"使传统书业的运营模式发生全新变革,加快进行网店和微店建设,实现以消费者为主导,以信息技术为平台支撑,集实体店、网店、微店于一体,O2O 闭环互动、融合发展的全链架构模式和营销网络,将是实体书店升级发展的必然。

近年来,为扎实推进图书电商转型,不少新华发行集团尝试从单纯的图书电商转向更加多元的综合文化电商,广东新华"拓博网"全力打造成为教育图书品种最全的网上新华书店,河南新华"云书网"专注提供专业化、差异化、个性化的出版物网购和创意文化服务,安徽新华搭建的"来买网"实现了打造国内最大海外图书销售平台的第一步,深圳书城自主研发的深圳书城"云书城""微商城"以及博库网、文轩网等线上平台,不断融合推进其区域性 O2O 经营模式建设。

2014 年 3 月,腾讯微信首度卖书;2014 年 4 月,"青岛微书城"打造的"移动电商"微平台开启,至今积累粉丝超过 15 万人,并实现对多个省市移动电商订制技术平台输出服务。近日,"青岛微书城"新版本正式发布,社交支付、积分奖励、智能推荐等新功能亮相线上。而实体店青岛书城针对"互联网+"的技术升级,实现了线下移动支付功能等,提升购物体验和增值服务。

河北省首家 O2O 微书城——石家庄图书大厦"石门书库"2014 年 11 月成功试水,实现了线上线下无缝链接。上海新华传媒"新华一城书集"微信公众号日前上线,配合线下体验店开展个性化营销推广和荐书服务。上海新华传媒计划在未来两年内,首先搭建新华书店 O2O 电商平台,全面植入 O2O 营销概念,最终多网融合提供全方位阅读服务,实现纸书和数字图书一网共存的格局,完成 O2O 云端书店的打造。

【链接:《中国出版传媒商报》2015.7.7,倪成《实体书店掀新一轮扩张潮》】

# 第 21 章　发行集团"五力"融合拓展文化销售力

2014 年开启的大书城改造以及随之愈演愈烈的中小门店重装升级扩张潮,预示在阅读习惯改变、阅读载体多元和市场竞争激烈下,以往新华书店依靠门店数量、出版社凭借铺货品种取胜的粗放式经营模式,随时代发展、市场变化,正发生着翻天覆地的变化。

以新华书店为主营卖场,图书售卖为主要业务的发行集团,正凭借多年积累,积极主动迎接这场全新变革,通过增强文化品牌力、提升竞争力、营造聚合力、创新吸引力、扩张营销力等多种举措,不断融合、延伸、拓展,打造适应新市场环境的销售力,最终取得了社会效益与经济效益的双丰收。

## 21.1　以"双效统一"强劲文化品牌力

11 月 21 日,小雪。首都北京迎来了今冬的第一场大雪。雪花夹杂着细雨,淅淅沥沥;微风吹过寒冷彻骨。尽管如此,在北京图书大厦依然是人潮涌动,与其说雨雪难抵阅读热情,不如说北京图书大厦的品牌影响力,所挥发出的"正能量"吸引着万千读者"顶礼膜拜"。

网上书店的便捷和低价、民营书店的个性与小众以及众多出版社微书城、网络平台店、自营门店等不断涌现,丰富、多元了图书销售渠道,但书店作为书业与读者对接的"窗口",尤其是新华书店作为图书销售场所的同时,还担负着"宣传思想文化战线的重要阵地和社会主义精神文明建设的窗口"的功能,承担着传播先进文化、传承民族文化等重大使命和社会责任。

目前,新华书店正在通过坚守"不能不赚钱,也不能只赚钱"的发展理念,一方面确保发展,一方面主动承担自身的社会和历史责任,努力推进全民阅读,加强公共文化服务,并积极进行网点布局、渠道建设,多举措提升门店文化品位,与时俱进,满足 90 后、00 后读者的阅读及文化需求。浙江新华参与主导的首届浙江书展、江苏新华主导的已举办了 6 届的"江苏书展"、新华传媒参加的"上海书展"、广东新华的南国书香节以及黑龙江新华、重庆新华、安徽新华、广西新华、沈阳市店等发行集团(市店)主导的全民阅读推广活动,在推进全民阅读、提升民众阅读率方面,都作出了积极贡献。

2015 年 9 月,中共中央办公厅、国务院办公厅联合印发了《关于推动国有文化企业把社会效益放在首位、实现社会效益和经济效益相统一的指导意见》(以下简称《意见》)。《意见》的出台给了新华书店发展新的期待与信心——北京发行集团、浙江新华、江苏新华、江西新华、河北新华、安徽新华、广东新华、新华文轩、广西新华、青岛新华、深圳出版发行集团、沈阳出版发行集团等发行集团正在《意见》的指引下,积极践行双效统一,进一步加快转型升级步伐,将卖书与经营文化有机统一,强化书店文化氛围打造,促进业务创新与多元拓展,以"文化力"进一步提升"新华品牌"的品牌力、影响力,打造专属于新华书店的文化品牌力。

## 21.2 以文化综合体营造聚合力

日前,凤凰传媒"文化 Mall 建设暨中心门店转型升级工作会议"举行,会上除探讨交流转型升级经验,部署下一步工作外,凤凰传媒还与横店影视、学而思教育、悠游堂、百胜集团、星巴克、五星电器等 18 家主力业态商户代表签订了战略合作协议,为众商户进入凤凰传媒文化 Mall 延伸平台布局打下了基础。

书业作为文化企业的重要组成部分,在吸引客流,积聚人气等方面,具有得天独厚的优势——这从很多综合性电商平台从无到有或逐渐加大对图书品类的重视力度,以及由图书销售所带来的流量、成交量,顾客转化率、忠诚度等方面可见一斑。目前，已有不少商业地产通过引进书店业态，来提升物业的文化氛围与吸引力；更多的以出版集团、发行集团为主导，通过主力卖场改造升级为"文化综合体"项目：以图书为主营业务，通过"文化氛围"营造聚合多业态，实现多元并举，形成以图书拉动多元、多元促图书销售的良性循环。

早在"十二五"期间，凤凰传媒就提出并实施了新型、大型网点——文化Mall的建设和拓展，2012年，凤凰出版传媒集团投资建设了苏州凤凰文化广场，将文化与商业进行有机融合，实现了"一站式文化消费"，随后南京凤凰文化广场、姜堰凤凰文化广场相继运营；2013年9月25日，江西新华发行集团红谷滩文化综合体投入试运行，以书城为纽带，将影院、休闲、娱乐等多种泛文化业态融为一体。

进入2015年，由发行集团打造的"文化综合体"项目逐渐增多：2月17日，广州购书中心重装开业；5月1日，青岛书城一楼全新亮相"变身"城市书房；5月15日，以知识和创意为中心的"第四代"深圳书城——宝安书城开业，图书主业跨界组合了影院、培训、创意文化用品、画廊、多功能展览空间、银行、咖啡甜品、主题餐饮等多种业态；6月1日，完成"强化购书体验及阅读功能、引入多元文化消费项目"改造的江西新华发行集团南昌老福山购书中心开业，成为业态丰富的城市文化综合体；7月5日，山西图书大厦全新升级为"城市文化约会地"；8月8日，昆明书城重装亮相，打造开放、多元、包容的全新平台；9月16日，由山东出版集团推出的、定位为山东省首家新业态综效性文化综合体的山东书城面世，众多国内外一线品牌商品的融入，将生活、时尚、休闲、艺术全方位打通。此外，将于2016年3月亮相的、由沈阳出版发行集团推出的文化创意产业项目沈阳盛京文化商业广场；作为深圳书城模式在深圳外地区拓展的重要一步，旨在打造全新概念的文化创意书城的合肥书城；以引进新华书店为主力经营业态的湖北荆门荆楚文化广场项目；河北新华书店集团沧州市新华书店正在全力推进的沧州新华文化广场项目等，都是实体书店打造"一站式"文化广场综合体的有益尝试。

凤凰传媒集团总经理吴小平表示，今后乃至整个"十三五"期间，凤凰传媒将抓住文化 Mall 建设和中心门店转型升级，以图书文化和阅读体验为业态核心，以相关文化产品与服务为延伸，以数字技术为支撑，从经营理念、经营内容、经营结构、经营方式等方面入手，将凤凰传媒文化 Mall 和实体门店网络建设打造成文化特色明显、多元业态丰富、产品服务俱佳、体验消费上乘、线上线下相结合的综合性文化服务平台。

## 21.3　以特色个性化创新吸引力

11 月 7 日，江西新华发行集团打造的红色文化阅读空间——井冈山"红色书店"于江西省井冈山市茨坪镇五井路天街开业。该店分为上、下两层，总经营面积 400 平方米，集红色文化理论研究、大众阅读、红色旅游、红色文化文创产品等于一身，是中国第一家"红色书店"。

而在之前的 7 月 24 日，上海新华传媒推出了全新品牌"新华一城书集"，以换标升级的方式，推出针对大型购物中心、百货商场的全新品牌；更早之前皖新传媒以"前言后记"为品牌，在合肥银泰广场、合肥南站等地推出了多家分店；江西新华以"新华壹品"为品牌，至今共推出了 30 多家校园超市，最终的目标为 400 家——一些发行集团正在通过打造全新的独立品牌，以不同以往"新华书店"的品牌形象，以其独具特色的装修和店面设计风格，打造了拥有自己独特个性、功能、定位的新型书店模式，不仅在新华书店布局拓展、创新经营等方面发挥了重要作用，也成为实体书店转型升级的重要方向。

发行集团在推进文化综合体与中心门店建设的同时，也在全力推进、完善二类门店建设，通过不断细分实体渠道，实施精细化经营——一批环境优美、产品多元、经营灵活，拥有自身风格、特色，分布在校园、社区、商圈、学区，"中而优""小而特"门店在近年来全新亮相，并打造出不同于传统新华书店的吸引力——在满足现代读者尤其是 90 后、00 后读者个性化与多元文化需求的同时，也改变了新华书店的网点建设和店面经营格局。

　　1月,海南凤凰新华公司海口太阳城24小时书店运营;1月23日,河南新华首家O2O社区体验书店"尚书房"开业;1月28日,云南新华宁湖"格调书店"开业;2月6日,上海新华传媒地中海店开张;5月初,河北新华石家庄汇文儿童书店开门迎宾;6月12日,河北新华涿州市店"涿阅轩"书店正式亮相……加上2014年乃至更早开业的新华文轩"轩客会",江苏海门新华麦穗书房,深圳新华"简·阅书吧"、麒麟书吧,北方图书城大都汇店咖啡书吧,银川新华"书香苑",沈阳新华"爱·味道书屋",石家庄新华"石门书库",宁波新华"女性书苑",内蒙古新华"舒适生活·休闲书吧"、摩尔城市书房,上海新华传媒的青浦区吾悦广场店、平高世贸店等,和以浙江新华、安徽新华、江西新华、河北新华、内蒙古新华、湖北新华、湖南新华、广东新华等发行集团的"校园书店",一大批具有鲜明风格的新华小门店(或店中店)集中亮相,与重装改造后的新华大书城、大卖场互为映衬,成为新华书店门店建设的靓丽风景。

　　"如今,新华书店正面临着两头发展,大书城与小门店相互协调的设想:大书城,努力打造文化结合概念,实现一站式购书体验;小门店,努力成为创意休闲文化空间,成为新文化综合体,满足读者个性化阅读需求。"沈阳市新华书店营销策划部经理田强总结道。"这不是书店最好的时代,是创意创新的黄金时代。"发行集团在线上网点建设与重新布局方面,坚持"两条腿走路",以文化综合体营造聚合力,以特色个性化门店打造区域活动中心、文化中心,创新吸引力,在"力挺书店"的经营方略上更踏实稳当。

## 21.4　以O2O、多元化提升竞争力

　　在2015年新华文轩提出的"产品销售商向阅读服务提供商转型"经营思路的指引下,成都购书中心提出了"从经营产品向经营用户转型"经营理念,不断加强客户关系的管理,利用网络的便利性,通过微信、微博与客户进行交流,及时了解客户的需求,让客户主动参与互动,做到线上了解需求、情感分享,线下设计互动,提高读者到店的愉悦度和黏度。

发行集团通过不断强化多元化和基于线上线下的 O2O 建设,来改变新华书店传统的经营模式,在坚持主业不动摇的前提下,推出囊括新产品、新内容、新形势的多元竞争力。一方面,新华书店在经历重装改造、业态升级后,加大了多元产品的引进、营销力度,压缩图书经营面积,精简图书品种成为普遍的做法,图书与多元联动也初步显现,如年初广州购书中心重装开业,打造了"风尚生活""博阅天下""艺文空间""童梦乐园"4 大板块,细分为 9 大区域,实现图书空间、多元文化空间与公共空间的相得益彰。江苏新华、浙江新华、云南新华、深圳出版发行集团、山西新华、内蒙古新华等发行集团更是成立了专门的多元经营公司来进行多元产品的整体运营与开拓,事半功倍。

另一方面"互联网＋"使传统书业的运营模式发生全新变革,加快进行网店和微店建设,实现以消费者为主导,以信息技术为平台支撑,集实体店、网店、微店于一体,O2O 闭环互动、融合发展的全链架构模式和营销网络正在成为各大发行集团重点努力的目标之一,如上海新华传媒计划在未来两年内分三个阶段逐步完成 O2O 云端书店的打造:搭建新华书店 O2O 电商平台,全面植入 O2O 营销概念,最终实现多网融合,提供全方位阅读服务,实现纸质书和数字图书一网共存的格局。

结合互联网大数据的海量、多元以及传统市场服务、体验优势的 O2O 经营模式,适应了消费者从单纯关注商品价格,向线下服务体验结合的消费习惯、观念的转变。一些发行集团的老总认为,O2O 能够"进一步延伸和拓展虚拟书城空间,线上线下互联互通能克服实体书城的有限性",也能使传统图书卖场通过融合互联网平台,"逐步在全渠道推动线上线下一体互动,放大地面店潜能,为实体书店插上腾飞的翅膀"。

近年来,随着图书发行业市场竞争的加剧,书业 O2O 的发展更加注重线上线下融合、业内业外互联;随着青岛微书城的发展与模式输出,也加大关注不同传播载体、手段的渠道影响力,2015 年实体书店 O2O 的发展,从最初自有 PC 端、各平台自营店铺,向集 PC 端、手机 APP 客户端、微信公众号、微商城（微书城）四位一体的线上电子商务平台以及线下"智慧书城"的全速拓进，向实现全渠道覆盖迈进。如江西新华、河北新华、浙江新华、江苏新华、重庆新华、山东新华、新华文轩等，在自上而下的强力支持与持续发力推动下，书店O2O建设步伐进一步加快，一些发行集团还出台了具体时间表。但不得不提的是：发行集团的O2O建设，由于技术、人才、资金、运营建设、资源整合等方面的欠缺，在整体发展上稍显滞后，仍面临着长期发展的过程；另一方面，由于发行集团自上而下对O2O重视、推动与实践，书店O2O体系在未来必将大有可为。

## 21.5　以全媒＋共拓扩张营销力

　　5月22日，由安徽新华全面落实的第二届"皖新教育杯"安徽青少年科技发明大赛暨以色列创新之旅活动在合肥市三孝口新华书店落下帷幕，该活动分为安徽省青少年科技发明大赛和以色列研学夏令营两个阶段，通过与学校的合作与打造，已成为安徽省最受欢迎的教育品牌活动之一，也提升了安徽新华、皖新教育在社会公众、教育主管部门、各地学校、学生和家长心目中的品牌形象。

　　同期，新华文轩也加大了"书香进校园"活动的推广力度，以不同的主题如"文轩亲子节——伴成长·分享爱"活动等，通过作家巡回讲座及签售等多种形式，在四川省掀起了书香进校园的热潮。类似的还有福建新华每年组织的赴我国台湾多地的图书展销活动，内蒙古新华的"彩云服务"等。

　　在如今人人都讲"互联网＋"的时代，不少实体书店也在试图打造"门店＋网络＋自媒体"三位一体的全媒体营销网络，不少书店推出了既符合自身特色、特点，又具有"互联网＋"时代特征的新型营销模式，如网络平台店、微书城、微信公众号等。从目前效果来看，随着门店营销方式的丰富，网络营销的多元及自媒体营销的开拓，已初步具备了全模式营销的整体布局。与此同时，实体书店也没有放弃对"地推"营销拓展的重视：通过不断在店内、店外举办多种多样的产品推广、品牌营销、公益阅读等活动,通过与校园、机关单位等联合举办进机关、进军营甚至"走出去"海外推广等举措,为读者提供更优服务,进一步提升、扩张企业的营销力。

其中,内蒙古新华 2014 年 12 月正式上线的"彩云服务"系统平台,更是将实体与图书馆合作推出的"你卖书,我买单"的传统合作模式,向前推进了一大步。该模式最早在浙江、江苏等地新华书店以活动形式实践,没能形成常态化的购买机制,也没有开发专门的软件加以应用。这种情况下,内蒙古新华旗下内蒙古图书大厦通过建立图书馆分店、开发软件等一系列举措,建立起 365 日无休的常态化"你选书,我买单"服务,在获得成效的同时,也引领了业内的变革。江苏新华、浙江新华、新华文轩旗下所属门店,以及内蒙古图书大厦、太原市店、青岛市店、烟台市店等众多书店也在以前推广的基础上,纷纷强化了该活动开展力度,加快了软件开发及模式创新步伐,也加大了与图书馆的合作力度,进一步助推全民阅读,提升整体销售。

【链接:《中国出版传媒商报》2015.11.27,倪成《发行集团"五力"融合延拓文化销售力》】

# 第 22 章　少儿社未来需正视的 5 大痛点

7 月 17～19 日，第 30 届全国少年儿童出版社社长年会在安徽合肥召开。时值"十二五"与"十三五"交替之际，少儿出版作为图书板块中最受瞩目的领域，在这次的第 30 届全国少年儿童出版社社长年会上也受到了政府高层的关注。国家新闻出版广电总局副局长吴尚之，中共安徽省委常委、宣传部部长曹征海，中宣部出版局局长郭义强，国家新闻出版广电总局出版管理司司长周慧琳，安徽出版集团有限责任公司董事长王亚非等出席会议。

据相关公开数据显示，"十二五"期间，少儿出版物年出版品种数从"十二五"初期的 2 万余种，增长到 2014 年的 4 万余种。可以说，已成为我国出版业成长性最好、活力最强的一个板块。专业少儿社作为重要力量，一直在少儿出版市场扮演冲锋者、拓新者角色。经历了高速发展后，"十三五"期间的少儿出版怎么走？是摆在所有专业少儿社社长面前最现实的问题。结合专业少儿社近年的发展症结，并结合此次会议诸多少儿社掌门人的发言，商报特梳理了专业少儿社在未来不得不不正视的 5 大痛点。

## 22.1　痛点一：实体渠道萎缩——7 成书单月卖不出 1 本

相关公开数据监测全国 200 个卖场的数据得出结论，陈列品种 70% 的图书一个月卖不出去 1 本，这也意味着，能够创造收入的只有其中 30% 的图书。从这个角度看，在实体卖场销售占比 20% 以上的童书与其他类别图书命运并没有不同。卖场改造，对于绝大多数少儿出版商来说并不是什么好消息，图书陈列位置缩减，如果产品不够牛，连躺着睡觉的地方都没有。

当然,对于市场排名靠前,产品能直接给书店产生效益的出版机构,比如连续多年蝉联少儿市场占有率冠军的浙江少年儿童出版社,集团化后发展势头强劲的长江少年儿童出版社、二十一世纪出版社集团,资源集聚效应明显的中国少年儿童新闻出版总社、在原创儿童文学与绘本等领域多有积累的明天出版社、近年在低幼和儿童文学领域稳步积累的接力出版社等,市场给予了它们更多的机会,也提出了更高要求。比如在积极争取陈列位置的同时,更要积极配合这些文化体验中心提升人气,活动不断加码,社店资源互动更为频繁。

## 22.2　痛点二:电商渠道—— 长尾神话破灭

不要以为,实体书店不好做,还可依赖电商。多年前,被诸多出版人士看好的"网络资源陈列的无限性"神话已被彻底打破。据当当网提供的数据显示,2015 年上半年,当当自营销售码洋累计达到 13.5 亿,同比增长 25.6％,童书占 27％。

相对应地,相关公开数据也显示,尽管网店 2014 在线保持 50％的增长速度,2015 年上半年的增速在 30％,但就少儿板块来说,网店的营销资源有限,页面陈列资源有限,其爆品经营思路相较实体店有过之而无不及,在线下卖得好的图书在线上会卖得更好。相关公开数据显示,前 100 名畅销书所占市场份额在不断增加,前 1000 名维持在 25％左右。这意味着,除了动销率较高的几千个少儿图书品种,每年的 3 万多种少儿书,在网店能实现的销售收益微乎其微。

## 22.3　痛点三:不知读者在哪里

如果说渠道的不畅通导致图书最终到达不了消费者手中,那么,即便渠道畅通,是否就能保证出版商所提供的产品对路子并具备引领读者的能力?少读工委主任、中少总社社长李学谦透露了一个信息:"青少年阅读体验大世界在为某些校园配备产品时,对方曾提出具体的需求,但他们翻遍书目都找不到,这说明什么?"他认为,"前10年,500多家出版社都做少儿出版,主要通过粗放式生产要素投入来实现增长。"

这种生产方式,很大程度上,让处于基层的童书编辑没有办法深入到读者中去,了解他们真正的需求。湖南少儿社胡坚也认为,在少儿出版高速发展中,很多编辑被不断增长的规模和码洋拖垮。自2011年开始,湖南少儿社建立四个事业部,给编辑空间去寻找自己的发展方向。事实证明,这样的操作,优化了编辑的时间管理,从而发挥更大的主观能动性。

## 22.4 痛点四:用户本位内容生产传播方式未建立

可以说,专业少儿社曾经在市场营销和推广方面走在整个图书出版圈的前列。校园活动、阅读推广曾引领一个时代的风潮。时至今日,这种以产品为主导的生产传播方式显然已经与时代的需求有一定距离。按照传统的做法,先有产品,再围绕产品进行一系列的推广,所有的行为围绕起点"产品"出发。但如果起点的产品就不对,怎么办?事实也证明,大多数童书出版商并不了解书卖给了谁。这也能很好解释,为什么眼下即使有4万余种童书在市场流通,依然满足不了读者的需求。尽管大量的专业少儿社开通了微信、微博,但这种产品主导的思维始终没有改变。

如今谁在"零距离"接触上做到了?——童书妈妈三川玲、凯叔讲故事、经典绘本的余春林……这些业外的力量,当然也有一部分是脱胎于出版圈的操盘手,通过公号、通过各种线下接地气的活动,密切与家长探讨育儿,了解鲜活的一手信息和需求,从而形成良性的社群闭环和需求直达并迅速反馈的机制和能力。可喜的是,专业少儿社中诸如明天出版社对于社内"沙沙故事会"等独立子品牌的培育,以及在此次会议上,二十一世纪出版社社长张秋林对于集团大数据的阐述都让我们看到专业社的力量。正如张秋林所言,移动互联时代,出版商与读者建立连接成为可能。他们正在筹划的儿童阅读行为大数据中心,不再仅仅是为孩子提供优秀图书,更能为孩子提供完善的阅读服务,同时，也能帮助其他出版社、作者、书店、绘本馆、阅读推广人、幼儿园、中小学等各类机构与个人，更好地与读者联结在一起，促进他们之间前所未有的深度了解。

## 22.5　痛点五：原创乏力

一直以来，童书出版领域的原创力量在儿童文学领域表现得最为明显。20 世纪 80 年代涌现的一批儿童文学作家（大多为"60 后""75 前"）已经成为名副其实的名家。毋庸讳言的是，伴随这批名家社会活动的日益频繁、年龄的增大，创作力衰减已是不争的事实，而多家出版社对于名家"旧作"的依赖，以及对新人挖掘和培育上缺乏魄力，无疑让这个市场的原创力更显不足。

此外，绘本板块基本也是外版书的天下。与专业少儿社在原创内容培育上的犹疑，民营力量却显示出更大的决心。蒲蒲兰绘本馆、信谊图画书以及成立不久的活字文化等，都已经在原创绘本上有所积累并具备相当的社会影响力。与此同时，2014 年在网销领域销售比重高达 20.97％的科普百科板块（当当网数据提供）也是原创的短板。

事实证明，只有高品质的原创才能为持久发展提供足够动力。用浙江少年儿童出版社社长汪忠的话说，儿童文学图书已占到该社出版总量的 80％，超全国平均值一倍，其中原创儿童板块占了八成。浙少社市场领先地位的确立与该社长期以来注重原创、狠抓原创密不可分。该社已经形成了以作家书系为空头的十余种既畅销又常销的知名原创品牌。在以常销品夯实发展的基础上，该社 2015 年的低幼、科普类选题也超过 200 种。"十三五"期间更有计划以出版社为策划主题，对年青一代新兴儿童文学作家进行挖掘和培育。

痛点之所以存在，是因为机体仍有活力，能感知痛苦，而专业少儿社所面临的这些痛点也正是其通关路径。只有疏通这些痛点，专业少儿社才能在下一个十年，真正体现出专业社的优势，拥有更为强劲的发展潜力。

【链接：《中国出版传媒商报》2015.7.24，孙珏《少儿社未来需正视的 5 大痛点！》】

# 第 23 章　　大文化运营导航大学社转型

近年来,基于社会经济持续发展、文化事业逐步繁荣的背景与要求,大学出版社集中行业优势资源而适时创建的"大文化"理念已经势在必行。致力于引领与推进"大文化"产业的规范化、专业化、健康化发展,是大学出版社转型升级的题中应有之义。围绕这一层面,许多出版同仁开始在资源配置、企业架构、运营团队、基础平台等方面展开了相关部署,一些出版社提出了大资产、大运营、大数据、大文化的发展方略,基于原有的优势平台,同时面向国内外市场,实现优化资源配置,实施多元化战略。不难想见,在原有的出版优势基础上,大学出版社继续强化、拓展文化产业,并率先拓展与实施文化＋地产、文化＋金融、文化＋仓储、文化＋旅游等产业板块,进而在大资产、大运营的格局上实现文化产业的全面开拓,这一现象也将成为未来几年的一个显著趋势。

## 23.1　方向一："一带一路"文化链

"一带一路"战略的提出,不仅为我国的经济发展拓展了新的契合点,也为出版行业"走出去"提供了新商机,围绕"一带一路"而构建的文化链也愈加明显。

以外语教学与研究出版社为例,该社人文社科分社的《中国人是如何管理企业的》(马来西亚语版)、《佛教常识答问》(越南语版)以及汉语分社的《中国文化读本》(亚美尼亚语版)三部作品成功入选2015年"丝路书香工程"资助项目。这三部作品已成功实现版权输出,将由签约出版机构出版相应语种的海外版本。又如云南大学出版社,其项目团队做足准备,在深入研究丝路国家国情的基础上,采用中方与外方合作共创,试用与培训相结合的方式,建设与推广本社的系列汉语教材。这一建设思路得到了广泛认可,其相关的出版项目也成功入选"丝路书香工程"。该社将借此契机,以汉语教材出版和中国文化出版为核心,拓展到更多的国际文化交流合作领域。

国家有关部门为"一带一路"和"丝路书香工程"等还提供了许多辅助计划。如果企业有积极性,条件允许,也有资金的话,可以考虑直接把资金补助到企业,这样可以比较快速地完成在丝路国家书业的全覆盖,也是一种有利的补充。类似的利好政策也激发大学类出版社的"一带一路"文化链开发热潮。另一个打造"一带一路"文化链的显著代表则是浙江大学出版社。据该社社长鲁东明介绍,基于浙江大学"一带一路"合作与发展协同创新中心的最新研究成果,浙大社正对"一带一路"相关领域的研究成果进行集中出版和专题数据库开发建设,希冀成为国家"一带一路"发展战略的重要智库成果,满足国内关于"一带一路"出版需求。

在"一带一路"重大项目出版平台的组织带动下,浙大社在"十三五"期间在各个层面都有"一带一路"精品图书出版:图像文献整理如《天上阿里》壁画系列、《敦煌石窟全集》;文字文献整理如敦煌写本文献、吐鲁番文书、楼兰文书及"海上丝绸之路"文献等;学术著作特别是为党和政府提供"智库"方面如"'一带一路'战略蓝图与实施路径研究"丛书、"'一带一路'区域分工与协同发展研究"丛书、"'一带一路'国际经济合作与发展研究"丛书、"'一带一路'国际规则与法律体系研究"丛书等。此外,通过五到十年的努力,使浙江大学出版社成为国内"一带一路"研究的文献资源中心、选题策划中心、学科组织中心、成果发布中心与文化传播中心。

## 23.2　方向二:"互联网＋文化"

数字化、全媒体的时代给出版业带来的不只是一种新的出版形式,更是一种将文化产业整合起来,进行多层次、多元化开发的"大运营"理念。

在传统文化的再发掘上,中国人民大学出版社做出了不少成功尝试。2014年,该社成立中华戏曲项目组,探索运营戏曲,投资原创舞台剧《一期一会》。"一期一会"是日本茶道用语,表示一生只见一次,这在某种程度上与戏剧表演的精神契合——每一场演出都是独一无二的,是观众与演员一生一次的会面。2014年10月,《一期一会》在北京正乙祠戏楼成功进行首轮演出,随后受邀参加选上海国际艺术节。《一期一会》将中国传统戏曲、茶道和西方音乐熔于一炉,将"奉茶"的意象贯通于舞台上下,给观众以真正的"看得见的滋味",通过一种崭新的形式对中国传统艺术进行了传承与发展,同时也对"走出去"的概念做出了一种新的尝试,用中国的艺术形式去诠释外国的文化理念。

而在"互联网＋"的时代,文化产业和互联网思维的结合及符合互联网所带来的透明、互动等营销特点,促使文化产业的营运模式和影响提升到一个新的高度。华中师范大学出版社申报的"互联网＋中外诗歌经典出版与传播项目"是其中一个代表,该项目也在前不久入选财政部2015年度文化产业发展专项资金支持项目。该项目着力"互联网＋文化",从内容、渠道、平台、经营、管理等多方面的"生态融合"入手,将互联网创新成果与诗歌文化发展深度结合,意在打造诗歌文化新产业。

值得大学社关注的是,"文化众筹"有望在未来一段时间内成为凝聚粉丝和开展宣传的手段。譬如目前动漫产业在国内正处于上升通道,而动漫和众筹结合也较为成功,2013年上线的《十万个冷笑话》和《大鱼·海棠》成功募资,在同年度催生了一大批动漫众筹,这对包括南京大学出版社等涉足动漫出版的大学社而言都将是启发。无独有偶,音乐众筹也被众多评论人士所认可。从相关咨询机构的数据看,近两年来,无论是音乐众筹的总项目个数、成功项目个数还是总筹资规模,都在大幅度增长。总体金额迅速增长这是最重要的利好标志,一方面证明了专业投资力量的介入,另一方面也显示一些音乐爱好者已经开始习惯通过众筹来支持创作者。而像中央音乐学院出版社、上海音乐学院出版社等音乐教育背景的大学社在这一领域是大有可为的。不过,大学类出版社需要关注此类文化众筹的项目成功率,通过走定制化的道路,参考其他成熟文化众筹类别的成功经验,找准众筹重点和营销方向。

## 23.3　方向三: 文化跨界经营

实施跨行业的文化实体经营,参与多元化发展,不失为大学类出版社上升发展阶段中重要战略选择。当前国内的许多出版企业,都在努力围绕这一理念积极拓进,培育了不少新的经济增长点,甚至形成规模效益,反作用到出版主业,又是对品牌价值的进一步升华与扩张,值得更多的出版同仁关注这一现象。

广西师范大学出版社旗下的状元红艺术馆即是大学社文化跨界经营的一个成功案例。《中国出版传媒商报》记者特别联系到状元红艺术馆,该馆负责人介绍称,2014 年,状元红艺术馆圆满完成各项任务,超额完成 160 万元的销售目标。一年来,该公司突出经营特色,继续采购鸡血玉精品,收入了一批被市场公认为顶级的、具有极大增值空间的藏品。其中,"琴韵松声"获得 2014 年陆子冈杯银奖;"森林里的童话"获得 2014 年上海玉龙奖金奖。该公司知名度和美誉度不断提升,已成为大家公认的鸡血玉文化产品最优、雕件最顶级的公司之一。很多公司纷纷慕名前来参观,商谈加盟事宜。2014 年 9 月,首家加盟店——长沙状元红品牌加盟店顺利开业。2014 年 11 月底,采用合作形式进行经营的第一家分店净瓶山北店正式营业。同时,净瓶山南店也正在加紧筹备中。至此,状元红艺术馆从规模上基本实现了"一花开三叶"的发展目标。

家长为孩子投资不惜成本、单独二孩又将带来新的"人口红利",这两大因素决定了学龄市场的持续火爆,而在书企看来,随着人才竞争的加剧、终身学习理念的深入人心,职业技能培训更是"刚需",大有市场。外研社积极探索从阅读产品提供商向阅读服务提供商转变的新方向。该社与北京妇联成立北京市家庭阅读研究推广基地,进入学校和社区,为市民提供阅读指导服务。2013

年,该少儿分社联合首都师范大学学前教育学院共同启动了"执灯人"培训项目,旨在提升幼教老师在绘本阅读与教学、英语启蒙与创意教学等方面的能力,收到了良好反馈。

不同于外研社瞄准少儿市场,人大社则在 2013 年专门成立培训中心,依托人大社国内外知名专家作者资源,整合各类出版优势资源及优质合作机构资源,提供出版类等行业领域的定制培训业务,颁发相应的培训证书。该社培训中心成立之初,与香港流行图书出版协会、香港职业训练局合作举办了出版业务培训班,针对内地出版社的需求,精心设计实用的特色化教学课程,以课堂讲授、出版实地参观与亲临香港书展现场观摩,以及与我国香港、台湾、澳门的出版人互动交流的方式,实现理论与实际的结合,培训先后在香港、台湾两地举办,在促进出版行业交流、提升编辑业务水平方面发挥了应有的作用。2014 年起,为促进出版行业国际化,帮助出版从业者了解国外优秀文化企业的管理理念、掌握国外图书出版社动态、开拓国际视野,该社培训中心先后与美国纽约州立大学莱文学院、英国牛津布鲁克斯大学合作,举办"美国出版培训班"与"英国出版培训班"。此外,该社培训中心还举办了两期版权业务人员培训、"数字出版产品制作开放与运营"高级师资培训等出版业务培训。这些培训活动在为我国出版行业的发展作出应有贡献的同时,也拓展了人大社的知名度和影响力。培训中心依托出版、立足出版,但不局限于出版,现已形成新闻出版、定制教育、企业内训、财经投资、预科培训、外语培训等培训系列,推出了数十种培训项目,进一步扩大了人大社的社会影响力,也在一定程度上丰富了出版社的社会形象。

## 23.4 方向四：商业文化地产

近些年来,"商业文化地产"日渐成为出版传媒业界的高频词汇,一些先行者以服务出版主业为目的,纷纷试水商业文化地产的发展,成为一股潮流。中国正在产业转型之中,第三产业的比重将越来越大,文化事业有巨大的潜能。

同时国家提出的新型城镇化战略,推动城市文化产业发展,所以"商业文化地产"在未来会有巨大的市场。

2014年,华东师范大学出版社在上海月星环球港4层开设了"暑期书店"定位的"智慧书坊"。据项目负责人、该社发行总监王京介绍,智慧书坊面积200多平方米,主要经营该社出版的少儿类图书及学生用书等,并设置了儿童活动区。该店位于临近华东师大社的购物中心月星环球港。"月星环球港的4层是文化区,由于开业不久,一直缺乏一家书店,这是智慧书坊开设的缘由。"据介绍,智慧书坊的这个名字源自华东师范大学出版社"给您一个智慧的人生"的广告语。该书店着眼少儿、学生群体,不但在图书品种上有所偏重,还专门设置了儿童活动区,以安排针对小读者的亲子活动,包括上海话童谣小课堂、绘本阅读动手做、拨拨鼠英文故事会等。

不过由于是"暑期书店","智慧书坊"在假期结束后就没有再运营。不难想见,目前店铺租金的市场价格过高,成为实体书店的主要负担。因此,很多出版社开实体书店,其实更多的还是将其作为自己的形象店。大学社选择在人流量大的商场、人气旺盛的暑期开店,也是抱着试一试的心态,希望能够充分展示出版社的形象,如果经营得好,会考虑继续开下去,并且商场能够提供更优的位置,但一切还要看条件是否具备。此类理念也值得更多同仁参考借鉴。

除了书店之外,在旅游地产等角度,广西师范大学出版社集团则做出了探索。其旗下的阅秀公司在2014年——也就是其成立的第三年,实现了盈亏平衡。阅秀公司现拥有了一支17人规模的队伍,涉及电子商务、旅游及相关图书出版,这标志着阅秀公司迎来了重要的发展节点。电子商务为该公司提供了稳定的资金流;图书编辑部门具有了做好文化旅游品牌图书的基础;经过多种探索和挫折,旅游部门探索出了新媒体与线下旅游结合的可持续的稳定发展道路。

阅秀公司负责人在接受采访时告诉记者,2014年阅秀公司探索了新型的旅游酒店:文化主题酒店。经过大量的调查和论证,公司认为传统酒店核心的问题是缺乏"文化的温暖",应从文化的角度进入主题酒店业。项目落地最终选择了阳朔白沙镇的遇龙堡村。该项目暂命名为"遇龙堡庄园"。目前已完成第一期200亩土地及房屋使用权的租赁问题。包括遇龙河边的遇龙堡村的清代徽派老宅子7亩,房屋背后的山头、河边的坡地、水塘及河中的沙洲等,合计约200亩。该项目融资也在紧锣密鼓进行中,计划2015年完成第一期工程,并投入运营。阅秀公司将以此为契机,以金融为杠杆进入文化主题酒店的高端旅游市场。

不难想见,"商业文化地产"通过在商业项目和文化项目间形成良好的互动,以商业部分的销售回笼或后期租金收益支撑文化部分的投资,弥补文化部分投资大、产生效益慢、回收期长的不足;同时通过文化部分提高商业项目的市场定位和经济附加值,从而对商业部分的人气、租金、售价等产生利好的影响,提高商业部分的赢利能力。两者通过互补获取 $1+1>2$ 的整体协同效应,借此建设真正符合现代商业需求、迎合大众消费新时尚的新型商业地产,实现文商共荣,或许也是吸引一批又一批的出版传媒企业来到"商业文化地产"这一领域中施展身手的主要原因。

【链接:《中国出版传媒商报》2015.10.13,刘志伟《大文化运营导航大学社转型》】

# 第24章　出版介入健康产业逐梦新蓝海

## 24.1　合资新公司部署医疗业务

有这样一种观点,在未来20年,中国的健康产业将比房地产、汽车、钢铁等传统的热门市场都更有发展潜力。目前,中国健康产业的发展并没有提升到国家战略的高度,而随着未来老龄化、中产化发展的大趋势,中国健康产业将迎来发展的春天。发展中国家因为缺医少药,造成流行病、传染病和地方病盛行,甚至陷入严重的人道主义危机。健康产业能有效地降低全社会卫生总费用,药品、医疗卫生服务、保健品以及健康管理服务等如能够被广大患者以合理方式获得且能以合理方式使用,将极大促进我国的社会和谐。在这一背景下,部分出版企业立足于医学健康图书的出版基础,开始联手医药健康企业共建公司,意欲在这一领域有所作为,这些尝试值得业内更多同仁拭目以待。

近些年来,大众健康图书市场是众多出版社竞相关注的领域,不同年龄层次、不同性别、不同职业的人们对各种医疗保健知识有着不同方面的需求,面对如此巨大的市场,大众健康图书更是持续趋热。而一些嗅觉敏锐的出版企业,已经不满足于单纯的图书出版,而是转型、跨界涉足大健康产业。

湖北长江出版集团是其中的一个代表。前不久,长江出版传媒股份有限公司旗下的长江报刊传媒集团与同济堂集团签订了投资协议,由湖北长江报刊传媒集团有限公司、湖北同济堂投资控股有限公司、湖北卓健商旅服务有限公司共同投资组建湖北长江同济堂健康传媒有限公司,投资总额5000万元人民币。

《中国出版传媒商报》记者特别联系到该集团相关负责人了解当前的进展情况。据其介绍,经过长江出版传媒股份有限公司、湖北长江报刊传媒(集团)有限公司、湖北同济堂投资控股有限公司、湖北卓健商旅服务有限公司近一年的共同努力,项目筹备组开展了卓有成效的大健康产业布局的准备工作。目前运营骨干团队基本到位,一报一刊改版方案业已成型,相关产品及项目的合作正进行密切联络。

不仅如此,6月30日,长江出版传媒股份有限公司与湖北开放投资有限公司签署协议,将联合在汉口打造文化健康医疗综合体,筹建质子重离子肿瘤诊疗中心。双方约定围绕武汉市建设国家医疗卫生服务中心的发展规划,在医疗健康和文化产业方面引进国内外一流资源,共同致力于打造集诊疗、康复、文化为一体,以质子重离子肿瘤治疗为核心的健康文化中心。此前,开放投资公司已与日本日立公司签约引进质子重离子医疗设备。据透露,作为一种尖端放射治疗技术,质子重离子治疗技术主要在一些发达国家运用,中国目前还不到三台。该项目令人期待,建成后不仅能为肿瘤病人提供诊疗服务,还有利于提高湖北、武汉医疗水平在全国的地位和影响。

无独有偶,天津出版传媒集团2014年与民营医药企业天士力控股集团签署协议,合资成立天津天使健康传媒有限公司,进军健康信息传播产业。其业务内容包括:参与天津出版传媒集团下属三刊一报的编辑制作工作,刊物方向初步拟定为面向精英人群的健康生活方式传播、面向医师人群的专业信息交流、面向康复机构及康复人群的新兴健康辅导、面向大众的健康知识阅读;策划、编辑医药健康类图书,重点开展面向企业及个人的图书定制服务;同步开发建设健康类数字全媒体传播平台,编辑制作健康类数字刊物,参与"移动健康管理产业"的医学健康内容制作与分发;举办医学、药品、健康康复等内容的学术活动、社会公益及商业活动的策划组织及市场推广活动等。在天津出版传媒集团总经理肖占鹏看来,与天士力集团的合作是一次跨行业、跨所有制的崭新合作尝试,目的是依托天津出版传媒集团多年积累的丰富作者、专家资源,嫁接天士力集团成熟的市场推广渠道和经营管理经验,共谋新时期传媒产业发展。

分析此类出版企业进军大健康产业的案例,不难发现,其运作模式主要为和健康医疗企业的强强联合,譬如天士力控股集团多年来在药品、饮品、现代康复医疗、健康管理等领域展开实践,具备成熟、丰富的营销渠道,专业化的人才资源;津版传媒集团优秀的期刊品牌资源、富有经验的期刊编辑和运营人才队伍、成熟的传媒运作理念,将为公司提供专业化的媒体运营能力。而成立后的新公司,其展开的业务也多先从医药健康书刊的出版、定制逐步过渡至学术、商业活动等。

## 24.2　培训与平台服务大众健康

记者在采访交流中,特别留意了多家科技类、医学类出版企业,但像上述案例那样通过构建新公司,展开具体业务的案例还微乎其微。人才和资金的不足是限制其进入这一领域的主要掣肘。而通过其他可行的方式进入大健康产业的案例却有不少。

譬如,记者从人民卫生出版社了解到,该社在 2015 年上半年与艾伯维医药贸易(上海)有限公司共同开展了"艾滋病基层医疗人员标准化诊断及治疗推广项目"暨"AI 成长学院 2015 百城巡讲"。人民卫生出版社通过开展面向基层艾滋病防治医务工作者的公益培训项目,可以有效配合政府工作,实现全社会共同防艾、控艾的局面。

据了解,"艾滋病基层医疗人员标准化诊断及治疗推广项目"于 2014 年启动,目前已出版《艾滋病抗病毒治疗实践》《艾滋病抗病毒治疗实用手册》两本培训用书;在广东、云南、四川、河南、新疆等地举办巡讲活动,培训近千名基层医生;建立"AI 成长学院"在线学习平台及"关艾汇"微信平台,利用线上、线下相结合的手段,向基层医务人员推广艾滋病标准化诊断及治疗标准化诊断及治疗的知识、理念、方法和技术。人民卫生出版社与艾伯维公司在 2015 年继续密切合作,依靠传统图书、期刊出版平台、数字培训平台,利用线上、线下相结合的新媒体手段,计划直接培训基层临床医生 1500 名,并通过培训活动,产生辐射效应,提高我国基层医务人员对艾滋病的诊断和治疗水平,造福更多的艾滋病患者。

不同于人民卫生出版社的公益培训项目,一些出版企业则通过网络平台涉足大健康产业。科学普及出版社副总编辑张金在接受采访时谈到,该社新建立的"爱友久久网"即是一个医学专家和肿瘤病人及家属的分享互动平台,它提供肿瘤、癌症疾病、保健预防、早期发现、检查诊断、治疗、护理等相关知识和技能,也提供癌症治疗医院、科室、专家等相关医学资源。他谈到,"爱友久久网"不仅是基于国家的财政项目,即"癌症患者之友数字出版互动服务平台"而建,更是因为最近几年,中国肿瘤患者数字的不断增加的现状,"值得一提的是,该平台的主要受众首期是癌症病人及家属,后续会提供心脑血管病、糖尿病等相关资讯与服务"。

类似的探索模式还有安徽科学技术出版社,该社主办的品牌期刊《保健与生活》,2015 年 4 月正式上线"时代健康"数字服务平台。作为安徽省唯一跨媒体、跨行业、跨地区发展的信息与内容运营平台,该项目由中国保健协会、安徽省卫生厅、安徽省食品药品监督管理局、安徽医科大学第一附属医院、安徽省立医院等机构协办,并提供医疗卫生资源协助。"升级内容资源,提供医药保健资讯阅读及检索、疾病诊询、健康监测和管理、就医指导等信息服务"正是其宗旨所在,该社相关负责人透露,这一平台还通过动态收集和管理个人健康信息,把简单的大众传媒对个人的单向传播,整合成为全方位立体化面向家庭、个人、社区、医院、相关企业的健康管理与健康信息服务系统。

截至目前,该平台已有北京医院心内科专家邓开伯、中国工程院院士邱蔚六等众多全国知名专家入驻在线咨询频道。此外,"时代健康"与三甲医院合作成立数字健康中心服务网络,提供寻医导航服务(包括远程挂号、预约专家等)等。据介绍,该平台的赢利模式"既有广告、付费咨询服务,也有与三甲医疗、体检机构开展的合作医疗服务。未来,还将与国内 IT 公司合作推广'健康云计划',创造更大的社会效益和经济规模"。

【链接:《中国出版传媒商报》2015.7.10,刘志伟《出版介入健康产业逐梦新蓝海》】

# 第三编　年度焦点热点

# 第 25 章　　"一带一路"铺开出版踏准商机

近期,"一带一路"、海洋战略、能源发展战略等一系列国家战略重磅推出,出版传媒业如何借此东风,紧抓新热点,自身进行谋篇布局,成为业内关注热点。《中国出版传媒商报》特别推出"国家战略带动新出版热点"系列报道,针对各重点战略,一方面报道业界正在进行的出版规划、营销举措和人才培养等行动,另一方面进一步推动业界对新战略的关注,更好地把企业发展融入国家发展战略之中,寻觅新商机。

从 2013 年习近平主席先后提出建设"丝绸之路经济带"和 21 世纪"海上丝绸之路"构想,到 2014 年年底,这个合作倡议已得到沿线 50 多个国家的积极响应。种种迹象表明,2015 年,将是"一带一路"建设延展铺开、做深做实的重要一年。

"一带一路"除了是经贸重要的纽带,也是文化交流、人文交流、文明相互交融的重要纽带。新闻出版业借此东风,也在不断寻觅拓展"走出去"的新商机。

## 25.1　顶层设计项目先行

2015 年,全国 31 个省区市均针对"一带一路"的建设进行了破题。北京提出,立足国际交往中心定位,主动融入国家"一带一路"战略;广东提出"争当 21 世纪海上丝绸之路建设排头兵";海南提出"打造成 21 世纪海上丝绸之路的重要战略支点";新疆提出建设"丝绸之路经济带核心区";宁夏提出"进一步打造丝绸之路经济带战略支点"。

在此背景下,国家新闻出版主管部门扶持出版"走出去"的工程越来越多,扶持力度也越来越大。2014年年底,"丝路书香"工程获批立项,成为新闻出版业唯一进入国家"一带一路"战略的重大项目,由国家新闻出版广电总局组织实施。

据悉,"丝路书香"工程规划设计到2020年,将以俄罗斯、波兰、印度等丝路国家为重点,面向中亚、东南亚、南亚、中东欧、独联体以及西亚北非地区64个丝路国家,推动双边和多边在精品翻译、教材推广、网络游戏和出版物数据库推广、重点图书展会和出版本土化等方面开展广泛、深入、务实、共赢的交流与合作。

具体来看,2015年该工程将全面实施5个重点项目:重点翻译资助项目、丝路国家图书互译项目、汉语教材推广项目、境外参展项目、出版物数据库推广项目。其中,重点翻译资助项目对丝路文化精品图书、中国主题图书、传统文化图书等的翻译推广给予重点资助。

丝路国家图书互译项目将与丝路国家新闻出版管理机构签署政府间互译协议,按照政府资助、出版企业市场化运作的方式,遴选一批经典图书和优秀当代图书互相译介到对象国出版发行。过去一年,该项目推动与沙特阿拉伯、科威特、哈萨克斯坦、蒙古国、斯里兰卡、摩洛哥6个国家建立双方经典作品和优秀当代图书互译机制。

回顾2014年,国家新闻出版广电总局先后与斯里兰卡、科威特签订了合作备忘录和互译出版协议;国家主席习近平9月18日同印度总理莫迪会谈时亲自宣布,中国将作为主宾国参加2016年德里书展;9月拉开帷幕的科伦坡国际书展中国主宾国活动以"文化丝路,书香中国"为主题,为斯里兰卡读者带去6000多种中国优秀图书;10月底举行的第59届塞尔维亚贝尔格莱德国际书展传来捷报,由71家出版社组成的中国主宾国展团与来自世界各地的出版机构互通有无,共促合作,实现版权输出141项。

### □ 25.2　业界行动聚集合力

在顶层设计和战略部署下，"一带一路"带来的新机遇，已吸引不少触觉敏锐者跃跃欲试，借力"丝路书香工程"，推动向丝路沿线国家"走出去"，出版界也在行动。

借力重点工程谋篇布局就在 2 月 15 日闭幕的明斯克国际书展上，作为"丝路书香工程"的重要组成部分——中国知网开发的中英文丝路文化数据库多国合作项目在中国主宾国展区启动。该项目将搭建丝绸之路经济带知识文化多国共享平台，在此基础上开发一套数字文化地图，服务于丝路国家在基础设施建设、经济、文化、科技、安保等各领域的合作。中国知网总裁王明亮信心满满："知网 20 余年来积累的国际国内资源为项目的实施奠定坚实基础，我们将与全球各界同仁携手合作，共同建设丝绸之路文化带。"

此外，不少出版单位及早谋划，北京语言大学出版社、人民教育出版社、云南大学出版社、北京龙之脊文化传播有限公司 4 家单位提出的丝路国家汉语品牌教材建设与传播项目、印度汉语学习网项目等纳入丝路书香工程汉语教材推广类首批项目。外研社的"丝路国家工程"以学术出版、大众出版为核心，拓展更多交流形态，将丝路国家文学及人文社科经典作品"引进来"，同时向丝路国家输出中国文化和语言类作品，推动中华文化"走出去"。该社已举行选题讨论会，确定出版项目。

2014 年北京国际图书博览会上，时代出版传媒公司宣布启动"丝路书香"国际合作项目，与"丝绸之路"30 多个沿线国家在出版领域进行合作，涉及版权输出、资本合作、新媒体等多项内容。最近闭幕的塞尔维亚书展上，时代出版确定以塞尔维亚为中心，进一步开辟与"丝绸之路"国家合作的新通道。公司举办的"丝绸之路：中塞文学出版与交流"专场活动，吸引来自塞尔维亚、马其顿、波兰等地的出版机构代表、知名汉学家参会。

先知先觉推进市场化运作正如不少出版人所预见的，"一带一路"贯通中亚、南亚、西亚、东北亚、东南亚等区域，总人口约 44 亿，经济总量约 21 万亿美元,分别占全球的 63％和 29％。这些国家普遍处于经济发展上升期,是世界经济发展新的增长点,也是中国对外开放和交流合作的重要领域。当前出版"走出去"市场主要集中在欧美,是时候将目光延伸到"一路一带"沿线国家拓展新的市场了。

华文出版社很早便将目光投向了丝路连接的阿拉伯国家。据了解,该社的外向型产品《人民语录》面市一年内畅行埃及、伊朗、突尼斯等国家,销售超过 5000 册,如今该系列全部输出阿拉伯语版权。在更加细致全面的市场调研后,华文社有针对性地向阿拉伯国家出版机构推荐优秀作品,2014 年华文社的经典文学作品系列再获阿拉伯国家的青睐,茅盾文学奖得主周大新的长篇小说《安魂》《湖光山色》《21 大厦》等签署阿拉伯语版权协议。2014 年年底出版的阿拉伯古典文学名著《天方夜谭》是该社"丝路文库"旗舰作品。

可以看到,出版企业的"走出去"规划,纷纷围绕"一带一路"国家战略,展开更加宏伟的蓝图。2014 年 12 月 15 日,四川美术出版社在印度总统府举行《神山圣湖的召唤》(中文版)首发仪式。活动期间,四川美术出版社社长马晓峰去过不少印度书店,发现双方都对彼此的文化很好奇,有很大的文化需求和合作开发空间。马晓峰表示,2015 年,该社将出版多本以"丝绸之路"为主题的图书,开启"丝绸之路"新征途。

除了争取国家重点工程的项目资助,出版企业也在不断探索丝路国家"走出去"的市场化、本土化的运作方式。安徽少儿出版社与丝路沿线合作伙伴共同打造"丝路童书联盟",黎巴嫩、土耳其、叙利亚、越南和新加坡成为联盟的首批重点成员国:包括与土耳其加强在国际汉语学习资源的联合开发、版权贸易以及文化服务贸易方面的合作;与黎巴嫩进行多层面资本运作、设立境外合资公司;与叙利亚通过玩具书实现版权输出、印制服务、实物出口"三结合";与越南力争打造版权输出的规模化和品牌化;与新加坡致力于精品华语童书实物出口方面的合作。

记者调查发现,2014 年以来,市场上出现不少"丝路战略"的相关选题,如黄山书社策划的《重走丝绸之路》入选"十二五"国家重点图书出版规划的增补项目,是国内首本涵盖丝绸之路中国段 22 处世界遗产点的书。此外,外文出版社的《新丝路:陆海传奇(西文版)》、人民出版社的《中国梦——联合国多边合作与丝绸之路经贸文化交流》、复旦大学出版社的《绿色丝绸之路经济带的路径研究》、中国发展出版社的《海上新丝路》、时事出版社的《丝路学研究:基于中国人文外交的阐释框架》、上海古籍出版社的《丝路遗珠》、五洲传播出版社的《新丝绸之路:重新开始的旅程(俄)》等。

古语有云:"兵马未动、粮草先行。"国家作为配套"一带一路"建设专项基金的"丝路基金"日前已经开始运作,发起规模为 400 亿美元,首期资本金 100 亿美元。对于出版业来说,申报重点工程、获得资金支持无疑是推进内容"走出去"的重要方式,但是从可持续发展的角度来看,如何借助国家重大战略探索市场化、商业化、产业化、社会化、本土化的运作方式,生产制作适合"走出去"的新闻出版产品,则是需要长期努力的方向。

【链接:《中国出版传媒商报》2015.3.6,马莹《"一带一路"铺开出版踏准商机》】

# 第 26 章　国有文企股权激励等待破冰

出版发行企业上市队伍可谓越来越庞大，但备受业界期待的特殊管理股制度千呼万唤未出来，在发达国家的资本市场中已经较为普遍并具有非常重要地位，制度设计为何难有突破？防止国有资产流失、避免意识形态导向发生变化是文化传媒类公司迟迟未加入改革大军的主要原因。而对文化传媒企业本身来说，也可能存在借机争取更多的政策支持但一时无法兑现而暂未行动。这边靴子尚未落地，那边国有文化企业股权激励等待破冰。

## 26.1　特殊管理股两年仍未现身

截至 2015 年年初中文在线成功登陆深交所创业板，成为国内"数字出版第一股"，国内已有凤凰传媒、中南传媒、中文天地、时代出版、长江传媒、大地传媒、出版传媒、皖新传媒、新华传媒、新华文轩、天舟文化、城市传媒（青岛碱业）出版发行企业或 IPO 或借壳进入资本市场，中航传媒则于 2012 年因增资注入而纳入上市公司"中航科工"。加上科技出版传媒、南方出版传媒、读者出版传媒、可一文化、知音传媒等业已披露招股说明书，中国出版集团、中国教育出版传媒集团、人民交通出版社等正积极筹备上市，出版发行企业上市队伍可谓越来越庞大。

近两年来，针对国有文化企业尤其是上市企业，党的十八届三中全会决定以及 2014 年国庆后出台的《深化新闻出版体制改革实施方案》，不仅为新闻出版领域进行了国家层面的顶层规划，后者的 23 条具体方案可以说为出版行业的市场化发展指明了方向及发展的路径。比如当中鼓励新旧媒体融合、出版企业兼并重组以及发展大规模跨地区、跨行业传媒集团,这两年以来多家国有传媒集团已大胆融合、兼并,并得到了资本市场的认可且有不少后续动作。

但备受业界期待的特殊管理股制度,由党的十八届三中全会文件起草组编写的辅导读本曾描述:"设置特殊管理股是通过特殊股权结构设计,使创始人股东(原始股东)在股份制改造和融资过程中,有效防止恶意收购,并始终保有最大决策权和控制权。具体是将公司股票分为 A 类股和 B 类股两种,二者拥有同等的经营收益权,但创始人股东的股票(B 类股)具有特别投票权,包括董事选举和重大公司交易的表决等。这种办法为国外很多公司所采用。"党的十八届三中全会决定、国务院办公厅发布的《关于印发文化体制改革中经营性文化事业单位转制为企业和进一步支持文化企业发展两个规定的通知》(国办发[2014]15 号)以及《深化新闻出版体制改革实施方案》等,也再三强调要"开展特殊管理股制度试点",只是两年多来,无论坊间打探还是采访相关部门,都表示仍未有试点单位。

记者近日在翻查已上市书企一年多来的年报、半年报时,也未发现这一享有特别权利的优先股或者"黄金股"。

据了解,以优先股为代表的特殊管理股制度,在发达国家的资本市场中已经较为普遍并具有非常重要的地位,国内业界和学界也普遍认为放到国有文化企业身上有异曲同工之妙,既可保证国有传媒的国有属性,又能激发媒体活力,更是媒介融合中重塑国有传媒话语权的内在需求,国内的《公司法》也已为实施类别股份和特殊管理股制度留下了政策空间,但为何迟迟未有文化传媒公司现身试点呢?有分析人士认为,防止国有资产流失、避免意识形态导向发生变化是文化传媒类公司迟迟未加入改革大军的主要原因。而对文化传媒企业本身来说,也可能存在借机争取更多的政策支持但一时无法兑现而暂未行动。

## 26.2 股权激励地方有望先行

不过,一直以来由于激励机制缺失带来运营效率低下问题而受到质疑的国有文化企业,其股权激励有望破冰,尤其是地方更加关注。就在日前,有关江苏国资国企改革指导意见即将印发的消息也被曝出,允许混合所有制企业员工持股,或被予以大篇幅强调,且江苏省出版传媒上市企业凤凰传媒(601928.SH)已着手推进管理层股权激励试点方案的消息也被证实,"高管股权激励方案做了好几个版本了,近期可能会上报到省里等待审批。"

2月6日召开的2015年上海市国资国企工作会议上也传出消息,2015年上海市将按照中国证监会、国务院国资委相关规定,积极稳妥推进上市公司实施股权激励,进一步优化审核程序,探索境外上市公司实施股权激励,开展上市公司其他股权激励和新三板挂牌公司股权激励的研究。事实上,早在2014年,上海国资企业百视通就打响了国有文化传媒企业股权激励的"第一枪",当时公告拟根据实施对象国籍的不同,对中高级管理人员以及核心人才实施股权期权与股票增值权计划,该计划授予股票期权的行权限制期为两年,限制期满后,在公司满足相关业绩条件的前提下,股票将分3批匀速生效。

同样在2014年,安徽省委宣传部相关负责人准备在安徽出版集团和新华发行集团下属的两家上市公司试点推行股权激励方案,并探索职业经理人制度。这意味着,安徽国有文化企业体制改革也将破题。据悉,皖新传媒近期在混合所有制改革方面已制作了方案,拟引入外部资源。而安徽出版集团董事长、时代出版董事长王亚非也曾多次表示,管理层股权激励有利于文化产业的企业员工双赢。类似地,长江少年儿童出版集团2014年正式亮相时,长江出版传媒股份有限公司总经理周艺平也表示,将继续鼓励长江少儿出版集团加大体制机制创新力度,先行先试包括股权激励、人员用工制度和人才引进等方面的制度改革等。天舟文化在2014年半年报中强调,"引进和留住人才是公司发展的核心力量,也是公司长久持续发展的保障",为此他们将"不断完善公司激励机制、积极探讨制定股权激励制度,构建适合公司发展的人力资源建设规划,为员工创建良好的职业环境和事业发展舞台"。

中国版协科技委主任俸培宗透露,行业主管部门此前也曾找数家相关部委出版社谈话,希望能够进行股权激励,但自《中央管理企业负责人薪酬制度改革方案》出台后,建立与部委出版企业负责人选任方式相匹配、与企业功能性质相适应的差异化薪酬分配办法成为当务之急,股权激励问题因此搁置下来。尤其考虑到出版传媒企业的特殊属性,除基本薪酬外,如何从社会效益和经济效益两个方面来界定负责人的绩效、中层干部和基层员工的薪酬问题都成了近期争论的焦点。据透露,部委出版社负责人的绩效有望按各占50％的比例来核算,但中层干部和基层员工的薪酬不太可能有太大调整,由此,一批部委出版社可能出现岗位与薪酬倒挂现象。

股权激励主要有三大目的:其一是将股东利益与公司人才的利益紧密相连,以此提升股东价值,促进国有资产的保值增值;其二,意在平衡短期目标与长期目标,着眼于促进公司战略目标的实现,以及未来可持续发展;其三,关键的好处,就是形成一种股东、公司和员工之间利益共享与风险共担机制,从而充分调动公司高级管理人员与核心人才的积极性。

文化企业尤其是国有企业对股权激励需求很迫切。一是转型的需要,现有的大锅饭分配机制制约企业转型和媒体融合;二是不少非国有文化企业已有成熟的激励机制,在跨界跨所有制整合时倒逼出台股权激励。但有分析人士认为,即便地方出版企业陆续表态甚至出台了相关方案,但大多还是停留在方案认证和上报阶段,尚未真正实施。而就行业范围来看,大面积推广前仍存在政策性利润分配、出版专营权冲突市场化运营等较多难题,尤其是如何制定对未来业绩起到保底、最终促进公司持续增长,由此内部发生化学反应的股权激励,显得更加难能可贵。当然,既要防止行权要求过高,无法起到激励的目的;也要避免行权标准太低,成为变相"股份分红"。

【链接:《中国出版传媒商报》2015.3.10,蓝有林《国有文企股权激励等待破冰》】

# 第 27 章　出版融合发展:怎么融? 往哪儿融?

一个内容多种创意、一个创意多次开发、一次开发多种产品、一种产品多个形态、一次销售多条渠道、一次投入多次产出、一次产出多次增值……勾画出传统出版与新兴出版融合发展所带来的新的生产运营方式,以及将激发出的活力和创造力。

国家新闻出版广电总局、财政部日前联合印发《关于推动传统出版和新兴出版融合发展的指导意见》(以下简称《指导意见》),在 3 月 31 日召开的通气会上,围绕《指导意见》出台的背景和主要内容,国家新闻出版广电总局规划发展司司长薛松岩对"传统出版与新兴出版融合发展的现状如何? 融合发展的方向目标是什么? 将在哪些方面融合? 出版单位在此过程中能做什么?"等问题一一作了解读,"推动内容生产模式向实时生产、数据化生产、用户参与生产转变""鼓励平台间通过市场化的方式,实现出版内容和行业数据跨平台互通共享""探索建立首席信息官制度""对网上网下、不同出版业态建立统一的导向要求和内容标准"等新提法,受到各方关注。而财政部文资办主任王家新介绍的支持出版融合发展的财政政策,更是凭借一连串的数据,为这份《指导意见》注入了可观的含金量,以"真金白银"撬动业内和社会资本参与热情的前景可期。

## 27.1　融合的方向是什么?

推动传统出版和新兴出版在内容、渠道、平台、经营、管理等方面深度融合,实现出版内容、技术应用、平台终端、人才队伍的共享融通。

2014 年 8 月，中央全面深化改革领导小组会议审议通过《关于推动传统媒体和新兴媒体融合发展的指导意见》，"媒体融合元年"概念浮出水面。随后，媒体融合融什么、向何处去？出版界在媒体融合中的角色与定位是什么？等等，成为 2014 年以来业界最热的话题之一。

据了解，近几年，出版业用数字化转型升级为出版融合发展创造条件，以出版融合发展为目标推动数字化转型升级，成果渐显。中国出版集团、中国教育出版集团、凤凰出版传媒集团、安徽出版集团、人民军医出版社、人民卫生出版社等集团和大社，纷纷在扩展深化平台支持功能、创新一个内容多重开发的生产方式等方面找到了各具特色的突破口。

薛松岩表示，以互联网为代表的信息技术的快速发展，重新定义了人们获取信息包括获取知识、获取能力的方式，对传统出版带来全方位、深层次、颠覆性的冲击。这也正是《指导意见》出台的背景。

记者注意到，《指导意见》强调要把坚持正确政治方向和出版导向贯穿到出版融合发展的各环节、全过程；坚持传统出版和新兴出版优势互补、一体发展，在内容、渠道、平台、经营、管理等方面深度融合。薛松岩强调，根本是立足传统出版，既不能发展新兴出版而放弃传统出版，也不能简单地以发展新兴出版代替出版融合发展，而是传统出版和新兴出版并行并重，此长彼长。

《指导意见》还明确了"时间表"和"任务书"，即力争用 3～5 年的时间，研发和应用一批新技术新产品新业态，确立一批示范单位、示范项目、示范基地（园区），打造一批形态多样、手段先进、市场竞争力强的新型出版机构，建设若干家具有强大实力和传播力公信力影响力的新型出版传媒集团。

## 27.2 融合的重点是什么？

六大重点任务：创新内容生产和服务、加强重点平台建设、扩展内容传播渠道、拓展新技术新业态、完善经营管理机制和发挥市场机制作用。

在传统出版与新兴出版融合的探索中，出版单位能做什么？《指导意见》

给出了六大路径选择,多处表述突出强调"发挥市场积极作用"。

在创新内容生产和服务方面,生产满足用户多样化、个性化需求和多终端传播的出版产品,将传统出版的专业采编优势、内容资源优势延伸到新兴出版。在加强重点平台建设方面,推动国家级出版内容发布投送平台、出版产品信息交换平台等重点平台建设;通过市场化的方式,实现出版内容和行业数据跨平台互通共享。在扩展内容传播渠道方面,支持实体书店与电子商务合作,探索以用户为中心的全渠道服务模式。在拓展新技术新业态方面,运用大数据、云计算、移动互联网、物联网等技术,加快发展移动阅读、在线教育、知识服务、按需印刷、电子商务等。在完善经营管理机制方面,探索出版单位内部组织结构的重构再造;探索建立首席信息官制度,加强版权、商标、品牌等的保护和多元化、社会化运营。在发挥市场机制作用方面,在网络出版以及对外专项出版领域探索实行管理股试点,支持传统出版单位控股或参股互联网企业、科技企业,引导社会力量参与融合项目的技术研发和市场开拓。

在融合中,政府职能部门又应提供怎样的政策保障?《指导意见》明确了五大政策措施——加强相关法律法规修制工作、加大财政政策支持力度、优化出版行政管理、实施项目带动战略和强化人才队伍建设。其中,建立健全法律法规体系尤受各方关注,包括推动修订《中华人民共和国著作权法》,加快修订出台《网络出版服务管理规定》和《出版物市场管理规定》等。

## 27.3　财政"真金白银"支持哪些融合项目?

《指导意见》实施后,财政方面将于近期通过安排中央文化产业发展专项资金、国家出版基金等方式,分别对列入新闻出版改革发展项目库的融合发展项目和涉及出版融合发展的出版项目给予重点支持。

王家新透露,为推动传统出版和新兴出版融合发展,下一步中央财政将重点做好几项工作:一是继续推动出版企业数字化转型升级,为实现融合发展夯实基础。中央文化企业数字化转型升级项目自2013年实施以来,已安排国有资本金预算 5.02 亿元,重点支持了 101 家(次)中央文化企业;安排文化产业发展专项资金 6.27 亿元,支持 77 家出版企业实现数字化转型升级。下一步将加大力度,推动出版发行企业运用大数据、云计算、移动互联网、物联网等技术,加强出版内容、产品、用户数据库建设,加强关键性技术的转化和应用,以及生产技术体系和相关标准建设。二是进一步支持重点平台建设,推动模式创新,探索出版业生产流程再造。三是加大财政投入力度,转变财政投入方式。在 2015 年中央文化产业发展专项资金申报中,将推动传统媒体和新兴媒体融合发展纳入重点支持范围,并明确了具体支持内容。同时要完善财政投入方式,通过项目补助、贴息贷款、保费补贴、绩效奖励等措施,实现财政政策、产业政策与企业需求的有机衔接。

王家新表示,财政资金是有限的,没有能力也没有必要"包打天下",尤其是对企业、产业的支持,主要还是发挥杠杆和撬动作用。财政政策要避免对市场机制造成冲击,干扰市场的运行规律,造成产业发展对政府资金的依赖,甚至引发不正当竞争。这就要求在推动媒体融合发展过程中,探索以资本为纽带,善于借助市场的力量,吸引和利用金融资本、社会资本和民间资本的介入。财政部正在实施的文化金融扶持计划,2013 年安排 4.6 亿元,撬动社会资金 770 亿元;2014 年安排 6.7 亿元,撬动社会资金 830 亿元,做到了"四两拨千斤"。

【链接:《中国出版传媒商报》2015.4.10,金霞《出版融合发展:怎么融? 往哪儿融?》】

# 第 28 章

**全民阅读地方立法：立什么？ 立之后？**

全民阅读立法进入全国人大立法规划引发全民热议："今后不读书是不是也算违法了？""个人阅读与回家看父母一样也要立法？"——质疑声不绝于耳。截至目前，全国已有 3 部相关的地方法规和政府规章落地——全民阅读地方法规《江苏省人民代表大会常务委员会关于促进全民阅读的决定》从 2015 年 1 月 1 日起正式实施，政府规章《湖北省全民阅读促进办法》2014 年 11 月 24 日由湖北省人民政府常务会议审议通过及公布，地方法规《辽宁省人民代表大会常务委员会关于促进全民阅读的决定》2015 年 3 月 31 日通过。《深圳经济特区全民阅读条例》的编制也正在顺利推动，有望在年内出台。

## 28.1  法律能强迫人读书？ 不能！

全民阅读立法之所以遭到质疑，是因为法律天生的强制性。相关法律能对个人阅读行为进行强制？ 不能，但是能强制政府提供促进个人阅读的服务。

全民阅读立法对政府和对百姓的要求是不一样的，原因就在于这是一种新型的"促进性法律"，重在促进某项事业的发展，而非管制与约束，如我国已经出台的《促进科技成果转化法》《民办教育促进法》和《中小企业促进法》等。湖北省新闻出版广电局全民阅读办公室主任王潞解释道："全民阅读法律对政府是强制、义务和责任，对公民是权利、保障与促进。《湖北省全民阅读促进办法》中相当大一部分内容，如有关全民阅读的设施、体制建设、对特殊人群的保障，都是政府的义务。"权利和义务是对等的，政府的义务即公民的权利。

为何要出台这种没有强制性的法律？ 湖北省人大教科文卫委员会副主任

委员江作苏给出了解释："像读书这一类的法律,具有行为的裁判性,但是不具有可诉性,而这种裁判性的引导作用,具有根本的意义。"中国提倡性的立法虽然不具有强制性,但是代表国家行为和国家意志并具有最高的号召力。读书虽然是个人活动,但与社会、公共财政紧密相连,全民阅读立法把分散的个人行为和政府、社会行为有机地勾连起来。

## 28.2　有法律就不会"一个师父念一种经"

全民阅读立法相关工作从 2006 年就已开始,党的十六大提出建设"学习型社会"以后,中共中央宣传部、原新闻出版总署、中央文明办就开始倡导在全国开展全民阅读活动。自 2006 年开始总署每年都开展全民阅读活动,各省市按照要求组织活动,有"规定动作"也有"自选动作"。从中央到省市主要以部门出台的规范性文件来指导全民阅读的开展。但与法律相比,不具有长效性、稳定性,同时也有较强的部门色彩,而全民阅读涉及不同部门,在推进各部门协调推进时难免会出问题。

湖北省新闻出版广电局政策法规处陈振国表示:"有法律和没有法律最大的不同在于,法律有根本性、长远性、稳定性和全局性,无论上级领导重视与否,全民阅读都能平稳有序地推动,不会'一个师父念一种经',朝令夕改。"

稳定性最重要的表现,是法律规定了专门的机构和预算来保障全民阅读活动的执行。在全民阅读活动推进过程中,最大的困难在于没有具体的部门和机构承担统筹与执行。江苏省新闻出版广电局政策法规处主任科员张意德表示:"全民阅读涉及的事情广、人群多,如未成年人、特殊人群等,还涉及阅读资源的整合等。作为倡导性活动,以前中央几十个部门联合发文,具体执行却很分散,新闻出版部门只是其中之一。"而目前全民阅读推进已经进入瓶颈期,特别是涉及资源整合,较难协调各部门。比如全民阅读涉及图书馆、社区书屋、农家书屋等,但是图书馆属于文化部门主管,农家书屋属于新闻出版广电部门主管,社区书屋属于工会等机构管理,这些设施之间的资源流通,尤其是依托县级公共图书馆的资源共享、通借通还无法实现。

如果有统一机构协调的话,就不会造成重复建设,图书利用的效率也会更高。张意德表示:"我们在苏南吴江地区办过试点,农家书屋和区图书馆通借通还,依靠农村终端可以借到县城的书,方便了读者。如果全省铺开,没有法律规划很难协调。"另外,全民阅读需要财政保障和专门经费。以前每个部门组织活动,都是各出经费,没有专门的财政预算。而有了立法,就可以有财政预算,从而有了经费保障。

## 28.3　如何保障立法内容的落实?

有了顶层设计,接下来就是制度安排的落实了。已出台的三部地方法律中,都创设了全民阅读活动执行专职机构。

如湖北设立了湖北省全民阅读活动指导委员会,机构设在新闻出版广电局。陈振国表示:"以前全民阅读活动相关机构有的设在新闻出版部门,有的设在政法委,有的设在宣传部,有的设在文化厅。法律出台后,指导委员会由相关部门组成,其办公室必须设在县一级新闻出版广电主管部门。不仅有委员会,还有具体的办事机构全民阅读办公室,并且只放在新闻出版广电部门。"

再如辽宁确定了较高级别的领导机制,全民阅读主管部门由以前主要以新闻出版部门主导,正式明确为省委领导下的全民阅读办公室等来主导。辽宁省全民阅读日组委会主任由省长担任,副主任由省委宣传部部长担任,政府重视程度提高了,也方便各部门的协调。

湖北省政府在立法之前已经专门为全民阅读办公室安排了编制和财政预算,在相关法律出台之后,地市县要按照法律要求,设立人员编制和经费。全民阅读办公室代表省委省政府行使职能,协调各部门比较畅通。委员会不仅指导各级地方政府,湖北省高校、驻军等也纳入指导范围。陈振国举例:"比如要求高校图书馆对社会开放,但武汉大学、华中科技大学、华中师范大学都不是湖北省管大学。立法后,普通市民可以进入高校图书馆办图书证借书。"

全民阅读成了考核当地政府的重要指标之一,具有一定的强制性。江苏把全民阅读率纳入到江苏现代化建设指标体系里面,也作为精神文明建设和公共文化服务的指标体系;湖北也把全民阅读纳入当地的"精神文明建设指标体系"和国民经济和社会发展规划,所需经费纳入财政预算。

张意德表示:"如何考核需要一系列实施细则,目前还未出台。细则制定要从框架上提要求,机构、经费、资源整合、新闻媒体的职责等都要有涉及,让每一个问题都落在实处。"

## 28.4 地方法律呈现地方特色亮点

已出台的三省全民阅读法律最大的亮点,就是将 4 月 23 日定为当地的全民阅读日,以法律的形式确定下来。湖北更是多走了一步,除了法定湖北全民读书日,还将 9 月 28 日孔子诞辰日也规定为读书日。陈振国表示:"传统文化必须重视,习总书记在多个场合提出发扬光大传统文化,在 2014 年的孔子诞辰纪念大会上,专门就儒学和孔子对中国文化的影响做了重要讲话。"曾有人提议把湖北人屈原诞辰日作为湖北读书日,但出于未来有利于与全国的对接,还是改为孔子诞辰日。如果将来国家层面立法,也有利于从湖北的做法中吸取经验。

除了全民阅读日,各省市的立法内容和过程均有自己的特色。辽宁省新闻出版广电局党组成员、局长助理马国柱认为,辽宁亮点之一就是将读书活动与文化民生联系在一起,将全民阅读作为经济社会发展规划的一部分,"全民阅读立法既是目标也是手段,明确了目标和使命。将读书活动与建设'书香辽宁'和'文化强省'结合在一起。"

江苏的立法从提交初稿到最终出台只用了 8 个月的时间,之所以这么快,张意德介绍:"我们的做法就是一开始就让省人大参与进来。人大作为一个立法主体提前介入,协调不同的部门。这样就有利于从全民阅读推动的角度,解决深层次问题。"

　　湖北的另一个亮点是对进城务工人员有特别的保障。进城务工人员可以进高校图书馆和公立图书馆,只需出示身份证即可。"这是一种高尚的道德自觉,湖北现在已经将其上升为法律义务,如果相关图书馆拒绝这部分人群,他可以起诉这些图书馆,行政主管部门也会进行处罚。"

　　"立身以立学为先,立学以读书为本",读书不仅能增长知识,还能修身养德。这是一个有着上千年书写史的国家,有着浩瀚的藏书和经典,相信在法律的引导下,全民阅读成为新常态,越来越多的人享受到阅读带来的乐趣。

　　【链接:《中国出版传媒商报》2015.5.12,龚牟利《全民阅读地方立法:立什么? 立之后?》】

# 第 29 章　　五趋势驱动出版业"互联网＋"

　　我国政府正力推"互联网＋"战略,可以预见互联网经济将逐渐成为国民经济的重要力量,当然亦将成为未来国内资本市场的主力军之一。就业内来看,国家新闻出版广电总局、财政部前不久联合发布的《关于推动传统出版和新兴出版融合发展的指导意见》提出,支持传统出版单位跨地区、跨行业、跨媒体、跨所有制兼并重组,建设若干具有强大实力和传播力公信力影响力的新型出版传媒集团。"互联网＋出版"作为重点推进内容,其中的五大趋势将为出版传媒业带来新的挑战与体验。业界纷纷提前布局,迎接变革。

　　出版企业的优势在于已掌握的内容资源,因此"互联网＋出版"多围绕"内容"为核心进行。一批拥有丰富内容资源、分销渠道的出版企业,已经着力发展移动阅读、在线教育、知识服务、O2O 书店、新媒体等新业务方式,意欲形成线下资源与线上业务的高效对接,创造新型利润快速增长点。

## 29.1　趋势一：出版试水可穿戴设备

　　可穿戴设备为"互联网＋出版"打开新的想象空间。

　　如今智能手机、平板电脑、PC 的发展正在逐渐步入市场饱和期,许多人在猜测下一轮的商业变革何时到来。近两年,可穿戴设备迅速以其最全备的特点嵌入其中,将移动互联网、智能家居、人、物联网等连接在一起,成为最具市场挖掘潜力的互联网智能设备,为"互联网＋出版"打开新的想象空间。

　　重庆天下图书有限责任公司在 2015 年北京图书订货会上带来了"在那儿"儿童安全手环。它可以进行实时定位、电子围栏、轨迹查询、一键导航,家长手机端只需安装相应软件实现与手环的绑定,便可实时"掌握"孩子行踪,做到心中有数。据该公司市场图书部经理龙翼介绍,借助地理围栏技术,家长在手机端或计算机端的平台上可以画出一个"安全区域",孩子的活动范围一旦超出,家长就会收到手机提示信息。如果孩子不小心走丢,家长还可以通过一键导航,迅速定位到其所在位置,并根据系统建议的路线快速寻找。类似产品多由技术公司开发,而这一产品则是书业企业牵手制图公司进行的为数不多的尝试,并已经在当地书店和学校推广。

值得注意的是,类似的可穿戴设备、智能家居等新技术产品逐渐走入日常的生活,越来越多的科技公司、创业新生军加入智能设备行列,甚至有海外企业已经在探索可穿戴设备和智能家居的"阅读"功能,业内在与科技公司合作时,应留意这一潜在市场。

## 29.2　趋势二:变内容提供为信息服务

升级传统出版业务,重新定义出版 2.0,是"互联网＋"为出版带来的新现象。

江西科学技术出版社的重点期刊《农村百事通》不久前提出拥抱互联网,搭建生态农业电商平台完成第二次创业。

江西科技社社长温青透露,要合理利用互联网,将《农村百事通》打造成全国最大的农业科普信息平台以及农副产品交易平台,成为农民、企业以及政府之间的服务窗口。据《农村百事通》主编徐健解释,全国农业科普平台是在农村百事通网站的基础上改版,由农业资讯、知识、技能培训、技能专家在线指导服务、农优特产品贸易服务、村村通信息发布平台服务构成;农副产品交易平台则是为客户提供一个产品的展示、交易平台,为大众推荐绿色生态的农副产品。

无独有偶,安徽科学技术出版社主办的《保健与生活》也在 2015 年 4 月上线"时代健康"数字服务平台。"升级内容资源,提供医药保健资讯阅读及检索、疾病诊询、健康监测和管理、就医指导等信息服务"正是其宗旨所在,安徽科技社网络营销部主任黄柏松透露,这一平台还通过动态收集和管理个人健康信息,把简单的大众传媒对个人的单向传播,整合成为全方位立体化面向家庭、个人、社区、医院、相关企业的健康管理与健康信息服务系统。该平台已有众多全国知名专家入驻在线咨询频道。此外,"时代健康"与三甲医院合作成立数字健康中心服务网络,提供寻医导航服务(包括远程挂号、预约专家等)。该平台的赢利模式"既有广告、付费咨询服务,也有与三甲医疗、体检机构开展的合作医疗服务。未来,还将与国内 IT 公司合作推广'健康云计划'"。

## 29.3　趋势三:众筹、智慧概念重新定义行业模式

众筹是一项重要的融资营销工具,2013 年《社交红利》的成功,开启国内图书出版的众筹模式。众筹平台纷纷开设图书出版众筹模块,也促成了"互联网＋出版"发展过程中一个颇见成效的模式。

不同于大多数众筹平台的独立出资运作,2015 年 5 月,IDG 资本向关注于出版创新的赞赏公司注资 900 万元人民币迅速引来业内外瞩目。与以往作者只能拿到 8％～10％ 的分成相对应,现在"赞赏"额度的 60％ 都属于作者。而对于出版社来说,虽然看上去利润率没有大幅度提升,但是不用接受"赊销代销"等带来的损失。此外,"赞赏"平台收取 10％ 的服务费用。赞赏公司联合创始人兼 COO、前蓝狮子出版总编辑王留全提到,"赞赏"平台会协助作者运作后期增值服务,如帮助经管书作者开设线下培训讲座。这也将成为未来"赞赏"平台的赢利重点。

而在销售领域,"互联网＋出版"同样可以改变卖场的经营模式。安徽新华传媒股份有限公司和腾讯联手推出的"智慧书城"即是如此,借助互联网打通上下游、上下线,其将实体书店和网络支付结合,构建了图书消费市场的新局面——书店工作人员手持移动结算机器,读者看到需要购买的书直接在楼层扫码,通过微信自主支付结算,不用统一到收银台排队结账。"智慧书城"还

可以实现个性定制化智能购物,即会员根据当日各商家活动获取最优消费方案,并直接产生支付预约。

## 29.4 趋势四:数字教育分层投融资

数字教育是"互联网＋出版"布局战略中的另一发力点。

凤凰出版传媒集团数字化中心相关负责人蔡立对此的解读颇具代表性,选择教育出版作为数字化的突破口,一是由于教育出版是主业,是传统优势之所在,尤其在内容(教材为主)和客户资源上。另外教育数字化出版在数年前还是一块未开垦的"处女地",直至目前也未出现如其他互联网细分领域的巨头垄断局面。这就给传统出版企业留了一杯羹,还有足够的组织机构转型的缓冲期。

凤凰传媒筹划的未来数年内大力开拓数字教育的业务范围与规模中,在各个层级的教育市场均有布局。凤凰教育数字化产品以学科网、凤凰教育网、凤凰学习网为服务平台,数字化教材、教参等为核心资源,以凤凰优课、凤凰智慧课堂、凤凰创壹职教虚拟实训系统为主的教学系统和以凤凰自主学习平台为主的学习系统,构建了一个完整的教育数字化产品体系。

中南传媒也在积极开拓降低对传统教材教辅的依赖度,展开了多个跨界合作。与华为公司跨界合作,共同注资 3.2 亿元组建天闻数媒,推出 Aischool 数字教育解决方案,全国近 500 所学校使用,并出口到乌兹别克斯坦。同时,中南传媒还与湖南教育电视台共同设立湘教传媒,力求教育产品与电视传播平台的叠加效应。

至于幼教市场的开发同样不容小觑,据时代出版下属的安徽时代漫游文化传媒股份有限公司相关负责人王强介绍,该公司正致力于开发完成适配于移动互联网终端和传统数字终端的幼儿全媒体电子教材"豚宝宝系列"。最新数据显示,"豚宝宝"互动电子课程深度合作的优质幼教经销代理客户有 50 家左右,遍及 500 多家终端园所。目前,时代漫游正在积极开发衍生产品"豚宝宝妙趣盒"，将图书、玩具、动漫、游戏和交互软件融为一体生产经营。

## 29.5　趋势五：游戏企业并购现浪潮

出版传媒业正身处全面转型的阶段，依靠原有的力量去聚合互联网用户非常不易，而"并购"模式则提供了一条路径，这也是另一种值得效仿的"互联网＋出版"模式，在近两年的游戏产业布局上尤为突出。

凤凰传媒以溢价近 10 倍收购慕和网络，其重要原因也在于慕和网络主打美国、俄罗斯、新加坡等海外市场，具有强大的研发实力和海外拓展能力。

中文天地出版传媒股份有限公司以发行股份加支付现金的方式，作价26.6 亿元购买北京智明星通科技有限公司 100％ 股权，造就了传统出版业在互联网领域最大并购案。

需要注意的是，传统出版传媒企业收购业务、客户等均已成熟的游戏公司往往花费不菲，而且溢价都比较高。然而，游戏公司的发展也具周期性，一款游戏成功并不能代表之后产品都能赢得市场。出版传媒企业高点踏入，要做好承受周期性变化的准备。特别是没涉及过游戏领域的出版企业，要了解行业系统风险，譬如游戏开发周期长且成功率较低，做好各方面应对。

【链接：《中国出版传媒商报》2015.6.9，刘志伟《五趋势驱动出版业"互联网＋"》】

# 第30章 新三板或成文化传媒企业新天地？

"A股市场暂停新股发行，对新三板可能是一个利好。"坊间流传，之前在创业板、新三板之间犹豫不决的一些企业，目前正批量地选择新三板。这并非毫无根据的猜想，上一次IPO暂停期间超过800家企业排队等待上市，四维传媒等多家文化传媒企业因此"盛况"而改选新三板。目前在证监会排队等待审查的企业已超过500家。与此同时，2015年上半年新三板定增市场火爆，已先后完成742次定增，募集资金317.47亿元，是2014年全年的2倍多。截至7月10日，新三板挂牌公司已扩容至2695家，有业内人士称，若按此速度，2015年下半年新三板挂牌企业数量将有望超越主板、中小板、创业板企业数量的总和。

值得一提的是，自新三板经国务院批准扩容以来，至今已有国学时代、三多堂、四维传媒、昊福文化、北教传媒、安之文化、佳友文化、圣才教育、华图教育、亿童文教、北国传媒等近140家文化传媒类企业挂牌，表现甚为抢眼，而中航传媒以及皖新传媒控股后的蓝狮子等一批文化传媒类企业，早在年初就已明确计划年底前实现登陆新三板。

## 30.1　新三板为什么这么火？

说到底还是中小企业长期没有专门的融资市场，新三板无疑成了这一需求的释放口。相对主板、创业板和中小板，新三板不需要审批，理论上"3～6个月就能实现挂牌"。而文化传媒企业因自身特殊的行业属性，比一般企业面临的融资难问题更为突出，需求自然也更旺盛。

　　四维文化传媒股份有限公司是以"数字出版"为主的出版企业,该公司董事长罗险峰表示,挂牌新三板正处于其转型改革关键时期,需要通过登陆资本市场满足企业向更高层次发展的资本需求。"四维传媒的 IPO 本来已在排队之中准备登入创业板,但事与愿违,IPO 项目责令关闭,相应计划被搁置。"面对主板、创业板较高的门槛和长时间的等待,四维传媒最终选择了新三板作为自己迈向更高台阶的跳板。

　　同样,安之文化发展有限公司董事长田津举认为,传统行业要与时代相契合、与科技融合,向数字出版与网络转型,为大众出版阅读服务,挂牌新三板无疑是个不错的选择,"挂牌新三板,除募集到更多资金,还可以使公司的管理更加规范,同时保障公司快速健康发展,提升企业品牌影响力和品牌美誉度。"

　　"新三板交易准入门槛降低,企业股票估值水平明显提升,做市商交易制度与传统的集合竞价交易制度相结合的交易制度,会使企业股票交易的活跃程度提高。此外,新三板具有挂牌流程快、成本低、战略意义巨大等优势,能够有效保证企业在资本市场融资能力的提升,是性价比极高的企业发展路径",北教文化传媒股份有限公司董事长刘强表示,出于实现扩展、解决资金瓶颈、实现升级转型以及规范企业管理需要,北教传媒抓住机遇,2014 年 11 月顺利挂牌新三板。

　　而广西师范大学出版社参股的昊福文化以教辅图书为主业,挂牌之初其董事长福生就曾表示:挂牌新三板,一是团队激励的需要;二是进入资本市场让更多的机构给予监督、避免一些经营风险,促使企业更加规范运营管理,进入健康良性的发展轨道;更为重要的是上市后资本实力得到加大,可增强市场竞争力、抬高行业门槛。

　　此外,在新三板挂牌对企业进行整体估值,注册资本几百万元的企业其市值达几亿甚至十几亿元也完全可能,从而有利于实施定向增发股份,更便捷地完成融资和资产增值,在争取政府的资金及政策补贴与扶持上也有优势和促进作用。同时新三板为小微企业提供了转板上市通道,挂牌公司可优先享受上市"绿色通道"等,这对包括文化传媒类企业在内的中小企业来讲都颇具吸引力。

## 30.2　凭什么挂牌新三板？

诚然,新三板的挂牌条件比主板和创业板低很多,对企业赢利水平没有硬性要求,只要企业经营满两年、主营业务明确、治理结构健全、运作规范即可申请。但在新三板资本市场,并非会讲故事就可以拿到真金白银,更重要的是让投资方看到未来收益。

罗险峰认为,新三板挂牌的企业多为"两高、六新"企业,即高科技、高成长,新经济、新技术、新能源、新材料、新服务、新商业模式的企业,文化传媒类企业挂牌新三板的优势,一是近年来出台的《关于推动传统媒体和新兴媒体融合发展的指导意见》《关于大力支持小微文化企业发展的实施意见》等优惠政策,给文化传媒类企业挂牌新三板镀了一层金身;二是在于技术革新及服务模式创新给该行业带来的潜在投资价值和发展空间。田津举认为,除了上述的优势,文化产业具有的创新性和成长性是必不可少的重要依据。同时,政府政策的支持、企业凭借自身优势推陈出新、紧跟时代发展需要才能在新三板市场走得长久。

据刘强介绍,北教传媒目前的核心业务是传统的教辅图书策划、发行,受互联网影响相对较小。但作为企业的掌门人,必须顺应时代发展的趋势,仅仅固守传统的话,道路会越走越窄。作为出版传媒企业,应该在做强传统主业的前提下,在新技术和资本的双轮驱动下,迅速进行数字化升级转型,这样才能更容易获得资本市场的青睐。

此外,有受访者表示,要想成功登陆新三板,商业模式比业绩表现重要得多。在挂牌评估过程中,管理部门会引入国际先进的评估方式对拟挂牌公司进行全方位的评估。即便目前业绩表现平平,但如果商业模式十分突出,未来的增值空间很大,企业挂牌成功几率也会较高。

## 30.3　在新三板收获了什么？

除了通过融资带来市值增长、流动性提高，新三板挂牌能将挂牌企业达到资本市场最基本要求的规范企业，相当于一次 IPO 检验。因为"如果管理不好，公司市值会下降，可能会被退市，或者管理团队会被换掉"。可见，挂牌新三板仅仅只是个开始，挂牌后是良性增长还是变成"僵尸股"，依然考验挂牌企业的能力，如何借挂牌新三板之机更好地发展，成为各家关注的重心。

罗险峰告诉记者，自挂牌新三板以来，四维传媒从原来的协议转让到现在已有 7 家做市商做市交易，公司在资本市场上的活跃度有了很大的提高，至今已进行了三轮定向增发并得到投资者积极认购，融资效果非常显著，市值稳步提升，企业品牌的影响力和知名度也进一步增加。据悉，四维传媒三次募集的资金正用于其移动互联 APP 开发和以"互联网＋"为核心的智慧社区建设项目，目前该项目已完成第一阶段的社区网络布局：已启动 358 个社区服务网点的建设，整体覆盖上海所有区县含 208 个街镇、3500 个小区，可服务 1500 万上海社区居民。"2015 年年底，我们还会有新的定增计划"，罗险峰表示。

田津举表示，安之文化挂牌新三板后对他最大的启发，就是挂牌企业必须是"主营业务突出、公司治理结构规范、具备创新性和成长性强的项目"，安之文化挂牌后因此取得了较大发展，这从其挂牌后的业绩表现也得到了印证。其 2014 年年报显示，当年营业收入 2000 万元，同比增长 27.34％，其中教辅类图书收入同比增长 89.28％。类似地，北教传媒 2014 年营收 2.63 亿元，同比增长 19％；昊福文化 2014 年营收 3987 万元，同比增长 31.89％，利润更是同比增长 140％。此外有数据表明，在 130 余家文化传媒类企业中，有 26 家企业营收规模超过 1 亿元，20 家企业同比增长超 100％，30 余家企业同比增长率超过 50％，而华图教育以 11.55 亿元的营收成为该板块的冠军，以 1.06 亿元的净利润成为新三板文化传媒行业年度最赚钱公司。

可以预见的是，受先行挂牌的企业大多营收、利润都有较大提升这一利好吸引，加上国家政策和移动互联网技术的不断更新，将有越来越多带新媒体属性的企业发力新三板,从而迎来新的挂牌热潮。但有券商也提醒,挂牌成为公众公司后,公司要公开财报和经营情况,竞争对手、客户和供应商都能看到,企业决策也必须按照股东大会、董事会决策进行,而之前一些不合规做法也需用真金白银进行补缴。

【链接:《中国出版传媒商报》2015.7.14,蓝有林、焦翊《新三板或成文化传媒企业新天地?》】

# 第31章 "一优先 两统一"指明出版方向

近日,中共中央办公厅、国务院办公厅联合印发《关于推动国有文化企业把社会效益放在首位、实现社会效益和经济效益相统一的指导意见》(以下简称《意见》),提出了"社会效益优先,实现社会效益与经济效益相统一;正确处理社会价值和市场价值的关系;正确处理文化的意识形态属性与产业属性"(即一优先、两个效益、两种价值、两种属性)等命题,为产业进一步深化改革和"十三五"规划指明了方向,引起了出版界人士热议。《中国出版传媒商报》邀请各方专家,以系列报道的形式,解读《意见》,以助业界深入领会贯彻精神。

## 31.1 社会效益放首位 多出好书是关键

"社会效益"作为《意见》的核心概念,实际上是对出版行业的实质性理解。正如中国出版集团公司总裁谭跃曾表示的,社会效益和导向不仅是出版工作的生命线,也是企业的发展线。要正确处理社会效益与经济效益的关系,始终把社会效益放在首位,始终牢牢把握正确出版导向,切实维护好我们的品牌,切实承担起历史赋予我们的责任和使命。

具体到出版业,《意见》中提到的"社会效益"体现在哪些方面? 如何实现"一个优先",又如何实现"两个效益、两种价值、两种属性"相统一,防止剑走偏锋?

正如中国少年儿童新闻出版总社社长李学谦所说,"《意见》明确出版业的产业发展方向,回答了出版企业到底是干什么的,走什么样的路去发展。"

什么是好书呢? 反映当下时代精神,满足时代需求的书都是好书。目前中国发展最重要的纲领性文件是"五位一体"建设、"四个全面"战略等，出版就是要反映时代需求，为时代的发展提供积极、有用的营养，就是知识、思想、观念和技术。

商务印书馆总经理于殿利谈到，"社会效益是图书产品的本质特征，出版是用思想推动世界进步，通过传播思想、知识和观念等方式，推动当代的社会向着更高的社会阶段迈进。"

图书以内容、知识和思想滋养人、教育人和培养人。人最大的满足是精神满足而不是物质满足，而最大的精神满足则是通过掌握先进的知识、观念、技术、思想与理想、信念和道德，实现创造的社会价值超过耗费的价值，这也是图书育人的功用所在。

社会价值的最大化不仅仅在于正能量思想的传播，还在于建设统一的价值观。现在社会价值观越来越多元化，但是必须坚持向上的价值观，还需要统一的意志。没有统一的意志，社会难以形成合力向前发展，需要通过出版传播先进的、进步的、能够促进和谐的思想，在社会形成共识。

## 31.2 "一优先 两统一"也是制度保障

《意见》最大的亮点是明确指出了该如何实现和保障社会效益最大化，如"发挥文化经济政策引导、激励和保障作用""完善资产监管运营机制和评价考核机制"，"明确社会效益指标考核权重应占 50％以上，并将社会效益考核细化量化"等。对于出版业，《意见》从国家政策层面和企业层面为出版企业保障"一优先、两统一"即出好书指明了道路，明确了制度。

企业怎么制定制度保证出好书呢？政策层面需要哪些扶持呢？

浙江出版联合集团董事长童健指出，"《意见》的出台仍需要通过继续深化改革来实现，国家层面是制度保障，企业内部则是在体制机制改革上下功夫，包括组织结构、管理方式、制度规定、决策程序以及资本投入等各个方面，在实现两个效益、两个价值相统一的轨道上运营"。

业内人士认为:"从出版社层面保障出好书,需要有机制来保证,包括如何考核、评价与经营管理出版社,这涉及三个非常重要的向度,一是经营理念,二是管理模式,三是企业文化建设。""首先在经营理念上,出版社的政策、制度和对员工的教育,要体现和传导企业负责人对这个企业的要求,理念上获得大家的认同,沟通成本就大大降低。出版一是文化产业,二是创意产业,三是同仁行业。同仁行业里如果大家志不同道不合,走不到一起来。第二是管理模式,核心是考核评价模式,考核模式的核心是薪酬体系。如果保证社会效益放在首位,薪酬是指挥棒。第三是企业文化建设,需要在品牌上长期经营。"

在基于社会效益的内部机制建设上,一些出版社已经进行了有益的探索。中国建筑工业出版社社长沈元勤透露,"建工社 2014 年出台了学术著作出版统计办法和学术出版基金管理办法,计划每年出资 200 万元专门资助学术出版。"同时该社对社会效益突出,需要三五年才编辑好的大型丛书、套书采取额外考核方式,按照项目完成程度考核,对效果进行评价。"《意见》出台之后,我社对这种方式更加理解和接受。"

除了传统的三级选题论证、三审三校制度,时代出版还在内部组织架构方面下功夫。安徽出版集团有限责任公司总经理、副董事长田海明透露:"时代出版在 2009 年率先在全国出版行业通过了 ISO9001 质量认证体系,2014 年又率先实施内控管理体系。通过两个体系的运作,对出版业务的社会效益管理流程进行了全面的改革和重塑,对出版物的社会效益首要地位起到了决定性的保障作用。"

## 31.3 效益是"两统一"的试金石

优秀的图书作品,最好是既能在思想上、艺术上取得成功,又能在市场上受到欢迎。"出好书",出有社会效益的书,不仅意味着要符合党的方针政策,强调"社会"这个维度,还要强调"效益",强调社会效益与经济效益的统一,社会价值与市场价值的统一。"出好书"的发力点不仅要"正",还要讲究"细"

和"准"。

童健认为,"社会效益与经济效益应该是两统一而不是两张皮,社会效益不是孤立的、悬在空中的。国有文化企业承担社会效益,追求文化使命,是其应有之义。在这个大前提下,实现社会效益和社会价值,必须通过文化产品,通过市场,影响群众,扩大文化产品的传播和影响力。最终社会效益还是要体现在人民群众愿意看、买得起、用得上,还是要体现在市场的占有率和影响力上。文化产品变成了商品,广大群众消费它才能实现其经济价值和社会价值,否则的话都是空的,体现文化的宣传和教育的功能,强化意识形态的属性,达到好的作品'影响人,感染人,鼓舞人'。"

田海明也持类似的观点,"对政策条文的片面理解,最大的可能就是只讲社会效益,不讲经济效益,忽视经营管理,这也是非常不恰当的。经济效益是社会效益的助推力与倍增器,不能忽视,必须加强。政策是不是被忽视或者是片面理解,关键在于政策是不是能够真正落实,是不是有推动落实的政策、制度等方面的配套措施。"

很多出版社有自己的"条块"性质,需要通过市场服务于所属行业和地域的发展大局。

据沈元勤介绍:"我们现在做'十三五'规划,和建筑等相关行业的'十三五'规划作对比,将出版重点选题方向与行业工作重点与国家和部委政策配套,引导行业发展,如城市规划、城市管理、节能减排、生态文明、住房的建设和改革等行业重点。我们的出版很多是应用性的出版,两个效应结合得很好,市场需求大。"

作为少儿出版的领军人物,李学谦指出,"少儿出版必须重视经济效益,因为孩子们的成长有阅读需求。在市场经济条件下,所有资源的配置条件已经变了,作者、用纸、印刷都是市场在配置资源,也需要尊重市场的规律。少儿出版一定要有人买、有人看,如果没有人买,社会效益没有办法实现。少儿出版作为大众出版的一个品类,必须尊重市场经济规律,想办法把书卖出去,对艺术性、可读性和贴近性都有很高的要求。社会效益必须通过传播、影响受众来实现。传播必须通过市场来卖出去,通过市场来检验社会效益。我们要做的是把社会效益放在首位,在坚持社会效益的前提下,要做到两个效益的统一。把社会效益放在首位是少儿出版健康发展的内在要求,也是家长对少儿出版的一种期待。"

在数字出版传播上如何实现社会效益的体现也需要深入思考,同时还要加强网络出版、新媒体出版的内容把控。

沈元勤指出,在新媒体发展时代,出版社不只出纸书,还面临着数字出版的转型和传播。出版社转型,新媒体传播上要做好融合大文章。同时国有出版机构要把好与民营企业的合作关口,把内容组织、运营管控把握好。

【链接:《中国出版传媒商报》2015.9.22,龚牟利《"一优先 两统一"指明出版方向》】

# 第 32 章　书业"双 11"：看的是销量，抢的是流量

11 月 12 日 0 点，"2015 天猫双 11 全球狂欢节"正式结束，据统计，其在 11 月 11 日当天的总交易额达到 912.17 亿元。相比 2014 年的 571 亿元，2015 年"双 11"的单日交易额几乎翻了一番，再创新的网上零售交易纪录。这是零售业的狂欢，书业也搭上了顺风车。

"双 11"狂欢对业界有喜也有忧，喜的是借助网络力量与魅力，出版业找到了与消费者对接和提高品牌影响力的有力通道，实现了渠道的再造和销售模式的创新；忧的是其可能对市场格局、交易规则、行业秩序带来冲击。

11 月 12 日当天，《中国出版传媒商报》记者采访调查了电商、实体书店以及出版商，发现无论是以当当网、京东商城、天猫、亚马逊为代表的电商，还是以文轩网、博库网为代表的书业自营网站，以及其他由出版社或书店主导的微商城、网店，几乎都加入到"双 11"的狂欢中来，并取得了可观的增长。

这是网络渠道的舞台，实体渠道仍是看客。虽然还没能找准"双 11"的入口，但一部分实体书店已经在做好常规营销活动的同时，以"双 11"为噱头赚取关注。可以预见的是，未来的"双 11"，线上与线下的融合将成吸引消费者的重要手段。

这是一个比拼销量的日子，却暗藏着一场争抢流量的战争。越来越多的书业人意识到，在"双 11"这天的销量只是暂时的，但由此获取的活跃用户数量才能保障长久的销量。因此，低价作为一种"伤敌一千，自损八百"的手段，也能被如此广泛采用，或者说是不得不用的营销方法。

正如未来出版社市场部主任薛少华所说："'双 11'期间，未来社天猫旗舰

店全场商品五折促销，优惠力度比较大。当然，这些大型促销活动，会减少出版社图书利润率，甚至有些图书可能会赔钱赚吆喝。但是，'双11'也为阅读的抵达搭建了很好的平台，让更多的读者关注到我们的图书。"如此，再回头来看"双11"，是不是在喜气洋洋的气氛之下，隐隐有着一股硝烟味呢？相关业内人士坦言，"双11"对行业市场秩序将带来重大冲击和巨大的破坏，值得业界的关注、反思和主管部门的重视。

## 32.1　电商销量爆表，备战须及早

截至11月12日16点，当当网、文轩网、天猫、博库网、京东等平台在"双11"当天的销售数据依次出炉。成绩着实喜人。取得不俗销量的背后，是各家长达数月的精心筹备。

2015年，京东推出"同是低价，爽购11天"京东双11购物节，有效提升了销量。2015年11月1日正值京东图书5周年庆，0点至0点30分的半小时内，京东图书销售超过10万册图书；而截至11月1日凌晨1点30分，仅一个半小时，京东图书销量已超越日常1天的销量；11月1日0点至11月11日24点，京东共销售传统出版物860多万册。

据统计，天猫图书在"双11"的日成交额，达到了2014年的200%，品种规模也创历年最大。据天猫图书负责人张炜介绍，共有来自800多家商家的320万种图书参加到2015年的"双11"活动中，相比2014年100多万种图书，规模翻了2倍多。

每年"双11"都恰逢当当周年庆，早在2015年10月，当当就宣布包含自营和平台在内的全线产品将参与"双11"价格绝杀，依靠规模累计形成优势。截至11月11日9点，当当图书销售280万册。11月11日零时的第一分钟，当当图书订单已达到6.3万单，零时刚过去10分钟，图书订单已达18.6万单，而到了11日凌晨1点，1小时的图书订单达30.2万单。

如此规模的促销活动，如此规模的销售数字，离不开电商在"双11"到来

之前的精心准备。京东图书音像事业部总经理杨海峰透露,早在9月,准备工作就已经开始,包括促销计划、公关营销、主打爆品、备货量预估等。"我们利用互联网的传播效应和其他传播渠道进行大量细致的传播,并制造了倒计时等悬念配图,为'双11'开门红打造声势。此外,我们还为消费者制作了'双11'京东图书攻略,引导消费者合理消费。"

天猫图书则从7月开始着手,一方面策划"双11"营销方案;一方面开始选品,与供应商进行沟通,将平时折扣不大的优质图书纳入"双11"中来。据张炜介绍,进入9月后,双11的具体"玩法"、会场位置、推荐书目等细节一一落实;10月15日,第一波活动正式启动,一部分原版书、杂志开始预售;11月1日,第二波活动开始,天猫通过打折、满减等方式,引导消费者将更多的商品加入购物车;11月11日,第三波活动开始,"双11"迎来高峰。

## 32.2 移动端流量引纷争

近年来不断有实体渠道入驻电商平台,开设网店、微店。在网店流量争夺战日益激烈的当下,以微店抢占移动端流量的做法屡见不鲜。实际上,京东、天猫、当当早已紧盯这块"肥肉"。

文轩网、博库网势头强劲。文轩在线电子商务有限公司旗下网络购书平台"文轩网"在"双11"取得了单日访客过百万,销售300万册图书,销售码洋过亿的成绩,连续4年蝉联各电商平台"双11"图书类日销售第一名。浙江新华书店集团旗下"博库网"在11月11日当天完成6988万码洋的销售、71.2万个订单,同比增长达40%~50%。

虽然如此,但不少规模不大的书业自营网店表示,"双11"期间的销售勉强能够与平时持平,已实属不易。问及原因,相关负责人认为,一方面是由于几家大型电商抢占了流量,另一方面,则是因为部分供货商为了保证电商平台的备货,将部分图书主动下架,导致这家书业自营网店的有效品种数大幅下降。

　　线上线下联动营销,或助实体书店自营网店崛起。据博库网运营总监游克华介绍,2015 年博库网在"双 11"的活跃用户数比 2014 年增长了 186%。这主要得益于博库网利用微博、微信进行营销,将线上和线下进行融合。博库网从 10 月 26 日起开展"双 11"的预热活动,邀请作家与读者互动。

　　湖北新华集团同样如此。湖北新华近年来入驻了天猫、京东商城,并开设了微商城。随着 2015 年"双 11"的来临,湖北新华线上线下共同开启"双 11 惠阅读"主题活动。据徐方介绍,"双 11"期间,读者在湖北新华书店图书专营店天猫店、京东店购书全场满 38 元包邮;此外,部分新华书店还推出了"天猫价聚畅销"的畅销书特别优惠活动。

　　网店之外,近年来书业自营的微商城也如雨后春笋般生长。其中,青岛微书城在"双 11"期间开展了百种童书五折封顶、转发微信赠签名本等活动,虽然力度不大,但也搭上了顺风车。2015 年,虽然只有一部分微商城参与到"双 11"中来,但未来必然会有更多。毕竟,从 2015 年的统计数字中,可以清晰地发现,电商对移动端流量的抢夺渐趋白热化。"2015 天猫双 11 全球狂欢节"高达 912.17 亿元的交易额中,移动端占比达到 68%。京东在 11 月 1 日 0 点至 11 月 11 日 24 点共销售传统出版物 860 多万册,移动端订单量占比亦首次突破 75%。截至 11 月 11 日 9 点,当当图书销售 280 万册、当当百货销售 77 万件、服装鞋包销售 19 万件、全球购销售突破 2 万单,移动端占比高达 72%,创新高。

　　"双 11"时间短暂,营销事件单一,此现象是否会给业界产生持续的震荡效应,还有待观察。但愿"双 11"的正面效应在规范市场秩序的大背景下,能有效消减负效应。

　　【链接:《中国出版传媒商报》2015.11.13,王少波《书业"双 11":看的是销量,抢的是流量》】

# 第 33 章　创客时代,出版传媒孵化新商机

　　2015 年两会期间,李克强总理在政府工作报告中首次提出"创客"行动计划,"大众创业、万众创新"引起了国内外的极大关注。当年 3 月 11 日,国务院办公厅发布了《关于发展众创空间推进大众创新创业的指导意见》,"创客"正式上升为国家战略;6 月国务院《关于大力推进大众创业万众创新若干政策措施的意见》发布;9 月《关于加快构建大众创业万众创新支撑平台的指导意见》出台。并且设立了总额 400 亿元人民币的"国家新兴产业创业投资引导基金"来助力创业创新。

　　在国家鼓励创业创新的氛围下,"创客"成了人们茶余饭后的重要话题。而各大媒体 2015 岁末盘点中,"创客"也频频入榜。清华大学与社科文献出版社日前共同发布的《国家创新蓝皮书中国创新发展报告(2015)》显示,中国众创空间已达数百家,虽尚处于初期发展阶段,但已体现出鲜明的主题性、个性化、开源性和全民性,"创客时代"已经到来。"创客"的出现无疑给传统行业谋求内部创新、寻求新的增长点打了一针兴奋剂。在这一背景下,"创客"也成为出版企业的新发力点。

## 33.1　出版紧跟热点做知识补给

　　随着"创客时代"的到来,有关创业创新的图书引起了读者的追捧。根据亚马逊中国最新公布的数据,2015 年经管类图书的销售占比为五年来最高,中信社《从 0 到 1:开启商业与未来的秘密》位居年度榜第 5。在此背景下,各大出版社紧跟热点,纷纷推出相关选题,为"创客"提供"知识补给"。

记者以"创业"为关键词在某大型图书电商上搜索,竟然有 4.4 万条搜索结果。这些相关的图书选题从各方面为"创客"提供"知识补给",有从行业出发进行深度分析,如《掘金:互联网＋时代创业黄金指南》对社交、O2O、媒体、教育、娱乐五大领域,11 个细分行业,几十个典型案例进行深度解析;《"互联网＋"落地下的新商业模式》介绍了"互联网＋"下百业蓬勃发展的广阔空间。一些选题则是直接服务创业者,如《小老板开店创业必读》详细阐述了创业开店的赚钱技巧与策略;《从 0 到 1 教你做微商》《淘宝、天猫、微店实战一本通》《移动互联网 O2O 社群微营销》等图书瞄准创业者开展技术指导。中央财经大学教授莫林虎认为,在当下"大众创业、万众创新"的热潮中,创业和经管书籍的热销是必然结果。

中信出版社前沿经济分社社长、总编辑蒋永军表示,早在 2013 年中信社就推出了深入阐述"大众创业,万众创新""创客"理念的图书——《大繁荣:大众创新如何带来国家繁荣》和《创客:新工业革命》,两本书的销量与影响力都很大。据了解,中信出版社在 2013 年 10 月前就已经签下了一系列有关"创业"的外版书,统一冠名"奇点系列",其中包括大热的《从 0 到 1:开启商业与未来的秘密》《支付战争》等。

## 33.2　建孵化器辟众创空间

一些出版集团也跻身于创业大潮中,利用自身拥有的媒体资源优势、平台优势、内容优势建设孵化器;发行系统则立身于书店,或是"因地制宜"打造众创空间,或是依托大学校园开辟创客空间,从而对接创业与投资双方,谋划出版长远之计。

随着顶层设计的出台,地方政府也出台了一系列推动创新型政策。贯穿全年的政策利好不断,一些实力雄厚的出版大佬利用自身拥有的资本与专业优势建设孵化器,从中寻求新的增长点,谋划出版长远之计。

不久前安徽出版集团与合肥市庐阳区人民政府签订战略合作框架协议,

计划斥资 30 亿打造都市文化旅游创意基地等项目，引入海内外艺术家、文化创意公司，建设文化创意产品交易中心、创客基地、休闲度假基地等，打造具有较强影响力的文化创意品牌，培育以创意文化为核心的旅游休闲目的地。与之相似，辽宁出版集团整合集团创新创业资源成立慧谷创客空间，打造创业"梦工厂"。据了解，慧谷创客空间是集"孵化器＋文创传媒＋创客产品＋连锁经营＋互联网平台"于一体的新型文创空间。目前，该项目已在沈阳、大连等地试运营，吸引了一批"互联网＋创新项目"组织者、生活化应用的艺术家、适应数字出版 APP 开发者、自媒体创作运营者、创新课堂引领者等创客进驻。

外研社在"十三五"规划中提出要打造"孵化器＋"，目前正在规划位于中关村科技园的外研社"众创空间"，以文化科技双驱动，意在吸引全国乃至全球有策划能力、出版热情、需要栖息地的团队入驻外研社，做一个吸纳创造力、培育新产业的孵化器，让国外优质资源和创意人才来落户，让中国的好作品走向世界。

不同于出版机构成立专属的孵化器，一些书店则"因地制宜"，打造共创空间，对接创业与投资双方。深圳书城宝安城就是这方面的典型——宝安书城突出创意引领和创意孵化功能，精心打造创客培育中心，"使宝安书城成为创客云集笑傲江湖的根据地"。据该书城负责人笕远科介绍，宝安书城创客培育中心将不定期举办多种创客课程和创业辅导，涵盖范围广，设计领域多，使其变成"实实在在、可圈可点的经济效益"。此外，还计划将其打造成文学创意基地，这一计划得到了深圳市政府的支持，目前，宝安书城已经签约了 5 名打工文学创作者。

一些书企则将目光瞄向大学生，依托大学校园特色，开辟创客空间。作为文轩零售门店的首家大学校园书店，轩客会·创客空间计划通过"免费借阅＋阅读服务＋创客空间"的功能设计，为学生原创作品提供展示和销售的平台，并通过零售门店纵深网络进行市场推广和运营，形成文创产品的孵化平台，发掘出有市场竞争力的产品，出资合作。厦门大学出版社高校图书代办站则牵头成立了 O2O 创业孵化基地,支持学校创业孵化基地的运营。

## 33.3　面向内部提供创新创业平台

成立孵化器,打造共创空间,大都是针对外部人士,一些出版企业则将目光瞄向内部,通过种子基金模式、建设创新创业平台来鼓励企业员工进行内部创业。这些都取得了不错的效应。

据中国出版集团团委书记温存透露,中版集团 2016 年计划推出相关项目,为年青一代打造"大众创新、万众创业"平台。

2012 年,安徽出版传媒集团设立 500 万元青年创意扶持基金"翼基金",无偿资助青年员工的创意项目实施。截至 2015 年 7 月,"翼基金"累计投入 280 万元,资助 4 个批次 17 个项目成功实施。在微电影界颇有名气的 APG 微电影工作室就是由该基金孵化出来的,工作室项目负责人蒋乃纯介绍,集团给予工作室 40 万元启动资金,目前,工作室已完成 13 部微电影、12 部专题片的策划、拍摄;同时还在推进与微电影相关的活动,取得了不错的成绩。蒋乃纯透露,"仅 APG 工作室发起的安徽首届房地产界微电影大赛这一项目就给安徽出版集团带来了一百多万的广告收入。"2015 年,工作室与中央新影集团、CCTV 中学生频道、安徽电视台等多家机构合作,启动儿童影视、国学经典培训计划,将影视制作、少儿培训、人才培养相结合,通过少儿节目、系列剧、大电影的拍摄制作,逐步建立起"安徽童星梦工厂"。未来还计划建设微影视人才培训中心,建立安徽演艺人员资源库,打造安徽"造星工厂"。

凤凰出版传媒集团一直都在鼓励员工进行内部创业。2015 年 6 月,凤凰出版推出拍卖应用"凤凰艺彩"APP,该应用通过艺术彩票的形式拉近艺术与大众的距离。工作人员解雨微告诉记者,"凤凰艺彩"就是集团企业内部员工创业成果之一。据凤凰出版传媒集团副总经理叶建成介绍,在"互联网＋"时代,他们鼓励员工参与到"大众创业、万众创新"中去,推动创新驱动发展。2015 年,凤凰集团设立 2000 万元创新创业基金,支持员工创业。据该基金项目负责人屠法介绍,基金将视情况对立项扶持的创业项目给予创业场地扶持,并进行创业辅导。同时,鼓励项目所在单位对项目予以配套支持。目前已经有30多个申请项目。

青岛出版社科技出版中心编辑部主任田磊告诉记者,目前青岛出版集团也在鼓舞员工内部进行创新创业,他手头正在推进的足球类项目就是集团内部创业创新项目之一,计划通过出版足球教材、成立足球培训中心等进行出版全产业链开发。

尽管目前创客发展如火如荼,但是资金和人才仍然是制约创客的大难题。此外,目前众创空间的主体比较单一,仍旧以创客为主,未能形成互动机制,发展尚存"瓶颈"。记者在采访中了解到,大多数出版企业内部创业创新都是在原有的业务上提出新项目,企业给予资金支持。一些书企也正在研究制定相关创业规定来解决这些问题。"大众创业、万众创新"这一战略将会带来新的创业潮和技术发展的需求潮以及文化科技发展新高潮,出版应该把握机遇,孵化出新商机。

【链接:《中国出版传媒商报》2016.1.15,王婷《创客时代,出版传媒孵化新商机》】

# 第 34 章　社群经济撬动出版思维变革

　　根据具有自媒体联盟属性的妈妈社群电商大 V 店自有数据显示,2015年,大 V 店累计上架图书 2100 多种,绘本占比 90％。他们采取"电商＋社群"的方式,图书销售额已经过亿。接力出版社、耕林童书馆、中信出版社、童立方、二十一世纪出版社集团等多家少儿出版商为大 V 店供货,其中接力社 2015 年的上架品种达到 127 种,销售码洋 1200 万,在少儿社中排名第一。此外,罗振宇的"罗辑思维"微店,独家在售图书 60 余种,年销售码洋过亿。2016年 1 月 9 日,由新锐童书力量中信出版社旗下"小中信"推出的"科学跑出来"每套定价虽高达 272 元,仅在"罗辑思维"上线一小时即卖出 1000 套,速度惊人。而记者从中信出版集团副总编辑、小中信分社社长兼总编辑卢俊处获悉,截至日前,《科学跑出来》在"罗辑思维"的销售已超 2.5 万套。

　　社群电商对图书营销的助力,业界有目共睹。2015 年涌现出了众多"明星"社群电商——大 V 店、童书妈妈三川玲、小小包麻麻等,他们身经百战,通过自己的互联网社群,提升用户体验,聚拢人气。可以说,互联网正以意想不到的速度、能量,改变着人类生活,也在改变着出版业的业态和规则。

　　商报在 2015 年 5 月就曾关注社群经营对出版业的影响。而今,需要探讨的已不仅仅是社群经济给出版商带来新的渠道可能性,而是出版商在新一波社群运营商崛起的过程中,如何准确定位自己? 是继续抱持为电商打工的心态,为自媒体渠道提供人气入口产品,还是借势转型成为专业的少儿阅读服务运营商——"互联网＋"时代,社群经济能否撬动出版思维变革,恰是最需关注的。

## 34.1　社群颠覆传统出版行销流程

在社群电商的影响下,传统中盘商正在改变以折扣为唯一利器的恶性竞争方式,转而更加关注用户体验。随着以微信为主介质的社群的兴起,传统出版物物流和信息流无法同时到达终端读者的尴尬也迎刃而解。

2016 年 1 月,接力出版社举办"'互联网＋'时代的社群电商图书营销新趋势"论坛,总编辑白冰提出了"四个改变",清晰表达了"互联网＋"时代的社群电商图书营销新模式对出版业的四个影响:一是正在改变出版社的选题思路,二是正在改变出版业的销售渠道、销售网络格局,三是正在改变出版业的营销模式,四是正在改变出版业原有营销部门的组织构架和人才构架。

不难发现,从内容生产角度看,根据社群精准用户特殊需求,进行定制出版,已经成为图书出版的一个重要内容。从渠道角度看,中国书业的发行中盘商,一直以实体新华书店、民营书店、馆配承销商,以及当当、亚马逊、京东三大电商为主体,近年的格局已悄然改变。在社群电商的影响下,传统中盘商正在改变以折扣为唯一利器的恶性竞争方式,转而更加关注用户体验。图书的物流和信息流正在由单一脉向流动,转向为多脉络的良性循环流动。尤为值得注意的是,随着以微信为主介质的社群兴起,传统出版物物流和信息流无法同时到达终端读者的尴尬也迎刃而解。

毫无疑问,出版商最乐于见到的是社群运营克服了长久以来出版业的赊销、回款难顽疾:目标群体清晰、订数准、零退货、零积压、回款周期短,库存周转率高。但与此同时,终端营销变得比以往任何时候都更加重要。用白冰的话说:"过去,出版商给新华书店的发书是移库——从出版社仓库里移到了新华书店的仓库。如果说传统的做法更重视经销商的推广,现在以及不远的将来,出版商对于终端营销的重视会前所未有地加强。"更为关键的是,由社群所带来的活动效果已远超传统媒介。2015 年,大 V 店与接力社合办大咖课,其中的一次邀请知名儿童文学作家、评论家梅子涵给社群用户上课,涉及微信群 500 多个,每个群至少 300 人,一堂课覆盖用户 20 万左右,这是传统线下讲座推广远无法达到的效果。

## 34.2  强力配置新场景策划服务体系

实际上,移动互联网时代,读者的消费场景已发生剧烈变化。这意味着很多消费可能性与传统线下以及 PC 时代的消费在时空组合上完全不同。出版业作为阅读生态体系之中的一员,内容生产、传播与消费各方面,都遭遇了前所未有的冲击。如何顺势而为地应用场景设计和策划,更好地打造爆款产品,成为出版人积极思考和尝试的课题。

卢俊从 2015 年年初筹备中信出版集团少儿阅读服务和内容运营品牌"小中信"之时,就在思考,如何更好运用新的移动互联商业运作方法为优质童书作品寻求更高的市场沟通效率。从《世界上最大的蛋糕》创下知识服务和社群电商销量之冠,半年销量直逼 10 万册,成为 2015 年绘本市场社群营销的标杆之作以后,最近,小中信又一次用"科学跑出来"科普系列打造出爆款。在一个并不销售也不善于销售童书的"逻辑思维"平台,破例售卖一本儿童科普图书产品,卢俊认为最重要的一个因素是,他给罗振宇连夜解说了一个超级场景:这套书非常符合都市打工阶层新年和春节回家给亲友孩子购买礼物的消费场景,比常见的电子产品、电动玩具以遥控玩具等绝大多数科技玩具产品都更有"城会玩"属性。不可否认的是,小中信并非最先做 AR 童书的出版商。但据卢俊的团队调研,市场上大部分 AR 图书的互动性和参与感都较弱,"科学跑出来"曾获得 2015 年度全球多媒体互动图书最佳奖,背后的技术公司 Red Frog 曾获得年度 AR 技术奖。因此,社群经济下,场景设计的基础是时空与产品的高度结合。可以说,最终小中信成为 AR 科普新兴市场的收割者,最大的因素是时机对了。

社群经济的逻辑并非依赖某个单独社群来做行销,而是制造多种组合彻底引爆市场。依然拿小中信为例,就在即将到来的春节前一个月,"科学跑出来"主打新春礼物消费场景,春节后他们还计划通过与全国十大名校联合开发

218

的科学课程课件,进行校园场景销售推广。而该套书也已得到了全国十大特级教师和十大校长的联袂推荐,正在精心录制课堂学习课件。

## 34.3 社群经济兴起出版商何为?

与传统中心化电商平台不同,移动电商的去中心化,强调工具和系统,向内通过 ERP 与企业供应链打通,向外通过各种聚合平台(交易、媒体、社交)界面与用户接触,已成为出版商从内容供应商向平台运营者华丽转身的绝佳机会。

社群商业模式会对出版商的多渠道能力和产品精细化策划能力提出更高要求。正如北京大学新闻与传播学院教授胡泳所建议的那样,对于所有从事社会化商业的人来说,重要的事情是体验、体验还是体验,这是唯一的竞争利器。他认为所有的社会化商业,或者社群营销、社群电商,遵循的唯一法则是:哪里连接就在哪里购买,在哪里购买就在哪里连接,这是立足于社会化商业、繁荣发展的唯一真理。

在社群电商迅猛发展的背后,首要依托的是技术支撑。青岛城市传媒移动新媒体中心,大概是国内少有的出版社独立建立的互联网开发团队。如何以书为媒让图书成为互动的载体,将线下读者变成线上用户,是这个团队的重要工作之一。过去的一年,青岛城市传媒移动新媒体中心通过微信、APP 等工具,不断积累用户,进行图书营销探索,"青岛微书城"公众号关注量已经达到 20 万人。通过不断的技术迭代,在"青岛微书城"的微信公众号上实现了丰富的读者互动活动。"青岛微书城"在青版图书中设置大量互动,如《漆浩教授教你玩转茶疗》一书中设置"晒手图"辨体质互动游戏、《加分宝》系列图书开发"加分宝"微信平台提供音频资料下载等方式。另外,青岛新华书店是青岛城市传媒旗下公司,所以"青岛微书城"下沉到实体书店,通过提供免费 Wi-Fi、移动支付等方式,把书店的顾客不断往线上积累。线上用户可以在线购买图书,还可以在社区、微信读书群进行沟通。

可以说,不管是眼下十分火爆的社群小小包麻麻、逻辑思维抑或是童书妈妈三川玲,都在用独特的人格魅力进行商业背书。对于传统出版商来说,出版品牌、出版人品牌如何能在社群运营中发挥作用,占据一定的主导权,而不仅仅为自媒体渠道提供人气入口产品,进而借势转型成为专业的阅读服务平台运营商? 前不久,挚信资本投资合伙人、掌灯人移动电商平台创始人杨文轩发布的"掌灯人"或许能为业界提供新思路。这款产品是儿童阅读和教育社会化的分销平台,给童书出版、批发零售商提供的开店工具,入驻后可通过社交媒体发展阅读妈妈们做代理商。妈妈们可通过社交媒体向朋友推荐童书,获取佣金,所谓"买家变卖家,既省钱也赚钱"。而由他主推的另一款"纸面包",则是一款个人和家庭的图书管理应用,其"读书"功能,能随时随地记录个人和家庭成员阅读过程(时间、地点场景,撰写笔记,拍摄阅读照片等),"读友"的阅读社交功能当然也不会少。如果说"掌灯人"更像微信公众号和微店的合体,试图将自媒体和自渠道打通,无缝链接,容纳社群电商、社会化分销、媒体电商(内容电商)等诸多模式;买家平台的位置服务,让读者能就近找到书店、绘本馆和培训机构,"纸面包"中的"阅读护照",则更能完整地记录个人阅读场景和过程,堪称移动电商的创新之举。

　　尽管"掌灯人"的功能还在迭代中,"纸面包"依然在内测……但不难发现更多的佐证:前不久,二十一世纪出版社集团推出的"二十一世纪中国儿童阅读推广云平台",中信出版社在北京图书订货会上抛出"内容＋"与"创意＋"战略,一方面要以儿童阅读内容生产、分享和服务为入口,运营以儿童知识服务电商、社群电商,线下亲子阅读空间,O2O＋儿童消费信托为一体的全新商业体系,其最终愿景是"成为出版业第一家成功转型为以内容运营为核心竞争力的互联网公司"——以儿童阅读为切入点构建庞大的商业运营体系,是越来越多出版商正在谋划的事业。可喜的是,他们的谋划远远超越了产品思维,从纯粹的商业考量出发,将少儿阅读作为与消费品和IP关联,快速积累核心用户的节点,向着更为宏伟的目标进发。

　　【链接:《中国出版传媒商报》2016.1.26,孙珏《社群经济撬动出版思维变革》】

# 第 35 章　VR 技术，出版能否步入科技一线？

　　早年间，在 AR 增强现实技术出现后，《中国出版传媒商报》曾数次报道了出版机构利用这一技术进行的产品开发，但在绘本、识字卡片等方面的运用却大多只是"锦上添花"模式，新的技术只是用来给图书增加点附加值。

　　反观业外，央数文化公司利用 AR 技术，推出的"小熊尼奥"增强现实玩具，能让绘本图案在 APP 中实现 3D 动画成像，此后又延伸开发了系列的玩具等产品，其中，口袋动物园 2014 年 12 月上市，在 2015 年第一季度实现了150 万套的销售，销售额超过 1 亿元。这样的销售表现，帮助央数文化获得了资本市场的认可。"小熊尼奥"在 2015 年 9 月拿下了来自济源资本领投，美国高通公司、中兴合创、国金证券、海通开元资本、六禾创投等跟投的 1.2 亿元投资。那么现在，VR 技术真的要来了，这次出版机构能有什么作为呢？

　　如今科技日新月异的发展，给人们带来种种便利的同时，也带来多个领域的变革，VR 即是科技催生的前沿科学之一。想象一下，我们可以通过眼睛或是肢体控制"物体"而不再是双手，随着 VR 技术的发展成为主流，这一切在未来可能会变得寻常。电影《钢铁侠》中展示了如何用眼球控制物体：主角托尼·斯塔克经常通过眼球追踪、声音控制，与他的盔甲进行交互。那么，人们何时才能具备这项"超能力"呢？

　　有消息称，三大虚拟现实头显 Oculus Rift、SONY 及 Sumsung 这些国外厂商将在 2016 年推出消费者版沉浸式 VR 头显设备，消费者版的设备问世，也许可以代表 VR 技术在世界范围内的相对成熟。如同 SONY 的 PS、微软的 Xbox 这些游戏大厂的游戏主机问市一样，这一举动也势必引发 VR 内容资源竞争的爆发。

## 35.1　VR技术在多个领域中的应用

2015年被大家称为VR技术爆发元年。如同电子书服务公司一样，在数字化领域，相比传统出版商，也许一些技术性公司又走在了前面。浙江得图网络公司目前就正在致力于VR技术服务。目前该公司自主开发生产的单镜头全景相机已经上市，它可使用在全景拍照、运动视频、场景视频、视频会议、网络监控、视频采访等场景，为用户提供VR内容制作。目前在VR世界里没有"控制方案"的标准。也就是说，每家公司都建立了自己的方法来供用户导航并与虚拟空间进行互动。但在世界范围内，在VR设备面向消费者后，谁主导了消费者，谁就有权决定行业标准。

目前，VR的发展势头在世界范围内非常迅猛，前景也是非常巨大，VR这股新潮流已席卷了国内外IT行业，从显示设备、输入设备、内容制作工具、应用开发、游戏开发、影视制作、传输技术、云服务、媒介、分发，一套日益完整的虚拟现实生态正在形成。得图董事长何胜预计VR设备的销售量在2016年将可望跃升至1400万台，并且在未来五年将迅速增长，到2020年市场规模或突破千亿元。对此，在该公司得图网的平台上，用户可体验成千上万的全景VR视频及图片，以后还可以实现自己的上传与分享。在该公司开发的APP上，可以实现海量内容VR体验。在得图云平台，用户还可以实现全景图片的上传、存储与漫游制作等一些有趣的功能。

据记者了解，早在2012年，江苏凤凰出版传媒集团收购厦门创壹软件有限公司51%股权。创壹软件正是主营开发三维互动虚拟现实教学、实训技术的高新技术软件。据凤凰创壹软件总经理兼技术总监林庆平介绍，该公司在线虚拟现实系统引擎拥有完全自主知识产权，并掌握该领域核心软件技术，目前已经开发出涉及机械、电子、设备、模具、汽车等多门学科的VR教学平台，这些平台能够借助三维动画及文字的自动演示，帮助学生在近乎真实的虚拟环境下进行实践操作。VR 的沉浸性和交互性使学生能够在虚拟学习环境中扮演一个角色,非常有利于学生的技能训练。

相比出版传媒业在教育出版领域的先天资源优势,也许《纽约时报》的 VR 领域转型颇具代表性。作为互联网转型的领先者,美国《纽约时报》在 2015 年 11 月第一次对外提供了虚拟现实新闻客户端"NYT VR",新闻行业可能也正在进入"浸入式报道"的时代。不久前,《纽约时报》将他们的第一个虚拟现实电影《流离失所》推送给了他们的 130 万用户,部分数字订户还通过电邮传送的代码免费兑换了 Google Cardboard,这部 VR 沉浸式电影是一份关于全世界难民儿童的报道影像。《纽约时报》杂志业务的总编辑 Jake Silverstein 认为这是一种全新的讲故事的方式,可能会对未来报纸业的发展起到至关重要的作用。从 11 月 7 日开始,该报也将陆续给读者发放免费的谷歌纸板头盔。收购了三大头显之一 Oculus 的 Facebook 掌门人扎克伯格认为,虚拟现实技术今后将不仅仅是一个下一代网络游戏的平台工具,也将是一个功能丰富的计算平台,它将孕育出远程教育、远程医疗、远程技术培训、浸入式家庭娱乐、出版传媒报道等多方市场。

## 35.2　得内容者可得天下?

在 VR 业界曾有这样一个说法:VR 的核心始终是内容,技术并非难题,以现在硬件迭代和供应链的速度和力量,追赶对手用不了多少时间。确实,在国内如果有新产品发布,可能马上就会有人拿去拆解,还会聘请工程师攻克算法,最终做出一款山寨产品。那么,在 VR 领域,身为传统出版方如何着手?

从大学开始就不断探索 VR 领域技术的 90 后 Depth-VR 团队创始人李今认为,也许传统出版商的内容资源优势将在这里不复存在。"例如,现在有些投资公司并未意识到这一点,他们仍然更多地认为'内容'才是重心。现阶段的 VR 设备还未出现一个成熟的形态,将主要精力放在'内容'和构建平台上,是典型的外行引导内行的局面。在这里,外行有可能是市场或者投资方"。据同为 90 后的 Depth-VR 团队 CEO 朱晨旭介绍,Depth-VR 团队于 2014 年 1 月成立,2014 年 4 月获得了九合创投的 300 万元人民币投资,2015 年 1 月获得了光信资本的数千万元人民币,新一轮的融资也在进行中。现在,Depth-VR 团队大部分是 90 后。

遵循李今的思路,在有限的资源条件下,如何踏入技术门槛,抑或是开发 VR 软件资源的二级部门,是出版商需要思量的问题。如果先期就在考虑内容优势的话,那无疑,传统出版业又将步入未来与技术公司合作的怪圈,数字化转型也颇有些"面子工程"了。

相比传统出版业,IT 业内人士普遍认为,随着受众对娱乐体验需求不断提高,VR 技术有望率先在娱乐领域取得突破,体现在娱乐直播和游戏上。一方面,游戏开发技术对于 VR 技术在游戏开发中的应用具备可承续性,这对于 VR 技术与游戏结合有利;另一方面,娱乐直播的受众需要的是更多的现场感,VR 技术能用相对实惠的价格让受众充分体验到现场感。当前,游戏开发商对于 VR 市场态度不一。部分游戏开发商对 VR 产业持观望态度,世嘉、Midway Games,以及万代南梦宫等部分游戏开发商则表示看好 VR 行业,正在打造多款 VR 游戏。在另一火热的板块直播产业中,目前乐视网、优酷土豆也已经在开始谋求 VR 直播内容,涉及体育赛事直播、演唱会等。在娱乐产业,上市公司奥飞动漫近期投资的诺亦腾公司,曾为热播美剧《权力的游戏》、电影《三少爷的剑》等影视作品提供动作捕捉技术。奥飞动漫表示,目前该公司 IP 资源储备可观,近两年 VR 技术将应用于动画、影视内容和游戏,突出"IP＋VR"价值。确实,VR 技术将要席卷全球的今天,IP 储备显得至关重要。11 月 26 日的上市公司证券投资策略会上,奥飞动漫还透露,公司未来将加速建设 VR 主题公园。

在这里,传统出版社提倡多年的全版权运营显得至关重要。将 IP 掌握在自己手里,不管设备如何推陈出新,内容资源优势仍在出版社手中。例如,近期热播的电视剧《伪装者》,原著出自广西人民出版社的《谍战上海滩》,这也是该社成立麦林文学网,并成功售出文学作品影视版权经典案例。上海译文出版社推出"译文的书"APP要打造"多形态、全版权"的内容提供商,也体现出上海译文出版社在移动互联网时代的运营思路和下一步的发展规划。

【链接:《中国出版传媒商报》2015.12.1,张岱《VR技术,出版能否步入科技一线?》】

　　　　**业界 IP 争夺战：研运培育一体成关键**

　　这一两年，IP 成为了娱乐业、出版传媒业等领域使用的高频词汇。许多出版人、互联网大佬、娱乐巨子在描述公司愿景和产业蓝图时，都绕不开 IP。一般说来，IP 是 Intellectual Property 的缩写，也就是知识产权，不过相比"知识产权"或者"版权"等法律概念，各界所讲的 IP 要宽泛得多，外延也更加丰富。它可以是一个文本故事、一个角色、一个概念以及其他任何一个被大量用户喜爱的事物。因此 IP 的内涵是"可供多维度开发的文化元素"，而它的外延，就是所有的文化产品形态——文学、电影、电视剧、游戏等等无所不包。关注 IP，是出版传媒业不可抗拒的趋势。

## 36.1　构建良性 IP 生态环境

　　从《步步惊心》《甄嬛传》《裸婚时代》开始，一大批改编作品使 IP 市场陡然升温。2012 年年末 2013 年年初，改编数量飞涨，2014 年《古剑奇谭》《风中奇缘》《匆匆那年》火爆荧屏，2015 年整个行业几乎言必称 IP。其中一个值得探讨的问题在于，IP 热潮的背后有哪些深刻的原因？它的爆发的时间点又缘何在近期？

　　阅文集团副总裁罗立在接受采访时提到，IP 的衍生开发并不是现在才有的，只是以前它比较单线和扁平。十年前的网络文学作品，多数走到纸书出版这一步就走到了头。但是，近两年随着互联网技术的发展和经济的推动，IP 开发逐步深化、外延。"它的背后是传播的通畅和用户需求的膨胀。我们常说的'粉丝经济'是 IP 衍生的内核。一个 IP，最初可能是以网络文学或影视剧等形式,它被大量用户熟悉和喜爱起来以后,'粉丝经济'出现了。在用户的需求和热情下,这个IP以不同的产品形态、呈现方式进行价值的再度开发、多重开发,以继续满足用户。"可以说IP的价值链,是由一个内核引爆的连锁反应,在整个文化产业链条上实现了多点开花。

面对这样的机会和其背后所隐藏的经济利益,对出版业和作家、作者群体也会从侧面起到刺激作用,促使更多的人进行思考和创作,也督促出版社不断创新、不断挖掘有潜力的文学新人。人民文学出版社总编辑、天天出版社社长刘国辉举例说,正在各大院线上映的《道士下山》,这部作品在2014年就由人文社出版了。诚如腾讯公司副总裁程武所说,"目前,大家都开始谈论IP是好事,只有共同的关注与重视,IP才能得到保护,才能让价值得以发挥。但坦率说,整个行业对IP价值的挖掘能力还是非常弱。"

正是有了利益驱使和市场紧缺的现实原因,IP的抢夺才逐渐白热化。刘国辉对此提出疑问,在出版业与影视业互相合作、力求共赢的局面下,这些被猛力争夺的作品真的是质量过硬的好作品吗?还是说是出于眼前的利益而粗制的作品?"现在我们能够了解到的现状是,不只一流作家的作品受到追捧,很多二三流甚至是名不见经传的网络作者的作品也在这场IP热潮中被捧出了不可思议的价格。"

事实上,此前也有业内人士爆料称,目前很多影视公司都在忙于"孵化"IP,是把之前写完的剧本再改编成小说,然后再出版或网络上连载,制造出"火爆"的样子,"他们把这种做法称为'营销前置',但事实上是投机取巧,不仅会把IP市场搅乱,还会把真正的好IP做烂"。通过采访,能够感受到业界内外对IP的理解和洞悉是相似的,其共识正是构建良性、规范的共生共融的产业生态的前提。能做到冷静,IP的概念会一直广为流传下去,将来也会看到更多的成功案例。如若冲昏头脑,在泡沫破裂的那一刻,也是IP概念沉寂的时候。当前资本在狂热抬高追捧IP的时候,许多同仁身处的外部环境和一直在扩张的内部环境是否准备好了还需打上一个问号。特别是行业监管部门,也急需在观念上和方法上准备好建立起能够帮助和激励市场主体培育 IP 和发展超级 IP 的健康环境。

## 36.2　合作共赢孵化 IP 产品

出版传媒业以及娱乐公司在构建自己的业务领域或生态系统时，需要更灵活的 IP 运作模式以孵化和繁衍产品。与传统的好莱坞版权开发、产业链延伸不同的是，当下"互联网＋"渗透后的娱乐产业已经具备了在生态内任意开发 IP 产品的能力，并可以通过自有生态和外部生态对单独 IP 产生出指数级的价值增量。

曹文轩儿童文学艺术中心其实就可以视为一个 IP 的孵化工厂。刘国辉谈到，多个产业的跨界融合与合作是大势所趋，出版企业正在试图挖掘更多的可能性。"除了曹文轩本人作品受到影视等多个行业的关注与青睐外，2014 年，我们以曹文轩先生的名义设立了目前国内儿童文学界头奖单项奖金最高的'青铜葵花儿童小说奖'，第一届评选出的获奖作品共六部，图书作品都将于 2015 年陆续与读者见面，并且已经有影视公司与我社就其中的部分作品进行影视版权的洽谈。这也是我们切身体会到的'IP 热'所带来的影响之一；我们还就曹文轩的幻想作品《黄琉璃》《红纱灯》与游戏公司进行有益开拓；同时筹备与培训公司合作，开拓语文培训市场等一系列举措与活动。"

相似的案例还有湖北少年儿童出版社，其特别成立新媒体编辑室，尝试出版一些类型文学、游戏以及影视改编的小说、漫画等项目，已出版的项目包括《斗破苍穹》《像小强一样活着》《我叫 MT 大电影漫画》等。该社新媒体编辑室主任傅簏表示，全媒体出版更像是一种营销模式，只有多方合作，共同发力，形成多行业联动，才能将效益最大化。比如，2010 年出版的《斗破苍穹》，一开始并没有产生很好的效果，但是随着漫画的连载、手机阅读的推广、游戏影视的强势介入，图书的销量开始飙升，且一直保持着不错的销量。

"合作共赢"正是许多人士不约而同提及的 IP 开发模式。广州漫友文化科技发展有限公司副总经理许勇和坦言,漫友文化的 IP 的开发是多元的和开放的,关键在于找到合适的互相认可的专业合作伙伴来共同开发,分享 IP 的成果。傅籁提到,尤其是传统出版社,既存在技术上的不足,又受限于体制流程,想真正实现 IP 的全媒体出版非常困难。"若能将一个项目的图书版权、数字版权、影视、游戏、动漫版权等都拿在手里,与网络、游戏、影视公司充分合作,对出版社来说倒是一件能让自己在竞争中立于上游的事情。虽然一些网络大鳄也在进行全版权开发的运作,但是目前还没有哪一家能所向披靡,毕竟各方均有自己的短板。因此,要实现全媒体出版,唯有走合作共赢之路"。

除却上述的合作共赢的开发模式,IP 的售价与收益也值得进一步的关注。据前景广告数据统计,目前网络小说和游戏改编剧已占据市场剧目的近50%。而伴随着改编热,热门小说的版权价格也水涨船高,一部热门网络小说的版权价格 2013 年下半年约 100 万元,而现在普遍涨至 200 万～500 万元不等,一些点击率极高的网络小说甚至能卖到千万元,与过去相比翻了数十倍。谈到收益的问题,许勇和透露,IP 对漫友文化的收益贡献不管是绝对额还是比率都在逐年上升。罗立也指出,"作为企业,如果说不期望赢利,这是不诚恳和不负责任的。关于市场,我们也做过数据评估,但是我们目前没有明确的赢利预期,第一使命是如何让更多好的作者到我们的平台上写作,如何给用户提供更便捷和丰富的阅读服务,然后如何来培育和挖掘优质的 IP,以及,如何让像猫腻、乱等优秀作家所创造的明星 IP 为更多粉丝用户知晓。"

【链接:《中国出版传媒商报》2015.8.7,刘志伟《业界 IP 争夺战:研运培育一体成关键》】

# 第四编　年度细分行情

## 第 37 章　　学前教育风口，出版能否飞起来？

从《国家中长期教育改革和发展规划纲要（2010—2020 年）》提出"到 2020 年基本普及学前教育发展目标"，到紧随其后的《国务院关于当前发展学前教育的若干意见》，以及 2012 年的《3—6 岁儿童学习与发展指南》，学前教育获得了政策利好的强力推动。截至 2013 年，全国有 19.86 万所幼儿园，比 2010 年增加 4.82 万所，增长了 32％，其中公办园为 9.631 万所，占总数的 48.49％，民办园为 10.289 万所，占 51.51％。而且，每年有 2 万～3 万家幼儿园增加，预计到 2020 年，我国幼儿园总数量可以超过 30 万家，其中民办幼儿园接近 20 万家。随着学前教育迎来发展的春天，出版企业找到了新的产业兴奋点。

### 37.1　多媒介资源服务促产品企业转型

学前教育产品从纸质图书扩展到多媒介教育资源，从幼儿园教学到家园互动，为构建完整幼儿教育圈提供实体产品和服务。

学前教育出版就像少儿出版和教育出版的"嫁接体"，融合了需求刚性和成长性，让市场参与积极性飙升。围绕学前教育教师和幼儿需求，人民教育出版社、教育科学出版社、北京师范大学出版社、华东师范大学出版社、江苏教育出版社、浙江教育出版社、福建教育出版社、南京师范大学出版社、西南师范大学出版社、复旦大学出版社等专业教育社依托教育资源优势，持续发力。其产品针对教师、学生、家长，从纸质图书扩展到多媒介教育资源，从幼儿园教学到家园互动，为完整、完善的幼儿教育圈的构建提供实体产品和服务产品。与此同时,接力出版社、长江少年儿童出版社等少儿社也纷纷带着强势新型产品入市。

产品不断多元化是市场开发热度上升的一大表征。从实体产品来看,多媒介学前教育资源库的基础性作用不断凸显,成为大势所趋:一方面,优质课程资源的建设、分享和传播,需要探索运用互联网和现代科技手段;另一方面,出版行业面临传统出版形态向数字出版转型升级,学前教育多媒介教学资源恰可成为转型的一个着眼点和抓手。

复旦大学社与有关机构合作,开发了适用于师范院校、幼师和职业技术学院学前教育专业的"学前动漫教学活动设计实训平台系统"和适用于幼儿园教学的"幼儿园动漫教学平台",前者以"互联网+幼师教学培训"为模式,以数字互动技术和动漫艺术为载体,开发完成了包括动漫教学云、教师示范教学系统、动漫教学实训平台等资源板块,拥有中国知识卡通资源库版权资源9万分钟,3500个主题课程资源;后者则包括动漫教学资源库、课堂操作软件等,精选31个教学主题资源,涵盖语言、科学、社会等五大领域。两大数字产品2015年5月首发后,即引起相关院校和幼儿园的浓厚兴趣,订单踊跃。教科社的《学前教育课程资源云服务平台》、接力社的《第一次发现·主题式科学探究资源》、西南师大社的《飞飞兔幼儿园科学探究创新课程》等多媒介教育资源都是新近开发的产品。

从服务产品上看,在"全民阅读"大势之下,阅读服务成为新的运作模式。外语教学与研究出版社在此方面先行试水,其推进的"外研社少儿双语阅读服务项目"以科学的阅读教育体系与阅读指导模式,形成了可复制的商业模式。值得一提的是,随着阅读推广的深入进行,阅读教育成为幼儿园越来越普及的教学活动,以绘本为主的阅读产品成为重要的教学资源。

华东师范大学出版社的教师培训,从提供以促进书籍销售为目的的免费培训,到接受委托定制收费的培训项目,其学前教育研究中心已发展成为能够独立运作、良性循环的新型业务部门。

## 37.2　科学教育理念破解发展难题

对于承担"起步教育"的学前教育产品而言,绝不是"有资本就可以""有资源就行"。科学教育理念先行,成为产品竞争的一大利器。

当一个领域成为出版热点,当竞争者、竞争产品蜂拥而至,复杂的市场环境一定会如影随形。一方面,国有传统出版企业保持了一定的活跃姿态,而另一方面,业外相关教育机构乃至科技机构的大量涌入,使得激烈的竞争中夹杂着混乱。相关从业者坦言,政府不断加强对学前教育的政策与经费支持,幼儿园标准化建设得到了大力推进;但总体上我国学前教育质量仍然较低,优质课程资源特别是数字化课程资源建设和运用还存在一系列问题。例如缺少针对幼儿园的信息化建设和信息教育的完整模式的解决方案,缺少高效、实用、针对性强的信息化多媒体教学软件,数字化资源库缺乏更有效的赢利模式。而学校负责人和教职员对信息建设和应用的专业知识和应用技术不完备,园所用于数字化资源库的资金并不充足。

对于承担"起步教育"功能的学前教育产品而言,绝不是"有资本就可以""有资源就行"。科学教育理念先行,成为产品竞争的一大利器。以行业广为熟知的北师大社"幼儿园快乐与发展课程"为例,该产品自出版以来,在北京、河北、甘肃、天津、辽宁、云南、河南等多个省市使用,其不仅得益于丰富的资源,更得益于始终强调和贯穿研发的教育理念,即以"尊重""适合""快乐""发展"为关键点,构建符合幼儿生理、心理发展特点和发展规律的课程体系。就其他新产品来看,无论是国外剑桥大学出版社新出版的 Super Safari 英语学习用书,还是国内长江少年儿童出版社的"边做边学"学玩具,无不大打"理念牌"。回顾 2012 年年初,教育部发布《关于规范幼儿园保育教育工作 防止和纠正"小学化"现象的通知》时,相关出版企业一度觉得无所适从。其实换个角度来看,在科学的教学理念下,坚持创新型运作,就可使竞争赢家的路越走越长、越走越宽,那应该是一条走向资源整合、专业化、特色化的高科技出版之路。

【链接:《中国出版传媒商报》2015.6.26,刘海颖《学前教育风口,出版能否飞起来?》】

# 第38章　抗战主题出版三招"接地气"

历史是最好的教科书,也是最好的清醒剂。随着 9 月 3 日中国人民抗日战争胜利纪念日的逐渐临近,2015 年主题出版的重头戏——中国人民抗日战争暨世界反法西斯战争胜利 70 周年主题出版也越来越旺。一批优秀的传统抗战经典读物不仅得到了重版重印,结合最新研究成果的学术专著、历史史料、通俗普及读物及文学作品也纷纷涌现,实体书店、网上书店也设置专柜专架,各种相关活动应接不暇······与往年的主题出版相比,2015 年最突出的表现就是"接地气"。

## 38.1　内容策划接地气

传统主题出版如果创新观念不足、形式陈旧,很可能叫好不叫座。2015 年抗战主题出版,出版社发挥创新意识,深抓选题策划,调研读者需求,创作出一批学术性、文学性、可读性俱佳的作品,实现了社会效益与经济效益的双丰收,也实现了抗战主题出版的良性循环。

人民出版社的《中国抗日战争史简明读本》,5 月底上市以来销量已近 20 万册;人民文学出版社的王树增长篇小说《抗日战争》第一卷,7 月初首发以来已销售 12 万册,目前在当当网新书热卖榜中仍高居 TOP30。

为纪念抗日战争暨世界反法西斯战争胜利 70 周年,中国出版集团公司所属各出版单位策划相关主题出版选题 60 多个。人民文学出版社策划部主任宋强认为,成功的首要经验是不要有畏难情绪,不回避主题出版重大选题,要勇于承担而不是肤浅地凑选题。该社 2015 年主题出版求精不求多,原创选题只有《抗日战争》和《接头》两种图书,均入选了国家新闻出版广电总局的纪念中国人民抗日战争暨世界反法西斯战争胜利 70 周年重点选题。宋强透露,《抗日战争》实际上 3 年前就已跟作者王树增约稿,人文社的编辑利用去台湾参加书展的机会,陪作者到台湾相关机构查询史料,丰富历史还原度,使之成为一本经得起时间考验的常销书。

8 月 12 日,河北出版传媒集团集中发布了策划的 26 种思想性、艺术性、可读性俱佳的冀版优秀抗战主题出版物,据集团董事长杜金卿介绍,该集团提前着手,精心策划,努力提高选题创意水平,积极加强编辑出版力量,有力地提升了这批冀版精品出版物的社会影响和市场效应。

其中,《图文中国共产党抗战纪事》等 9 种出版物被列入中宣部和国家新闻出版广电总局纪念中国人民抗日战争暨世界反法西斯战争胜利 70 周年重点出版物选题和"百种经典抗战图书",入选数量位居全国各出版集团前列。

除了原创作品,一些出版社根据读者的阅读需求,对原有作品进行修订和补充,也取得不错的反响。

中国民主法制出版社"历史不能忘记"系列丛书,从 1999 年出版的 12 种扩充到目前的 21 种,覆盖了从 1931 年"九一八"事变到 1945 年抗战结束每个时段的历史,是一套规模庞大面向大众的历史普及读物。该社社科分社社长胡孝文表示:"该套丛书以故事化的语言鲜活地呈现了中国作为世界反法西斯战争的东方主战场的具体细节,时刻将读者拉入历史的现场。"胡孝文坦陈,现在图书市场竞争激烈,一般的项目不会轻易上马。"之前,这套丛书并没有获得国家任何资金的支持,但我们还是坚持出版,主要还是自信于文本本身的价值。当初出版时,丛书获得团中央和上海市图书馆的推荐,影响较大。另一个就是秉承'存史育人'的观念。只有铭记历史,勿忘国耻,方能立足现实,面向未来。"他强调,主题出版有效,一定要注意入情、入理、入耳、入心地表达,进入老百姓的心里。

采访中业界人士不约而同地提到,抗战等主题出版的图书不应只是一时热点，只要故事讲得好，图书质量把关严，都能有理由成为常销书。宋强透露，当年长征主题出版年中，全国共有三四百种类似图书，王树增的《长征》一直到现在还在销售，总计超过50万册。

## 38.2 表现载体接地气

文学家、历史学家、文物学家、记者、摄影师、军事专家、国家关系专家等从不同的角度来描绘、观察、研究和记录抗战这一段历史，出版社则以档案、史料、照片、宣传画等形式还原一个更加全面和真实的抗战全景。

中华书局、南京出版社、上海远东出版社等将抗日时期的一手档案资料作为出版的重点。南京出版社出版了《中国战区受降档案》，上海远东出版社影印出版了《美军观察组延安机密档案汇编》和《中央档案馆藏美军观察组档案汇编》。中华书局与国家档案局即将在9月联手发布新书《中央档案馆藏日本侵华战犯笔供选编》，公布日本战犯的笔供。国家档案局自8月11日起在其官方网站连续31天每天发布一集《日本侵华战犯笔供选》专题档案，这组视频就选自该书。中华书局副总编辑尹涛表示，"此类图书的意义重大，在学术以及外交和国际关系领域都有着不可忽视的价值。"除了上述史料汇编，中华书局还将出版《卢沟桥事变历史资料全编》，同样具有重要的史料价值。

还有不少美术出版社汇集摄影师、记者拍摄和画家创作的抗战时期的图片等，以写实与白描的方式控诉了侵略者的罪行。例如山东画报出版社携手南京大学民国史研究中心出版了25卷的《日本侵华图志》，正如其主编、史学泰斗张宪文所说："以图像展现和解说历史，是历史研究最为有效的办法。图像的直观性，能使人们对历史产生最直接、最深刻的认识与理解。"山东画报出版社总编辑傅光中谈到，像《日本侵华图志》这种大规模主题图书出版是一个复杂的系统工程。书中2.5万张图片都必须有文献来源并且修订索引，需要编辑核实、查找、查重，仅这部分工作就耗费大量时间与精力，但这一切工作都是值得的，"必须以求实求真的态度来进行，这样才能做到铁证如山"。

除了照片,宣传画也是抗战时期重要的历史资料,在延安和八路军、新四军敌后抗日根据地,画家们拿起画笔做刀枪,创作出许多鲜活生动的宣传画、连环画、漫画等。上海人民出版社借势出版了《抗日战争时期宣传画》。上海人民社还推出了一系列从记者角度看抗战的图书,如《新闻老战士与抗战》与萧乾的《一个中国记者看"二战"》。

## 38.3　推送渠道接地气

书业上下游精心设计各项活动,不仅有主题出版物的展示展销,还有诸如网络投票、主题音乐会、专题讲座、捐书、摄影展,显示了书业立体营销的用心所在。

大部分主题出版著作在内容深度和质量方面都属上乘,但如何做好营销工作仍是难题。一些出版社对于库存有一定的担心。借势主流媒体宣传当头,积极配合并结合书展展示、书城码堆、讲座活动、电商平台首页展示等方式,一场营销大战也拉开了序幕。

7月,中宣部、国家新闻出版广电总局组织评选了百首优秀抗战歌曲,并启动"我最喜爱的十大抗战歌曲"网络投票,利用互联网,加强网民体验和互动。

8月中旬,中宣部和总局组织全国百家书城开展抗战图书展示展销活动,实体书店和电商积极配合。包括北京图书大厦、王府井书店、中关村图书大厦、天津图书大厦等全国各地书店开展纪念抗战专题出版物展销。网销平台京东网也将抗战专题列入整体营销计划,当当网于7月6日上线"纪念反法西斯战争胜利70周年"专题,专题长期在线。

正在举办的上海书展设立了纪念抗战胜利图书主题专区,中国出版集团牵头组织了首届"主题出版高端论坛",并推出了一系列抗战主题出版作品。此前8月1日,中国出版集团公司、人民音乐出版社、中国人民解放军军乐团在京联合举办了"长城交响——纪念中国人民抗日战争暨世界反法西斯战争胜利70周年"大型主题音乐会。通过音乐与出版的联姻,以创作、出版、演出的立体化模式,做大做强主题出版,打造中国优秀音乐文化艺术品牌。

北京发行集团近日举办的北京·台湖全国社科图书订货会上"抗战"元素格外凸显。据北京台湖出版物会展贸易中心副总经理李涛介绍,现场包含"铭记历史"和"正义的胜利"两大展区,包括百余家重点社科图书出版社,举办多场推介活动,以求全面展示国内社科类图书最新出版成果,满足读者重温抗战历史的迫切需求。

此外,除了抗战主题出版物展览,各出版机构也积极利用作家和文化资源,创新形式服务于抗战主题出版大局,如中国出版集团和山西人民出版社等推出了书画摄影展,河北出版传媒集团向河北省革命老区、现役部队、爱国主义教育基地、中小学校、社区农村的12家单位赠送一批价值约15万元的主题出版物,为的就是让出版成果真正满足读者需求。

【链接:《中国出版传媒商报》2015.8.21,龚牟利、穆宏志《抗战主题出版三招"接地气"》】

# 第 39 章　原创绘本 4 大出版风向

近年,国内的童书市场异常兴旺,原创力量生长缓慢但却关乎未来整个童书出版的后劲。幸运的是,经过多年的努力,中国本土原创童书目前正呈现出破茧成蝶的态势,一大批优秀的本土原创作品在不断地涌现。此间,原创图画书因其在国内特殊的发展历程而备受注目,尤其是 2015 年,包括北京蒲蒲兰文化、接力出版社、二十一世纪出版社、新疆青少社等在内的多家出版机构在原创图画书上的发力,让这个市场显露了收获的曙光。

## 39.1　讲述有时代感的中国故事

与前几年业界对于原创图画书过多关注传统题材颇有质疑不同的是,销售数据和市场反馈都在力证立足本土,说中国故事的绘本仍大有前途。充满中国传统意蕴风格的图画书表现了中国艺术特有的美感。不同于引进版童书的风格,中国艺术的内敛和形式感丰富了孩子们的审美体验。

与此同时,对中国传统文化的传承,汉字、民俗、节日、古代传说等题材成为当下让儿童了解中国传统文化的自然通道。北京蒲蒲兰文化有限公司自2005 年成立以来,打磨了 20 种原创绘本,其中《荷花镇的早市》《北京——中轴线上的城市》《悟空,乖!》聚焦中国文化题材的原创作品版权已输出到日本,《荷塘月色》首发式当日版权就被我国台湾的出版社买走。新疆青少年出版社近两年出版的原创图画书在选题内容上主要以中国传统文化和新疆本土文化素材为主线,例如"国粹戏剧图画书"系列以表现中国传统戏剧故事内容为主,以中国传统绘画为主要风格;"'故事中国'图画书"系列以表现中国传统符号为主,采用水墨画风;"'小时候'中国图画书"系列以表现老北京食俗文化、市井风貌为主,主要采用水粉加色铅笔绘图。"国粹戏剧图画书"系列于 2014 年 11 月上市,2015 年 1 月重印。"故事中国图画书"系列首印 5000 册,2015 年 1 月再版。《我有友情要出租》于 2013 年 2 月上市,2015 年 1 月印数已达 20 万册。

值得注意的是,此处提及的风向是"中国故事"并非一般意义上的传统文化文本的直接移植,但凡市面上的拔尖畅销原创绘本,都是根据儿童的认知喜好和当下的时代特征进行了多年的再创作而成。

## 39.2　高品质立体出版策略

中国本土儿童作家的作品更贴合中国孩子的成长环境和心理需求,母语的亲切感也拉近了作品与孩子们之间的距离。而展现母语的方式除了图文绘本,还可以添加高品质的音乐和视听故事产品。

据记者了解,市面上适合儿童的高品质音乐专辑并不多,仅以 2014 年的原创绘本畅销品和英童书——《永远的杨唤》为例,从书中附赠儿童音乐 CD 与别册即可看出,该市场潜力巨大。但记者此前采访和英童书总编辑时她表示,公司仅推出"小球听民乐系列"的同名 CD 就耗资几百万元,投入相当大。可见原创图画书不仅仅在培育作者和题材上要冒很大风险,若想进一步配套相关产品,更需要通盘考虑。但风险往往会伴随高的回报率,"小球听民乐系列"和"米米系列"在国内的销量就相当可观,早已收回成本,并成为常销品种。此外,像启发文化出品的《新学堂歌》,将绘本与音乐教育结合在一起,也是跨界艺术整合的典范。

## 39.3　图画书与儿童教育相结合

北京师范大学出版社每年出版的原创图画书大约 20 种,销售最好的有 2010 年出版的《快乐识字童话绘本(第一辑)》,已销售上百万册;2012 年出版的《中国记忆·传统节日图画书》销售 60 万册;2013 年出版的"馒头宝宝"系列,已销售 30 万册;2014 年年底出版的《九色鹿(精装全本)》,上市 3 个月售出 2 万册。北师大社的优势在教育资源,而旗下的原创图画书出版更是据此摸索出一条主线——不仅为读者提供图画书产品,更提供图画书阅读和图画书教育服务。

可以说,该社所有的原创图画书背后都有科学的教育理念的支撑。比如,保冬妮的"0~10 岁关键期的关键阅读"系列作品,遵循儿童发展心理学的脉络,用图画书这种最适合儿童阅读的形式,鲜活再现了当代中国家庭的儿童生活,把绘本阅读和儿童关键期发展紧密结合起来。王早早的"中国记忆"系列作品,则把传统文化知识融入当代儿童生活故事,唤起了无数家庭对中国传统文化的热爱,唤醒了"70 后""80 后"家长的儿时记忆。

## 39.4　功能图画书兴起

近年,国内图画书的创作更加多元化,更多的作家、画家投入到图画书的创作中来,原创图画书的出版品种也屡创新高。在这个基础上,也出现了图画书题材内容和创作方式的新变化、新格局。

从大的方向来看,可以把图画书区分为艺术图画书和功能图画书两种。以前更多的是艺术图画书,但现在功能图画书也逐渐兴盛。从读者群体上区分,艺术图画书的读者需要更高的欣赏水平,需要评论家、专家的解读和指导,普通读者才能领会书中的深意。而功能图画书的读者群更加广泛,家长和孩子更容易理解图书的内容和指向。

【链接:《中国出版传媒商报》2015.2.6,孙珏《解密原创绘本 4 大出版风向》】

# 第 40 章　掘金书法教育产品市场从何入手？

　　传承中华民族优秀文化、推行书法教育的政策"东风"，带来的不仅仅是书法国标教材教辅出版的热潮。对于大多数出版社、民营书商，甚至出版业外力量来说，教材只是书法教育产品市场的"冰山一角"，冰山底下更为广阔的空间更让他们"心向往之"。在结束不久的 2016 北京图书订货会上，相信爱书者都真切感受到了"国学风""书法风"带来的气息，要知道出版业内外早已按捺不住蠢蠢欲动了。

　　出版社、民营书商大多选择依托原有出版资源，或是开发新选题，或是对原有产品进行升级改造，借助新媒体、新技术实现产品线上线下功能的整合。业外机构则显得更为激进，书法线上教育平台、书法数字化教育系统等软硬件产品层出不穷。不少文具厂家也乘此东风，加大书写工具或"类图书"的生产。具备资本优势的企业更是"霸气"，选择通过收购、兼并书法教育产品生产商等形式实现向教育领域的扩展，2015 年 9 月 A 股互联网文化创意上市公司视觉中国花 3 亿元重金收购湖北司马彦文化科技有限公司就是一个典型。湖北司马彦文化科技有限公司主要从事字帖图书特别是学生字帖的编写、策划、制作和发行，由著名书法家和书法教育家司马彦及其家族创立。视觉中国 CEO 梁军曾表示："公司通过对'司马彦字帖'业务的投资参股，实现了高起点切入教育行业的初步战略布局，并完成 2B 向 2C 业务的快速延伸。"可以预见，随着多方力量的介入，书法教育产品这块蛋糕势必会越做越大，越做越诱人。

### 40.1　市场一：创新图书出版思路

图书出版仍是书法教育产品的重头戏。传统书法图书出版两大阵营——由专业美术社、古籍社所引领的"高、精、尖"碑帖整理和书法研究图书出版,以及以民营出版机构为主的字帖图书出版的界限已经开始模糊,群雄逐鹿的竞争序幕已经拉开。为了避免扎堆,创新选题,另辟蹊径,既是不得已之举也是分得一杯羹的明智之举。

当大多数出版社、民营书商都在追逐出版书法练习图书市场时,湖北教育出版社意识到书法教育必然会催生对书法审美和书法文化教育图书的需求,当即联合著名书法家苏士澍共同打造了首套中小学书法教育读本"中国书法文化教育丛书"。丛书包括《书法艺术浅析》《书法技法解读》《碑帖知识举要》《文房四宝概览》等在内的 7 册图书,成为《中小学书法教育指导纲要》颁布后较早也较为齐全的书法文化读本。这套图书不仅可服务于学校教学,也为书法文化视频录制等提供有益素材。吉林文史出版社则以《中小学书法教材指导大纲》附录中提到的中小学生必练必读 18 种推荐书法名家字帖为依据,在形式上创新,推出 18 种碑帖集字挂图。挂图提取碑帖中优秀例字作为学生课堂教学与课下临摹的基本素材,放大原版字帖,让学生在大字版挂图中学习临摹大家的碑帖笔法,有利于学校、家庭创造时刻学书法的氛围。

如果说,湖北教育出版社、吉林文史出版社是在常规中补全,那么以河南美术出版社《书法童话》为代表的大众书法图书的出版则可以说是另辟蹊径。从 2005 年开始,《书法童话》作者丁国云就陆续在《青少年书法》杂志上连载"书法童话"文章,河南美术社编辑慧眼识珠,发现这些文章寓书法知识传授、书法技能指导于充满情趣的童话形象、故事情节之中,将晦涩难懂的书法知识拉下殿堂,更具有"随风潜入夜,润物细无声"的教育效果,于是结集出版,这才有了第一本以童话题材讲述书法的图书。由此可见,书法教育图书并非只能"高大上","接地气"的大众图书或许更能让书法图书走进寻常百姓家。

## 40.2　市场二：升级书法图书产品提升书写体验

字帖产品可谓是除教材之外最为通用的书法图书产品。早在教育部大力推行书法教育之前，字帖产品的身影就屡次出现在各种艺术类排行榜，特别是线下渠道的销售排行榜中。在市场竞争愈加激烈的环境下，出版社、民营书商纷纷在名家资源的基础上，想方设法在纸、墨、笔等书写工具上增加附加值，开发更方便、高效的书法配套工具。如凹槽字模加深字体结构记忆，特制褪色笔便于多次书写，四色印刷防止视觉疲劳等。时代文艺出版社还联合优酷教育拍摄书法培训视频，推出带有微课程的例字卡，既能观看例字书写视频，还能及时得到庞中华老师的书写评价，即时分享写字成就和心得。

占据 2016 北京地区出版物订货会大成路九号酒店大厅唯一一个展位的树人湖笔有限公司，除展示特制毛笔外，还带来了中小学阶段使用的《书法练习指导 学生专用宣纸 国家专利字型格 同步练习册》。据介绍，该产品所用宣纸渗而不透，6 种图形旋转字型格将习字理论与格子妥善结合。内容编排以"描红临写课"为主，"集字练习课"为辅，每课配有简短书法技法讲解，便于学生自学。此外，树人湖笔还带来多功能专利水写布，该水写布将基本笔画、偏旁部首及间架结构放在相应的具体范字中，让学生在描摹基本笔画、偏旁部首和间架结构的同时，又能把控练习范字的整体结构，从而使学生练习书法时产生事半功倍之效。该公司负责人赵勇预测，2016 年全国所有 3~4 年级 4000 万小学生超过 80 亿元的书法产品需求将迎来井喷式爆发，这也是树人湖笔于2013 年斥资 6 亿元开始抢占中国书法教育产品市场，并在近期"放大招"进行宣传、广泛寻找代理的重要原因。

## 40.3　市场三：书法自学平台及应用前景可期

当书法像全民阅读一样，上升为一种全民行动时，书法学习就不会止步于课堂教学、高度依赖师资，况且目前师资不足仍是阻碍我国书法教育推进的最大障碍。为此，个性化的书法自学平台和应用将在很大程度上填补空缺，为书法学习者提供更便捷的书法学习服务。

开发书法 APP 当然是一种可行路径,目前市场上的书法 APP 可分为三类:一类是书法知识类 APP,如苏州碑刻博物馆上线的"现代书法碑刻 APP",书法爱好者可以使用 iPad 下载 APP 软件对碑刻博物馆的历史、概况、重要藏品等有一个大致了解。一类是书法练习类 APP,如方正字库原创出品的"写字先生"。"写字先生"内置了铅笔、毛笔等多种笔形,内容则有诗歌和古诗词等,用户可以练字、抄经、临帖、摹写,还可以随时更换颜色、粗细,并移动、放缩模板位置,不仅能发布、临摹别人的作品,还能分享到微信朋友圈和书友们一起评鉴交流。另一类则是兼具书法知识及练习的 APP。相比之下,知识类 APP 较练习类 APP 成熟,应用也更为广泛。主要原因在于,练习类 APP 的用户体验显得更为重要,而目前市场上的练习类 APP 仍然很难满足用户书法自学需求。如何消解虚拟练字与现实练字之间的不对等,仍是书法类 APP 面临的棘手问题。

此外,在线教育平台的开发也不失为一种有效途径。在很多市场领域,如K12 教育、高等教育市场,在线教育已经成为标配,但是在书法学习上,成熟的书法在线教育平台仍未出现。

## 40.4　市场四:书法数字化教育系统开发崭露头角

除图书出版、APP、在线教育平台等书法产品的开发外,有些业外机构早已在书法教育上走得更远,推出纯数字化的书法教育系统,专门从事中国书法数字化教学系统研发的高新技术企业——北京盛世宣合信息科技有限公司就是典型。

在盛世宣合的官网上,记者看到,目前该公司已开发"中小学书法数字化教学系统""社区书法培训数字化系统"等 4 大系统。这些系统运用电磁压感技术,使用者用特制的电子仿真毛笔可在电子白板等硬件终端设备上进行书写,完整模拟毛笔书写笔迹而无须使用纸墨,系统还具备书法欣赏等其他书法学习功能。据悉，在实际教学中，教师可利用电子白板，参考笔势图对每课例字进行描红，让每位学生看清书写过程。学生根据教师的示范与教程内动画演示，在课堂上进行实际的笔墨纸砚临摹书写。有条件的学校，也可为学生购置手写台式一体机，学生可在一体机与教师端电子白板实现教学互动，实现纯数字化教学。

无独有偶，安徽宣毫教育科技有限公司也致力于书法数字化教学产品的开发，不仅有"宣毫书法数字化教学系统"软件还有电磁触控显示器、电磁压感白板等配套硬件产品。据悉，"宣毫书法数字化教学系统"软件中包含临摹单字900多个、模拟动画200多个、书法作品50多幅、书写视频长达1500多分钟。

毋庸置疑，书法数字化教学系统能在短时间内弥补学校书法教师短缺的困境，最大程度整合教学资源，为学校、社区书法教学提供便利，是书法智能化的创新之举。但是，不少受访者也表示，书法是门艺术，只有在传统的纸墨笔砚上才能真正体会到书法的精粹，这才是书法教育推广的初衷。在数字化教学呼声渐高的当下，书法数字化教学是否可行，还有待进一步检验。

【链接：《中国出版传媒商报》2016.1.19，李丽萍《掘金书法教育产品市场从何入手？》】

# 第 41 章　高校新专业为教材开发带来新关注

2015 年 3 月,教育部发布《2014 年度普通高等学校本科专业备案或审批结果》,就 2015 年高校新增备案本科专业、撤销专业的情况进行通报。每年,全国各大高校都会根据教育部的相关文件,综合考虑自身情况,对拟新设的专业进行申报并向社会公开,经由教育部组织专家对申报专业情况进行审核、评议后,最后通报并公布结果。实际上,从教育部公布的新增备案本科专业来看,很多新增专业都为教材开发带来了不小的空间。据统计,2015 年共计新增备案本科专业 1681 个,涉及 830 所本科院校。如新设"物联网工程"的高校达 54 所,"数字媒体艺术""生物医药""新能源"等增加专业的院校数量也颇多。

据了解,高校每年申报的新增专业并不全是"新专业",而是各高校在往年基础上新增设的招生专业。新专业将受到各大高校的多方面评测,其中既有高校对自身办学情况、师资力量、专业特长、学科体系等的综合考虑,也顾及专业当前的就业前景及未来的就业趋势。根据商报记者采访,多位业界人士表示新专业并不能直接影响教材出版。诚如厦门大学出版社总编辑宋文艳所说,出版社将考虑新专业和该社原有特色和品牌教材是否相符,在原有板块上更容易嫁接新专业教材,使自身更有影响力。清华大学出版社营销室龚华蓉主任表示,出版社教材出版对于新专业的反应其实并不迅速,更多的考虑还是自身的优势所在。

## 41.1　物联网有望成新教材争抢点

物联网为当下几乎所有技术与计算机、互联网技术的结合,实现物体与物体之间：环境以及状态信息实时的共享以及智能化的收集、传递、处理、执行。广义上说，当下涉及信息技术的应用，都可以纳入物联网的范畴。物联网是继计算机、互联网和移动通信之后的又一次信息产业的革命性发展，已经被正式列为国家重点发展的战略性新兴产业之一。

物联网是出现于 20 世纪 90 年代的概念，伴随着互联网和通信技术的进步而得到广泛传播与发展并成为新兴产业之一。"物联网工程"专业于 2011 年首次招生，专业旨在培养能够系统地掌握物联网相关理论、方法和技能，具备通信技术、网络技术、传感技术等专业知识的高级工程技术人才。该专业自设置后的首次招生便有 30 所高校参与，此后几年，又有多所高校相继开设。在所有新增专业中，新设"物联网工程"的高校最多，有 54 所。

物联网工程专业近几年也已经成为新兴产业相关专业中发展最为快速的一个专业，相较于其他新兴专业，开设物联网工程专业的高校数量众多，"物联网"这一概念的关注度也在不断提升，随着高校专业招生数量的增加，教材市场的需求也将持续走高。

如北京大学出版社几年前开发了"物联网工程技术及其应用系列规划教材"。因为早在 2009 年就已经有北京理工大学、哈尔滨工业大学等 31 所高校开设了物联网工程专业，另有一些高校开设了与其相关的新兴专业，如东南大学、大连海事大学的传感网技术专业等，于是该社针对一些相关院校进行了调研，并适时参加了一些学术会议，最后确定了教材内容上由理论向技术逐步过渡的出版思路。该社教学服务中心编辑程志强表示，该社几年前不仅在"生物医药""艺术设计"方面略有涉猎，而且针对"物联网工程""新能源技术"及汽车类教材还专门开发了几个规划教材系列。

几年来，向北大社申报此类选题的作者不少，不过该社没有过分地扩张市场，更关注质量和标准，如《物联网技术案例教程》是与某军校合作，技术方面有一定前瞻性，又如《物联网概论》是与教育部工业物联网与网络化控制某重点实验室合作的，他们主导了物联网部分国际/国家标准的制定。另外，该社还出版了物联网安全、传感器技术及家居物联网等教材,可以说理论与应用都覆盖到了,特别适合各高校物联网、计算机、电子通信、自动化等专业使用。

2011 年,工业和信息化部印发了《物联网"十二五"发展规划》,在规划中将智能家居列入物联网重点领域九大应用示范工程之一。2015 年继《智能家居 DIY》新书之后,机械工业出版社和杭州晶控电子有限公司研发团队合作出版《物联网技术应用——智能家居》一书。相关编辑表示,该书已被作为智能家居领域第一本专业教材,应用于各大高校。随着智能家居市场推广普及的进一步落实,智能家居和智慧小区已经成为现代生活中的热门话题,越来越多的人需要了解智能家居,并在装修新居的时候开始咨询有关智能家居的产品和技术,更有一部分时尚前卫人士已经开始尝试享受智能家居生活。

## 41.2　"中国制造 2025""一带一路"相关教材有缺口

"中国制造 2025"是中国版的"工业 4.0"规划。规划经李克强总理签批,已由国务院于 2015 年 5 月 8 日公布。规划提出了制造强国建设三个十年的"三步走"战略,是第一个十年的行动纲领。"一带一路"则是"丝绸之路经济带"和 21 世纪"海上丝绸之路"的简称。在"一带一路"建设上,中国将与沿线各国实现政策沟通、设施联通、贸易畅通、资金融通、民心相通。其中,基础设施的互联互通将是"一带一路"建设的优先领域。这两大新热点成为高校新专业的方向,也对相关教材的出版带来影响。

2015 年 3 月 25 日,国务院总理李克强主持召开国务院常务会议,部署加快推进实施"中国制造 2025",实现制造业升级。会议强调要顺应"互联网＋"的发展趋势,以信息化与工业化深度融合为主线,重点发展新一代信息技术、航空航天装备、海洋工程装备及高技术船舶、先进轨道交通装备等领域。

以北京邮电大学出版社推出的《信息通信专业教材系列:数据通信原理(第 4 版)》为例,该书对数据信号的基带传输、频带传输和数字数据传输这三种基本传输方式进行了详细的论述。据该书编辑透露,为便于学生学习过程的归纳总结和培养学生分析问题和解决问题的能力,在每章最后都附有本章重点内容小结和习题。而且该书既可作为高等院校通信专业本、专科教材,也可作为从事通信工作的科研和工程技术人员学习参考书。

此外,国家发展改革委、外交部、商务部在2015年3月28日联合发布的《推动共建丝绸之路经济带和21世纪海上丝绸之路的愿景与行动》中提到,要"抓住交通基础设施的关键通道、关键节点和重点工程,优先打通缺失路段,畅通瓶颈路段,配套完善道路安全防护设施和交通管理设施设备,提升道路通达水平"。如果说"铁道工程"专业是为陆上的"丝绸之路经济带"储备建设人才,那么与"海洋"相关的专业,则是在为21世纪"海上丝绸之路"储备人才。据此,铁道和海洋相关专业教材将成为热点。

据悉,"铁道工程"作为本科阶段的专业,其教材的编写也将不同于高职高专的"铁道工程技术"专业和研究生阶段的"道路与铁道工程"专业,它需要既有基础技术层面的内容和实操性,又包含研究和开发的内容,并且更加着重于围绕"铁道"做文章。以人民交通出版社为例,2015年该社推出《轨道交通毕业设计指导书》《铁道概论》等相关教材。再如北京交通大学出版社在城市轨道交通专业群和高速铁路专业群等新增专业的领域发力。据该社高铁与城轨分社策划编辑刘辉透露,出版社从高管到一线编辑都非常重视每年专业的变化,最近一次高职专业的修订,北京交大社从讨论稿就开始关注,并结合出版社的自身资源和新增专业的市场调查确定进入新增专业教材的市场领域。

"海洋"相关专业是哈尔滨工程大学的优势学科,其拥有国家重点学科"船舶与海洋工程""船舶电磁兼容"专业及多个与"海洋"有关的"十一五"国防特色主干学科、骨干学科等。该校出版社在"海洋"相关教材出版上也拥有权威。据该社副社长王俊透露,基于"国家海洋经济发展十二五规划"的"游艇系列"等,这种细分市场类教材将受到专业的学生和教师的青睐。

【链接:《中国出版传媒商报》2015.8.7,徐潇然《高校新专业为教材开发带来新关注》】

# 第 42 章　辞书数字化三大维度待解惑

　　4 月 25 日,《辞海》编辑委员会在沪宣布,正式启动第七版编纂工作,将改单一的纸质版为纸质版、电子版和网络版并行,推出适用于各种阅读终端的《辞海》。1915 年,我国近代著名教育家、出版家陆费逵动议编纂《辞海》。1936 年,《辞海》初版问世以来,发行数百万部,服务几代读者。如何与时俱进,延续工具书的生命力,许多传统出版人都面临着这样急切的忧虑。改单一的纸质版为纸质版、电子版和网络版并行的模式,已经受到了业内同仁的首肯,许多先行者开展了诸多辞书数字化的尝试,但随着新形态的出现,一些新难题也逐渐涌现,亟待解决。

## 42.1　维度一：开放思维扩展渠道

　　辞书出版的纸电同步不仅要求编辑方式、生产方式的升级,还有销售方式的全面变革。产品形态的差异化,促使需要有多种生产方式和多种销售方式予以配合的全价值链创新。

　　商务印书馆在工具书数字化的探索颇具代表性,其已成功开发《百种精品工具书数据库》《牛津高阶英汉双解词典》APP 等广受市场好评的数字产品,完成了乌尔都语、豪萨语和僧伽罗语等 18 个小语种的全媒体出版。

　　而为了匹配新形态的产品,商务印书馆在销售方面也展开探索。一方面是自建渠道,另一方面则是与国际著名出版机构荷兰威科集团、美国圣智学习集团、美国亚马逊公司和清华同方知网等合作,将数据库、电子书和 APP 等以多种渠道,以 B2B 和 B2C 等多种方式提供给消费者。

此外,记者还联系到商务印书馆国际有限公司数字出版负责人曹春海,他提到商务国际在产品运营过程中,也尝试过多个渠道和领域的开发,但有许多难题需要解决。

比如在智能手机中内置辞书的模式。目前所遇到的瓶颈是,消费者购买的手机经过厂商、通信商、经销商到自己使用,可能要历经三次的刷机行为,即手机操作系统被重新安装,这样内置在手机中的辞书就极可能会被"刷"掉,导致消费者无缘得见,造成成本浪费。

又如针对 K12 在线教育的推广。尽管在线教育市场规模的可观,吸引了不少教育机构和出版企业布局——网罗全国知名师资、建立案例库、建立课外阅读库等已经成为目前在线教育发展的基本模式。但目前行业之所以火爆更多的是一种跑马圈地的运动式投入。根据申银万国发布的《互联网教育行业深度报告》来看,包括上市的学大、学而思、新东方等巨头,也只占到整个课外辅导市场总营收的 1.6%。虽然产品多样,且市场发育期较早,但目前在这一领域仍然没有形成非常成熟的赢利模式。市场规模化发展的不成熟或多或少地影响了一些出版同仁针对 K12 部署数字辞书的推广工作。

## 42.2  维度二:付费转换率待提升

在移动游戏领域,经常可以接触到付费转化率(Conversion Rate)这个概念,一般而言是指付费用户占整体活跃用户的比例。一般以月为单位计算,计算方法则是:月付费用户数/月活跃用户数。其反映的问题是"产品引导消费者付费的能力如何? 消费者的付费倾向和意愿如何?"

辞书进行数字化之后,面临的直接问题就是如何创造收入。而当下一个显著的问题正是付费转化率偏低。许多电子辞书都有免费体验和每日有限免费搜词功能,如果想要继续检索,则需要付费。但有受访者透露,由于上线时间太短等原因,付费转化率并不算高。对出版企业而言,付费转化率不能直接反映收入的变化情况。付费转化率低并不一定意味着付费用户所占比例小,也有可能是某一时期(如推广活动后)有大量新读者参与其中所造成的,还应结合首次付费时间等其他指标因素综合考量对收入变化的影响。

此外,盗版问题的严峻,也使得付费转化率迟迟无法上升。上海译文出版社编辑张嫣就提到,充斥网络的杂牌词典太多,它们往往是个别技术商单方面炮制,多采取网络抓取、人工录入、购买部分词典内容,甚至是盗版拼凑等方式,却因为免费而长期霸占手机应用市场的下载量前几的位置。

特别是平台方的审核机制不够完善,导致盗版辞书在手机应用的泛滥。当问到出版社如何打击盗版时,一位负责人苦笑称"在使用一种最笨的方法,就是举报那些下载量排名在正版辞书之前的盗版辞书,让它下架"。但这并非长久之计,"因为许多盗版辞书下架后,过一段时间又会出现,不过下载量由于因下架而被重置,所以排名在正版辞书之后"。

值得注意的是,容易被出版企业忽视的付费习惯,往往也可能影响到付费转换率。曹春海提到,有读者表示不喜欢手机绑定的付费方式,看似事小却会因此而丧失潜在的购买力。为解决这一问题,他们和中移动合作,采用"话费代扣"的形式,得到了不错的效果。

## 42.3 维度三:改良数字阅读习惯

许多读者面对数字阅读缺乏耐性,屏幕有限、不断翻页,这样默认的数字阅读排版很容易让读者瞬间失去阅读的兴趣。对于辞书的数字化而言,同样要认真对待长文阅读问题。

2014年,由上海译文出版社和英汉大词典编纂处主办的《英汉大词典》(第三版)编纂工程正式启动。新媒体尽管带来了便捷,但在查阅工具书时,不断的翻屏只会让读者越来越不耐烦。主持编纂工作的复旦大学英文系教师朱绩崧坦言,对于释义详明、例证丰富的《英汉大词典》,数字化之后,可能出现同样问题:当读者在 do、make、go、set 这类超长词条的页面翻了几十次屏,有多少人确信会再翻下去,直到找到需要的内容?

为改良数字阅读环境,《英汉大词典》编纂团队开展了多种创新,不仅使其适应各类主流终端设备的显示环境,更采用结构严密、关联丰富的大数据库来强有力支撑这种适应能力。在检索方式上,原来纸质限于篇幅,多数英汉双语词典只能按照拉丁字母顺序排列词目。

数字版《英汉大词典》并未局限于这样的检索方式,朱绩崧认为,辞书数字化的最强项是可以开辟更多种查阅途径。以英汉词典为例,词条要分级,明确标注,提供反义词,提供近义词辨析,提供用法提示,甚至围绕词条在某一级上和另一个词条某一级发生联系,进行复合检索。

相似的设想还有商务印书馆的《百种精品工具书数据库》,其开启了数字工具书内容新模式——知识系统,对工具书数据进行全面、全新的深度加工和动态重组,开发了领先的检索系统。

## 42.4 出版企业与技术商合作四模式

记者在交流采访中发现,当前业内的辞书数字化,离不开与技术方的合作。特别是一些掌握数字化技术的生产商,还往往是大多数字化产品的销售渠道,即技术平台商。经过多年的努力,双方的合作也呈现出多种模式,各有利弊。

**独立研发** 出版企业独立将辞书内容进行数字化出版,一些资金与实力雄厚的出版社已经做出相关的探索,但对于企业而言独立研发仍有较大风险。一方面是加大了资金风险,独立开发所需资金一般比与成熟技术平台商合作的资金多出 1/3;独立开发产品的周期长,时间风险导致容易出现烂尾项目;不成熟的赢利模式会加大项目建成后无收入的风险等。对于那些想要独揽数字化出版全过程的技术平台商而言,辞书内容的权威与准确性无法撼动出版企业的地位。

技术雇佣一般是出版企业联手技术商将辞书资源数字化。这种模式的好处在于核心内容资源或者核心技术不会被对方占有。但当前的现状在于,很多出版企业尚没有成熟的数字化出版渠道和商业模式,因而数字化项目往往销售业绩并不理想;技术平台商的收入仅仅限于劳务费,往往得不到数字产品的代理销售权,因而业务难以壮大。

**版权交易**　技术平台商从出版企业获得版权使用的授权后,生产数字化产品并销售,以双方商定的方式支付版权使用费给出版企业。此方式的缺点在于技术平台商不能和出版企业深度合作,经常处于寻找优质出版资源的状态;出版企业则仅仅获得版权使用费,在数字出版方面并没有实质的进展。

**项目共建共享**　即双方以出版项目为合作对象,技术平台商将出版企业提供的内容资源数字化并为之构建数字化出版平台,双方共同参与,合作完成后数字平台商除获得劳务费外,一般还按合同获得内容资源的销售代理权;出版企业获得数字化后的内容资源、数字化出版平台的版权和运营权,且从对方代理销售的利润中分成。在实际中,出版企业会根据自身的实际情况进行模式的取舍,但项目共建共享的模式在当前也被许多同仁所认可。

【链接:《中国出版传媒商报》2015.5.19,刘志伟《辞书数字化三大维度待解惑》】

# 第五编　年度传媒新媒观察

# 第43章  "中央厨房"改造传媒生产

7月初,以"中央厨房"式新型全媒体采编发空间揭幕和一批新技术系统的启用为标志,新华社全媒体报道平台在京启动。此举被视为国家通讯社积极推进传统媒体与新兴媒体融合发展的"关键一步"。此前,人民日报、南方报业、青岛报业、大众报业等早已有此方面的探索,如今,传统媒体和新兴媒体不再是简单的此消彼长的关系,媒体融合发展更成为一场全方位的革新,它不同于传统媒体的改版扩版和栏目调整,而是全方面向多平台拓展,充分运用技术手段进行自我改造。

"中央厨房"模式是对原有采编机制的重构与再造,能够节约采编成本及增强传播效果。记者采集包含文字、图片、音频和视频等素材的内容"食材",进入全媒体数据库或"成品稿库"。经过"中央厨房"的精心调配,报业集团内部各子媒体再根据需求对素材进行二次加工,生产出多种形态的终端新闻产品。最后,按照传播速度的快慢,通过多种媒介逐级发布、传播。如同一个大的厨房,用同一食材,炒出不同的菜。

但无论是"中央编辑部""中央厨房",还是曾经的"滚动新闻部"或"全媒体平台",媒体的厨房都在围绕"一个产品、多个出口"的关键环节。

## 43.1  "流程再造"重启厨房式生产

在媒体融合探索中,很多媒体都是遵循"中央厨房"式的流程再造模式,希望实现生产方式的变革。例如新华社"中央厨房"在战略上被看作是新华社探索实现全媒体采编发流程再造、一体化运行和产品研发的"试验田""示范园"

和"孵化器"。

实现采编流程再造,是决定传统媒体能否真正实现媒体融合的关键所在。在实践中,各大媒体也根据自己的"菜系特点",炒出了不同的特色。比如《人民日报》"中央厨房"强调内容生产加渠道传输,目标是记者一次采集,编辑多次生成,渠道多元传播;新华社全媒体平台则是通过跨部门、跨媒介、跨终端全媒体新闻产品的生产、发布和监测评估,旨在推动各种新闻要素深度融合、各种报道资源充分共享、各种媒介互联互通;《广州日报》强调"统一指挥、统一把关,滚动采集、滚动发布,多元呈现、多媒传播"等。还有一些虽然未称呼为中央厨房但已具有中央厨房模式媒体或媒体集团,例如南都报系,据南都报系总裁曹轲介绍,该集团已经初步形成了采编指挥体系、24小时发稿制、技术一体化平台、全媒体考评体系等。

在采编流程、体系上,"中央厨房"在融合之中推翻过去旧有的采编体系,不断适应媒体融合的发展需求。例如新华社积极调整组织结构,设立融合发展中心,推动传统编辑部改革试点创新,改造、升级新闻采编生产流程,探索构建适应融合发展的新采编体系。

《人民日报》则依托两微一端平台,把新闻生产从记者、编辑、评论员单纯为传统媒体供稿方式,转变为符合移动互联网传播规律的生产方式。参与人民日报"中央厨房"模式打造的人民日报媒体技术股份有限公司副总经理何炜表示,如今,《人民日报》已成为拥有报纸、杂志、网站、电视、广播、电子屏、手机报、微博、微信、客户端等10多种类别、数百个终端载体的媒体集团,不同的媒体有不一样的工作方式和生产节奏,整个集团的生产流程必然要进行改造,才能使新老媒体协调发展、深度融合。

南都报系则为全媒体平台全部配套了管理、考核流程。据曹轲透露,在指挥体系上,采编队伍分开,采写队伍不再属于报纸,指挥平台直接指挥内容采集原创队伍,报纸只是跟网络、移动平行的编辑部;技术平台通过各自技术手段聚集稿件进行加工;考核体系也互联网化。"过去的内容生产一致围绕报纸,总编、校对等专有名词,现在完全转变了。"曹轲表示。

"这是全国两会报道期间,前方报道组15天里不断重复的工作——利用南方日报团队的采访资源,实时传回精彩的现场新闻(文、图),让新闻同时在Web、移动互联终端,以及LED联播网、南方全线通电子信息屏等终端实现及时传播,弥补传统媒体在速度方面的缺失。"亲历"中央厨房"流程的《南方日报》记者赵杨如此描述。他表示,为了融合南方报业集团各媒体,南方报业建立集团层面的"融合小组"微信群,搭建合作平台,实现融合联动的及时性;同时,用项目带动融合,而新闻资源和选题联动是最好的切入点。例如,两会期间,《南方日报》和南方网联手搭建了全媒体直播室,并启动了"高端访谈"项目,以项目带动融合。

## 43.2　这道菜可否飞入寻常百姓家?

"一个萝卜能做十种菜吗?""中央厨房"能否常态化已成为业内都在思考的问题。

"中央厨房"如今已初显成效。人民日报社已由一份报纸,转变为全媒体形态的"人民媒体方阵"。29种社属报刊、44家网站、118个微博机构账号、142个微信公众账号及31个手机客户端,覆盖总用户超过2.5亿人……数字背后,一个传统媒体与新兴媒体并举、官方声音与民间舆论呼应的舆论引导格局初步形成,一个形态各异、载体多样的现代传播体系初具雏形。

在中央媒体积极推进转型升级的同时,地方媒体也不甘示弱,大胆试、大胆闯,集体发力——澎湃新闻、上海观察、界面等一批"现象级"的新媒体项目引发广泛关注。

曹轲认为,媒体做转型需要这个阶段,"起码开始认可移动、网络与报纸是并行的,是统一体系下的不同产品",曹轲继而提醒道,各平台规则不同。

何炜也认为,"中央厨房"并不一定是媒体采编流程再造的唯一模式。"不同媒体的处境和条件不同,进行流程再造的出发点和目标也不一样,所以不一定要采取同一种模式"。

"体系再造要根据报社内部的不同产品、资源来决定,否则'中央厨房'很容易层级化,变成与报纸编辑部一样的中央枢纽模式,这不符合互联网去中心化、去中介化的趋势。"曹轲表示,内容生产实际上应该越来越倾向于对新闻的快速反应,"中央厨房"也有其待商讨之处,"每个媒体需求的特点、呈现形态不同,不可能一键发布到各平台去,就像一道菜谱供应川菜、粤菜,同时又供应西餐、日韩餐,是不可能都做好的。应该是报纸、移动端、网络各自有编辑部,各自对产品重新加工。"曹轲继而补充道,如今,很多UGC(用户生产内容)出现,内容领域越来越细分,都围绕着所谓的要闻,但不同人群关注的要闻还是不同的。

在曹轲看来,真正的融合结果应该是使报纸更加精致,成为用互联网时代理念和方式生成的互联网时代的报纸产品。"原创队伍及内容生产方式,在新的形态下变得更趋向于互联网形态,新闻作品、报道更要优先想到作品在移动端及网络上如何呈现,而不是由报纸转向网络。"曹轲认为完善的融合应该是两边资源都盘活。

【链接:《中国出版传媒商报》2015.8.4,王晓妍《"中央厨房"改造传媒生产》】

# 第 44 章　报业集团如何炒好"创客"菜

在李克强总理"大众创业、万众创新"的号召下,一些报业集团也快速跻身于创业大潮中,不过,他们更多选择的是打造创业平台。山东大众报业集团旗下半岛传媒股份有限公司正在致力于打造一个全方位的"半岛创客服务体系";河南报业集团成立"大河创客市集";由重庆日报报业集团主办,重庆商报社、大渝网承办的"我是创客"创业项目大赛,掀起重庆创业热潮。在此波创业大潮中,报业集团利用自身拥有的媒体资源优势、平台优势,对接创业与投资双方,并从中寻求新的报业增长点,加速媒体转型。

## 44.1　为"创客"鼓与呼

3月5日,李克强总理在2015年政府工作报告中,首次提到了"创客"一词,并提出要"大众创业、万众创新"。大河报快速发力,在全国两会结束之后立即推出"关注创客"重磅策划——《创四郎·GO!》。这组报道,既有对总理政府工作报告中新词热词的解析,又有对历史上几次创业浪潮的梳理,还有真实生动的创客故事,同时加上了新媒体的及时互动。推出后立即受到了社会各界的高度关注,对营造河南的"大众创业、万众创新"氛围起到了推动作用。半年多以来,通过挖掘创业故事、关注创客群体、解读政府政策,"创四郎"已经成为被人们所熟知的创业品牌。

8月1日,首届中原新媒体高峰论坛、大河报20周年庆典暨大河创客市集活动在郑州郑东新区 CBD 隆重举行,来自河南省内外最优秀和最活跃的创客、投资机构代表等齐聚一堂。当天最大的动作是首批6家大河创客实训基地挂牌,成立基地后,未来大河报将与投资机构一起更深入地为大河创客服务,帮助他们实现创业梦想。

据《大河报》魏姓记者回忆,此次大河创客市集活动,不仅征集了河南省内最优秀、最有投资价值的创业项目,同时还吸引和邀请了大批活跃在河南创业圈的知名投资人。

2015 年 6 月 5 日,"创新创业在重庆·我是创客"创业大赛正式启动,该活动由重庆日报报业集团主办,重庆商报社、大渝网承办,多个政府部门协办。无论是成长中的小微企业,还是初次创业者,一旦项目被投资机构相中,就有机会获得创业基金,实现创业梦想。

"我是创客"创业大赛通过征集创客、项目、基金、基地和微企,进行多样化的活动形式,主要目的是整合创业要素,将"融资"与"融智"有效结合,搭建起为创业者、小微企业服务的平台,树立创业典范、解决融资难题,从而引导更广泛的社会资源支持创业,掀起重庆创业热潮,成就更多市民的创业梦想。

## 44.2　将创业平台做到底

在报业集团打造创业平台的阵营中,最具影响力的当属半岛都市报打造的"半岛创客"项目,该项目之所以影响力大是因为上线了一档名为《跃龙门·创客赢》的电视节目。据悉,该档节目由半岛都市报社联合青岛市人力资源和社会保障局、青岛广播电视台、青岛创客赢咨询管理有限公司共同打造。项目定位为国内首个全媒体创投＋平台,主打全媒体融合、情景式路演、全链条孵化,聚集国内顶尖投资机构,吸引国内外优秀创业者,为创客和投资机构提供高效的投融资对接以及项目孵化、加速、上市一条龙专业化、多维度服务,形成一个全媒体品牌节目、一个专业化孵化器、一只天使投资基金、一个创投天使学院、一个创客服务驿站等"五个一"的模式。目前该节目每周日在青岛电视台 QTV4 播出,每周在半岛都市报金融＋周刊整版报道,在爱奇艺、优酷视频等网络视频平台播出,并通过青岛生活圈手机客户端图文同步直播。

据该项目负责人、半岛都市报金融发展中心主任刘国梁介绍,《跃龙门·创客赢》项目于 8 月 18 日正式启动,启动当日,平台与海尔海创汇、黑马会、中国青年天使会、飞马旅、中关村创客大街、正和岛、山东蓝色海洋生物产业联盟、特锐德电气等国内知名创客平台和企业签订了战略合作协议。节目 9 月 13 日开播,共播出 5 期,每期有 4 个节目上线,共有 14 个项目达成意向融资额 3250 万元,融资效率和融资成功率居国内同类平台之首。

据悉,《跃龙门·创客赢》节目播出后主动联系提报的项目达 500 多个,涉及互联网、智能硬件、生活服务、教育文创、旅游社交等多个领域,平台组织路演 32 场次,创客直接参与超过 1000 人次。尤其是国内知名创投机构纷纷加盟,洪泰基金、创业工场、中国青年天使会、益有财富、云投汇、中科招商基金、龙佳资本、海源资本、清控科技、睿安恒泰股权投资基金、安芙兰资本、亮中国、易一天使基金、丰厚资本、昱成资本、微天使资本、共赢投资、儒商汇、无穹创投、紫荆花开云、领筹资本、科创资本、宙斯资本、连创汇科、东昇财富、宝菲特资本等国内知名投资深度参与平台,成为平台资本合作伙伴。

刘国梁告诉记者,半岛创客本质上的定位是一个媒体金融平台,目前还处于概念阶段,下一步将真正打造成一个专业金融机构。

当前,社会上的创业平台并不少见,报业集团跻身其中,只有发挥后发优势方能有所作为。刘国梁认为,报业集团的传统优势资源如内容资源、客户资源、品牌资源和渠道资源等对创业平台的成长有很重要的作用。以半岛创客为例,他们主要是把原来分散在报社各部门的金融报道相关资源整合起来,形成合力。"我们一直在说媒体转型和媒体融合,但最终是要通过一个载体来做,半岛创客就是媒体转型的一个载体,原来报纸做金融报道,就是简单的内容呈现,现在是把采访打通,全方面研究金融,向更加专业化、更加商业化的方向前进。"

半岛创客这样一个系统项目,需要多少人力投入呢?刘国梁说,目前主要是半岛都市报金融发展中心的十多位专职人员承担,下一步会引进专业人才,但主要工作还是采用合作形式。据刘介绍,半岛创客成功打造了一个金融专家智库,下设4个专业委员会,集中了国内顶尖的学者和专家,4个专业委员会分别是:战略发展委员会、机构专业委员会、互联网金融委员会、创业投资专业委员会,4个专业委员会整合了一大批创业相关领域的资源。

"这就是媒体做创客平台的优势。此外,与其他行业的创业平台相比,我们认为媒体出身的我们会更加务实,就是扎扎实实做投资。"刘国梁说。

半岛传媒股份有限公司近年来一直在努力进行媒体转型,半岛创客目前来说应该是该公司影响力最大的项目。大河报对于"创客市集"的实体化运营也在构想之中。

【链接:《中国出版传媒商报》2015.10.27,马雪芬《报业集团如何炒好"创客"菜》】

# 第 45 章　传统媒体从微信赚了多少钱？

前几日一篇《从 300 万到 200，史上最全自媒体价格》刷爆朋友圈，随后"新榜"发文《史上最全自媒体报价？新榜表示"呵呵"》，质疑《最全自媒体价格》爆料内容的真实性。自媒体变现风正大，传统媒体也纷纷开通微信公号，有些甚至成立专门运营团队运营微信公号，那么传统媒体的新媒体变现能力如何？

自 2014 年微信公众号热起来至今，传统媒体（纸媒、电视、广播等）也纷纷开通微信公众号，成为流量大户；微信开通流量主投放广告以后，有些媒体公号也纷纷试水微信公众号投放广告，目前软文形式的广告投放也时不时出现在媒体微信公众号的图文内容中。

在目前的传统媒体类微信公号的广告投放中，中央级别的以央视、人民日报为代表的媒体官方微信没有广告投放，既没有开通流量主，也未在推送文章中推送广告软文，也没有植入广告。而大部分都市报，如《新晚报》《都市快报》《新京报》《南方都市报》《扬子晚报》《新闻正前方》等都市报、都市频道微信公号已有流量主或软文广告投放。

## 45.1　媒体微信广告赢利到底怎样？

据《广告导报》杂志报道，2015 年 1～9 月传统媒体广告刊登额持续下降，并且降幅不断扩大，其中广播广告刊登下降最小，电视次之，形势最为严峻的是纸媒，纸媒广告降幅扩大到 34.5%，资源量（广告占版面积）降幅达到 36.5%。

与传统媒体传统广告营销局面持续"低温"相对的是新媒体变现话题的"火热"。

微信公众号怎么变现？广告价格怎么算？记者采访了"新榜"。"新榜"榜哥告诉记者，微信公众号的广告报价根据粉丝量、行业、品牌、位置、广告内容等综合判定，价格差异很大，一条广告价格从一两千元到十几万元都有。只有极少数的微信公号可以拿到十几万元一条广告的价格，大部分的公号广告价格在一条两三万元级别。

那么，有良好资源的媒体微信公众号在这轮变现中状况如何？传统媒体的新媒体是否能成为媒体广告支柱？传统媒体在运营微信公众号中赚到了多少钱？

记者根据"新媒体指数"发布的纸媒、电视类微信公众号排行榜，选取了运营活跃度高并且有广告推送的媒体做了采访。

《扬子晚报》微信公众号目前有 30 多万名关注者，也会投放一些微信软文广告。《扬子晚报》告诉记者，来自微信广告推送的收入仅占《扬子晚报》广告收入的很小一部分。

"新闻正前方"是辽宁电视台都市频道一档民生新闻的官方微信公众号，在"新媒体指数"电视类媒体周榜（10 月 25～31 日）上位列第三，仅次于央视新闻和央视财经。"新闻正前方"目前有关注者 140 万，对于广告销售，"新闻正前方"告诉记者，微信公号推送的软文是配合频道广告部门，一般位于所有推送条文最后一条，广告主会给频道付费。

北京某老牌都市报微信公众号目前有 30 余万关注者，每天推送一次，会有一些广告以软文的形式不定期推送，节日前后推送的软文广告会相对多一些，每天推送广告最多一条，一般位于所有推送图文的最后一条。因流量主广告收入低该报未开通流量主，微信公号广告收益均来自软文推送。"还可以吧，只能这样说"，谈到微信广告的效益，该报相关负责人告诉记者，"目前报社报纸广告还是占大头"。

除上述以新闻内容为主的媒体微信公众号,还有一些专门从事传媒观察的微信公众号,新京报传媒研究、搜狐的传媒狐、腾讯的全媒派以及自媒体刺猬公社等。

搜狐的"传媒狐"主要推送原创稿件,自 2015 年 4 月份开通运营至今积累了关注者 1.1 万余名。"'传媒狐'就是搜狐传媒频道顺手做的,传媒狐推送的内容先在搜狐的传媒研究频道推送,然后再在微信公号上推送","传媒狐"相关负责人告诉记者,搜狐运营"传媒狐"除了观察思考极速变革的传媒业,将前瞻的传媒技术、理念等引入国内外,还在于将自己的优质新闻背后的故事报道出来,为自己代言。因而目前"传媒狐"没有广告销售,未来短时间内也不会考虑广告投放。

"刺猬公社"有 10 多万关注者,"基本没有收入",唯一的收入来源来自品牌帮推,刺猬公社会接到一些请求帮助推广活动预告类的信息,帮助推广后主办方会付一小笔报酬给刺猬公社。刺猬公社一直在讨论赢利模式,但因为工作人员并不是全职没有领取报酬,刺猬公社经济压力较小且目前还没有讨论出较好的赢利模式,它的"广告"性质的内容大多是免费"帮推"。

"时尚类媒体微信公众号活得比较好,电台民生类微信公众号最为繁荣,地方区域性微信公众号和垂直类微信公众号还不错"。新榜榜哥为记者介绍了媒体类微信公众号的广告状况。

## 45.2　微信公号会成为媒体广告支柱吗?

前些天徐达内"新榜"A 轮融资 2000 万元,罗辑思维完成 B 轮融资,更早一些"大象公会"也融资成功,一时间自媒体成就创业传奇,成就网络新贵成为热门话题。

对于新媒体广告在媒体广告中将发挥的作用,北京某老牌都市报微信公号告诉记者,以后新媒体微信公号的广告收入在媒体广告收入中的占比会越来越高,很多企业在选择广告投放时会选择新媒体。

"广告向互联网上的新媒体转移是大势所趋,如果传统媒体机构不能适应形势只能消亡。""新榜"榜哥告诉记者。

"自媒体领域已经出现了新贵,未来还会继续增加","NewMedia 联盟"创始人之一章文认为,很多微信公众号目前虽然尚未融资,但赚钱能力超强,10 万粉丝的公号每个月可以进账 3 万~5 万元。

有着优质内容生产能力的媒体类微信公号如何在新媒体变现风口浪潮中大展身手,成为媒体广告收入的支柱还值得期待。

【链接:《中国出版传媒商报》2015.11.10,汪晓慧《传统媒体从微信赚了多少钱?》】

# 第 46 章　社办期刊调查报告

此次"社办期刊调查"，商报共采访了 27 家社办期刊，它们分别属于中国出版集团、江西出版集团、中南出版传媒集团、南方出版传媒股份有限公司、湖北长江报刊传媒集团、山东出版集团等集团和中国少年儿童新闻出版总社、中国轻工业出版社、上海科学技术出版社等出版社。

在本次调查的社办期刊中，18 家仍属编辑部性质，占 66.7%；仅 8 家完成了企业工商注册，属于独立法人，其中江西出版集团的《小星星》建立了完整的现代企业法人治理结构。

被调查期刊的营收规模普遍不高，其中过半数集中在 100 万～500 万元之间，共 14 家，营收规模较高为 500 万～1000 万元的期刊，大多数已经完成了企业工商注册，而营收规模在 1000 万～5000 万的《小星星》则建立了完整的现代企业法人治理结构。

社办期刊的人员规模多为 10 人以下，约占 63%，10～50 人规模的期刊约占 30%，50～100 人的所占比例最小，约占 7%。采访中我们发现各家刊社的新媒体产品比较健全，包括网站、微博、微信、APP 的仅占 25.9%，但与营收规模结合起来，可以发现同时布局网站、微博、微信、APP 几种新媒体产品的社办期刊，往往是营收规模比较大的期刊，集中在 500 万～1000 万元。从调查中也可以发现，由于微信是近几年最为火热的新媒体，且开通微信公众号简单便捷成本低，几乎所有接受调查的社办期刊都布局了微信。

大部分被调查的社办期刊已经制定了明确的"十三五"规划，主要集中在"多元化""品牌""两个效益"等关键词。比如安徽出版集团所属期刊目标是实现股份公司要求的年增长 6%，力保传统媒体，多元开发相关文化产业；《父母必读》计划围绕"以优质内容为基础，以品牌为核心，着力打造全方位服务养育生活的专业传媒平台"；故事会公司计划布局动漫领域，建设"原创动漫版权跨媒体经营平台"，打造以版权为核心的复合出版模式；《当代》杂志力图加强杂志数字化建设，在"互联网＋"和新媒体融合的大背景下，寻找和创建适合杂志特色的数字化模式，主要包括全面推广《当代》杂志数字化，切实实现网上征订项目，推动实施"《当代》电子刊 APP"项目；《儿童文学》杂志规划是借用"互联网＋"，在内容呈现方式、期刊经营方式上有些变化，通过多媒体发展延长产业链，将文学作品打造成漫画、影视剧等形式。

此次采访中我们还发现，少数民族期刊有着极大的特殊性。青海民族出版社下属藏文文学期刊《章恰尔》创办于 1981 年，在藏族地区累积了良好的口碑，算是少数民族期刊中的"大刊"。曾获第二、第三届国家期刊奖百种重点期刊，成为全国少数民族文学期刊中唯一获此殊荣的期刊。作为少数民族代表期刊之一，《章恰尔》面临的难题比较独特：由于交通不便，发行困难。《章恰尔》发行以邮局订阅为主，但西藏、青海、四川、云南等地藏区，路况不佳，运输困难，加之藏民普遍居住分散，一个牧区，订户往往只有一两本。因此，每本《章恰尔》的邮发费用比杂志本身的成本还要高，而其资金来源几乎全靠财政拨款，营收和发行问题带来的资金紧张，也成为该杂志最希望解决的困难。

社办期刊是中国期刊界不可或缺的有生力量，在"互联网＋"环境下，大多体制内社办期刊既要在体制机制上寻求突破和调整，又要适应全媒体变化；在出版业改制尚未彻底的情况下，其下属期刊的改制更加掣肘；同时，与图书相比，期刊受到新媒体的冲击更加明显，加上纸媒行业本身的衰落，社办期刊的发展正进入关键期。商报此次策划"社办期刊调查"，深入对话社办期刊人，了解社办期刊正在面临的发展困境和媒体转型困惑，并试图寻找解决方案。同时，通过此次调查，我们也深入了解了社办期刊新旧媒体融合发展的现状，并梳理出他们中值得借鉴的个性案例。

## 46.1　社办期刊正面临 4 大难题

### 46.1.1　难题一:发行和广告双重滑落

发行和广告双双下滑,这一问题已经成为期刊行业整体面临的困境。互联网浪潮冲击下,期刊的生存发展空间受到空前挤压,加之移动端自媒体的"疯狂",免费的阅读载体铺天盖地千奇百变,读者阅读更加泛滥和浅表化,人们已不愿在期刊上花费时间和精力。期刊这种成本不低的媒体,"受众已是极少的",南方出版传媒股份有限公司下属的《汽车与你》主编罗天娟在接受采访时说。

以《微型小说选刊》等文学杂志为例,平板电脑与智能手机的普及,让年轻人业余时间都消耗在虚拟的网络里,没有时间看文学杂志,文学也越来越边缘化。不少文学杂志靠老读者苦苦支撑。部分省作协主办的文学杂志发行规模大多在两三千份,若政府财政不支持,大多难以生存。黑龙江出版集团下属的《格言》杂志,也面临"青少年阅读习惯的改变,对杂志的发行量构成影响"的困难。

江西出版集团的《足球俱乐部》,主要面向足球爱好者。然而在新媒体冲击下,内容时效性方面的缺点被无限放大。在新旧读者更替过程中,由于年轻人阅读习惯的转变,新增读者少之又少。想让新增足球爱好者接受杂志这种媒体形式,非常困难。年轻足球爱好者从小伴随着网络和手机成长,纸质杂志很难再吸引他们。《足球俱乐部》尝试过各种办法,如利用微博、微信等宣传新刊内容,通过网店销售新刊和过刊,并在赠品上下大力气,都收效甚微。

纸媒读者的急速下降,对杂志造成的最直接影响是发行和广告双重下滑。

传统出版受到新媒体的冲击日益加剧,实体书店也在电子书和网络书店的双重打击下,门庭冷落,市场尽显萎靡之势,传统出版行业备受挤压,这使得社办期刊的发行更加困难。

杂志发行的快速跌落近两年尤为明显。对湖北长江报刊传媒集团副总经理夏向东来说,最直观的感受是退货率的大幅提升。相比之前将退货率控制在 10%～20% 就很不错,现在却高达 50%。

广告收入是很多市场化程度较高的杂志的主要收入,但其"断崖式"跌落为杂志业带来强烈冲击,直接影响了一些杂志的可持续发展。对于谋求转型的杂志而言,缺乏资金成为巨大阻碍,这种影响呈连锁反应。

以《故事会》为例,这份始终处于中国期刊"第一梯队"的杂志,广告收入从10 年前的 1000 多万元,在近几年已经跌至几十万元,很多杂志都在亏钱。另一方面,转型又需要不断对新兴业态进行投入,杂志业面临的是"一根蜡烛两头烧"的窘境。

### □ 46.1.2 难题二:体制制约

作为出版集团和出版社主办的期刊,社办期刊一方面受益于出版社资金支持和资源共享,而在期刊竞争越来越激烈,且面对新媒体的巨大冲击时,这种隶属关系对社办期刊而言,有时候又成为制约其发展的重要因素。

长江报刊传媒集团的《新纪实》杂志编辑部主任赵永华认为,社办期刊体制不够灵活,无法有效激发期刊人的工作积极性。同时,受体制制约,决策与执行的时间周期过长,很容易错失有利时机。而且,财务制度与民营企业比起来,也过于僵化,不利于有效开展工作。

在《琴童》杂志社驻京办事处主任刘云看来,江西出版集团的《琴童》杂志本可以成为一份行业大刊,但由于决策的失误,错失了一些机遇,归根结底是传统体制问题。《琴童》是 2000 年应钢琴"考级热"潮流应运而生,但当时发行仅限于南方地区,一度要打入上海市场的计划也遭遇破产。机缘巧合下,从2004 年开始,《琴童》开始立足经济文化教育发达的北京,为杂志开辟了新市场。

刘云曾提出《琴童》杂志做"双刊",即在原刊之外,再出一份服务版,主要为经营所用,但仅仅做了试刊号之后,便无法再继续,因为"换了社长",回想起这件事刘云还十分惋惜。

2010 年有两家公司想通过投资《琴童》进行合作,并将杂志改为股份制,但同样由于体制的原因,合作无法推进,杂志的进一步改革也无从进行。传统体制造成社办期刊决策程序的"架空",在《微型小说选刊》也较为明显。自主权限少,事无巨细都由社领导决定,社办期刊的主编说白了就是一个责编。在人事任命方面,由于自主权不足而缺乏有经营能力的复合型人才。

□ **46.1.3　难题三:人力资源的尴尬**

社办期刊人员问题其实是新媒体冲击下和传统体制束缚双重困境造成的尴尬:一方面,数字化转型需要新型人才,而优秀人才却随着纸媒的衰落纷纷跳槽或离职;另一方面,传统体制遗留下来的人员大多无法承担改革之责,有些甚至成为繁重负担。

传统媒体从业人员工资主要由基本工资和稿费构成,但随着新媒体的冲击,传统媒体遭受收入骤减,而新媒体势头正盛,商业化模式为人才提供更佳的发展平台和更丰厚的待遇,由此带来传统媒体人才跳槽高峰,抑或投身创业热潮。

夏向东对人才问题深有感触。他在受访中表示,目前员工中"60后"、"70后"居多,面对市场冲击,虽然焦急,但却无从下手,用传统思维难以找到调整方式和转型路径,新旧媒体融合落地难度很大。在招收新人时,供需双方匹配难度也较大,很难招到合适人才。在期刊业转型正需人才之时,却遭受人才流失之痛,无疑雪上加霜。

1943年创刊的《山东画报》,目前面临经营收入偏少和人员较多的困难。作为老牌期刊,人员问题似乎是首要的,属于"历史遗留问题"。

《山东画报》在20世纪70年代末至90年代曾有过很长一段辉煌时光,作为山东省时政类画册月刊,为省委省政府服务,杂志在全省有着很高的地位。80年代扩容了照片洗印冲扩业务,90年代成立了山东画报出版社,形成了期刊、彩扩、出版并进发展的态势,创造了"以副(业)养刊"的模式。

此后,几次的分离与合并,《山东画报》人员最多时超过110人,尽管股改分流了一些人员,但目前仍然有正式员工60余人的规模。人员过多带来诸多问题，主要表现在两方面：一是人员结构不合理。《山东画报》需要的是采编和广告人员，60余人中只有30多人能做采编业务，由此形成"一线人员较少，二线人员偏多"的局面。二是经营成本巨大。作为时政期刊，收入主要依靠广告和发行，但作为对图片和印制质量要求较高的画报，《山东画报》很难通过发行赢利。至于广告收入，在新媒体的冲击下，毫无意外地出现断崖式下滑。《山东画报》社社长李运才算了一笔账，员工每人每年工资加"五险一金"，共需支出800多万元，而《山东画报》本身营收每年只有800万元左右，巨大的人力成本造成长期亏损。

人员过多问题的另一面是有效人才不足。《山东画报》要谋划转型，需要新型人才，但因为亏损、人多，"新人进不来"，造成人才断层。"如果人员少一些的话，画报本身的困难会小一些。"李运才说。

江西出版集团的《小星星》杂志在接受采访时表示，主要面临以下几类人才难题：缺乏现代企业经营管理和资本运作人才，难以实现多元发展、效能提升；缺少资金及互联网科技人才，无法搭建面向终端读者、跟踪孩子阅读行为、打造线上线下互动的儿童阅读云平台，也就无法实现传统出版与现代科技的有机融合。

### □ 46.1.4 难题四：版权保护不力作者资源匮乏

目前，通过数字化传播获益的主要是网络媒体，而经营传统纸媒的期刊成为"垫背"，在网络传播中面对越来越猖狂的盗版，却缺乏完善的版权保护。同时，优质的作者资源亦被新媒体抢夺，传统纸媒对优秀作家的吸引力已经骤减。

信息技术飞速发展，使著作权的范围已不再拘泥于电视、广播、报刊等传统媒介，越来越多的读者通过网络和手机媒体获取内容。内容的网络传播维权意识和版权意识还比较淡薄，而法律亦缺乏完善的保障机制。使得作为维权主体的纸媒，面对版权保护迷茫且无助。

从社办期刊成功转型的上海故事会有限公司总经理冯杰认为，"对于出版产业来说，版权为王"。因为所有资源配置都围绕对版权的占有、控制和应用。因为版权概念只是近十来年的事，但现在作者和出版产业相互不再信任，很多版权都不再具有排他性，便不能围绕版权进行全面布局，也就缺乏了核心竞争力。

上海科学技术出版社副总编辑贾永兴认为，在版权保护上维权不易。文章被转载都没有办法去维权，大量文章被文摘类期刊转载无法获取版权支付，他对版权保护问题很困惑。

中南出版传媒集团旗下青春文学类刊物《花火》最希望解决的困难是对版权的保护。该社表示，目前市场上的盗版太过猖獗，他们希望能对原创内容多一些保护政策，增加对实体及网络盗版的打击力度。

同属中南出版传媒集团的《天漫》杂志，创刊于 2011 年 9 月，其发展的最佳时期是创刊初期以及下半月刊《天漫·蓝色》创刊时期，目前导致销量下降的主因同样为互联网对纸媒的冲击，互联网冲击对《天漫》构成的主要问题是优秀作者资源的短缺。目前的人气作者的创作模式都更加适应网络平台，与纸质期刊的适应性较低，作品与纸媒平台的适应性不佳令作者更多转去网络媒体，杂志的读者阅读体验随之下降。《天漫》在尝试由杂志责编辅助作者另行塑造平台的创作路线，作为暂时的解决方案。

## 46.2　社办期刊发展出路

内有体制改革不彻底的束缚、人才队伍建设与转型的尴尬、原创内容版权保护不力、作者资源流失与匮乏的困难，外有新媒体冲击，发行和广告收入双重滑落，社办期刊看上去似乎濒临绝境。但庆幸的是，此次调查的受访者正在努力寻找解决方案，甚至推出了行之有效的措施。

### 46.2.1　拓展销售渠道

单做传统纸媒的路线已经走不通，布局新媒体进行媒介融合，留住原有读者并吸引新读者，从而保证杂志可持续发展，这是此次调查受访者的共识。

《格言》杂志社副社长杨爽认为,若要继续保持纸媒的生命力,单纯依靠期刊的发行及广告获取经济效益已经无法满足可持续发展了,此种情况下,需要政府文化基金的扶持。另一方面,期刊要积极发展线上的传播效应,将网上传播销售与实体营销相结合。

《小星星》杂志主要依靠自办发行渠道,通过不断深入校园开展各种活动——请著名作家进校园开办作文讲座;开展丰富多彩的评刊活动;举办主题鲜明的征文活动;开展形式多样的小记者活动;建立《小星星》杂志阅读基地和利用 QQ、网站、微博、微信等互联网技术加强与读者互动,充分调动广大青少年的订阅热情。

中国出版集团下属人民文学出版社的《当代》杂志,最希望扩大发行渠道,实现华文世界全覆盖,线上线下共同销售。解决方案就是通过邮局主渠道系统和期刊社的畅通合作提升传统发行销量,同时通过网上征订来拓宽销售渠道。

湖北长江报刊传媒集团也在努力开发区域性定制和政府采购以及邮局订阅,打造多元立体销售。据该集团副总经理夏向东介绍,他们正努力同各地方邮政系统沟通、洽谈发行和广告合作,调整销售方式和赢利渠道。

北京出版集团旗下《父母必读》杂志,将育儿生活方式全形态引入编辑理念,已打造《新手父母训练营》《崔玉涛医生诊室》等多个品牌栏目,引进视频拍摄手段、全媒体内容传播与运营方式,并出版系列图书作为杂志品牌的延伸。目前,系列图书产品线日益丰富,其中《崔玉涛宝贝健康公开课》等多种图书已稳居育儿类销售排行前列。此外,《父母必读》手机报、育儿彩信、手机阅读平台的总用户规模已达千万,其中,官方微信粉丝超过百万,在母婴期刊类微信中位居第一。

### □ 46.2.2  跨界融合

突破传统媒体思维,利用媒体资源和平台,跨界融合才能带来持续发展动力。

《汽车与你》作为专业期刊,较早开始做 APP、微信,但即使多管齐下,反响并非很大。现在汽车行业面临巨大压力,汽车公司更关心集团客户和产品销售。《汽车与你》也开始拓展新思路,比如与商家一起做活动,举办高尔夫球赛、驾驶之旅活动,承担商家与消费者之间的桥梁作用,希望能够帮商家增加销售。虽然这些本来不是期刊强项,但通过跨界活动,可以增加媒体活跃度和附加值。

《农村百事通》为品牌延伸,尝试开创全新业态和发展模式,探索全新的商业运营模式。坚持传统出版"内容为王"基础上,并发展实体基地"产业延伸"。

《花火》在做好原创内容开发的基础上,希望能够通过原创内容的有效开发,让传统出版与新媒体影视融合,结合不同领域,争取打造自己的影视 IP。

《父母必读》杂志基于育儿产业的创意活动已形成品牌。"育儿智慧大讲堂"和"名家故事音乐会"已成为深受新生代父母欢迎的盛会。2013 年该杂志与养育科学研究院发起的"年度自然养育人物·机构·产品"评选,跨越媒体形态,引领前沿时尚育儿生活理念。

《小星星》杂志的跨界策略是"三做",即做优内容、做好产业链、做大平台。立足于拉长期刊的价值链,提高产品转换加工值,实现书刊互动、教育培训等多元发展;依托主办单位——二十一世纪出版社集团搭建的"二十一世纪中国儿童阅读推广云平台",建立从提供服务到最终消费的完整产业链条,充分与读者互动,帮助家长建立适合孩子阅读的计划,实现由内容提供商向内容服务商转型。

### □ 46.2.3　寻求政策支持和改革

面临体制的束缚和市场的冲击,社办期刊亟需通过改革来解决资金和人才问题。

《小星星》当前最希望解决人才和资金匮乏问题,他们寄希望于主管或主办部门从一个更高的层面整合各方资源,进行改革,以更好地实施"互联网+出版"战略。

贾永兴希望主管部门调整对期刊的考核体系。他认为,作为文化产品,期刊应同时注重经济效益和社会效益,对期刊效益的考核不应只是完全站在商业维度的单一考察,强调社会效益应占50%。呼吁国家更全面地从两个效益或者期刊品牌对国家文化传承的影响给予相关政策支持和考量,对于整个行业进行有益引导。

《课外生活》杂志渴望少儿期刊能够获得公平的市场竞争,消除教育部门、团系统、妇联系统期刊的半官方宣传征订特殊渠道及保护政策,由各地宣传部门牵头制定进校园的期刊宣传征订推荐目录,公平竞争,让质量说话。

《新纪实》杂志负责人认为,解决人才问题的办法是建立灵活的体制以及有效的激励机制,有效调动员工积极性,将杂志发展与员工个人发展结合在一起,真正做到共同前进、按劳分配、培育人才。

刘云说,社办期刊的管理依然是传统思维,如果决策者的战略眼光和对期刊产品的认识存在问题,就会影响和每个期刊产品具体负责人的沟通,"很多期刊管理还是传统思路,改制也没有彻底完成,社办期刊早该独立了。"她说。

作为社办期刊,来自上级出版集团或出版社的重视对刊物本身的发展也极其重要。以《山东画报》为例,李运才表示,山东出版集团和山东出版传媒股份公司的领导对山东画报出版社的困难十分重视,采取注资、专项资金扶持、兄弟单位帮助等方式从资金上支持画报社的发展,为《山东画报》重新定位,寻找发展的方向;同时,《山东画报》通过改刊等方式探索自己的发展路子,加强了为党委和政府服务的力度,内部以建立完善《薪酬分配实施方案》为抓手,进一步调动员工的积极性、创造性,加强增刊、画册的出版,加大绩效的奖励力度,经营出现了良好的发展势头。此外,利用济南舜井街4500平方米的商业房产开展多元经营,也对山东画报社的发展起到极大的支撑作用,有利于该社今后的发展。

【链接:《中国出版传媒商报》2015.11.27,高敏《社办期刊调查报告》】

# 第六编　年度数据分析

# 第47章　2万亿大盘释放什么信号

国家新闻出版广电总局日前发布的《2014年新闻出版产业分析报告》显示,2014年全国出版、印刷和发行服务实现营业收入19967.1亿元,同比增长9.4%;利润总额1563.7亿元,同比增长8.6%。收入和利润的中高速增长反映了新闻出版产业在国民经济"新常态"背景下仍然保持了较好的可持续发展能力。

透过产业分析报告,记者查析一些值得关注的产业新态势、新特点:

**初版图书品种近20年首次下降**。2014年,全国共出版图书44.8万种,同比微增0.9%,增速回落6.5个百分点。其中,初版图书25.6万种,系自1996年以来19年间初版图书的首次下降;重版、重印图书品种19.3万种,同比增长2.2%,重版、重印图书品种和初版图书品种的逆向走势,从一个侧面反映出图书出版业精品意识增强,正在由追求数量规模向提高质量效益转变。当年累计印数逾百万册的书籍达66种,同比增长37.5%。

**报刊营收、利润首度双降,整体下滑**。2014年,全国报纸出版实现营业收入697.8亿元,同比下降10.2%;利润总额76.4亿元,同比下降12.8%;全国期刊出版实现营业收入212.0亿元,同比下降4.5%;利润总额27.1亿元,同比下降5.4%。这是自2009年发布年度新闻出版产业分析报告以来,报刊业首度出现的年度营收和利润双下滑。当年全国共出版报纸463.9亿份,同比下降3.8%;总印张1922.3亿印张,同比下降8.4%;全国共出版期刊31.0亿册,同比下降5.4%;总印张183.6亿印张,同比下降5.7%;报刊业呈整体下滑状态。46家报刊出版集团主营业务收入与利润总额同比分别降低1.0%和

16.0%。尽管 2014 年国家新闻出版广电总局已对"十二五"规划中的报刊出版指标进行了下调,但如继续 2014 年的下滑趋势,要完成下调后的"十二五"终期指标——报纸出版 485 亿份、期刊出版 34 亿册,或将无望。

**数字出版持续劲增,休闲、娱乐产品占半壁江山。**2014 年,全国数字出版实现营业收入 3387.7 亿元,同比增长 33.4%,占全行业营业收入的比重为 17.0%,份额跃居行业第二。细分数字出版营收结构:互联网广告营收 1540 亿元,占 45.5%,几近半壁江山。网络游戏营收 869.4 亿元,占 25.7%;移动出版(移动彩铃、铃音、移动游戏等)营收 784.9 亿元,占 23.2%;在线音乐营收 52.4 亿元,占 1.5%;网络动漫营收 38 亿元,占 1.1%,四者营收合计占 51.5%,已逾半壁江山。博客营收 33.2 亿元,约占 1%;电子书营收 45 亿元,占 1.3%;互联网期刊营收 14.3 亿元,占 0.4%;数字报纸(不含手机报)营收 10.5 亿元,占 0.3%。综上可见:当下数字出版中,网络广告和休闲、娱乐产品几乎各占半壁江山,真正与传统纸介质出版相关联的电子书、互联网期刊和数字报纸的总体份额仅为 2%。这又反映出两个势态:一是数字出版中真正对纸介质出版产生替代作用的产品尚处微弱;二是互联网期刊与电子书的营收增速为 18.2%,高于新闻出版业总体水平,而其中传统出版的数字化转型和内容嫁接占相当比重,初显传统出版与新兴出版的融合发展。

**出版外贸喜忧交织,版贸逆差续降,实物逆差回升。**2014 年,全国共输出版权 10293 种,同比下降 1.0%;引进版权 16695 种,同比下降 8.1%。版权输出与版权引进的比例为 1∶1.62,比上年的 1∶1.75 逆差缩小。其中,输出出版物版权 8733 种,同比增长 3.4%;引进出版物版权 16321 种,同比下降 7.3%。出版物版权输出与版权引进比例为 1∶1.87,比上年的 1∶2.09 逆差缩小。

2014 年,全国累计出口图书、报纸、期刊、音像制品、电子出版物、数字出版物 2147.5 万册(份、盒、张),同比下降 10.1%;出口额 10044.9 万美元,同比下降 4.0%。全国累计进口图书、报纸、期刊、音像制品、电子出版物、数字出版物 2552.3 万册（份、盒、张），同比增长 6.8％；进口额 49381.7 万美元，同比增长 2.7％，出口、进口出版物的数量比例为 1∶1.19，金额比例为 1∶4.92，分别比上年的 1∶1.001 和 1∶4.59 加大，逆差回升。

**实体书店销售回暖**。2014 年，全国新华书店系统和出版社自办发行单位实现出版物总销售额 2415.5 亿元，同比增长 3.0％；由此折射出实体书店年内的销售回暖，境况改善。当年出版物发行业实现营业收入 3023.8 亿元，同比增长 11.6％，其中民营书企营收比重占 65.3％；行业利润总额 254.9 亿元，同比增长 15.3％。只是出版物发行业的营收统计覆盖全行业，而销售统计仅为新华书店系统和出版社自办发行单位即国有书业，这种统计口径上的不一致，期待早日改变。

**出版发行集团规模经营称盛**。2014 年全国 32 家图书出版集团实现主营业务收入 1563.0 亿元，同比增长 8.1％；利润总额 150.0 亿元，同比增长 15.4％；拥有资产总额 2660.6 亿元，同比增长 9.3％；资产总额逾 100 亿元的出版集团共 6 家，比上年增加 1 家。全国 27 家发行集团实现主营业务收入 774.2 亿元，同比增长 0.3％；利润总额 60.6 亿元，同比增长 24.4％；拥有资产总额 1135.0 亿元，同比增长 10.0％。

**上市公司效益大增**。2014 年 26 家在上海和深圳上市的出版发行和印刷公司共实现营业收入 932.6 亿元，同比增长 15.9％，其中 12 家书报刊出版公司同比增长 19.0％，高于传媒娱乐板块整体增速；实现利润总额 115.6 亿元，同比增长 39.4％，其中上市印刷公司利润同比增长 1.5 倍；7 家上市图书出版公司平均净资产收益率高于传媒娱乐板块平均水平，显示出较强的赢利能力。以 2014 年 12 月 31 日收盘价计算，31 家在境内外上市的出版发行和印刷公司股市流通市值合计 2601.8 亿元人民币，同比增长 49.5％。

对《2014 年新闻出版产业分析报告》相关内容进行整合、补充，可以更清晰地反映产业态势。

## 47.1　产业经济总量规模

2014 年,全国出版、印刷和发行服务实现营业收入 19967.11 亿元,利润总额 1563.73 亿元(见表 47.1)。

表 47.1　主要经济指标

| 经济指标 | 金额(亿元) | 同比(%) |
|---|---|---|
| 营业收入 | 19967.11 | 9.43 |
| 资产总额 | 18726.72 | 8.83 |
| 所有者权益(净资产) | 9543.61 | 5.77 |
| 利润总额 | 1563.73 | 8.58 |

说明:表内经济指标均未包括版权贸易与代理、行业服务与其他新闻出版业务,资产总额、所有者权益(净资产)均未包括数字出版。

## 47.2　各产业类别总体经济规模综合评价

对图书出版、期刊出版、报纸出版、音像制品出版、电子出版物出版、数字出版、印刷复制、出版物发行和出版物进出口 9 个新闻出版产业类别的总体经济规模进行综合评价(见表 47.2)。

表 47.2　各产业类别总体经济规模综合评价

| 综合排名 | 产业类型 | 综合评价得分 | 较上年排名变化 |
|---|---|---|---|
| 1 | 印刷复制 | 2.4988 | 0 |
| 2 | 数字出版 | 0.3186 | 1 |
| 3 | 出版物发行 | 0.2122 | −1 |
| 4 | 图书出版 | −0.3283 | 0 |
| 5 | 报纸出版 | −0.3694 | 0 |
| 6 | 期刊出版 | −0.5170 | 0 |
| 7 | 出版物进出口 | −0.6012 | 0 |
| 8 | 音像制品出版 | −0.6039 | 0 |
| 9 | 电子出版物出版 | −0.6099 | 0 |

说明:综合评价得分系选取营业收入、增加值、总产出和利润总额四个指标,采用主成分分析方法,通过 SPSS 直接计算所得,仅用来显示各产业类别的相对位置,负数并不代表负面评价。

## 47.3 产品结构

2014年全国共出版图书、期刊、报纸、音像制品和电子出版物583.5亿册（份、盒、张），共出版图书、期刊和报纸2810.1亿印张，出版图书、期刊、报纸和音像制品的定价（出版）总金额为2076.6亿元（见表47.3）。

表 47.3 各类出版物在出版物总体中所占比重

| 出版物类型 | 总印数（出版数量）（%） | 总印张（%） | 定价（出版）总金额（%） |
|---|---|---|---|
| 图书 | 14.03 | 25.06 | 65.66 |
| 期刊 | 5.30 | 6.53 | 12.01 |
| 报纸 | 79.50 | 68.41 | 21.36 |
| 录音制品 | 0.38 | — | 0.48 |
| 录像制品 | 0.18 | — | 0.49 |
| 电子出版物 | 0.60 | — | — |
| 合计 | 100.00 | 100.00 | 100.00 |

说明：音像制品和电子出版物采用出版数量和出版总金额，出版总金额数值的计算公式为出版数量×（发行金额/发行数量）。

## 47.4 图书出版

营业收入791.18亿元，初版品种下降（见表47.4）。

表 47.4 图书出版总量规模

| 总量指标 | 数量 | 同比（%） |
|---|---|---|
| 品种（万种） | 44.84 | 0.90 |
| 总印数[亿册（张）] | 81.85 | −1.50 |
| 总印张（亿印张） | 704.25 | −1.17 |
| 定价总金额（亿元） | 1363.47 | 5.75 |
| 营业收入（亿元） | 791.18 | 2.65 |
| 利润总额（亿元） | 117.07 | −1.27 |

## 47.5 期刊出版

出版数量、营业收入均下降（见表47.5）。

表 47.5　期刊出版总量规模

| 总量指标 | 数量 | 同比(%) |
|---|---|---|
| 品种(种) | 9966 | 0.90 |
| 总印数(亿册) | 30.95 | −5.41 |
| 总印张(亿印张) | 183.58 | −5.71 |
| 定价总金额(亿元) | 249.38 | −1.57 |
| 营业收入(亿元) | 212.03 | −4.49 |
| 利润总额(亿元) | 27.06 | −5.35 |

## 47.6　报纸出版

出版数量、营业收入均下降(见表 47.6)。

表 47.6　报纸出版总量规模

| 总量指标 | 数量 | 同比(%) |
|---|---|---|
| 品种(种) | 1912 | −0.16 |
| 总印数(亿份) | 463.90 | −3.84 |
| 总印张(亿印张) | 1922.30 | −8.37 |
| 定价总金额(亿元) | 443.66 | 0.75 |
| 营业收入(亿元) | 697.81 | −10.15 |
| 利润总额(亿元) | 76.44 | −12.81 |

## 47.7　音像制品出版

营业收入 29.21 亿元,发行数量增长(见表 47.7)。

表 47.7　音像制品出版总量规模

| 总量指标 | 数量 | 同比(%) |
|---|---|---|
| 品种(种) | 15355 | −9.53 |
| 出版数量[亿盒(张)] | 3.28 | −19.21 |
| 发行数量[亿盒(张)] | 3.61 | 5.54 |
| 发行总金额(亿元) | 20.14 | 17.78 |
| 营业收入(亿元) | 29.21 | 18.16 |
| 利润总额(亿元) | 4.11 | 22.69 |

## 47.8　电子出版物出版

实现营业收入 10.89 亿元,品种增长(见表 47.8)。

表 47.8　电子出版物出版总量规模

| 总量指标 | 数量 | 同比(%) |
|---|---|---|
| 品种(种) | 11823 | 0.98 |
| 出版数量(亿张) | 3.50 | −0.57 |
| 营业收入(亿元) | 10.89 | 6.45 |
| 利润总额(亿元) | 1.84 | −33.57 |

## 47.9　数字出版

营业收入 3387.7 亿元,同比增长 33.36%,利润总额 265.72 亿元,同比增长 33.25%,营收结构(见表 47.9)。

表 47.9　数字出版营收结构

| 分类 | 营业收入(亿元) |
|---|---|
| 互联网期刊 | 14.3 |
| 电子书(含网络原创出版物) | 45 |
| 数字报纸(不含手机报) | 10.5 |
| 博客 | 33.2 |
| 在线音乐 | 52.4 |
| 移动出版(手机彩铃、铃音、移动游戏等) | 784.9 |
| 网络游戏 | 869.4 |
| 网络动漫 | 38 |
| 互联网广告 | 1540 |
| 合计 | 3387.7 |

## 47.10　印刷复制

营业收入、利润总额均增长(见表 47.10)。

表 47.10　印刷复制总量规模

| 总量指标 | 金额(亿元) | 同比(%) |
|---|---|---|
| 营业收入 | 11740.16 | 5.82 |
| 利润总额 | 814.66 | 5.01 |

## 47.11　出版物发行

营业收入 3023.76 亿元,同比增长逾 1 成(见表 47.11)。

表 47.11　出版物发行总量规模

| 总量指标 | 数量(亿元) | 同比(%) |
|---|---|---|
| 出版物发行网点 | 169619 | −1.64 |
| 出版物总销售额 | 2415.52 | 2.96 |
| 营业收入 | 3023.76 | 11.55 |
| 利润总额 | 254.91 | 15.29 |

## 47.12　出版物外贸

出口总额 10044.86 万美元,逆差回升(见表 47.12)。

表 47.12　出版物外贸总量规模

| 类型 | 指标(单位) | 累计出口 | 累计进口 |
|---|---|---|---|
| 图书、期刊、报纸 | 数量(万册、份) | 2137.87 | 2538.85 |
| | 金额(万美元) | 7830.44 | 28381.57 |
| 音像制品、电子出版物、数字出版物 | 数量(万盒、张) | 9.58 | 13.44 |
| | 金额(万美元) | 2214.41 | 21000.13 |
| 合计 | 数量[万盒(份、盒、张)] | 2147.45 | 2552.29 |
| | 金额(万美元) | 10044.86 | 49381.70 |

## 47.13　版权贸易

输出版权 10293 种,同比下降 1.0%,引进版权 16695 种,同比下降

8.1%,逆差缩小至 1:1.62。输出出版物版权 8733 种,同比增长 3.4%,引进出版物版权 16321 种,同比下降 7.3%,逆差缩小至 1:1.87(见表 47.13)。

表 47.13　出版物版权外贸构成

| 类型 | 引进(种) | 输出(种) |
|---|---|---|
| 图书 | 15542 | 8088 |
| 录音制品 | 208 | 139 |
| 录像制品 | 451 | 73 |
| 电子出版物 | 120 | 433 |
| 合计 | 16321 | 8733 |

## 47.14　区域实力排行

对全国 31 个省(自治区、直辖市)与新疆生产建设兵团新闻出版业的总体经济规模进行综合评价、排名。位居全国前 10 位的地区合计分别占全行业营业收入的 73.1%、资产总额的 70.7%、利润总额的 66.6%(见表 47.14)。

表 47.14　各地区总体经济规模综合评价(前 10 位)

| 综合排名 | 地区 | 综合评价得分 | 较上年排名变化 |
|---|---|---|---|
| 1 | 广东 | 2.5085 | 0 |
| 2 | 北京(含中央单位) | 2.1342 | 0 |
| 3 | 浙江 | 1.9160 | 1 |
| 4 | 江苏 | 1.8395 | -1 |
| 5 | 山东 | 1.4999 | 0 |
| 6 | 上海 | 1.1554 | 0 |
| 7 | 河北 | 0.3569 | 0 |
| 8 | 安徽 | 0.2527 | 0 |
| 9 | 四川 | 0.2455 | 1 |
| 10 | 福建 | 0.2395 | -1 |

说明:1.选取营业收入、增加值、总产出、资产总额、所有者权益(净资产)、利润总额和纳税总额 7 项经济规模指标,采用主成分分析方法,通过 SPSS 直接计算所得,仅用来显示各地区的相对位置。

2.未包括数字出版、版权贸易与代理、行业服务与其他新闻出版业务。

## 47.15　出版传媒集团综合实力排名

列入统计的出版传媒集团117家,其中出版集团32家、报刊集团46家、发行集团27家、印刷集团12家(见表47.15、47.16、47.17)。

表 47.15　出版集团总体经济规模综合排名(前10位)

| 综合排名 | 集团 | 综合评价得分 | 较上年排名变化 |
|---|---|---|---|
| 1 | 江苏凤凰出版传媒集团有限公司 | 3.3848 | 0 |
| 2 | 湖南出版投资控股集团有限公司 | 2.0498 | 0 |
| 3 | 中国教育出版传媒集团有限公司 | 1.3980 | 1 |
| 4 | 江西省出版集团公司 | 1.1524 | 1 |
| 5 | 浙江出版联合集团有限公司 | 0.8837 | 3 |
| 6 | 河北出版传媒集团有限责任公司 | 0.8441 | 3 |
| 7 | 安徽出版集团有限责任公司 | 0.8301 | −1 |
| 8 | 中国出版集团公司 | 0.7929 | −1 |
| 9 | 山东出版集团有限公司 | 0.6781 | −6 |
| 10 | 中原出版传媒投资控股集团有限公司 | 0.3840 | 0 |

说明:综合评价得分系选取主营业务收入、资产总额、所有者权益和利润总额四项指标,采用主成分分析方法,通过 SPSS 直接计算所得,仅用来显示各单位的相对位置,负数并不代表负面评价(下同)。

表 47.16　报刊集团总体经济规模综合排名(前10位)

| 综合排名 | 集团 | 综合评价得分 | 较上年排名变化 |
|---|---|---|---|
| 1 | 上海报业集团 | 3.6188 | — |
| 2 | 成都传媒集团 | 2.7138 | −1 |
| 3 | 浙江日报报业集团 | 2.4946 | −1 |
| 4 | 山东大众报业(集团)有限公司 | 1.6616 | −1 |
| 5 | 广州日报报业集团 | 1.6486 | −1 |
| 6 | 河南日报报业集团有限公司 | 0.9487 | 1 |
| 7 | 湖北日报传媒集团 | 0.6823 | 2 |
| 8 | 南方报业传媒集团 | 0.5420 | 0 |
| 9 | 重庆日报报业集团 | 0.4556 | 6 |
| 10 | 江苏新华日报报业集团有限公司 | 0.4549 | 1 |

表 47.17 发行集团总体经济规模综合排名（前 10 位）

| 综合排名 | 集团 | 综合评价得分 | 较上年排名变化 |
|---|---|---|---|
| 1 | 安徽新华发行(集团)控股有限公司 | 2.9733 | 0 |
| 2 | 四川新华发行集团有限公司 | 2.2308 | 0 |
| 3 | 湖南新华书店有限责任公司 | 1.2111 | 0 |
| 4 | 浙江省新华书店集团有限公司 | 0.9146 | 0 |
| 5 | 江西新华发行集团有限公司 | 0.8788 | 0 |
| 6 | 山东新华书店集团有限公司 | 0.6103 | 1 |
| 7 | 上海新华发行集团有限公司 | 0.5818 | —1 |
| 8 | 河南省新华书店发行集团有限公司 | 0.4299 | 1 |
| 9 | 河北省新华书店有限责任公司 | 0.3544 | —1 |
| 10 | 重庆新华书店集团公司 | 0.1250 | 0 |

## 47.16 上市公司流通市值排名

以 2014 年 12 月 31 日收盘价计算，31 家上市出版、发行、印刷公司股市流通市值合计 2601.8 亿元人民币，同比增长 49.5%（见表 47.18、47.19、47.20）。

表 47.18 上市出版、发行、印刷公司流通市值排名（前 10 位）

| 排名 | 上市公司 | 股票简称 | 业务类型 | 上市地点 | 流通市值（亿元人民币） |
|---|---|---|---|---|---|
| 1 | 中南出版传媒集团股份有限公司 | 中南传媒 | 出版发行 | 上证 A 股 | 298.14 |
| 2 | 北京康得新复合材料股份有限公司 | 康得新 | 印刷 | 深证 A 股 | 274.65 |
| 3 | 江苏凤凰出版传媒股份有限公司 | 凤凰传媒 | 出版发行 | 上证 A 股 | 273.83 |
| 4 | 浙报传媒集团股份有限公司 | 浙报传媒 | 报业 | 上证 A 股 | 206.29 |
| 5 | 中文天地出版传媒股份有限公司 | 中文传媒 | 出版发行 | 上证 A 股 | 157.93 |
| 6 | 华闻传媒投资集团股份有限公司 | 华闻传媒 | 报业 | 上证 A 股 | 153.61 |
| 7 | 安徽新华传媒股份有限公司 | 皖新传媒 | 发行 | 深证 A 股 | 151.24 |
| 8 | 上海新华传媒股份有限公司 | 新华传媒 | 发行 | 上证 A 股 | 111.80 |
| 9 | 深圳劲嘉彩印集团股份有限公司 | 劲嘉股份 | 印刷 | 上证 A 股 | 88.02 |
| 10 | 时代出版传媒股份有限公司 | 时代出版 | 出版 | 深证 A 股 | 81.99 |

说明：在中国香港和美国上市的公司以人民币计价的流通市值系根据人民币对港元或美元当日平均汇率折算（下同）。

表 47.19　上市书报刊出版公司流通市值排名

| 排名 | 上市公司 | 股票简称 | 上市地点 | 流通市值<br>(亿元人民币) |
|---|---|---|---|---|
| 1 | 中南出版传媒集团股份有限公司 | 中南传媒 | 上证 A 股 | 298.14 |
| 2 | 江苏凤凰出版传媒股份有限公司 | 凤凰传媒 | 上证 A 股 | 273.83 |
| 3 | 浙报传媒集团股份有限公司 | 浙报传媒 | 上证 A 股 | 206.29 |
| 4 | 中文天地出版传媒股份有限公司 | 中文传媒 | 上证 A 股 | 157.93 |
| 5 | 华闻传媒投资集团股份有限公司 | 华闻传媒 | 深证 A 股 | 153.61 |
| 6 | 时代出版传媒股份有限公司 | 时代出版 | 上证 A 股 | 81.99 |
| 7 | 成都博瑞传播股份有限公司 | 博瑞传播 | 上证 A 股 | 78.84 |
| 8 | 北方联合出版传媒(集团)股份有限公司 | 出版传媒 | 上证 A 股 | 57.79 |
| 9 | 长江出版传媒股份有限公司 | 长江传媒 | 上证 A 股 | 44.60 |
| 10 | 广东九州阳光传媒股份有限公司 | 粤传媒 | 深证 A 股 | 33.49 |
| 11 | 北京赛迪传媒投资股份有限公司 | ST 传媒 | 深证 A 股 | 22.10 |
| 12 | 中原大地传媒股份有限公司 | 大地传媒 | 深证 A 股 | 17.63 |
| 13 | 北青传媒股份有限公司 | 北青传媒 | 香港联交所 | 7.39 |
| 14 | 现代传播控股有限公司 | 现代传播 | 香港联交所 | 5.88 |
| 15 | 财讯传媒集团有限公司 | 财讯传媒 | 香港联交所 | 4.60 |
| — | 合计 | — | — | 1444.11 |

表 47.20　上市发行公司流通市值排名

| 排名 | 上市公司 | 股票简称 | 上市地点 | 流通市值<br>(亿元人民币) |
|---|---|---|---|---|
| 1 | 安徽新华传媒股份有限公司 | 皖新传媒 | 上证 A 股 | 151.24 |
| 2 | 上海新华传媒股份有限公司 | 新华传媒 | 上证 A 股 | 111.80 |
| 3 | 四川新华文轩出版传媒股份有限公司 | 新华文轩 | 香港联交所 | 55.16 |
| 4 | 广东广弘控股股份有限公司 | 广弘控股 | 深证 A 股 | 51.22 |
| 5 | 中国当当网公司 | 当当 | 美国纳斯达克 | 45.93 |
| 6 | 湖南天舟科教文化股份有限公司 | 天舟文化 | 深圳创业板 | 40.43 |
| — | 合计 | | | 455.78 |

## 47.17　图书出版单位实力排名

### 表 47.21　出版社总体经济规模综合排名(前 10 位)

| 排名 | 出版社 | 综合评价得分 | 较上年排名变化 |
|---|---|---|---|
| 1 | 人民教育出版社 | 13.7184 | 0 |
| 2 | 高等教育出版社 | 9.3962 | 0 |
| 3 | 重庆出版社 | 6.8853 | 0 |
| 4 | 外语教学与研究出版社 | 5.5587 | 0 |
| 5 | 科学出版社 | 4.8403 | 2 |
| 6 | 人民卫生出版社 | 4.1978 | 0 |
| 7 | 知识产权出版社 | 3.5393 | 1 |
| 8 | 商务印书馆 | 3.3774 | −3 |
| 9 | 北京师范大学出版社 | 2.6048 | 1 |
| 10 | 浙江教育出版社 | 2.5713 | 1 |

说明:同表 47.15(下同)。

### 表 47.22　中央出版社经济规模综合排名(前 10 位)

| 排名 | 出版社 | 综合评价得分 | 较上年排名变化 |
|---|---|---|---|
| 1 | 人民教育出版社 | 13.7184 | 0 |
| 2 | 高等教育出版社 | 9.3962 | 0 |
| 3 | 科学出版社 | 4.8403 | 2 |
| 4 | 人民卫生出版社 | 4.1978 | 0 |
| 5 | 知识产权出版社 | 3.5393 | 1 |
| 6 | 商务印书馆 | 3.3774 | −3 |
| 7 | 中国劳动社会保障出版社 | 2.2528 | 1 |
| 8 | 教育科学出版社 | 1.8259 | 1 |
| 9 | 人民邮电出版社 | 1.7361 | 2 |
| 10 | 中国建筑工业出版社 | 1.5383 | 3 |

### 表 47.23　大学出版社经济规模综合排名(前 10 位)

| 排名 | 出版社 | 综合评价得分 | 较上年排名变化 |
|---|---|---|---|
| 1 | 外语教学与研究出版社 | 5.5587 | 0 |
| 2 | 北京师范大学出版社 | 2.6048 | 0 |

续表

| 排名 | 出版社 | 综合评价得分 | 较上年排名变化 |
| --- | --- | --- | --- |
| 3 | 清华大学出版社 | 2.2037 | 0 |
| 4 | 上海外语教育出版社 | 1.7267 | 0 |
| 5 | 中国人民大学出版社 | 1.2470 | 1 |
| 6 | 北京大学出版社 | 1.1679 | −1 |
| 7 | 中央广播电视大学出版社 | 0.9388 | 0 |
| 8 | 广西师范大学出版社 | 0.8307 | 2 |
| 9 | 华东师范大学出版社 | 0.7125 | 0 |
| 10 | 复旦大学出版社 | 0.6525 | −2 |

**表 47.24 地方出版社经济规模综合排名(前 10 位)**

| 排名 | 出版社 | 综合评价得分 | 较上年排名变化 |
| --- | --- | --- | --- |
| 1 | 重庆出版社 | 6.8853 | 0 |
| 2 | 浙江教育出版社 | 2.5713 | 0 |
| 3 | 青岛出版社 | 2.4675 | 2 |
| 4 | 四川教育出版社 | 2.4257 | 0 |
| 5 | 江苏凤凰教育出版社 | 2.2147 | −2 |
| 6 | 上海书画出版社 | 1.6570 | 0 |
| 7 | 内蒙古教育出版社 | 1.4437 | 2 |
| 8 | 北京出版社 | 1.3605 | 0 |
| 9 | 安徽教育出版社 | 1.1829 | 1 |
| 10 | 湖南教育出版社 | 1.1372 | 1 |

**表 47.25 社科类出版社经济规模综合排名(前 10 位)**

| 排名 | 出版社 | 综合评价得分 | 较上年排名变化 |
| --- | --- | --- | --- |
| 1 | 重庆出版社 | 6.8853 | 0 |
| 2 | 知识产权出版社 | 3.5393 | 1 |
| 3 | 商务印书馆 | 3.3774 | −1 |
| 4 | 青岛出版社 | 2.4675 | 0 |
| 5 | 中国劳动社会保障出版社 | 2.2528 | 0 |
| 6 | 北京出版社 | 1.3605 | 0 |
| 7 | 人民出版社 | 0.9424 | 0 |

续表

| 排名 | 出版社 | 综合评价得分 | 较上年排名变化 |
|---|---|---|---|
| 8 | 党建读物出版社 | 0.7975 | 2 |
| 9 | 中信出版社 | 0.7725 | 2 |
| 10 | 中国财政经济出版社 | 0.7262 | －2 |

表 47.26　文艺类出版社经济规模综合排名(前10位)

| 排名 | 出版社 | 综合评价得分 | 较上年排名变化 |
|---|---|---|---|
| 1 | 译林出版社 | 0.8837 | 0 |
| 2 | 人民音乐出版社 | 0.5962 | 0 |
| 3 | 上海译文出版社 | 0.2577 | 0 |
| 4 | 人民文学出版社 | 0.2239 | 0 |
| 5 | 湖南文艺出版社 | 0.1968 | 1 |
| 6 | 作家出版社 | 0.0350 | －1 |
| 7 | 长江文艺出版社 | 0.0223 | 0 |
| 8 | 上海音乐出版社 | －0.0814 | 0 |
| 9 | 山东文艺出版社 | －0.1066 | 1 |
| 10 | 百花洲文艺出版社 | －0.1253 | 1 |

表 47.27　美术类出版社经济规模综合排名(前10位)

| 排名 | 出版社 | 综合评价得分 | 较上年排名变化 |
|---|---|---|---|
| 1 | 上海书画出版社 | 1.6570 | 0 |
| 2 | 湖南美术出版社 | 0.1156 | 0 |
| 3 | 江西美术出版社 | 0.0138 | 0 |
| 4 | 安徽美术出版社 | －0.0279 | 1 |
| 5 | 人民美术出版社 | －0.0348 | －1 |
| 6 | 吉林美术出版社 | －0.1585 | 0 |
| 7 | 浙江人民美术出版社 | －0.1617 | 2 |
| 8 | 湖北美术出版社 | －0.1887 | 0 |
| 9 | 河南美术出版社 | －0.1891 | 9 |
| 10 | 陕西人民美术出版社 | －0.1915 | 0 |

**表 47.28　科技类出版社经济规模综合排名(前 10 位)**

| 排名 | 出版社 | 综合评价得分 | 较上年排名变化 |
|---|---|---|---|
| 1 | 科学出版社 | 4.8403 | 1 |
| 2 | 人民卫生出版社 | 4.1978 | －1 |
| 3 | 人民邮电出版社 | 1.7361 | 2 |
| 4 | 中国建筑工业出版社 | 1.5383 | 3 |
| 5 | 中国地图出版社 | 1.4894 | 1 |
| 6 | 中国轻工业出版社 | 1.4868 | －2 |
| 7 | 机械工业出版社 | 1.4170 | －4 |
| 8 | 电子工业出版社 | 1.2495 | 0 |
| 9 | 化学工业出版社 | 1.0410 | 1 |
| 10 | 中国电力出版社 | 0.7523 | 1 |

**表 47.29　教育类出版社经济规模综合排名(前 10 位)**

| 排名 | 出版社 | 综合评价得分 | 较上年排名变化 |
|---|---|---|---|
| 1 | 人民教育出版社 | 13.7184 | 0 |
| 2 | 高等教育出版社 | 9.3962 | 0 |
| 3 | 浙江教育出版社 | 2.5713 | 0 |
| 4 | 四川教育出版社 | 2.4257 | 1 |
| 5 | 江苏凤凰教育出版社 | 2.2147 | －1 |
| 6 | 教育科学出版社 | 1.8259 | 0 |
| 7 | 内蒙古教育出版社 | 1.4437 | 1 |
| 8 | 安徽教育出版社 | 1.1829 | 1 |
| 9 | 湖南教育出版社 | 1.1372 | 1 |
| 10 | 广东教育出版社 | 0.9582 | 1 |

**表 47.30　少儿类出版社经济规模综合排名(前 10 位)**

| 排名 | 出版社 | 综合评价得分 | 较上年排名变化 |
|---|---|---|---|
| 1 | 中国少年儿童出版社 | 0.7879 | 0 |
| 2 | 二十一世纪出版社 | 0.7210 | 0 |
| 3 | 明天出版社 | 0.7048 | 0 |

续表

| 排名 | 出版社 | 综合评价得分 | 较上年排名变化 |
|---|---|---|---|
| 4 | 安徽少年儿童出版社 | 0.5211 | 1 |
| 5 | 浙江少年儿童出版社 | 0.5018 | －1 |
| 6 | 接力出版社 | 0.4960 | 0 |
| 7 | 海燕出版社 | 0.2883 | 1 |
| 8 | 长江少年儿童出版社 | 0.2566 | －1 |
| 9 | 湖南少年儿童出版社 | 0.2233 | 1 |
| 10 | 新疆青少年出版社 | 0.1304 | 1 |

表 47.31 古籍类出版社经济规模综合排名(前 10 位)

| 排名 | 出版社 | 综合评价得分 | 较上年排名变化 |
|---|---|---|---|
| 1 | 中华书局 | 0.3200 | 0 |
| 2 | 黄山书社 | 0.1021 | 0 |
| 3 | 国家图书馆出版社 | 0.0347 | 0 |
| 4 | 岳麓书社 | －0.0301 | 1 |
| 5 | 文物出版社 | －0.0487 | －1 |
| 6 | 上海古籍出版社 | －0.1488 | 0 |
| 7 | 齐鲁书社 | －0.1589 | 0 |
| 8 | 三秦出版社 | －0.3215 | 0 |
| 9 | 中州古籍出版社 | －0.3264 | 1 |
| 10 | 凤凰出版社 | －0.3299 | －1 |

## 47.18 国民阅读率全面提升

2014 年我国各媒介综合阅读率为 78.6%,较上年提高 1.9 个百分点。国民图书阅读率为 58.0%,较上年提高 0.2 个百分点;数字化阅读方式的接触率为 58.1%,较上年提高 8.0 个百分点。

## 47.19 产业基地(园区)经济总量规模

21 家国家新闻出版产业基地(园区)2014 年共实现营业收入 1424.1 亿

元,资产总额 1368.1 亿元,利润总额 217.7 亿元。其中,12 家国家数字出版基地(园区)共实现营业收入 1118.73 亿元,拥有资产总额 938.5 亿元,实现利润总额 197.1 亿元。

表 47.32　国家数字出版基地(园区)营业收入排名

| 排名 | 基地(园区) | 营业收入(亿元) | 占总体比重(%) |
|------|-----------|--------------|-------------|
| 1 | 上海张江国家数字出版基地 | 280.00 | 25.03 |
| 2 | 江苏国家数字出版基地 | 227.10 | 20.30 |
| 3 | 广东国家数字出版基地 | 168.25 | 15.04 |
| 4 | 安徽国家数字出版基地 | 95.85 | 8.57 |
| 5 | 杭州国家数字出版产业基地 | 84.25 | 7.53 |
| 6 | 西安国家数字出版基地 | 65.22 | 5.83 |
| 7 | 中南国家数字出版基地 | 58.77 | 5.25 |
| 8 | 重庆北部新区国家数字出版基地 | 50.45 | 4.51 |
| 9 | 天津国家数字出版基地 | 33.08 | 2.96 |
| 10 | 海峡国家数字出版产业基地 | 28.38 | 2.54 |
| 11 | 青岛国家数字出版产业基地 | 26.41 | 2.36 |
| 12 | 华中国家数字出版基地 | 0.97 | 0.09 |
| — | 合计 | 1118.73 | 100.00 |
| — | 平均 | 93.23 | — |

【链接:《中国出版传媒商报》2015.7.17,文东《2 万亿大盘释放什么信号》《全国出版产业态势新读》】

# 第 48 章

# 中国书业销售大格局

　　本文所采用的数据系国家新闻出版广电总局权威部门发布,源自各省主管部门的上报,应该说具有权威性和准确度。我们一如既往地以纯销售数据来反映全国市场格局和各省销售实力,基于几方面的考虑。一是纯销售是面向读者的终极销售,不含重复计算,能更准确地反映各省销售实绩。二是新中国成立以来,在相当长的一个时期内书业销售数据没有总销售和纯销售之分,那时的"销售"数据对应于现今的"纯销售"数据,采用纯销售数据与过往具有可比性,可以和新中国成立以来任意一个时段进行比对,揭示各省域书业市场的涨跌。三是一些机构、一些书业主体愿意用总销售数据来表示销售规模,因为它数倍于纯销售数据,显示总量更大。但总销售中包含了书业供应链中上下环节间销售的重复计算。一方面,这种重复计算的数据反映的不是书业市场的实际规模,也不是书业及其主体对读者、对社会的实际作为;另一方面,由于各省域书业供应链的环节有所不同、统计口径有所不同,因此各省域总销售有的约 3 倍于纯销售,有的约 2 倍于纯销售,在这种差别基础上产生的总销售,也并非完全具有可比性。如果用具有如此内涵的"总销售"来对省域或书业主体进行比较,显然有失公允。《中国出版传媒商报》作为一个以客观、公平、公正为原则的出版传媒行业媒体、书业专业媒体,显然应该避免这种不公允。四是纯销售是作用于社会、面向读者的销售,也反映了社会和读者对书业的认可,作为产业权威媒体理应看重、采用这一"接地气"的数据。

　　中国书业实力版图的第一层级是省域书业实力，省域书业实力最集中、最直接的体现是省域书业销售。由各省域书业销售构成的中国书业市场格局，是中国书业实力版图的第一要素，对中国书业市场格局的解读，是对中国书业实力版图的首要诠释。

## 48.1　全国书业销售双增　人均购书回升

　　据国家权威部门的最新统计：2014 年全国书业（新华书店系统、出版社自办发行单位，下同）销售（纯销售，下同）777.99 亿元，同比增长 5.76％。比之 2013 年，这一销售增长是更加难得、更加实在的增长：2013 年虽然销售同比增长 3.24％，但当年销售数量同比下降 0.35％，即当年销售金额的增长并未带来销售实物量的增长；而 2014 年的销售金额增长，同时带来 2.61％ 的销售实物量的增长——因为销售实物量的增长，才是实实在在地作用于广大民众的增长，这一增长是书业对社会贡献度提高的体现。

　　2014 年全国书业销售的增长，特别是书业销售实物量的增长还衍生一个佳绩，即按国家统计局发布的 2014 年年末全国人口数量计算的年度全国人均购书量增长，且创下 5.11 册这一 2005 年以来 10 年间全国人均购书量的新高。这一 10 年全国人均购书量的"高峰值"得来实属不易：自 2005 年全国人均购书量下降且跌出 5 册以后，传统书业受数字出版、网络阅读、移动阅读的冲击愈演愈烈。全国人均购书量几经徘徊，2008 年回升至 5 册以上后，2009 年再度跌至 20 年来谷底——4.73 册，2010 年虽再次回升，但几年间仍有升降反复，直至 2014 年升至 10 年最高点（见表 48.1）。在互联网、移动互联网对传统阅读不断"蚕食"的大势下，全国书业坚挺抗击，使人均购书量不降反升，且创下 10 年新高，的确值得褒扬。

表 48.1　2005～2014 年全国书业销售、人均购书统计

| 年份 | 书业销售 | | 人均购书 | |
| --- | --- | --- | --- | --- |
| | 销售量 | 销售额 | 购书量 | 购书额 |
| | （亿册） | （亿元） | （册） | （元） |
| 2005 | 63.36 | 493.22 | 4.85 | 37.72 |
| 2006 | 64.66 | 504.33 | 4.92 | 38.37 |
| 2007 | 63.13 | 512.62 | 4.78 | 38.80 |
| 2008 | 67.09 | 539.65 | 5.05 | 40.64 |
| 2009 | 63.18 | 580.99 | 4.73 | 43.53 |
| 2010 | 64.62 | 599.88 | 4.82 | 44.78 |
| 2011 | 65.78 | 653.59 | 4.88 | 48.51 |
| 2012 | 68.32 | 712.58 | 5.05 | 52.63 |
| 2013 | 68.08 | 735.64 | 5 | 54.05 |
| 2014 | 69.86 | 777.99 | 5.11 | 56.88 |

## 48.2　中央书业销售上扬

中央书业和地方书业是中国书业的两大板块构成，几年来二者此消彼长，涨跌不一。

2014 年的中央书业由 221 家（含副牌社 13 家）中央级出版社和中国图书进出口（集团）总公司、中国国际图书贸易集团公司、新华书店总店和中国教育图书进出口公司等外贸、发行单位构成。虽然中央书业 2014 年的这一构成与 2013 年别无二致，但当年中央书业的销售实力却较 2013 年有所增长，44.70 亿元的销售额比上年扩增 2.47 亿元，增幅为 5.85%。2014 年中央书业的这一销售增长，虽称不上显要，但比之上年销售同比下降 17.07%，却也是一个难得的转折。

内容资源和渠道（市场）资源是中国书业的两大重要资源。比之地方书业，中央书业相对来说在内容资源上占有优势，但其渠道资源却相对短板。除少量针对一些书业的系统发行渠道外，中央书业没有一方从属于自己的稳固

的领地，其要经受的市场挑战甚于地方书业，其以城市为主要目标市场、以都市发行为主要抓手的销售布局，使其遭遇的来自阅读方式转变的冲击更甚于地方书业。

　　在此种大势下，中央书业销售的大提升取决于两大战略性举措：一是拓展销售的覆盖面，将视野更多地关注于农村市场。二是发展中央书业的销售大中盘，走集约化、专业化发行的路子，改变目前以出版社自办发行为主、各自为政分散发行的格局，而这不仅仅是对中央书业，对全国书业整体的销售力提升也将是一个强力的助推。否则，按近几年中央书业的销售走势（见表48.2），中央书业要想在全国书业大盘中的份额获得大的提升，哪怕是占据10%的份额也是堪为渺茫。

表48.2　2010~2014年中央书业销售统计

| 年份 | 额（亿元） | 同比（%） | 占全国比重（%） |
|------|-----------|-----------|-----------------|
| 2010 | 42.27 | −31.2 | 7.05 |
| 2011 | 35.54 | −15.92 | 5.44 |
| 2012 | 50.92 | 43.28 | 7.15 |
| 2013 | 42.23 | −17.07 | 5.74 |
| 2014 | 44.70 | 5.85 | 5.75 |

## 48.3　省域书业7成销售告增

　　2014年全国地方书业销售733.29亿元，同比增长5.75%。地方书业由31个省（自治区、直辖市，下同）书业实体构成。比之中央书业，地方书业虽然在内容资源上逊于中央书业，但由于各省书业均有自己固有的一方领地，因而具有先天的渠道（市场）优势。近几年来，地方书业销售持续递增，已连续5年占全国书业销售的份额保持在90%以上（见表3）。不可否认的事实是，地方书业销售的出版物中相当一部分是中央书业的产品，其中中央书业的内容资源优势起了不可忽视的支撑作用，因而准确地说地方书业与中央书业的关系并非"对峙"，而是"我中有你"。

表 48.3　2010～2014 年地方书业销售统计

| 年份 | 销售额（亿元） | 同比（％） | 占全国比重（％） |
|---|---|---|---|
| 2010 | 557.60 | 7.32 | 92.95 |
| 2011 | 618.04 | 10.84 | 94.56 |
| 2012 | 661.66 | 7.06 | 92.85 |
| 2013 | 693.41 | 4.8 | 94.26 |
| 2014 | 733.29 | 5.75 | 94.25 |

　　地方书业销售由 31 个省（自治区、直辖市，下同）的书业销售组合集成。2014 年全国省域书业销售整体状况（见表 48.4）显示，销售增长的省数量与上年相等，共 23 个，分别为江苏、湖南、浙江、山东、四川、安徽、河南、江西、山西、河北、陕西、云南、新疆、重庆、上海、甘肃、北京、辽宁、吉林、天津、青海、西藏、宁夏。其中实现两位数增长的为江苏、浙江、山东、河北、甘肃、吉林 6 省，位列全国省域销售前 10 位的省，销售全部增长，其中 4 省实现两位数增长，比之上年（销售前 10 位的省，9 省销售增长）在更大的范围内引领了地方书业销售增长大势。

表 48.4　2014 年全国省域书业销售排行

| 序位 | 省份 | 销售额（亿元） | 同比（％） | 占全国份额（％） | 排序同比变化 |
|---|---|---|---|---|---|
| 1 | 江苏 | 65.64 | 12.80 | 8.44 | 0 |
| 2 | 湖南 | 62.74 | 8.25 | 8.06 | 0 |
| 3 | 浙江 | 59.32 | 13.51 | 7.62 | 0 |
| 4 | 山东 | 57.22 | 15.92 | 7.35 | 0 |
| 5 | 四川 | 47.13 | 9.35 | 6.06 | 0 |
| 6 | 安徽 | 41.29 | 3.87 | 5.31 | 0 |
| 7 | 河南 | 41.28 | 7.53 | 5.31 | 0 |
| 8 | 江西 | 34.49 | 5.22 | 4.43 | 0 |
| 9 | 山西 | 28.93 | 1.44 | 3.72 | 1 |
| 10 | 河北 | 28.70 | 18.25 | 3.69 | 1 |
| 11 | 广东 | 26.74 | −9.69 | 3.44 | −2 |
| 12 | 陕西 | 23.39 | 0.69 | 3.01 | 0 |
| 13 | 云南 | 21.54 | 9.17 | 2.77 | 0 |

续表

| 序位 | 省份 | 销售额(亿元) | 同比(%) | 占全国份额(%) | 排序同比变化 |
|---|---|---|---|---|---|
| 14 | 新疆 | 20.17 | 8.21 | 2.59 | 2 |
| 15 | 重庆 | 19.75 | 9.12 | 2.54 | 3 |
| 16 | 上海 | 19.36 | 4.65 | 2.49 | 1 |
| 17 | 广西 | 18.63 | −4.46 | 2.39 | −3 |
| 18 | 湖北 | 17.49 | −6.52 | 2.25 | −3 |
| 19 | 福建 | 16.61 | −7.31 | 2.13 | 0 |
| 20 | 甘肃 | 13.85 | 11.07 | 1.78 | 2 |
| 21 | 北京 | 13.78 | 1.55 | 1.77 | 0 |
| 22 | 贵州 | 13.00 | −17.41 | 1.67 | −2 |
| 23 | 辽宁 | 11.10 | 5.31 | 1.43 | 1 |
| 24 | 吉林 | 9.34 | 62.15 | 1.20 | 2 |
| 25 | 黑龙江 | 9.18 | −13.72 | 1.18 | −2 |
| 26 | 内蒙古 | 5.21 | −38.20 | 0.67 | −1 |
| 27 | 天津 | 4.56 | 6.54 | 0.59 | 0 |
| 28 | 青海 | 1.08 | 5.88 | 0.14 | 1 |
| 29 | 西藏 | 0.85 | 1.19 | 0.11 | 1 |
| 30 | 海南 | 0.65 | −0.52 | 0.08 | −2 |
| 31 | 宁夏 | 0.26 | 4.00 | 0.03 | 0 |
| | 中央 | 44.70 | 5.85 | 5.75 | |

　　与上年相比,2014 年省域书业销售占全国书业销售份额扩大或缩小的省份分别为 13 省和 14 省。份额扩大的省为江苏、湖南、浙江、山东、四川、河南、河北、云南、新疆、重庆、甘肃、吉林、天津;份额缩小的省为安徽、江西、山西、广东、陕西、上海、广西、湖北、福建、北京、贵州、黑龙江、内蒙古、海南;与上年份额不变的 4 省:辽宁、青海、西藏、宁夏,其中青海已是连续两年份额不变。

　　从 2014 年全国省域书业销售的排行看,与上年相比,位序前移的有 10 个省:山西、河北、新疆、重庆、上海、甘肃、辽宁、吉林、青海、西藏;位序后移的有 7 个省:广东、广西、湖北、贵州、黑龙江、内蒙古、海南;位序不变的有 14 个省:江苏、湖南、浙江、山东、四川、安徽、河南、江西、陕西、云南、福建、北京、天津、宁夏。位序不变的省份最多,占了几近半数,这表明中国省域书业销售的格局趋于稳定,相当一批省在全国市场上确定了自己稳固的位置,特别是名列前茅的 8 省,排序和上年完全一样,显示了省域销售 8 强各自拥有的位次已轻易不可取代。

2014 年的全国省域书业中,销售增长、份额扩大、排位前移,呈全面提升的为河北、新疆、重庆、甘肃、吉林等 5 省。这 5 省域,省、自治区、直辖市三者均含,分布于西北、华北、东北和西南,华东、中南两地区空缺。其中河北、新疆是在已连续两年"三升"基础上的第三次"三升",着实不易。而当年销售减少、份额缩小、排位后移,呈三重下降的为广东、广西、湖北、贵州、黑龙江、内蒙古、海南等 7 省,其中 4 省出自中南地区,而广东、广西、湖北、内蒙古已是上年"三降"后的再次"三降",实乃堪忧,引为关注。

## 48.4　省销峰值晋阶　8 强分居原位

2014 年,全国省域书业销售的一个突出变化是:"峰值"由 50 亿元级阶,上升至 60 亿元级阶,而且这一提阶升档涉及两省。省域书业销售"峰值"从 40 亿元升至 50 亿元,经历了 4 年(2006～2010 年),"峰值"从 50 亿元升至 60 亿元,同样经历了 4 年(2010～2014 年)。

虽然这两次省域销售"峰值"晋阶经历的时间相同,但晋阶所涉及的范围却不同,2006 年"峰值"晋为 40 亿元时,进入这一级阶的仅江苏一省,而且这一态势持续四年至 2009 年。2010 年"峰值"晋为 50 亿元时,进入这一级阶的仍仅江苏一省,直到两年后的 2012 年,才有他省进入。而 2014"峰值"晋为 60 亿元,进入这一级阶的除江苏省外,还有湖南省,而且紧跟其后的浙江省也以 59.32 亿元,距 60 亿元级阶仅半步之遥。这一变化表明,省域书业销售近 10 年来一省独大的状态正逐渐"淡出",省域之间的销售竞争更趋激烈,强强之间的差距逐渐缩小。

江苏以 65.64 亿元的业绩,再摘年度省域书业销售桂冠,江苏的这一省域书业销售"龙头"地位,自本世纪初以来已持续了13年。十余年来,虽然居其后位者多有变化,其与后位者差距多有变化,但其中国书业销售"霸主"角色,尚无可撼动。比之上年,2014年江苏虽同为"霸主",但其内涵却有可喜变化:一是实现了两位数的销售增长,其12.8%的销售增幅,比上年增幅提高10.03个百分点;二是其占全国书业销售的份额继连续两年跌出8%后,再度回升至8%以上,为8.44%;三是与其后位者湖南省的差距从上年的不足0.3亿元,拉大至2.9亿元,稳固了自己的"霸主"地位。江苏书业销售的两位数增长,与其书业主体江苏新华的卖场改造、馆配升级等系列举措不无关系。2015年江苏新华又推出"书香银行"工程,拓延发行网点,或将进一步提升销售,继续稳固江苏的"霸主"地位。

湖南已是第三年占得全国省域书业销售亚军地位。虽然比之上年湖南与其前者江苏的差距加大,但其却获得两个突破:一是与江苏共同晋阶60亿元级阶,首次创下省域销售"峰值"晋阶当年两省共同晋阶的纪录;二是占全国书业销售的份额首次升至8%以上,成为唯一和江苏同处8%份额档级的省。以"能吃辣椒会出书"著称的湖南书业近几年来上升较快,从原来省域销售第6、7位,一路飙升至第4、3位,进而升至第2位,而且在此位一"驻"三年,成为江苏最有力的竞争对手。湖南书业销售与江苏书业销售的竞争,本质上是书业两大上市公司中南出版传媒与凤凰出版传媒的竞争,双峰并峙的局面恐将持续时日,二者的竞争无论谁胜谁负,都将促进中国书业的整体提升。2014年上市书企市值排名一、二的也正是这两大公司,只是位次与省域销售位次相反,这或是对两大省域书业实力难分伯仲的佐证。

浙江以59.32亿元的销售再度蝉联省域书业销售季军。作为连续3年的得主,浙江的位序已相对稳固,而比之上年2014年浙江更有新的可圈点之处:一是其销售实现了两位数增长,13.51%的增幅,比上年增幅提高了12.37个百分点;二是其销售额距当年新的销售"峰值"60亿元,仅半步之遥,0.68亿元的差额,只要不出意外2015年当可易除。特别是一向以稳健务实著称的浙江书业,2015 年又首开浙江书市,销售的非常规增长,也是应有之义。眼下已时近 2015 年年末,浙江书业销售恐已晋阶 60 亿元档级。浙江书业近年快步跨越的主因,当为浙江新华的线下线上销售并举,打造 O2O 格局所致。

省域书业销售第四的位子再度为山东占得。曾 6 度摘得省域书业销售亚军的山东,自 2012 年被湖南、浙江超越后,一直屈居第四。2014 年其虽排位不变,但也不乏可圈点之处:一是当年山东书业销售同比增长 15.92%,增幅为当年销售逾 30 亿元的 8 强之最,着实显耀;二是由此也使山东书业销售从上年的 40 亿元档级,晋阶为 50 亿元档级,实现了一个新的跨越。山东与其后者四川的销售差有 10 亿元之巨,因此其稳居前 4 的位置当无可置疑,只是其若要超越前者,尚需经历激烈角逐。

江苏、湖南、浙江、山东——中国书业销售前 4 强的位次,自 2012 年以来,已持续 3 年。4 强中两居 60 亿元档级,两居 50 亿元档级,从 4 强与居后者的销售差距来看,如不出意外,近年内 4 强归属当不会易主。但 4 强之间的易位,并非完全没有可能。

与上年排位相同,四川、安徽两省分居 2014 年省域销售第 5、6 位。虽然二者位次未变,但比较而言,四川的发展优于安徽:一是四川的销售增幅大于安徽的销售增幅 5.48 个百分点;二是四川销售占全国书业销售的份额提高了 0.2 个百分点,而安徽销售占全国书业销售的份额却下降了 0.09 个百分点。四川书业作为我国西部书业的"龙头",以在香港上市的新华文轩出版传媒为主体。作为我国首家以发行整合出版的上市公司,其销售实力强盛,既在省内外扩张实体网点,又着力发展网上销售,线上线下双轨运行,O2O 模式趋于成熟。四川不仅保持了上年和安徽换位后的位次,而且将二者的差距从 3.35 亿元,扩大至 5.84 亿元。2015 年四川强劲销售的势头不减,仅"双 11"其"文轩网"就销售过亿元。以皖新传媒和时代出版传媒两大上市公司为支撑的安徽书业销售虽逊于四川书业销售,但仍亮点显现:一是销售晋阶,从 30 亿元档级,升入 40 亿元档级;二是销售增幅大于上年,保持了持续增长的势头。安徽新华深化校园发行,再开黄山书市发挥了助推作用,实效显见。只是安徽书业销售占全国书业销售的份额缩小成为当年之忧。

河南、江西分别位列省域书业销售第 7、8 位,其位次和上年相同。作为全国第一人口大省的河南书业销售当年实现晋阶,从 30 亿元档级,晋阶为 40 亿元档级,这不仅是河南值得一书的业绩,还使处于 40 亿元档级的成员从上年的 2 省增至 3 省。地处中原的河南书业有着人口第一的天然优势,与此相"匹配",作为河南书业销售主体的河南新华书店,也在全国新华系统具有两项之最,一是发行网点最多,即全国新华系统中唯一网点达上千处的省;二是新华从业人员最多,即全国新华系统中唯一员工达上万人的省。依托这三个之最,河南书业的销售稳步增长,其占全国书业销售的份额也同步提升。与河南同处中部地区的江西书业销售,成为 2014 年 30 亿元档级的唯一一省。主宰江西书业销售的江西新华发行集团以务实、拓进在业界享有上佳口碑,继 2013 年后,2014 年其在全国发行集团的总体经济规模综合排名中再次位居第 5,创下了在欠发达地区的书业销售发达佳绩,其新创的新华壹品校园超市将再次把书业销售推向新高。

2014 年的省域书业销售 8 强,与 2013 年的省域书业销售 8 强,省域相同,位次相同。这种完全重合,表明中国省域书业已愈加成熟,稳固发展成为主流,大起大落状况少有出现,多数省域在全国大盘中已确立了自己的位置。

## 48.5 第一方阵扩容 占得 6 成销售

山西、河北两相邻省域书业销售分列第 9、10 位,比上年分别前移 1 位。两相比较,虽然山西排名居前,但河北的发展态势似更好:河北是当年少有的几个销售、份额、排名"三升"的省,而且其销售增幅为两位数,由此还使其晋升为省域书业第一方阵成员。山西虽然排名前移,但由于其销售增长微弱,其占全国书业销售的份额反而缩小。不过从全国大盘来看,河北书业偏于稳健,曾数年销售排行居第 10 位。而山西书业近几年发展迅猛,其销售从原来一直排名 15 之后,一路蹿升至第 11 位、第 10 位,直至到达有史以来最高点——第 9 位。2015 年全国图书交易博览会在山西举办,无疑会为山西书业销售再度加码。

2014 年,与山西书业销售获得有史以来最佳排名形成对照的是广东书业销售获得有史以来最差排名——跌出前 10。广东本世纪初曾为全国省域书业销售"龙头",后又三度位居排名第 2,2008 年后虽与前 3 强无缘,但仍居前 10 行列。2014 年其以销售减少、份额缩小、排名后移的"三降"退出前 10 行列,而且这是其继上年"三降"后的再次"三降",此状不可谓不严峻,足令业界担忧。面对经济大潮对书业的冲击甚于内地,广东三大书业主体广东出版集团、深圳出版发行集团、广州新华出版发行集团的分立作用几何,尚待时间考量。好在广东书业销售仍在 25 亿元以上,尚为省域书业第一方阵成员。

年销售 25 亿元以上的省构成中国省域书业的第一方阵。与上年相比,2014 年这一方阵的突出变化是:销售"峰值"晋阶为 60 亿元,成员增至 11 省(新入者为河北)。成员分布为华东 5 省(江苏、浙江、山东、安徽、江西)、中南 3 省(湖南、河南、广东)、华北 2 省(山西、河北)、西南 1 省(四川),这一分布显示了中国省域书业的实力格局。虽然同为第一方阵成员,但按各自销售可细分为 5 级阶:60 亿元级阶、50 亿元级阶各 2 省,40 亿元级阶、30 亿元以下级阶各 3 省,30 亿元级阶 1 省。

2014 年,中国省域书业第一方阵销售总额为 493.48 亿元,比上年第一方阵销售增长 14.78%,占当年全国书业销售的 63.43%,比上年份额提高 4.99 个百分点,显示了中国书业产业集中度的提升。中国书业销售的 6 成余集中于 11 省,既昭示了中国书业主导力量的作用,又诠释了书业在中国因地域、经济、文化等差异而导致的非均衡发展。

## 48.6　第二方阵变中不乏亮点

年销售 10 亿～25 亿元的省,为中国省域书业的第二方阵,2014 年这一阵营成员共 12 省。

陕西、云南、新疆 3 省销售均逾 20 亿元,分列省域销售第 12、13、14 位。最值得称道的是新疆,这一少数民族自治区虽然时处持续维稳,但书业销售不减,2011 年其在持续 4 年列居第 21 位后,升至第 20 位。此后"一发而不可收",2012、2013、2014 连续 3 年每年排名上升 2 位,实乃绝无仅有。除排名前移,2014 年其还销售增长(8.21%)、份额扩大(0.06 个百分点)、居级晋阶(20 亿档级),独取"四升"殊绩。书业在欠发达的少数民族地区持续突进这一"新疆现象"值得认真总结研究。云南、陕西虽然排位未变,但云南新入 20 亿元档级,实现晋阶,陕西则保持了西北书业"龙头"的位置。

重庆、上海两直辖市排名相邻,分列第 15、16 位,上年二者排名同为相邻,只是上海居前。2014 年重庆书业销售排名上升 3 位,这一升位差为当年省域书业之最。重庆同时还销售增长,份额扩大,实现"三升"。而上年重庆却是排名退后 2 位,一年间可谓起落不小。上海虽然排名上升 1 位,但由于销售增幅不大,其销售占全国书业销售份额还略有缩小。不过两大直辖市排名同时提升,还是几年内首次出现。

广西、湖北虽和上年一样排名相邻,但却分别退后 3 位,分列第 17、18 位,二者的这一退位差为当年省域书业之最。和上年相同的是,二者均销售下降,份额缩小,再次经历"三降"。排位相邻的两省,连续两年同处颓势,几近"同病相怜",尚属少见。抑制"三降"是对 2015 年两省的期待。

福建、甘肃、北京、贵州、辽宁 5 省市分列第 19、20、21、22、23 位。5 省中排名上升、后退、原位者均有。甘肃以 11.07% 的两位数销售增长,带来份额扩大 0.08 个百分点和排名前移 2 位,实现"三升"。过去的几年,甘肃书业销售的全国排名多徘徊在第 22、23 位,这次升至第 20 位,是个不小的跃进。由读者集团和甘肃新华集团两大集团为主要支撑的甘肃书业已非过去同日而

语,读者出版传媒的上市,将会对甘肃书业以更大的助推。福建和北京 2014
年销售排位均与上年相同,只是福建因销售下降、北京因增幅尚小,而同致份
额缩小。贵州销售呈两位数下降,致排名后退 2 位,份额缩小,遭受"三降"。
只是上年贵州销售尚呈两位数增长,而在全国书博会在本省举办当年,贵州
销售不升反降,多少令人费解。辽宁销售增长,排名提升 1 位,省内最大的
书业卖场北方图书城的拆迁,对其销售不能没有影响,能获得此等业绩已属
不易。

2014 年全国书业销售第二方阵成员共 12 家,比上年减少 2 家。第二方
阵销售总额为 208.67 亿元,比上年下降 13.62%,占全国书业销售的份额为
26.82%,比上年缩小 6.02 个百分点。

第二方阵系目前中国书业中成员最多的"方面军",其在中国书业力量中
的承上启下,成为中国书业格局中的一个变数,其成员的增减即是对中国书业
格局的调整,因而值得看重。

## 48.7　第三方阵销售增 4 成

年度书业销售不足 10 亿元的省,构成中国书业的第三方阵。2014 年这
一方阵成员共 8 省,比上年增加 1 省。

销售逾 5 亿元的 3 省:吉林、黑龙江、内蒙古,分列第 24、25、26 位。吉林
以逾 6 成的当年省域销售最大增幅,获得排名上升 2 位,份额扩大 0.42 个百
分点,实现"三升"。其近 10 亿元的销售,使其有望晋升第二方阵。邻省黑龙
江与其形成鲜明对照:两位数的销售降幅,导致排名后退 2 位,份额缩小,遭遇
"三降",且从上年的第二方阵坠至第三方阵。内蒙古与黑龙江相仿,两位数的
销售降幅,致份额缩小,排名后退 1 位。

销售 5 亿元以下的 5 省:天津、青海、西藏、海南、宁夏,分列第 27、28、29、
30、31 位,其中有 3 省销售不足亿元。天津虽然排位未变,但销售、份额均告
增长。青海、西藏份额未变,销售增长致排名分别上升 1 位。海南销售下降,

致份额缩小，排名后退 2 位。宁夏虽仍垫底，但销售有增，份额不变。

第三方阵 2014 年销售额为 31.13 亿元，比上年增长 41.56％，占全国书业销售的份额为 4％，较上年扩大 1.02 个百分点。第三方阵虽然偏于弱小，但却是中国书业不可或缺、不可忽视的部分，相当一部分边远地区的购书需求，需靠它们来满足，多有社会担当。

【链接：《中国出版传媒商报》2015.11.27，文东《中国书业销售大格局》】

# 第 49 章 商报·东方数据 2015 全国图书零售市场分析

### 49.1 市场成长性分析：整体市场谨慎乐观 社科少儿类助力颇大

根据尼尔森 2015 年监测数据显示，继 2014 年之后，世界纸质图书销售继续呈现正增长态势，市场前景较为乐观。在尼尔森监测的九大区域市场中，有六个区域市场的纸质书销量同比有不同程度的增长，其中南非和巴西同比增长达到两位数，美、英等传统出版大国同比增长在 2.5%～4%。另外，西方电子书市场经过快速增长之后，增速明显放缓，占比也逐渐趋于平稳。其中，英国 2015 年前三季度的电子书销售册数和销售额比重同比均有所下降。

2015 年我国图书销售也保持了正增长势头，其中实体书店图书零售有小幅增长，而线上图书零售增长迅猛。数据显示，2015 年，京东纸书全年销量超过 2 亿册；当当网自营图书销售额超过 100 亿元，占线上图书零售额的 36%；天猫一家销售额也高达 75 亿元，占线上图书零售的 27%，同比增长达 73%；文轩在线全年图书零售额为 14 亿元，占线上图书零售的 5%，同比增长 75%。

可见，实体书店的图书零售增速明显放缓，原有的市场份额被不断蚕食。在人力成本和租金不断上涨的情况下，实体书店的生存压力越来越大。相反，线上图书零售处于高速增长期，尤其是天猫、文轩在线等远远高于行业平均增速，成为拉动图书零售业增长的主要动力。值得一提的是，微书城（店）以其便捷的支付方式和阅读服务等优势获得了出版单位、零售商和读者的青睐。做得最好的大概要数"罗辑思维"微信书店，2015 年销售额超过了 1 亿元，取得了惊人的销售佳绩。

### □ 49.1.1 整体市场指数:多月同比走强 学汛期指数最高

据商报·东方数据网监测,2015年实体书店的整体市场指数为97.2点,较2014年同期上升了5.0点,升幅为5.44%,同比小幅上升。分上下半年来看,2015年上半年指数为96.4点,下半年指数为102.6点,下半年略高一些。同比升降方面,2015年上半年同比上升了3.62%,而下半年同比上升了7.89%。数据显示,寒暑假期和秋季学汛是导致指数上升的主因。

如图49.1所示,2015年各类图书指数中,文学类指数最高,为121.4点;社科类位列次席,为107.9点;高于整体市场的细分类别还有艺术类、生活类和少儿类,指数分别为102.0、101.4点和101.4点;教育类和科技类指数相对较低,分别为79.9点和89.3点。

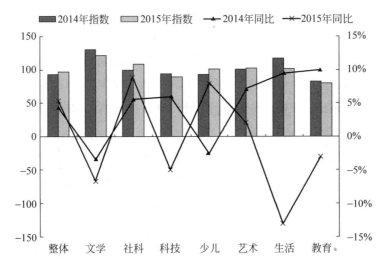

图 49.1 2015年整体和各细分图书市场指数同比比较示意图

各类图书指数较2014年比较,社科类领涨,增幅高达9.00%;其次是少儿类,升幅为7.86%;艺术类也同比上升2.11%。其他四类同比下降,生活类领跌,同比下降12.98%;文学类、科技类和教育类分别下降了6.64%、4.82%

和 3.02%。

□ **49.1.2 细分市场指数:社科少儿类指数各月同比稳健上升 生活类走低**

对于 2015 年文学类图书市场零售走势来说,除 6 月小幅下滑外,2015 年其余各月文学类指数均高于 2014 年同期,2 月增幅最大,其次是 3 月。2015年文学类指数最高点出现在 2 月,7 月次之。

对于 2015 年社科类图书市场零售走势来说,除 1 月小幅下滑外,2015 年其余各月社科类指数均高于 2014 年同期,4 月增幅最大,5 月次之。2015 年社科类指数表现最好的月份为 6 月,4 月次之。

对于 2015 年科技类图书市场零售走势来说,2015 年 1 月、2 月和 12 月科技类指数小幅上升,其中 12 月同比增幅最大;其余各月均低于 2014 年同期。2015 年科技类指数最高点出现在 3 月,1 月次之。

对于 2015 年少儿类图书市场零售走势来说,2015 年 1 月、6 月和 9 月少儿类指数小幅下滑,其余各月均高于 2014 年同期,2 月同比增幅最大,其次是3 月。2015 年少儿类指数最高点出现在 2 月,7 月次之。

对于 2015 年艺术类图书市场零售走势来说,2015 年 2 月、6 月和 9 月艺术类指数同比下降,其余各月均高于 2014 年同期,7 月增幅最大,4 月次之。2015 年艺术类指数高峰出现在 7 月,1 月次之。

对于 2015 年生活类图书市场零售走势来说,2015 年 3 月生活类指数小幅上升,其余各月均低于 2014 年同期。2015 年生活类销售高峰不明显,指数表现最好的月份为 2 月,3 月次之。

对于 2015 年教育类图书市场零售走势来说,2015 年 1~2 月、6 月和 9 月教育类指数低于 2014 年同期;其余各月指数上升,3 月增幅最大,其次是 10月。2015 年教育类销售高峰为 9 月,7 月次之。

□ **49.1.3 单品贡献率:社科类生活类冰火两重天**

从各类图书的单品贡献率来看,少儿类(1.36)、教育类(1.33)、文学类(1.31)、社科类(1.04)和生活类(1.02)的单品贡献率高于 1,科技类(0.42)和艺术类(0.64)的单品贡献率低于1。单品贡献率同比增长最多的类别是社科类,增长了18.34%(见表49.1)。

**表 49.1　2015 年细分市场单品贡献率**

| 类别 | 单品贡献率 | 2014 年同期单品贡献率 | 单品贡献率增减(%) |
|------|-----------|---------------------|-------------------|
| 文学 | 1.31 | 1.23 | 6.48 |
| 社科 | 1.04 | 0.88 | 18.34 |
| 科技 | 0.42 | 0.45 | −6.71 |
| 少儿 | 1.36 | 1.48 | −7.77 |
| 艺术 | 0.64 | 0.64 | 0.02 |
| 生活 | 1.02 | 1.19 | −14.14 |
| 教育 | 1.33 | 1.43 | 0.03 |

## 49.2　市场主力出版社分析:前十划分三大阵营　北京联合强势上升

2015 年度码洋份额前十的出版社可分为三个方阵:商务印书馆与人民出版社码洋份额高于 2%,分别为 2.61% 和 2.51%;其次是码洋份额位于 1.5%～2.0% 之的机械工业出版社、人民邮电出版社和湖南文艺出版社,三者的码洋份额分别为 1.89%、1.65% 和 1.64%。码洋份额在 1.0%～1.5% 的有 5 家,依次为北京联合出版公司、浙江少儿出版社、中信出版社、化学工业出版社和外研社,码洋份额分别为 1.59%、1.59%、1.58%、1.55% 和 1.54%。年度十强社中的 7 家在 2014 年同样位列十强。北京联合上升 23 位,位列第 6;中信社和外研社分别上升 5 位和 2 位,分列第 8 位和第 10 位。十强社中码洋份额上升的有 5 家,人民出版社码洋份额增幅最大,同比上升 0.80 个百分点;其次是北京联合,同比上升 0.74 个百分点。

表 49.2　整体和各细分市场的三甲出版社及其代表图书

| 整体/类别 | 排名 | 出版社 | 代表图书 |
|---|---|---|---|
| 整体市场 | 1 | 商务印书馆 | 《现代汉语词典(第 6 版)》 |
| | 2 | 人民 | 《中国共产党章程》 |
| | 3 | 机械工业 | 《跨界:开启互联网与传统行业融合新趋势》 |
| 文学类 | 1 | 湖南文艺 | 《从你的全世界路过》 |
| | 2 | 长江文艺 | 《狼图腾(修订版)》 |
| | 3 | 人民文学 | 《围城》 |
| 社科类 | 1 | 人民 | 《中国共产党章程》 |
| | 2 | 中信 | 《万达哲学》 |
| | 3 | 党建读物 | 《永葆清正廉洁的政治本色》 |
| 科技类 | 1 | 人民卫生 | 《色盲检查图(第五版)》 |
| | 2 | 机械工业 | 《互联网思维·独孤九剑》 |
| | 3 | 人民邮电 | 《大学计算机基础实训指导》 |
| 少儿类 | 1 | 浙江少儿 | "查理九世"系列 |
| | 2 | 中少总社 | "保卫萝卜神器战士故事"系列 |
| | 3 | 明天 | "笑猫日记"系列 |
| 艺术类 | 1 | 北京联合 | "秘密花园"系列 |
| | 2 | 人民邮电 | 《简笔画 5000 例一本就够》 |
| | 3 | 湖北美术 | 《特制硬笔临摹本(纸)》 |
| 生活类 | 1 | 中国地图 | 《乡土浙江及周边省市古村镇行走指南·含上海 安徽　江苏　福建　江西》 |
| | 2 | 江苏科技 | 《五谷杂粮养生粥/凤凰生活系列》 |
| | 3 | 化学工业 | 《2016 年养生台历》 |
| 教育类 | 1 | 商务印书馆 | 《现代汉语词典(第 6 版)》 |
| | 2 | 外研社 | "新概念英语"系列 |
| | 3 | 陕西人教 | "中学教材全解"系列 |

## 49.3　引进版图书分析:动销品种小幅上升　社科类码洋份额同比领涨

2015 年畅销书中引进版图书在整体市场的码洋占比为 16.52%,动销品种占比为 16.50%;而在 2014 年同期,畅销书中引进版图书在整体市场的码洋占比为 16.32％,动销品种占比为 13.80％。在码洋占比方面,引进版图书同比上升 0.20％;在品种占比方面,引进版图书同比上升 2.70％。可见,畅销书中的引进版图书在零售码洋占比方面几乎持平,在动销品种数占比上小幅上升。

从引进版图书的码洋份额结构来看,主要集中在文学类、社科类、少儿类和教育类,码洋份额分别为 33.10％、26.53％、20.17％和 16.05％;科技类、生活类和艺术类的码洋份额偏低,分别为 0.64％、0.64％和 2.88％。在引进版图书各类的码洋份额与 2014 年同期的比较方面,社科类的码洋份额增长明显,同比上升 14.23％;艺术类和生活类分别同比上升 2.88％和 0.14％。少儿类上升 0.91％。教育类的码洋份额下降最多,下降 13.84％;文学类、科技类和少儿类则分别下降 2.62％、0.43％和 0.35％。

从引进版图书的品种份额结构来看,主要集中在少儿类、文学类和社科类,品种份额分别为 35.15％、34.55％和 20.00％。在引进版图书各类的品种份额与 2014 年同期的比较方面,社科类领涨,同比上升 6.86％;其次是艺术类,同比上升 1.82％;少儿类和生活类分别同比上升 0.84％和 0.48％。文学类的品种份额下降最多,下降 6.33％;教育类和科技类分别下降 3.43％和 0.25％。

在市场表现最好的引进版图书中,《秘密花园:一本探索奇境的手绘涂色书》《牛津高阶英汉双解词典(第 8 版)(含光盘)》和《追风筝的人》位列三甲。2014 年同期则是《百年孤独》《窗边的小豆豆》《牛津高阶英汉双解词典(第 8 版)(含光盘)》。

2015 年,在引进版图书表现较为突出的出版社方面,引进版畅销书品种数相对较多的是南海出版公司、中信出版社和接力出版社,其畅销书的品种数分别占 9.70％、7.88％和 6.06％。而 2014 年同期出版社三甲为译林出版社、南海出版公司和人民文学出版社,其畅销书的品种数分别占 16.79％、8.76％和 8.76％。从同比来看,南海出版公司仍居榜眼,畅销书品种占比小幅上升;

其登榜图书中既有《窗边的小豆豆》等儿童文学,也有《解忧杂货店》等日系推理和《百年孤独》等经典名著。接力出版社新晋三甲,该社的畅销类别为少儿类,代表图书为贝尔·格里尔斯的"荒野求生·少年生存小说"系列。

## 49.4 零售结构分析:教育社科类此消彼长 共同占据半壁江山

### 49.4.1 整体市场码洋份额结构分析:教育类跌破30% 社科类少儿类逐年迫近

码洋份额方面,教育类(26.71%)的码洋份额在各类中领先,社科类(23.16%)、少儿类(17.04%)、文学类(13.92%)和科技类(8.91%)居于中游,生活类(5.27%)和艺术类(4.76%)的码洋份额相对较低。码洋份额同比增减呈现"四升三降"格局,社科类、文学类、少儿类和艺术类分别上升了3.23、1.23、0.50和0.02个百分点,教育类、生活类和科技类分别下降了3.11、1.07和0.77个百分点。在近三年同期细分市场码洋份额比较方面,社科类、文学类和少儿类连续上升,艺术类先持平后上升,科技类、生活类和教育类则连续下降(见表49.3)。

表 49.3 近三年细分市场码洋份额比较

| 类别 | 2013年码洋份额(%) | 2014年码洋份额(%) | 2015年码洋份额(%) | 2014年同比增减(百分点) | 2015年同比增减(百分点) | 相对市场表现 |
|------|------|------|------|------|------|------|
| 文学 | 12.32 | 12.69 | 13.92 | 0.37 | 1.23 | 连续上升 |
| 社科 | 19.70 | 19.93 | 23.16 | 0.23 | 3.23 | 连续上升 |
| 科技 | 10.17 | 9.68 | 8.91 | −0.49 | −0.77 | 连续下降 |
| 少儿 | 15.47 | 16.54 | 17.04 | 1.07 | 0.50 | 连续上升 |
| 艺术 | 4.74 | 4.74 | 4.76 | 0.00 | 0.02 | 平-升 |
| 生活 | 6.78 | 6.34 | 5.27 | −0.44 | −1.07 | 连续下降 |
| 教育 | 30.46 | 29.82 | 26.71 | −0.64 | −3.11 | 连续下降 |

### 49.4.2 动销品种:持续3年下降 少儿类逆势增近一成

2015年所有图书类别共实现动销88.3880万种,较2014年下降了

2.66％,较 2013 年下降了 8.07％。各类中动销品种数最多的是社科类,动销
了 19.7560 万种;科技类(189597)、教育类(176966)和少儿类(110605)动销品
种数也超过了 10 万种;文学类(93631)和艺术类(65976)的动销品种数在
5 万～10 万种之间;生活类(45599)的动销品种数则低于 5 万种。从同比比较
来看,仅有少儿类和文学类上升,同比升幅分别为 8.71％和 0.28％,教育类下
降较多,同比降幅为 6.27％。

表 49.4　近三年整体与各细分市场的动销品种规模比较

| 类别 | 2013 年品种 | 2014 年品种 | 2015 年品种 | 2014 年同比(%) | 2015 年同比(%) | 品种规模表现 |
|---|---|---|---|---|---|---|
| 合计 | 961483 | 908063 | 883880 | −5.56 | −2.66 | 连续下降 |
| 文学 | 96926 | 93373 | 93631 | −3.67 | 0.28 | 降-升 |
| 社科 | 218114 | 206681 | 197560 | −5.24 | −4.41 | 连续下降 |
| 科技 | 213068 | 197443 | 189597 | −7.33 | −3.97 | 连续下降 |
| 少儿 | 97291 | 101740 | 110605 | 4.57 | 8.71 | 连续上升 |
| 艺术 | 71377 | 67459 | 65976 | −5.49 | −2.20 | 连续下降 |
| 生活 | 50825 | 48427 | 45599 | −4.72 | −5.84 | 连续下降 |
| 教育 | 209241 | 188802 | 176966 | −9.77 | −6.27 | 连续下降 |

□ **49.4.3　品种份额结构:少儿类增幅最大　教育类下降最多**

品种份额方面,社科类(22.35％)、科技类(21.45％)和教育类(20.02％)
位列前三;少儿类(12.51％)和文学类(10.59％)的品种份额居于中游;艺术类
(7.46％)和生活类(5.16％)的品种份额相对较低。从各细分市场品种份额的
同比增减来看,各类中有三类同比上升,四类同比下降;上升的是少儿类、文学
类和艺术类,下降的是教育类、社科类、科技类和生活类。少儿类是上升较多
的类别,同比上升了 1.31 个百分点;教育类是下降较多的类别,同比下降了
0.77 个百分点。在近三年各细分市场的品种份额比较方面,文学类、少儿
类和艺术类连续上升,社科类和生活类先升后降,科技类和教育类则连续
下降。

表 49.5　近三年细分市场品种份额比较

| 类别 | 2013 年品种份额（%） | 2014 年品种份额（%） | 2015 年品种份额（%） | 2014 年同比增减（百分点） | 2015 年同比增减（百分点） | 相对市场表现 |
|------|------|------|------|------|------|------|
| 文学 | 10.08 | 10.28 | 10.59 | 0.20 | 0.31 | 连续上升 |
| 社科 | 22.69 | 22.76 | 22.35 | 0.07 | −0.41 | 升-降 |
| 科技 | 22.16 | 21.74 | 21.45 | −0.42 | −0.29 | 连续下降 |
| 少儿 | 10.12 | 11.20 | 12.51 | 1.08 | 1.31 | 连续上升 |
| 艺术 | 7.42 | 7.43 | 7.46 | 0.01 | 0.03 | 连续上升 |
| 生活 | 5.29 | 5.33 | 5.16 | 0.04 | −0.17 | 升-降 |
| 教育 | 21.76 | 20.79 | 20.02 | −0.97 | −0.77 | 连续下降 |

□ **49.4.4　定价区间结构与均价：均价增幅超 7% 跑赢 GDP 增速**

各价格区间中，"20～30 元"的码洋份额最高，为 25.21%，其后为"30～40 元"（22.22%）、"＞50 元"（22.17%）和"10～20 元"（18.28%），"40～50 元"（9.25%）和"≤10 元"（2.87%）的码洋份额较低。同比增长最多的是"＞50 元"区间，增长了 2.16 个百分点。零售均价如表 49.6 所示，整体及各类的零售均价不同程度上升。

表 49.6　近两年整体和各细分市场的图书均价比较

| 类别 | 2014 年均价（元） | 2015 年均价（元） | 同比升降（%） |
|------|------|------|------|
| 合计 | 26.30 | 28.22 | 7.30 |
| 文学 | 32.68 | 35.20 | 7.71 |
| 社科 | 32.65 | 35.02 | 7.26 |
| 科技 | 43.86 | 46.77 | 6.63 |
| 少儿 | 18.50 | 19.69 | 6.43 |
| 艺术 | 29.54 | 31.71 | 7.35 |
| 生活 | 29.36 | 30.70 | 4.56 |
| 教育 | 22.88 | 24.22 | 5.86 |

□ **49.4.5　出版年份结构：近两年图书市场份额逾半**

从码洋份额来看，2014 年版图书的码洋份额最高，为 32.43%；其次是

2015 年版新书,码洋份额为 23.23％;再次是 2013 年版图书,码洋份额为 17.04％。2014 年与 2015 年两年出版图书的码洋份额之和为 55.66％。从品种份额来看,2006~2010 年版图书的品种份额最高,为 20.96％;其次是 2013 年版图书和 2014 年版图书,分别为 17.91％和 17.36％。从动销品种数来看, 2006~2010 年版图书的品种数为 18.5354 万种;2013 年版图书为 15.8332 万种,2014 年版图书为 15.3463 万种。从单品贡献率来看,2014 年版图书、2015 年版新书和≤2000 年版图书的单品贡献率大于 1,分别为 1.87、1.79 和 1.06,其他年份出版图书均小于 1。

表 49.7　各出版年份的码洋份额、品种份额和单品贡献率

| 出版年份 | 码洋份额(％) | 动销品种 | 品种份额(％) | 单品贡献率(％) |
|---|---|---|---|---|
| 2015 年 | 23.23 | 114807 | 12.99 | 1.79 |
| 2014 年 | 32.43 | 153463 | 17.36 | 1.87 |
| 2013 年 | 17.04 | 158332 | 17.91 | 0.95 |
| 2012 年 | 10.42 | 134996 | 15.27 | 0.68 |
| 2011 年 | 6.04 | 101429 | 11.48 | 0.53 |
| 2006~2010 年 | 8.47 | 185354 | 20.96 | 0.40 |
| 2001~2005 年 | 0.92 | 23471 | 2.66 | 0.35 |
| ≤2000 年 | 1.45 | 12028 | 1.37 | 1.06 |

## 49.5　畅销书结构分析：线下原创童书火热　线上引进文学受追捧

2015 年度畅销书的分析主要基于商报·东方数据的监测数据和主要网店发布的数据,分别从实体店、主要网店和两者对比等三个方面展开。

### 49.5.1　实体店畅销书 TOP30：少儿类占 4 成　原创受追捧

根据商报·东方数据监测显示,2015 年实体店销售榜首书为《秘密花园：一本探索奇境的手绘涂色书》,为 2015 年版艺术类新书。《末日浮空城/查理九世 24》和《云朵上的学校/笑猫日记》分列第二、三位,两者均为中国本土原

创童书作品。

从零售类别来看,2015 年实体店销售最好的是少儿类,登榜图书多达 12 种,占 40.00%。其次是文学类,有 11 种入选,占 36.67%。社科类 4 种入围,占 13.33%,艺术类和科技类分别有 1 种和 2 种,分别占 3.33% 和 6.67%。2015 年度的全国图书市场中,文艺类畅销图书可谓"风起云涌、气势强劲"。其中,《秘密花园》如暴风般席卷各地,成为最畅销的图书;《解忧杂货铺》《三体》等图书也是继续保持着强劲的热销态势。2015 年度的"文艺时代"畅销图书,推进了整体图书市场的活跃和销售提升,功不可没。从出版单位来看,2015 年实体店销售最好的出版社(公司)是浙江少年儿童出版社,有 5 种入围,占 16.67%。南海出版公司有 4 种登榜,占 13.33%;湖南文艺出版社有 3 种,占 10.00%。从版权所在地来看,2015 年实体店销售最好的是境内图书,有 21 种登榜,占 70.00%;中国台湾地区有两种,约占 6.67%;其他引进版有 7 种,占 23.33%。

### □ 49.5.2　主要网店畅销书:文学类近乎垄断　引进版权火热

以当当、亚马逊、京东、文轩和博库等五大网店公布的 2015 年度畅销总榜 TOP50 图书为基础,按照一定的加权法进行重新排名,然后以总加权数的高低得到新的畅销榜单,即为最具权威、最具人气的网店畅销书榜。

加权的计算方法:每个网店榜单取均前 50 名图书,第一名计 50,第二名计 49,第三名计 48,以此类推。某本书的加权总数越高,就说明其在网店的销售越好,人气越高,反之亦然。加权后的畅销总榜 TOP30 如表 49.8 所示。

**表 49.8　2015 年度五大网店加权畅销总榜 TOP30**

| 序号 | 书名 | 作者 | 单位 | 定价(元) | 类别 |
|---|---|---|---|---|---|
| 1 | "秘密花园"系列 | [英]乔汉娜·贝斯福 | 北京联合 | 42.00 | 艺术 |
| 2 | "三体"系列 | 刘慈欣 | 重庆 | — | 文学 |
| 3 | 《解忧杂货店》 | [日]东野圭吾 | 南海 | 39.50 | 文学 |

续表

| 序号 | 书名 | 作者 | 单位 | 定价(元) | 类别 |
|------|------|------|------|----------|------|
| 4 | 《岛上书店》 | [美]加布瑞埃拉泽 | 江苏凤凰文艺 | 35.00 | 文学 |
| 5 | 《追风筝的人》 | [美]卡勒德·胡赛尼 | 上海人民 | 29.00 | 文学 |
| 6 | 《从你的全世界路过》 | 张嘉佳 | 湖南文艺 | 36.00 | 文学 |
| 7 | 《活着(余华经典著作)》 | 余华 | 作家 | 20.00 | 文学 |
| 8 | 《平凡的世界(全三册)》 | 路遥 | 北京十月文艺 | 79.80 | 文学 |
| 9 | 《摆渡人》 | [英]克莱儿·麦克福尔 | 百花洲文艺 | 36.00 | 文学 |
| 10 | 《乖,摸摸头》 | 大冰 | 湖南文艺 | 36.00 | 文学 |
| 11 | 《百年孤独》 | [哥]马尔克斯 | 南海 | 39.50 | 文学 |
| 12 | 《阿弥陀佛么么哒》 | 大冰 | 湖南文艺 | 38.00 | 文学 |
| 13 | 《偷影子的人》 | [法]马克·李维 | 湖南文艺 | 29.80 | 文学 |
| 14 | "小王子"系列 | [法]圣埃克苏佩里 | 天津人民/中国华侨 | — | 少儿 |
| 15 | 《从0到1:开启商业与未来的秘密》 | [美]蒂尔等 | 中信 | 45.00 | 社科 |
| 16 | 《皮囊》 | 蔡崇达 | 天津人民 | 39.80 | 文学 |
| 17 | 《自控力》 | [美]凯利·麦格尼格尔 | 文化发展 | 39.80 | 社科 |
| 18 | 《狼图腾(修订版)》 | 姜戎 | 长江文艺 | 39.80 | 文学 |
| 19 | 《目送:龙应台"人生三书"之三(彩插新版)》 | (中国台湾)龙应台 | 广西师大 | 43.00 | 文学 |
| 20 | 《我不喜欢这世界,我只喜欢你》 | 乔一 | 湖南少儿 | 29.80 | 少儿 |
| 21 | 《你的孤独,虽败犹荣》 | 刘同 | 中信 | 39.80 | 文学 |
| 22 | 《白夜行》 | [日]东野圭吾 | 南海 | 39.50 | 文学 |
| 23 | 《将来的你,一定会感谢现在拼命的自己》 | 汤木 | 天津人民 | 32.00 | 社科 |
| 24 | 《窗边的小豆豆》 | [日]黑柳彻子 | 南海 | 25.00 | 少儿 |

续表

| 序号 | 书名 | 作者 | 单位 | 定价(元) | 类别 |
|---|---|---|---|---|---|
| 25 | 《一个人的朝圣》 | [英]蕾秋·乔伊斯 | 北京联合 | 32.80 | 文学 |
| 26 | 《不一样的卡梅拉　全套(1～12 册)》 | [法]克利斯提昂约里波瓦 | 二十一世纪 | 120.00 | 少儿 |
| 27 | 《三毛:撒哈拉的故事》 | (中国台湾)三毛 | 北京十月文艺 | 24.00 | 文学 |
| 28 | 《不要让未来的你,讨厌现在的自己》 | 特立独行的猫 | 武汉 | 32.80 | 社科 |
| 29 | 《麦田里的守望者》 | [美]J.D.塞林格 | 译林 | 28.00 | 文学 |
| 30 | 《我与世界只差一个你》 | 张皓宸 | 天津人民 | 36.00 | 文学 |

说明:本表中将同一家出版社的不同版本(平装和精装、单本和套装等)的同名图书和搭售同类的图书均归为同一种,如"秘密花园"系列、"小王子"系列、"三体"系列等。

2015 年网店销售前三名是"秘密花园"系列、"三体"系列和《解忧杂货店》,其中后两种属于文学类,出版于 2015 年以前;前一种属于艺术类,且为 2015 年版。中国本土作家刘慈欣的科幻巨作"三体"系列获第 73 届雨果奖,被誉为中国当代最杰出的科幻小说,将中国科幻推上了世界的高度。该书最初于 2006 年起在《科幻世界》连载,2008 年开始由重庆出版社出版单行本,仍受到广大读者的追捧。日本著名悬疑小说家东野圭吾的《解忧杂货店》是继《白夜行》之后最受欢迎的作品,在日本获中央公论文艺奖。南海出版公司在 2014 年 5 月出版中文简体版之后,在中国内地引起了悬疑小说的阅读热潮。

从零售类别来看,2015 年网店最畅销的门类是文学类(尤其是小说类),在前 30 名中就有 21 种,占 70.00%;少儿类和社科类各有 4 种;艺术类仅有 1 种,但表现最佳,已如上述。从出版时间来看,2015 年网店最畅销的是 2012 年及以前版,有 11 种;2014 年版以 10 种紧随其后;2013 年版和 2015 年版入选图书相差不大,分别排在第 3、4 位。从出版单位来看,2015 年网店销售最好的出版社(公司)是湖南文艺出版社、天津人民出版社和南海出版公司,各有 4 种。中信出版社、北京十月文艺出版社和北京联合出版公司等略低于前 3

家,各有两种。从版权所在地来看,2015 年网店最畅销的是引进版图书,其中中国台湾有两种,欧、美、日等发达国家(地区)有 15 种。尤其是在前五名中,来自英、美、日三国的就占了 4 种。可见,欧、美、日等发达国家(地区)的原创智力成果在中西文化交流中占有更主动的地位,影响力不容小觑。

### □ 49.5.3  实体店与主要网店畅销书比较

从具体图书来看,不论是在实体店,还是在主要网店,2015 年最大的黑马非《秘密花园》莫属。除了《秘密花园》之外,《追风筝的人》《平凡的世界》《目送》《狼图腾(修订版)》《解忧杂货店》《从你的全世界路过》《窗边的小豆豆》等也都在实体店和网店具有超高人气。

按照上述实体店和网店前 30 名畅销书入榜情况,从三个方面对比可以发现:从零售类别来看,实体店的少儿类图书销售最好,网店的文学类图书销售最好;艺术类表现旗鼓相当;社科类图书在网店的销售要好于实体店,而科技类图书在实体店的销售好于网店。从出版单位来看,浙江少儿出版社在实体店表现较好;湖南文艺出版社和南海出版公司在实体店和网店的销售都不错;天津人民出版社在网店的销售要远远优于实体店。从版权所在地来看,读者大概更喜欢从网店购买引进版,而更倾向于从实体店购买境内图书。

## 49.6  图书销售与借阅比较

### □ 49.6.1  年份分析:新书销售表现强于阅读表现

从销售册数年份来看,2013 年及以前版图书所占比例最大,册数占合计册数的 46.99%;2014 年版图书屈居亚军,占 30.86%;2015 年版新书占22.15%。近两年出版的新书和次新书超过半数,在销售图书中占重要份额。从图书借阅册数年份来看,2013 年及以前版图书占据压倒性优势,册数占合计册数的 80.25%;2014 年版图书稍显不足,占 16.24%;2015 年版新书仅占 3.50%。

### □ 49.6.2　结构分析：教育类销售份额最高　文学类阅读表现最佳

分析细分市场销售和借阅结构，教育类图书销售数远大于借阅数，销售册数份额为 31.12％，借阅册数份额为 5.70％，两者相差 25.42 个百分点；社科类销售册数份额为 18.67％，借阅册数份额为 15.53％，两者相差 3.14 个百分点；艺术类销售册数份额为 4.24％，借阅册数份额为 2.19％，两者相差 2.05 个百分点。以上数据表明，基础教育、社科政治和艺术图书等类别，个人购买力较其他门类要强。文学类图书销售数远小于借阅数，销售册数份额为 11.16％，借阅册数份额为 38.31％，销售逊于借阅 27.15 个百分点。其次是科技类，销售册数份额为 5.38％，借阅册数份额为 7.11％，销售逊于借阅 1.73 个百分点。由此可见，相对购买群体，文学类的阅读群体最为庞大，科技类次之。

## □ 49.7　2015 年出版社份额排行榜、图书排行榜

表 49.9　2015 年出版社码洋份额零售排行——整体市场 TOP50

| 排名 | 出版单位 | 码洋份额（％） | 2014 年码洋份额（％） | 码洋份额同比增减（百分点） | 2014 年排名 |
|---|---|---|---|---|---|
| 1 | 商务印书馆 | 2.61 | 2.78 | −0.17 | 1 |
| 2 | 人民 | 2.51 | 1.71 | 0.80 | 4 |
| 3 | 机械工业 | 1.89 | 1.94 | −0.05 | 3 |
| 4 | 人民邮电 | 1.65 | 2.44 | −0.79 | 2 |
| 5 | 湖南文艺 | 1.64 | 1.54 | 0.10 | 9 |
| 6 | 北京联合 | 1.59 | 0.85 | 0.74 | 29 |
| 7 | 浙江少儿 | 1.59 | 1.71 | −0.12 | 5 |
| 8 | 中信 | 1.58 | 1.29 | 0.29 | 13 |
| 9 | 化学工业 | 1.55 | 1.64 | −0.09 | 6 |
| 10 | 外研社 | 1.54 | 1.44 | 0.10 | 12 |
| 11 | 电子工业 | 1.54 | 1.55 | −0.01 | 8 |
| 12 | 陕西人教 | 1.41 | 1.63 | −0.22 | 7 |
| 13 | 长江文艺 | 1.40 | 1.48 | −0.08 | 10 |

续表

| 排名 | 出版单位 | 码洋份额(%) | 2014年码洋份额(%) | 码洋份额同比增减(百分点) | 2014年排名 |
|---|---|---|---|---|---|
| 14 | 中国华侨 | 1.35 | 1.46 | −0.11 | 11 |
| 15 | 人民文学 | 1.20 | 1.07 | 0.13 | 15 |
| 16 | 教育科学 | 1.16 | 1.07 | 0.09 | 16 |
| 17 | 外文 | 1.13 | 0.34 | 0.79 | 78 |
| 18 | 党建读物 | 1.07 | 0.07 | 1.00 | 262 |
| 19 | 中少总社 | 1.04 | 1.13 | −0.09 | 14 |
| 20 | 二十一世纪 | 1.03 | 0.96 | 0.07 | 20 |
| 21 | 南海 | 0.99 | 0.88 | 0.11 | 26 |
| 22 | 清华大学 | 0.99 | 0.94 | 0.05 | 23 |
| 23 | 龙门书局 | 0.99 | 1.04 | −0.05 | 17 |
| 24 | 童趣 | 0.97 | 0.00 | 0.97 | 0 |
| 25 | 明天 | 0.94 | 0.85 | 0.09 | 30 |
| 26 | 华东师大 | 0.94 | 0.94 | 0.00 | 22 |
| 27 | 北京教育 | 0.90 | 0.97 | −0.07 | 18 |
| 28 | 译林 | 0.86 | 0.86 | 0.00 | 28 |
| 29 | 中国青年 | 0.85 | 0.88 | −0.03 | 25 |
| 30 | 江苏文艺 | 0.84 | 0.80 | 0.04 | 33 |
| 31 | 人民卫生 | 0.83 | 0.91 | −0.08 | 24 |
| 32 | 吉林出版集团 | 0.78 | 0.81 | −0.03 | 31 |
| 33 | 上海交大 | 0.78 | 0.87 | −0.09 | 27 |
| 34 | 中华书局 | 0.77 | 0.69 | 0.08 | 36 |
| 35 | 重庆 | 0.75 | 0.51 | 0.24 | 48 |
| 36 | 接力 | 0.75 | 0.78 | −0.03 | 34 |
| 37 | 广西师大 | 0.72 | 0.63 | 0.09 | 39 |
| 38 | 高等教育 | 0.71 | 0.63 | 0.08 | 40 |
| 39 | 北京大学 | 0.65 | 0.66 | −0.01 | 38 |
| 40 | 中国地图 | 0.62 | 0.59 | 0.03 | 41 |
| 41 | 长江少儿 | 0.62 | 0.95 | −0.33 | 21 |
| 42 | 十月文艺 | 0.61 | 0.53 | 0.08 | 46 |
| 43 | 学习 | 0.61 | 0.96 | −0.35 | 19 |
| 44 | 人民大学 | 0.61 | 0.56 | 0.05 | 44 |
| 45 | 首都师大 | 0.60 | 0.80 | −0.20 | 32 |

续表

| 排名 | 出版单位 | 码洋份额(%) | 2014 年码洋<br>份额(%) | 码洋份额同比<br>增减(百分点) | 2014 年排名 |
|------|---------|-------------|------------------------|------------------------------|-------------|
| 46 | 上海大学 | 0.60 | 0.67 | −0.07 | 37 |
| 47 | 中国法制 | 0.60 | 0.45 | 0.15 | 57 |
| 48 | 华夏 | 0.59 | 0.59 | 0.00 | 42 |
| 49 | 法律 | 0.56 | 0.44 | 0.12 | 60 |
| 50 | 安徽少儿 | 0.54 | 0.44 | 0.10 | 59 |

**表 49.10　2015 年出版社码洋份额排行——社科类 TOP10**

| 排名 | 出版单位 | 码洋份额(%) | 动销品种 | 品种份额(%) | 2014 年排名 |
|------|---------|-------------|----------|-------------|-------------|
| 1 | 人民 | 10.07 | 6073 | 3.07 | 1 |
| 2 | 中信 | 5.38 | 2102 | 1.06 | 2 |
| 3 | 党建读物 | 4.63 | 204 | 0.10 | 58 |
| 4 | 外文 | 3.91 | 537 | 0.27 | 74 |
| 5 | 中国华侨 | 3.59 | 2604 | 1.32 | 4 |
| 6 | 机械工业 | 2.81 | 4337 | 2.20 | 5 |
| 7 | 学习 | 2.63 | 209 | 0.11 | 3 |
| 8 | 中国法制 | 2.47 | 4401 | 2.23 | 7 |
| 9 | 法律 | 2.38 | 6146 | 3.11 | 9 |
| 10 | 北京联合 | 2.18 | 1448 | 0.73 | 17 |

**表 49.11　2015 年出版社码洋份额排行——艺术类 TOP10**

| 排名 | 出版单位 | 码洋份额(%) | 动销品种 | 品种份额(%) | 2014 年排名 |
|------|---------|-------------|----------|-------------|-------------|
| 1 | 北京联合 | 7.02 | 232 | 0.35 | 57 |
| 2 | 人民邮电 | 6.44 | 1537 | 2.33 | 1 |
| 3 | 湖北美术 | 5.45 | 1533 | 2.32 | 2 |
| 4 | 上海交大 | 4.42 | 479 | 0.73 | 3 |
| 5 | 中国青年 | 3.66 | 1393 | 2.11 | 5 |
| 6 | 上海音乐 | 3.09 | 2482 | 3.76 | 6 |
| 7 | 人民音乐 | 2.81 | 1902 | 2.88 | 7 |
| 8 | 湖南文艺 | 2.43 | 883 | 1.34 | 4 |
| 9 | 江西美术 | 2.38 | 1469 | 2.23 | 8 |
| 10 | 水利水电 | 2.33 | 475 | 0.72 | 10 |

表 49.12　2015 年出版社码洋份额排行——科技类 TOP10

| 排名 | 出版单位 | 码洋份额（%） | 动销品种 | 品种份额（%） | 2014 年排名 |
|---|---|---|---|---|---|
| 1 | 人民卫生 | 8.93 | 9032 | 4.76 | 1 |
| 2 | 机械工业 | 8.22 | 14235 | 7.51 | 2 |
| 3 | 人民邮电 | 7.63 | 6634 | 3.50 | 4 |
| 4 | 化学工业 | 6.96 | 11861 | 6.26 | 5 |
| 5 | 清华大学 | 6.34 | 9817 | 5.18 | 6 |
| 6 | 建筑工业 | 5.35 | 6381 | 3.37 | 3 |
| 7 | 电子工业 | 5.20 | 7440 | 3.92 | 7 |
| 8 | 中国电力 | 3.85 | 5903 | 3.11 | 9 |
| 9 | 科学 | 3.63 | 12394 | 6.54 | 8 |
| 10 | 医药科技 | 3.62 | 2325 | 1.23 | 11 |

表 49.13　2015 年出版社码洋份额排行——生活类 TOP10

| 排名 | 出版单位 | 码洋份额（%） | 动销品种 | 品种份额（%） | 2014 年排名 |
|---|---|---|---|---|---|
| 1 | 中国地图 | 10.76 | 1205 | 2.64 | 1 |
| 2 | 江苏科技 | 6.61 | 996 | 2.18 | 3 |
| 3 | 化学工业 | 5.83 | 1830 | 4.01 | 2 |
| 4 | 吉林科技 | 3.28 | 1349 | 2.96 | 5 |
| 5 | 轻工业 | 2.75 | 758 | 1.66 | 6 |
| 6 | 电子工业 | 2.53 | 882 | 1.93 | 8 |
| 7 | 天津科技 | 2.26 | 416 | 0.91 | 11 |
| 8 | 中国华侨 | 2.26 | 298 | 0.65 | 9 |
| 9 | 人民邮电 | 2.06 | 843 | 1.85 | 10 |
| 10 | 江西科技 | 2.02 | 311 | 0.68 | 17 |

表 49.14　2015 年出版社码洋份额——文学类 TOP10

| 排名 | 出版单位 | 码洋份额（%） | 动销品种 | 品种份额（%） | 2014 年排名 |
|---|---|---|---|---|---|
| 1 | 湖南文艺 | 7.70 | 1137 | 1.21 | 2 |
| 2 | 长江文艺 | 6.56 | 2219 | 2.37 | 1 |
| 3 | 人民文学 | 6.06 | 3249 | 3.47 | 3 |
| 4 | 南海 | 5.23 | 933 | 1.00 | 5 |
| 5 | 译林 | 4.31 | 1779 | 1.90 | 4 |

续表

| 排名 | 出版单位 | 码洋份额(%) | 动销品种 | 品种份额(%) | 2014 年排名 |
|------|----------|-------------|----------|-------------|-------------|
| 6 | 十月文艺 | 4.21 | 504 | 0.54 | 6 |
| 7 | 江苏文艺 | 3.78 | 2575 | 2.75 | 7 |
| 8 | 北京联合 | 3.10 | 1316 | 1.41 | 9 |
| 9 | 作家 | 2.57 | 2074 | 2.22 | 8 |
| 10 | 重庆 | 2.32 | 1142 | 1.22 | 13 |

**表 49.15　2015 年出版社码洋份额排行——少儿类 TOP10**

| 排名 | 出版单位 | 码洋份额(%) | 动销品种 | 品种份额(%) | 2014 年排名 |
|------|----------|-------------|----------|-------------|-------------|
| 1 | 浙江少儿 | 9.11 | 3220 | 2.91 | 1 |
| 2 | 中少总社 | 5.69 | 2179 | 1.97 | 6 |
| 3 | 明天 | 5.50 | 1693 | 1.53 | 3 |
| 4 | 二十一世纪 | 5.41 | 2968 | 2.68 | 4 |
| 5 | 童趣 | 5.22 | 2974 | 2.69 | 0 |
| 6 | 接力 | 3.60 | 1722 | 1.56 | 7 |
| 7 | 长江少儿 | 3.35 | 3188 | 2.88 | 2 |
| 8 | 安徽少儿 | 2.93 | 2682 | 2.42 | 8 |
| 9 | 华夏 | 2.00 | 822 | 0.74 | 10 |
| 10 | 同心 | 1.83 | 809 | 0.73 | 9 |

**表 49.16　2015 年出版社码洋份额排行——教育类 TOP10**

| 排名 | 出版单位 | 码洋份额(%) | 动销品种 | 品种份额(%) | 2014 年排名 |
|------|----------|-------------|----------|-------------|-------------|
| 1 | 商务印书馆 | 8.80 | 1773 | 1.00 | 1 |
| 2 | 外研社 | 5.25 | 6403 | 3.62 | 3 |
| 3 | 陕西人教 | 5.21 | 2165 | 1.22 | 2 |
| 4 | 教育科学 | 4.27 | 2542 | 1.44 | 4 |
| 5 | 龙门书局 | 3.57 | 2344 | 1.32 | 5 |
| 6 | 华东师大 | 3.10 | 3418 | 1.93 | 6 |
| 7 | 北京教育 | 2.67 | 3703 | 2.09 | 7 |
| 8 | 首都师大 | 2.21 | 1814 | 1.03 | 8 |
| 9 | 上海大学 | 2.13 | 1213 | 0.69 | 9 |
| 10 | 上海交大 | 1.85 | 2300 | 1.30 | 10 |

334

表 49.17　2015 年全国市场图书零售排行 TOP50

| 排名 | 图书书名 | 定价(元) | 版别 | 覆盖率(%) |
|---|---|---|---|---|
| 1 | 《秘密花园:一本探索奇境的手绘涂色书》 | 42.00 | 北京联合 | 32.4 |
| 2 | 《末日浮空城/查理九世 24》 | 15.00 | 浙江少儿 | 44.2 |
| 3 | 《云朵上的学校/笑猫日记》 | 15.00 | 明天 | 43.4 |
| 4 | 《稻草人之乡/查理九世 25》 | 15.00 | 浙江少儿 | 35.5 |
| 5 | 《习近平用典》 | 39.00 | 人民日报 | 39.6 |
| 6 | 《追风筝的人》 | 29.00 | 上海人民 | 52.5 |
| 7 | 《窗边的小豆豆》 | 25.00 | 南海 | 66.5 |
| 8 | 《平凡的世界(全三册)》 | 79.80 | 十月文艺 | 57.3 |
| 9 | 《解忧杂货店》 | 39.50 | 南海 | 40.3 |
| 10 | 《青蛙合唱团/笑猫日记》 | 15.00 | 明天 | 33.6 |
| 11 | 《香巴拉·世界的尽头/查理九世 23》 | 15.00 | 浙江少儿 | 55.1 |
| 12 | 《目送(插图新版)/人生三书之三》 | 43.00 | 广西师大 | 44.9 |
| 13 | 《狼王梦/动物小说大王沈石溪·品藏书系》 | 18.00 | 浙江少儿 | 61.9 |
| 14 | 《白雪公主小剧团/淘气包马小跳系列(典藏版)》 | 16.00 | 浙江少儿 | 42.2 |
| 15 | 《狼图腾(修订版)》 | 39.80 | 长江文艺 | 35.7 |
| 16 | 《中华人民共和国安全生产法(最新修订)》 | 5.00 | 中国法制 | 27.3 |
| 17 | 《从你的全世界路过》 | 36.00 | 湖南文艺 | 53.1 |
| 18 | 《百年孤独》 | 39.50 | 南海 | 65.8 |
| 19 | 《汽车驾驶模拟培训实用教材》 | 10.00 | 中国书籍 | 0.1 |
| 20 | 《全球能源互联网》 | 96.00 | 中国电力 | 4.6 |
| 21 | 《和爷爷一起逃亡/曹文轩小说馆》 | 18.00 | 二十一世纪 | 6.1 |
| 22 | 《乖,摸摸头》 | 36.00 | 湖南文艺 | 39.1 |
| 23 | 《草房子/曹文轩纯美小说系列》 | 18.00 | 江苏少儿 | 59.4 |
| 24 | 《三体/中国科幻基石丛书》 | 23.00 | 重庆 | 28.0 |
| 25 | 《中华人民共和国安全生产法(2014 最新修正版)》 | 5.00 | 法律 | 24.5 |

续表

| 排名 | 图书书名 | 定价(元) | 版别 | 覆盖率(%) |
|---|---|---|---|---|
| 26 | 《骆驼祥子/老舍集》 | 25.00 | 南海 | 57.7 |
| 27 | 《小怪物的生日萝卜汤/保卫萝卜神器战士故事系列》 | 13.00 | 中少总社 | 20.1 |
| 28 | 《会飞的水果/保卫萝卜神器战士故事系列》 | 13.00 | 中少总社 | 19.9 |
| 29 | 《"大抗战"知识读本》 | 38.00 | 学习 | 14.4 |
| 30 | 《阿弥陀佛么么哒》 | 38.00 | 湖南文艺 | 27.5 |
| 31 | 《白夜行/东野圭吾作品 02》 | 39.50 | 南海 | 42.8 |
| 32 | 《偷影子的人/博集·外国文学馆》 | 29.80 | 湖南文艺 | 45.1 |
| 33 | 《大清相国(典藏版)》 | 38.00 | 湖南文艺 | 48.7 |
| 34 | 《何以笙箫默》 | 25.00 | 沈阳 | 45.0 |
| 35 | 《红岩(第 3 版)》 | 26.00 | 中国青年 | 52.8 |
| 36 | 《魔法森林/秘密花园 2》 | 42.00 | 北京联合 | 29.5 |
| 37 | 《万达哲学》 | 49.00 | 中信 | 21.3 |
| 38 | 《邪恶暗影中的迷失者/怪物大师 14》 | 15.00 | 接力 | 38.8 |
| 39 | 《勇闯傻瓜林/超级笑笑鼠鼠 9(美绘拼音版)》 | 15.00 | 二十一世纪 | 10.0 |
| 40 | 《红楼梦(经典珍藏版)/光明岛》 | 128.00 | 光明日报 | 0.9 |
| 41 | 《黑贝街的亡灵/查理九世 1》 | 15.00 | 浙江少儿 | 63.4 |
| 42 | 《黑雾侏罗纪/查理九世 20》 | 15.00 | 浙江少儿 | 58.7 |
| 43 | 《所罗门王的魔戒/查理九世 22》 | 15.00 | 浙江少儿 | 56.8 |
| 44 | 《夏洛的网(新)》 | 26.00 | 上海译文 | 33.2 |
| 45 | 《吃狼奶的羊/沈石溪新作》 | 22.00 | 明天 | 21.0 |
| 46 | 《谷子遇见豆子/彩乌鸦中文原创系列》 | 16.00 | 二十一世纪 | 12.4 |
| 47 | 《看见》 | 39.80 | 广西师大 | 58.7 |
| 48 | 《吸血鬼公墓/查理九世 6》 | 15.00 | 浙江少儿 | 61.4 |
| 49 | 《鬼公主的嫁衣/查理九世 13》 | 15.00 | 浙江少儿 | 60.0 |
| 50 | 《恐怖的巫女面具/查理九世 2》 | 15.00 | 浙江少儿 | 62.1 |

336

表 49.18　2015 年全国细分市场图书零售排行——社科类 TOP10

| 排名 | 图书书名 | 定价(元) | 版别 | 覆盖率(%) |
|---|---|---|---|---|
| 1 | 《习近平总书记系列重要讲话读本》 | 13.00 | 学习 | 54.6 |
| 2 | 《中国共产党廉洁自律准则 中国共产党纪律处分条例》 | 6.00 | 中国方正 | 19.3 |
| 3 | 《习近平谈治国理政》 | 80.00 | 外文 | 47.3 |
| 4 | 《中国共产党章程》 | 3.50 | 人民 | 57.3 |
| 5 | 《法治热点面对面——理论热点面对面·2015》 | 18.00 | 学习 | 37.2 |
| 6 | 《习近平关于党风廉政建设和反腐败斗争论述摘编》 | 14.30 | 中国方正 | 34.0 |
| 7 | 《中国共产党廉洁自律准则 中国共产党纪律处分条例》 | 6.00 | 中国法制 | 16.6 |
| 8 | 《永葆清正廉洁的政治本色》 | 29.00 | 党建读物 | 26.1 |
| 9 | 《领导力与领导艺术》 | 30.00 | 党建读物 | 27.6 |
| 10 | 《做好新形势下的群众工作》 | 33.00 | 党建读物 | 26.1 |

表 49.19　2015 年全国细分市场图书零售排行——艺术类 TOP10

| 排名 | 图书书名 | 定价(元) | 版别 | 覆盖率(%) |
|---|---|---|---|---|
| 1 | 《秘密花园:一本探索奇境的手绘涂色书》 | 42.00 | 北京联合 | 32.4 |
| 2 | 《魔法森林/秘密花园 2》 | 42.00 | 北京联合 | 29.5 |
| 3 | 《奇幻梦境:一本漫游奇境的手绘涂画书》 | 49.90 | 北京联合 | 23.0 |
| 4 | 《楷书/书法等级考试教程》 | 12.00 | 山西人民 | 50.1 |
| 5 | 《特制硬笔临摹本(纸)》 | 10.00 | 湖北美术 | 40.9 |
| 6 | 《行书/书法等级考试教程》 | 12.00 | 山西人民 | 46.5 |
| 7 | 《行楷/书法等级考试教程》 | 12.00 | 山西人民 | 47.8 |
| 8 | 《田英章楷书 7000 常用字/华夏万卷》 | 15.00 | 上海交大 | 27.1 |
| 9 | 《7 天学会行楷/墨点字帖》 | 12.00 | 湖北美术 | 42.6 |
| 10 | 《楷书向行楷过渡/书法等级考试教程》 | 12.00 | 山西人民 | 46.1 |

表 49.20　2015 年全国细分市场图书零售排行——科技类 TOP10

| 排名 | 图书书名 | 定价(元) | 版别 | 覆盖率(%) |
|---|---|---|---|---|
| 1 | 《汽车驾驶模拟培训实用教材》 | 10.00 | 中国书籍 | 0.1 |
| 2 | 《全球能源互联网》 | 96.00 | 中国电力 | 4.6 |
| 3 | 《时间简史(插图本)》 | 45.00 | 湖南科技 | 51.9 |
| 4 | 《昆虫记(经典译林)》 | 21.80 | 译林 | 35.8 |
| 5 | 《(2015)建设工程施工管理/二级建造师考试》 | 51.00 | 建筑工业 | 17.6 |
| 6 | 《(2015)建设工程法规及相关知识/二级建造师考试》 | 58.00 | 建筑工业 | 17.1 |
| 7 | 《安全驾驶从这里开始(第二版)(适用车型 C1、C2、C3)》 | 40.00 | 人民交通 | 5.3 |
| 8 | 《果壳中的宇宙》 | 42.00 | 湖南科技 | 40.8 |
| 9 | 《药事管理与法规(2015 国家执业药师考试指南)》 | 99.00 | 医药科技 | 16.0 |
| 10 | 《建设工程项目管理/全国一级建造师执业资格考试用书》 | 59.00 | 建筑工业 | 13.1 |

表 49.21　2015 年全国细分市场图书零售排行——生活类 TOP10

| 排名 | 图书书名 | 定价(元) | 版别 | 覆盖率(%) |
|---|---|---|---|---|
| 1 | 《乡土浙江及周边省市古村镇行走指南(含上海　安徽　江苏　福建　江西)》 | 48.00 | 中国地图 | 3.0 |
| 2 | 《疯了! 桂宝·13,如意卷》 | 39.80 | 测绘 | 23.5 |
| 3 | 《疯了! 桂宝·14,电影卷》 | 39.80 | 测绘 | 19.9 |
| 4 | 《中国地图(2015)》 | 6.00 | 山东地图 | 21.3 |
| 5 | 《新编中华人民共和国地图(1:6000000)》 | 6.00 | 中国地图 | 53.7 |
| 6 | 《关于我最喜欢的他》 | 39.80 | 中国友谊 | 11.0 |
| 7 | 《中国知识地图(大字版)》 | 19.80 | 中国地图 | 22.3 |
| 8 | 《朱斌漫画精选集5》 | 20.00 | 黑龙江美术 | 13.5 |
| 9 | 《世界知识地图(大字版)》 | 19.80 | 中国地图 | 24.5 |
| 10 | 《中国地图(知识版)》 | 15.00 | 中国地图 | 37.8 |

表 49.22　2015 年全国细分市场图书零售排行——文学类 TOP10

| 排名 | 图书书名 | 定价(元) | 版别 | 覆盖率(%) |
|---|---|---|---|---|
| 1 | 《追风筝的人》 | 29.00 | 上海人民 | 52.5 |
| 2 | 《平凡的世界(全三册)》 | 79.80 | 十月文艺 | 57.3 |
| 3 | 《解忧杂货店》 | 39.50 | 南海 | 40.3 |
| 4 | 《目送(插图新版)/人生三书之三》 | 43.00 | 广西师大 | 44.9 |
| 5 | 《狼图腾(修订版)》 | 39.80 | 长江文艺 | 35.7 |
| 6 | 《从你的全世界路过》 | 36.00 | 湖南文艺 | 53.1 |
| 7 | 《百年孤独》 | 39.50 | 南海 | 65.8 |
| 8 | 《乖,摸摸头》 | 36.00 | 湖南文艺 | 39.1 |
| 9 | 《三体/中国科幻基石丛书》 | 23.00 | 重庆 | 28.0 |
| 10 | 《骆驼祥子/老舍集》 | 25.00 | 南海 | 57.7 |

表 49.23　2015 年全国细分市场图书零售排行——少儿类 TOP10

| 排名 | 图书书名 | 定价(元) | 版别 | 覆盖率(%) |
|---|---|---|---|---|
| 1 | 《末日浮空城/查理九世 24》 | 15.00 | 浙江少儿 | 44.2 |
| 2 | 《云朵上的学校/笑猫日记》 | 15.00 | 明天 | 43.4 |
| 3 | 《稻草人之乡/查理九世 25》 | 15.00 | 浙江少儿 | 35.5 |
| 4 | 《窗边的小豆豆》 | 25.00 | 南海 | 66.5 |
| 5 | 《青蛙合唱团/笑猫日记》 | 15.00 | 明天 | 33.6 |
| 6 | 《香巴拉·世界的尽头/查理九世 23》 | 15.00 | 浙江少儿 | 55.1 |
| 7 | 《狼王梦/动物小说大王沈石溪·品藏书系》 | 18.00 | 浙江少儿 | 61.9 |
| 8 | 《白雪公主小剧团/淘气包马小跳系列(典藏版)》 | 16.00 | 浙江少儿 | 42.2 |
| 9 | 《和爷爷一起逃亡/曹文轩小说馆》 | 18.00 | 二十一世纪 | 6.1 |
| 10 | 《草房子/曹文轩纯美小说系列》 | 18.00 | 江苏少儿 | 59.4 |

表 49.24　2015 年全国细分市场图书零售排行——教育类 TOP10

| 排名 | 图书书名 | 定价(元) | 版别 | 覆盖率(%) |
|---|---|---|---|---|
| 1 | 《现代汉语词典(第 6 版)》 | 95.00 | 商务印书馆 | 66.8 |
| 2 | 《新华字典(第 11 版)(双色本)》 | 24.90 | 商务印书馆 | 66.6 |

续表

| 排名 | 图书书名 | 定价(元) | 版别 | 覆盖率(%) |
|---|---|---|---|---|
| 3 | 《古汉语常用字字典(第4版)》 | 32.00 | 商务印书馆 | 68.3 |
| 4 | 《牛津高阶英汉双解词典(第8版)(含光盘)》 | 138.00 | 商务印书馆 | 52.8 |
| 5 | 《新华字典(第11版)》 | 19.90 | 商务印书馆 | 61.2 |
| 6 | 《朗文·外研社新概念英语2(新版)》 | 38.90 | 外研社 | 59.9 |
| 7 | 《新概念英语(1)(新版)——英语初阶》 | 29.90 | 外研社 | 61.2 |
| 8 | 《七年级语文(上)/人教实验版/中学教材全解》 | 25.80 | 陕西人教 | 32.8 |
| 9 | 《古代汉语词典(第2版)》 | 119.90 | 商务印书馆 | 41.2 |
| 10 | 《奋发向上　崇德向善(小学中高年级读本)》 | 7.00 | 中国妇女 | 0.4 |

【链接:《中国出版传媒商报》2016.1.26,商报·东方数据专题组,毛丽颖、郑佳、阎海文/执笔,《2015全国图书零售市场综述》】

# 第 50 章　中国图书世界馆藏影响力调查报告(2015 版)

截至目前,基于世界图书馆收藏中文图书的书目数据,对中国图书的世界影响力进行研究和分析,这一项目我们已经进行了四年。每年报告发布时,我们都要将这项研究的理论依据进行重申,即在传播学领域,通常用文化标志物在所传播地区的到达率来衡量其传播范围、文化影响力的大小。一个国家、地区的图书馆系统拥有某本书的数量,代表了这本书在这个国家、地区馆藏影响力的水平,这种影响力包含了思想价值、学术水平及作者知名度、出版机构品牌等各种因素的认定。

这样的理论判断具有两个方面的逻辑前提。一是中文本身即是中华文明的一个标志性产品,汉语言的使用人口、使用频次、地理分布以及以汉语言为载体的文化产品种类,本身就是中华文化世界影响力大小的体现。尽管中国大陆出版机构开始逐步进入世界出版领域,这包含每年输出版权、资助翻译甚至直接出版英语、法语、西班牙语、阿拉伯语等其他民族、国家语言的出版物,但作为中华文化世界影响力的标志,我们仍然以汉语言为载体的中文出版物为主,探究以汉语言为载体的中国政治、经济、文化等内容的中文出版物在全球的流通轨迹。而世界图书馆系统的中文图书收藏数据,给出了中华文化在当今世界传播与影响的基本地理跨度。因此,我们判定中国中文图书在世界各国图书馆的收藏数据,是中国出版国际影响力的核心指标之一,这在理论上是成立的。

二是世界图书馆系统对于一本学术图书的选择,具有一个相对严谨的筛选体系,通常按照学科领域进行定期评估,选定一些核心出版社然后进行选购。再加上欧美图书馆系统,近些年图书采购经费一直没有恢复到 2008 年金融危机之前的水平,同时受制于馆藏空间的限制,对于中文图书的收藏差不多是精挑细选。因此,当今世界图书馆系统中文图书的收藏数据,可以看作是中文出版物所具有的思想价值、学术水平的检验,它是中国大陆出版机构知识生产水平高低的体现。

此外,评价中国图书的世界影响,理应还包括由中文对外输出的版权、直接以外文出版的中国主题图书、图书实物出口与销售、接受中国对外翻译资助所出版的各种外文图书。特别是一些由中国资助,由世界知名出版机构出版的外文版图书影响巨大,由于以对象国的语言文字出版,其传播范围的广度要比中文图书的影响更为广泛。但限于数据收集与研究资源占有的局限,目前还没有找到一条切实可行的研究路径,这也是本项研究未来努力的方向。但中文图书的世界馆藏影响力,目前是中国出版世界影响力研究的一个重要组成部分。

本报告是对中国大陆近 600 家出版社 2014 年全年出版的新品种(含2014 年再版)的图书所进行的监测和分析,目的有两个:一是发现中文图书的年度出版品种在国际市场上的基本信息反馈,探索图书出版与知识生产、思想创新的规律;二是发现中文图书在世界上最具竞争力的板块,为中国出版社拓展国际市场提供帮助。我们期望这种研究能进一步贴近业界需求,对出版社解渴、管用,而不是就学术研究而研究。

## 50.1　2015 年调查报告的数据条件说明

1. 本次报告数据来源:与往年的报告一样,基础数据为 OCLC(Online Computer Library Center)的 WORLDCAT 全世界图书馆联机书目数据,并以日本的 CiNii 数据库的数据,弥补 OCLC 数据偏重欧洲、北美地区的不足。

CiNii 包含了日本 1200 所大学图书馆的馆藏联合目录，其数据完全可以说明中文图书在日本的影响力情况。

2. OCLC 的 WORLDCAT 目录库目前覆盖全世界 2 万多家图书馆，书目数据约 3 亿条，近些年还增加了国家图书馆、上海图书馆、杭州图书馆的中文图书目录。由于国家图书馆具有版本库的意义，因此本报告数据扣除了国内三家图书馆的中文书目数据。

3. 本次检索中文图书的出版时间是 2014 年 1 月至 12 月，中国近 600 家出版社出版的所有中文图书，包括再版图书（所选为大陆地区出版社，不包括我国港澳台地区出版社）。

4. 与以往报告一样，出版社名称省略了近十年来新组建的出版集团名称，只有出版集团所属出版社名称。如当数据出现"重庆出版集团、重庆出版社"时，只记录为"重庆出版社"，省略了"重庆出版集团"。

5. 与 2014 年研究报告一样，本次排名去掉了全球 30 家以上图书馆收藏的数据条件限制，即 2014 年全年出版的图书品种中，只要有一种中文图书进入海外馆藏的出版社即进入排名。这样做，是为了更全面地探索中国出版业在世界影响力状况的发展实际。

6. 本次检索还参考了中国图书进出口（集团）总公司的中国图书海外销售数据。

## 50.2 中国图书世界馆藏影响力评估出版社推展

根据上述条件，我们在 2015 年 6 月 25 至 7 月 8 日，通过连续 2 周的数据抓取、检索和整理，发现 2014 年中国大陆共有 521 家出版社出版的 46359 种中文图书进入世界图书馆收藏系统，并得出如下排名。该统计数据展现出，2014 年中国大陆近 600 家出版社知识生产海外影响力的一个基本发展面貌（见表 50.1）。

**表 50.1 中国图书世界馆藏影响力评估出版社推展**

| 出版社 | 全球图书馆收藏品种数量 |
|---|---|
| 科学出版社 | 1444 |
| 中国社会科学出版社 | 1314 |
| 社会科学文献出版社 | 961 |
| 法律出版社 | 918 |
| 北京大学出版社 | 843 |
| 人民邮电出版社 | 683 |
| 经济科学出版社 | 664 |
| 人民出版社 | 646 |
| 清华大学出版社 | 627 |
| 中国文史出版社 | 604 |
| 中华书局 | 594 |
| 中国人民大学出版社 | 573 |
| 广西师范大学出版社 | 514 |
| 江苏文艺出版社 | 475 |
| 上海古籍出版社 | 455 |
| 上海人民出版社 | 440 |
| 机械工业出版社 | 422 |
| 化学工业出版社 | 402 |
| 商务印书馆 | 378 |
| 电子工业出版社 | 347 |
| 长江文艺出版社 | 323 |
| 中信出版社 | 320 |
| 民族出版社 | 311 |
| 文物出版社 | 307 |
| 东方出版社 | 301 |
| 作家出版社 | 301 |
| 中央编译出版社 | 291 |
| 浙江大学出版社 | 286 |
| 科学技术文献出版社 | 282 |
| 上海三联书店 | 275 |
| 新疆人民出版社 | 274 |
| 九州出版社 | 259 |

续表

| 出版社 | 全球图书馆收藏品种数量 |
|---|---|
| 中国法制出版社 | 257 |
| 吉林文史出版社 | 252 |
| 知识产权出版社 | 240 |
| 中州古籍出版社 | 238 |
| 天津人民美术出版社 | 236 |
| 华东师范大学出版社 | 234 |
| 人民文学出版社 | 231 |
| 北京师范大学出版社 | 225 |
| 山西人民出版社 | 221 |
| 文化艺术出版社 | 220 |
| 经济管理出版社 | 215 |
| 高等教育出版社 | 212 |
| 黄山书社 | 209 |
| 内蒙古人民出版社 | 205 |
| 中国政法大学出版社 | 205 |
| 复旦大学出版社 | 202 |
| 湖南文艺出版社 | 200 |
| 光明日报出版社 | 191 |
| 天津科学技术出版社 | 188 |
| 百花洲文艺出版社 | 188 |
| 江苏科学技术出版社 | 182 |
| 现代出版社 | 180 |
| 安徽美术出版社 | 179 |
| 吉林科学技术出版社 | 179 |
| 上海科学技术文献出版社 | 176 |
| 江苏人民出版社 | 174 |
| 厦门大学出版社 | 173 |
| 青岛出版社 | 173 |
| 中国经济出版社 | 171 |
| 中国华侨出版社 | 171 |
| 湖北科学技术出版社 | 166 |
| 安徽文艺出版社 | 163 |

续表

| 出版社 | 全球图书馆收藏品种数量 |
| --- | --- |
| 人民美术出版社 | 160 |
| 南京大学出版社 | 159 |
| 人民卫生出版社 | 157 |
| 新疆美术摄影出版社 | 156 |
| 北京科学技术出版社 | 154 |
| 新世界出版社 | 154 |
| 二十一世纪出版社 | 153 |
| 浙江古籍出版社 | 152 |
| 华中科技大学出版社 | 150 |
| 江西人民出版社 | 150 |
| 中国青年出版社 | 149 |
| 上海文艺出版社 | 147 |
| 东南大学出版社 | 147 |
| 武汉大学出版社 | 146 |
| 天津人民出版社 | 145 |
| 学苑出版社 | 144 |
| 齐鲁书社 | 143 |
| 四川大学出版社 | 143 |
| 上海科学技术出版社 | 140 |
| 人民军医出版社 | 138 |
| 方志出版社 | 138 |
| 安徽少年儿童出版社 | 135 |
| 贵州人民出版社 | 134 |
| 生活·读书·新知三联书店 | 133 |
| 山东人民出版社 | 133 |
| 浙江文艺出版社 | 133 |
| 新星出版社 | 132 |
| 中国纺织出版社 | 131 |
| 云南人民出版社 | 131 |
| 中国农业出版社 | 131 |
| 广东人民出版社 | 128 |
| 湖南人民出版社 | 128 |

续表

| 出版社 | 全球图书馆收藏品种数量 |
|---|---|
| 宗教文化出版社 | 127 |
| 译林出版社 | 127 |
| 浙江少年儿童出版社 | 125 |
| 中国医药科技出版社 | 124 |
| 上海社会科学院出版社 | 123 |
| 人民日报出版社 | 120 |
| 上海人民美术出版社 | 120 |
| 浙江人民美术出版社 | 119 |
| 中国水利水电出版社 | 118 |
| 湖北人民出版社 | 116 |
| 广西人民出版社 | 115 |
| 上海交通大学出版社 | 114 |
| 河南科学技术出版社 | 114 |
| 北京理工大学出版社 | 113 |
| 新华出版社 | 113 |
| 中国林业出版社 | 113 |
| 北岳文艺出版社 | 113 |
| 上海书店出版社 | 111 |
| 吉林美术出版社 | 111 |
| 辽宁美术出版社 | 111 |
| 辽宁人民出版社 | 111 |
| 当代中国出版社 | 110 |
| 上海辞书出版社 | 110 |
| 花城出版社 | 109 |
| 辽宁科学技术出版社 | 109 |
| 北京出版社 | 108 |
| 世界图书出版公司 | 108 |
| 接力出版社 | 107 |
| 中国人口出版社 | 106 |
| 花山文艺出版社 | 105 |
| 江西科学技术出版社 | 105 |
| 中国铁道出版社 | 104 |

续表

| 出版社 | 全球图书馆收藏品种数量 |
| --- | --- |
| 中国轻工业出版社 | 104 |
| 福建科学技术出版社 | 104 |
| 河北少年儿童出版社 | 104 |
| 中国建筑工业出版社 | 101 |
| 吉林大学出版社 | 101 |
| 中国书籍出版社 | 99 |
| 金城出版社 | 99 |
| 暨南大学出版社 | 99 |
| 中国言实出版社 | 98 |
| 湖南科学技术出版社 | 98 |
| 中共党史出版社 | 97 |
| 漓江出版社 | 97 |
| 北方文艺出版社 | 97 |
| 华夏出版社 | 96 |
| 南开大学出版社 | 96 |
| 浙江人民出版社 | 95 |
| 山东文艺出版社 | 94 |
| 中国科学技术出版社 | 93 |
| 北京工艺美术出版社 | 93 |
| 湖北美术出版社 | 93 |
| 黑龙江科学技术出版社 | 90 |
| 春风文艺出版社 | 89 |
| 中医古籍出版社 | 88 |
| 四川科学技术出版社 | 88 |
| 中国金融出版社 | 85 |
| 团结出版社 | 85 |
| 浙江科学技术出版社 | 85 |
| 中国中医药出版社 | 84 |
| 吉林人民出版社 | 84 |
| 北京十月文艺出版社 | 83 |
| 中国地图出版社 | 82 |
| 中国电力出版社 | 81 |

续表

| 出版社 | 全球图书馆收藏品种数量 |
| --- | --- |
| 上海译文出版社 | 81 |
| 南海出版公司 | 80 |
| 宁夏人民出版社 | 80 |
| 外语教学与研究出版社 | 79 |
| 中国少年儿童出版社 | 79 |
| 海豚出版社 | 79 |
| 中国旅游出版社 | 79 |
| 甘肃文化出版社 | 79 |
| 甘肃人民出版社 | 78 |
| 时代文艺出版社 | 77 |
| 四川人民出版社 | 77 |
| 中国检察出版社 | 76 |
| 上海书画出版社 | 76 |
| 重庆大学出版社 | 76 |
| 岳麓书社 | 76 |
| 江苏美术出版社 | 76 |
| 浙江摄影出版社 | 76 |
| 海洋出版社 | 75 |
| 人民法院出版社 | 74 |
| 广西美术出版社 | 74 |
| 金盾出版社 | 73 |
| 国防工业出版社 | 72 |
| 世界知识出版社 | 72 |
| 百花文艺出版社 | 72 |
| 河北美术出版社 | 72 |
| 河南文艺出版社 | 72 |
| 线装书局 | 71 |
| 太白文艺出版社 | 71 |
| 巴蜀书社 | 71 |
| 西南财经大学出版社 | 71 |
| 西泠印社 | 71 |
| 气象出版社 | 70 |

续表

| 出版社 | 全球图书馆收藏品种数量 |
|---|---|
| 人民交通出版社 | 70 |
| 黑龙江教育出版社 | 70 |
| 苏州大学出版社 | 70 |
| 河北科学技术出版社 | 68 |
| 安徽教育出版社 | 67 |
| 河北人民出版社 | 67 |
| 河南人民出版社 | 67 |
| 黑龙江美术出版社 | 67 |
| 北方妇女儿童出版社 | 67 |
| 华中师范大学出版社 | 66 |
| 陕西科学技术出版社 | 66 |
| 少年儿童出版社 | 66 |
| 中国电影出版社 | 65 |
| 经济日报出版社 | 65 |
| 四川美术出版社 | 65 |
| 中国传媒大学出版社 | 64 |
| 同济大学出版社 | 64 |
| 兰州大学出版社 | 64 |
| 广东科技出版社 | 64 |
| 广西科学技术出版社 | 64 |
| 云南美术出版社 | 64 |
| 科学普及出版社 | 63 |
| 中央民族大学出版社 | 63 |
| 南京出版社 | 63 |
| 中国统计出版社 | 62 |
| 学林出版社 | 62 |
| 上海文化出版社 | 62 |
| 山西科学技术出版社 | 62 |
| 蓝天出版社 | 61 |
| 甘肃人民美术出版社 | 61 |
| 岭南美术出版社 | 61 |
| 中山大学出版社 | 61 |

续表

| 出版社 | 全球图书馆收藏品种数量 |
|---|---|
| 湖南美术出版社 | 61 |
| 西南师范大学出版社 | 61 |
| 西南交通大学出版社 | 61 |
| 中国人民公安大学出版社 | 59 |
| 上海大学出版社 | 59 |
| 安徽大学出版社 | 59 |
| 中国民主法制出版社 | 58 |
| 福建美术出版社 | 57 |
| 山东美术出版社 | 57 |
| 四川文艺出版社 | 57 |
| 文汇出版社 | 56 |
| 上海远东出版社 | 56 |
| 湖北教育出版社 | 56 |
| 电子科技大学出版社 | 56 |
| 福建教育出版社 | 55 |
| 海燕出版社 | 55 |
| 黑龙江人民出版社 | 55 |
| 天地出版社 | 54 |
| 中国财政经济出版社 | 53 |
| 中国藏学出版社 | 53 |
| 敦煌文艺出版社 | 53 |
| 海峡文艺出版社 | 53 |
| 中国友谊出版公司 | 52 |
| 群言出版社 | 51 |
| 中国发展出版社 | 51 |
| 广东经济出版社 | 51 |
| 南京师范大学出版社 | 51 |
| 陕西人民出版社 | 51 |
| 中国美术学院出版社 | 51 |
| 北京语言大学出版社 | 50 |
| 中央广播电视大学出版社 | 50 |
| 江苏少年儿童出版社 | 50 |

续表

| 出版社 | 全球图书馆收藏品种数量 |
|---|---|
| 明天出版社 | 50 |
| 西安交通大学出版社 | 50 |
| 五洲传播出版社 | 49 |
| 北京燕山出版社 | 49 |
| 中华工商联合出版社 | 49 |
| 首都师范大学出版社 | 48 |
| 湖北少年儿童出版社 | 48 |
| 西安出版社 | 48 |
| 安徽人民出版社 | 47 |
| 山东大学出版社 | 47 |
| 晨光出版社 | 47 |
| 中国工人出版社 | 46 |
| 中央文献出版社 | 46 |
| 内蒙古大学出版社 | 46 |
| 山东科学技术出版社 | 46 |
| 中国商业出版社 | 45 |
| 上海财经大学出版社 | 45 |
| 三秦出版社 | 45 |
| 旅游教育出版社 | 44 |
| 解放军出版社 | 44 |
| 中国科学技术大学出版社 | 44 |
| 福建人民出版社 | 44 |
| 河南大学出版社 | 44 |
| 大象出版社 | 44 |
| 同心出版社 | 43 |
| 湖南大学出版社 | 43 |
| 辽宁民族出版社 | 43 |
| 云南大学出版社 | 43 |
| 知识出版社 | 42 |
| 国际文化出版公司 | 42 |
| 天津古籍出版社 | 42 |
| 江西美术出版社 | 42 |

续表

| 出版社 | 全球图书馆收藏品种数量 |
| --- | --- |
| 陕西师范大学出版社 | 42 |
| 时事出版社 | 41 |
| 星球地图出版社 | 41 |
| 石油工业出版社 | 41 |
| 山东画报出版社 | 41 |
| 成都时代出版社(原蜀蓉棋艺出版社) | 41 |
| 德宏民族出版社 | 41 |
| 国防大学出版社 | 40 |
| 中共中央党校出版社 | 40 |
| 中国国际广播出版社 | 40 |
| 人民教育出版社 | 40 |
| 东方出版社 | 40 |
| 河北教育出版社 | 40 |
| 安徽科学技术出版社 | 39 |
| 广东旅游出版社 | 39 |
| 华南理工大学出版社 | 39 |
| 江西高校出版社 | 39 |
| 解放军文艺出版社 | 38 |
| 企业管理出版社 | 38 |
| 中国社会出版社 | 38 |
| 海天出版社 | 38 |
| 新疆青少年出版社 | 38 |
| 军事医学科学出版社 | 37 |
| 民主与建设出版社 | 37 |
| 新蕾出版社 | 37 |
| 上海教育出版社 | 36 |
| 河南美术出版社 | 36 |
| 陕西人民美术出版社 | 36 |
| 华文出版社 | 35 |
| 海南出版社 | 35 |
| 东北财经大学出版社 | 35 |
| 云南民族出版社 | 35 |

续表

| 出版社 | 全球图书馆收藏品种数量 |
|---|---|
| 北京美术摄影出版社 | 34 |
| 东北师范大学出版社 | 34 |
| 东北大学出版社 | 34 |
| 辽宁少年儿童出版社 | 34 |
| 西藏人民出版社 | 34 |
| 中原农民出版社 | 32 |
| 中国农业大学出版社 | 31 |
| 外文出版社 | 31 |
| 中国广播电视出版社 | 31 |
| 中国大百科全书出版社 | 31 |
| 南方日报出版社 | 31 |
| 甘肃民族出版社 | 30 |
| 青海人民出版社 | 30 |
| 四川民族出版社 | 30 |
| 新时代出版社 | 29 |
| 地震出版社 | 29 |
| 北京工业大学出版社 | 29 |
| 中国宇航出版社 | 29 |
| 广东高等教育出版社 | 29 |
| 内蒙古科学技术出版社 | 29 |
| 西北大学出版社 | 29 |
| 语文出版社 | 28 |
| 河北大学出版社 | 28 |
| 宁波出版社 | 28 |
| 中国妇女出版社 | 27 |
| 首都经济贸易大学出版社 | 27 |
| 对外经济贸易大学出版社 | 27 |
| 古吴轩出版社 | 27 |
| 东立出版社 | 27 |
| 中国标准出版社 | 26 |
| 群众出版社 | 26 |
| 上海科学普及出版社 | 26 |

续表

| 出版社 | 全球图书馆收藏品种数量 |
| --- | --- |
| 天津大学出版社 | 26 |
| 西藏藏文古籍出版社 | 26 |
| 杭州出版社 | 26 |
| 连环画出版社 | 25 |
| 冶金工业出版社 | 25 |
| 青海民族出版社 | 25 |
| 军事科学出版社 | 24 |
| 学习出版社 | 24 |
| 中国时代经济出版社 | 24 |
| 东华大学(中国纺织大学)出版社 | 24 |
| 天津社会科学院出版社 | 24 |
| 广西民族出版社 | 24 |
| 贵州民族出版社 | 24 |
| 中国矿业大学出版社 | 24 |
| 北京邮电大学出版社 | 23 |
| 红旗出版社 | 23 |
| 福建少年儿童出版社 | 23 |
| 湖南师范大学出版社 | 23 |
| 大连出版社 | 23 |
| 黄河出版社 | 23 |
| 北京教育出版社 | 22 |
| 天津杨柳青画社 | 22 |
| 延边大学出版社 | 22 |
| 地质出版社 | 21 |
| 煤炭工业出版社 | 21 |
| 中国和平出版社 | 21 |
| 上海音乐出版社 | 21 |
| 远方出版社 | 21 |
| 济南出版社 | 21 |
| 当代世界出版社 | 20 |
| 中国画报出版社 | 20 |
| 甘肃科学技术出版社 | 20 |

续表

| 出版社 | 全球图书馆收藏品种数量 |
| --- | --- |
| 湖南少年儿童出版社 | 20 |
| 测绘出版社 | 19 |
| 华东理工大学出版社 | 19 |
| 广州出版社 | 19 |
| 郑州大学出版社 | 19 |
| 长春出版社 | 19 |
| 辽海出版社 | 19 |
| 内蒙古文化出版社 | 19 |
| 山西教育出版社 | 19 |
| 台海出版社 | 18 |
| 人民体育出版社 | 18 |
| 黄河水利出版社 | 18 |
| 山西经济出版社 | 18 |
| 人民音乐出版社 | 17 |
| 中国民族摄影艺术出版社 | 17 |
| 中国劳动社会保障出版社 | 17 |
| 甘肃少年儿童出版社 | 17 |
| 贵州教育出版社 | 17 |
| 中南大学出版社 | 17 |
| 北京体育大学出版社 | 16 |
| 中国摄影出版社 | 16 |
| 中国盲文出版社 | 16 |
| 广东教育出版社 | 16 |
| 鹭江出版社 | 16 |
| 山东教育出版社 | 16 |
| 四川少年儿童出版社 | 16 |
| 中国戏剧出版社 | 15 |
| 航空工业出版社 | 15 |
| 中国书店出版社 | 15 |
| 天津教育出版社 | 15 |
| 中国地质大学出版社 | 15 |
| 中国海洋大学出版社 | 15 |

续表

| 出版社 | 全球图书馆收藏品种数量 |
| --- | --- |
| 书海出版社 | 15 |
| 浙江教育出版社 | 15 |
| 国家行政学院出版社 | 14 |
| 华龄出版社 | 14 |
| 立信会计出版社 | 14 |
| 新世纪出版社 | 14 |
| 哈尔滨工业大学出版社 | 14 |
| 武汉理工大学出版社 | 14 |
| 延边人民出版社 | 14 |
| 西北工业大学出版社 | 14 |
| 云南教育出版社 | 14 |
| 中国城市出版社 | 13 |
| 华语教学出版社 | 13 |
| 紫禁城出版社 | 13 |
| 江西教育出版社 | 13 |
| 大连理工大学出版社 | 13 |
| 辽宁教育出版社 | 13 |
| 中国石化出版社 | 12 |
| 文津出版社 | 12 |
| 哈尔滨出版社 | 12 |
| 湖北辞书出版社(崇文书局) | 12 |
| 沈阳出版社 | 12 |
| 未来出版社 | 12 |
| 中国方正出版社 | 11 |
| 中国协和医科大学出版社 | 11 |
| 上海科技教育出版社 | 11 |
| 西安电子科技大学出版社 | 11 |
| 北京航空航天大学出版社 | 10 |
| 龙门书局 | 10 |
| 东北林业大学出版社 | 10 |
| 河海大学出版社 | 10 |
| 辽宁大学出版社 | 10 |

续表

| 出版社 | 全球图书馆收藏品种数量 |
|---|---|
| 原子能出版社 | 9 |
| 大众文艺出版社 | 9 |
| 北京少年儿童出版社 | 9 |
| 南方出版社 | 9 |
| 内蒙古教育出版社 | 9 |
| 宁夏人民教育出版社 | 9 |
| 山东省地图出版社 | 9 |
| 黑龙江少年儿童出版社 | 8 |
| 昆仑出版社 | 7 |
| 印刷工业出版社 | 7 |
| 西苑出版社 | 7 |
| 海潮出版社 | 7 |
| 中国人事出版社 | 7 |
| 中国税务出版社 | 7 |
| 上海世界图书出版公司 | 7 |
| 甘肃教育出版社 | 7 |
| 白山出版社 | 7 |
| 成都地图出版社 | 7 |
| 开明出版社 | 6 |
| 北京大学医学出版社 | 6 |
| 中国物资出版社 | 6 |
| 华艺出版社 | 6 |
| 中国建材工业出版社 | 6 |
| 羊城晚报出版社 | 6 |
| 陕西人民教育出版社 | 6 |
| 伊犁人民出版社 | 6 |
| 中国文联出版公司 | 5 |
| 荣宝斋出版社 | 5 |
| 汕头大学出版社 | 5 |
| 湖南地图出版社 | 5 |
| 国防科技大学出版社 | 5 |
| 江苏教育出版社 | 5 |

续表

| 出版社 | 全球图书馆收藏品种数量 |
|---|---|
| 大连海事大学出版社 | 5 |
| 山东友谊出版社 | 5 |
| 中国大地出版社 | 4 |
| 长城出版社 | 4 |
| 百家出版社 | 4 |
| 第二军医大学出版社 | 4 |
| 广西教育出版社 | 4 |
| 海风出版社 | 4 |
| 哈尔滨工程大学出版社 | 4 |
| 哈尔滨地图出版社 | 4 |
| 吉林摄影出版社 | 4 |
| 辽宁师范大学出版社 | 4 |
| 党建读物出版社 | 3 |
| 中国环境科学出版社 | 3 |
| 农村读物出版社 | 3 |
| 福建省地图出版社 | 3 |
| 内蒙古少年儿童出版社 | 3 |
| 石油大学出版社 | 3 |
| 四川教育出版社 | 3 |
| 新疆大学出版社 | 3 |
| 兵器工业出版社 | 2 |
| 中国民航出版社 | 2 |
| 中国计划出版社 | 2 |
| 中国对外翻译出版公司 | 2 |
| 上海外语教育出版社 | 2 |
| 黑龙江朝鲜民族出版社 | 2 |
| 湖南教育出版社 | 2 |
| 吉林教育出版社 | 2 |
| 延边教育出版社 | 2 |
| 希望出版社 | 2 |
| 陕西旅游出版社 | 2 |
| 四川辞书出版社 | 2 |

续表

| 出版社 | 全球图书馆收藏品种数量 |
|---|---|
| 克孜勒苏柯尔克孜文出版社 | 2 |
| 喀什维吾尔文出版社 | 2 |
| 朝华出版社 | 1 |
| 中国工商出版社 | 1 |
| 中国致公出版社 | 1 |
| 长征出版社 | 1 |
| 广东省地图出版社 | 1 |
| 泰山出版社 | 1 |

## 50.3 中国大陆出版机构知识生产能力逐年提高

2014 中国大陆出版机构入藏世界馆藏品种年增 20%,特别是一些出版大社、强社增长明显,中国大陆出版机构的馆藏国际影响力初步形成。

这主要表现在,2014 年进入全球图书馆系统的总品种达到了 46359 种,比 2013 年的 37640 种净增加了 8719 种,总品种增长比例接近 20%。出版社比 2013 年的 516 家多了 5 家,达到 521 家。中国大陆出版机构的知识生产能力,在逐年提高。

从 2014 年海外影响力前 10 名出版社的入藏品种数量来看,同样验证了这一结论。在 2013 年和 2014 年前 10 名出版机构的对比中,除 3 家出版社有所下降之外,其余出版社进入世界图书馆系统的品种都大幅增长。如科学出版社,2014 年入藏品种比 2013 年的 904 种净增加了 540 种,以 1444 种排名第一,增长率达到 60%。2013 年排名第一的中国社会科学出版社,2014 年虽列第二,但品种比 2013 年的 1078 种净增加了 236 种,达到 1314 种,增长率为 22%。2013 年排名第二、2014 年排名第三位的社会科学文献出版社,也比之前的 940 种净增加了 21 种,达到 961 种。法律出版社由 2013 年的 503 种净增加了 415 种,达到 918 种,2014 年排名第四,增长率为 63%。北京大学出版社由 2013 年的 687 种净增加了 156 种,增长率为 23%,达到 843 种,2014 年

排名第五位；人民邮电出版社由 2013 年的 523 种净增加了 160 种，2014 年以
683 种排名第六，增长率为 31％。中华书局虽名次下降，2014 年排名第 11
位，但其品种同样由 2013 年的 519 种增加到 594 种。

2014 年新进入海外影响力前十名的出版社分别是经济科学出版社和中
国文史出版社。经济科学出版社入藏品种由 2013 年的 323 种净增加了 341
种，总数达到了 664 种，由 2013 年的第二十名增长至第七名，增长率为
105％。2015 年排名第十的中国文史出版社由 2013 年的入藏 267 种净增加
了 337 种，入藏总数达到了 604 种，增长率为 126％（见表 50.2）。

表 50.2　2014、2013 年中国图书世界馆藏影响力评估出版社 TOP10 入藏品种数比较

| 2014 年排名 | 2013 年排名 | 出版社 | 2013 年品种数 | 2014 年品种数 | 数量同比 |
|---|---|---|---|---|---|
| 1 | 3 | 科学出版社 | 904 | 1444 | ↑ |
| 2 | 1 | 中国社会科学出版社 | 1078 | 1314 | ↑ |
| 3 | 2 | 社会科学文献出版社 | 940 | 961 | ↑ |
| 4 | 9 | 法律出版社 | 503 | 918 | ↑ |
| 5 | 6 | 北京大学出版社 | 687 | 843 | ↑ |
| 6 | 7 | 人民邮电出版社 | 523 | 683 | ↑ |
| 7 | 20 | 经济科学出版社 | 323 | 664 | ↑ |
| 8 | 5 | 人民出版社 | 700 | 646 | ↓ |
| 9 | 4 | 清华大学出版社 | 798 | 627 | ↓ |
| 10 | 51 | 中国文史出版社 | 267 | 604 | ↑ |
| 11 | 8 | 中华书局 | 519 | 594 | ↑ |
| 12 | 10 | 电子工业出版社 | 483 | 347 | ↓ |

由表 50.2 可以发现，2013 年前 10 名出版社进入世界图书馆系统的总品
种数量为 7135 种，2014 年的前 10 名出版社进入世界图书馆系统的总品种数
量为 8704 种，净增长了 1569 种，增长比例为 22％。这一结论再次验证了中
国出版社的知识生产能力在逐年增长，平均增长比例在 20％。

2015 年新进入整个排行榜的有 6 家出版社。吉林教育出版社，延边教育

出版社、克孜勒苏柯尔克孜文出版社、喀什维吾尔文出版社,分别有 2 个品种进入全球图书馆收藏系统;广东省地图出版社、泰山出版社分别有 1 个品种进入全球图书馆收藏系统。这 6 家均为边疆与地方专业出版社,显示了边疆与地方专业出版社的品种质量在逐步向好。

## 50.4　海外公共图书馆对中文图书需求旺盛

海外公共图书馆的需求旺盛,是 2014 年进入全球图书馆收藏系统品种大幅增长的主要原因。在海外,长期购买中文图书的最大机构用户,除了大学图书馆、学术型的东亚图书馆之外,公共图书馆成为另一增长点。

这一判断可以从 2014 年在世界馆藏影响力最大的 30 种中文图书的海外收藏图书馆类型分析中得到验证。根据美国 2014 年发布的 2011 财政年度报告数据显示(Public Libraries in the United States Survey,FISCAL YEAR 2011),美国 2011 年有 12.3 万家公共图书馆和 3.5 万家博物馆。这些坐落在美国普通民众身边的公共图书馆,近些年受大量华人社区移民的影响,不断增加对中文图书的选购预算,使大陆出版的中文图书新品种大幅增加(见表 50.3)。

**表 50.3　中国图书世界馆藏影响力评估图书 TOP30**

| 排名 | 书名 | 出版社 | 作者 | 类别 | 全球图书馆收藏数量 | 其中公共图书馆数量 |
|---|---|---|---|---|---|---|
| 1 | 妈阁是座城 | 人民文学出版社 | 严歌苓 | 文学 | 71 | 53 |
| 2 | 老生 | 人民文学出版社 | 贾平凹 | 文学 | 62 | 41 |
| 3 | 飘窗 | 漓江出版社 | 刘心武 | 文学 | 57 | 51 |
| 4 | 洗澡之后 | 人民文学出版社 | 杨绛 | 文学 | 53 | 42 |
| 4 | 瞻对:终于融化的铁疙瘩,一个两百年的康巴传奇 | 四川文艺出版社 | 阿来 | 文学 | 53 | 32 |
| 5 | 陆犯焉识 | 作家出版社 | 严歌苓 | 文学 | 51 | 37 |
| 6 | 我这辈子有过你 | 湖南文艺出版社 | 张小娴 | 文学 | 50 | 48 |

续表

| 排名 | 书名 | 出版社 | 作者 | 类别 | 全球图书馆收藏数量 | 其中公共图书馆数量 |
|---|---|---|---|---|---|---|
| 7 | 耶路撒冷 | 北京十月文艺出版社 | 徐则臣 | 文学 | 48 | 29 |
| 8 | 老师好美 | 天津人民出版社 | 严歌苓 | 文学 | 46 | 43 |
| | 纸牌屋 | 百花洲文艺出版社 | 迈克尔·道布斯著 何雨珈译 | 文学 | 46 | 43 |
| | 半暖时光 | 湖南文艺出版社 | 桐华 | 文学 | 46 | 44 |
| 9 | 应许之日 | 百花洲文艺出版社 | 辛夷坞 | 文学 | 42 | 41 |
| 10 | 无尽藏 | 作家出版社 | 庞贝 | 文学 | 41 | 24 |
| | 驰向黑夜的女人 | 江苏文艺出版社 | 叶兆言 | 文学 | 41 | 33 |
| 11 | 说不尽的外交 | 中信出版社 | 李肇星 | 历史、地理 | 40 | 28 |
| | 乖,摸摸头 | 湖南文艺出版社 | 大冰 | 文学 | 40 | 40 |
| 12 | 阵痛 | 作家出版社 | 张翎 | 文学 | 39 | 29 |
| | 偷窥一百二十天 | 作家出版社 | 蔡骏 | 文学 | 39 | 26 |
| 13 | 蟠虺 | 上海文艺出版社 | 刘醒龙 | 文学 | 38 | 29 |
| 14 | 大唐李白:少年游 | 广西师范大学出版社 | 张大春 | 文学 | 37 | 23 |
| | 让我留在你身边 | 湖南人民出版社 | 张嘉佳、梅茜 | 文学 | 37 | 34 |
| | 野狐狸 | 人民文学出版社 | 雪漠 | 文学 | 37 | 30 |
| | 女王乔安 | 天津人民出版社 | 张晓晗 | 文学 | 37 | 36 |
| 15 | 爱历元年 | 湖南文艺出版社 | 王跃文 | 文学 | 35 | 32 |
| 16 | 百年好合:民国素人志 | 新星出版社 | 蒋晓云 | 文学 | 34 | 21 |
| 17 | 中老年人学 iPad 一看就会(全彩畅销大字图解版) | 中国青年出版社 | 汪薇 | 文化、科学、教育、体育 | 32 | 32 |
| | 1966 年 | 东方出版社 | 王小妮 | 文学 | 32 | 13 |
| 18 | 爸爸去哪儿 | 湖南文艺出版社 | 湖南卫视《爸爸去哪儿》节目组 | 文学 | 31 | 31 |
| 19 | 油画 | 作家出版社 | 王晓方 | 文学 | 30 | 25 |
| | 京西胭脂铺 | 中国言实出版社 | 黄晓阳、冷海 | 文学 | 30 | 29 |

从表 50.3 来看,入选的图书中,绝大多数为文学类作品,仅有两本是非文学类图书。历史、地理类有一本,为中信出版社的《说不尽的外交》,作者是中国外交部前部长李肇星,该书真实记录了李肇星与各国政要的私人交往、应对各种外交问题的经验,并首次披露美国炸馆事件、"9·11"恐怖袭击、中美汇率博弈等重大外交事件背后的内幕,堪称一部波澜起伏的中国当代外交风云录。该书全球收藏图书馆为 40 家,其中公共图书馆为 28 家。在文教类图书中,也仅有一本,为中国青年出版社的《中老年人学 iPad 一看就会(全彩畅销大字图解版)》,作者为汪薇,全球收藏图书馆数量为 32 家,全部是海外公共图书馆。

其中,公共图书馆数据令人振奋。表 50.3 中 30 种图书的公共图书馆合计数量为 1019 家,占整个 30 种图书海外收藏图书馆总数 1275 家的 80%。这表明世界公共图书馆系统已经成为选购中国中文图书的最大机构用户,以往大学图书馆、东亚图书馆等学术型图书馆长期是选购、收藏中文图书最大机构群体的这一市场特征正在发生改变。

公共图书馆数量日益超过学术型、研究性图书馆的特征,以文学类图书表现得最为明显。这可以从文学类图书的收藏图书馆类型看出。以前 10 名的数据为例,排名第一的是人民文学出版社的《妈阁是座城》,收藏该书的公共图书馆数量占总图书馆数量的 74%。排名第二的也是该社的《老生》(作者为贾平凹),收藏该书的公共图书馆数量占总量的 66%。排名第三的是漓江出版社《飘窗》(作者为刘心武),收藏该书的公共图书馆数量占总量的 89%。排名第四的有两种,一种是人民出版社的《洗澡之后》(作者为杨绛),收藏该书的公共图书馆数量占总量的 79%;另一种是四川文艺出版社的《瞻对:终于融化的铁疙瘩,一个两百年的康巴传奇》(作者为阿来),收藏该书的公共图书馆数量占总量的 60%。排名第五的是作家出版社《陆犯焉识》(作者为严歌苓),收藏该书的公共图书馆数量占总量的 73%。

排名第六的是湖南文艺出版社《我这辈子有过你》(作者为张小娴),公共图书馆数量占总量的 96%。排名第七的是北京十月文艺出版社《耶路撒冷》

(作者为徐则臣),公共图书馆数量占总量的 60％。排名第八的有三种,一种是天津人民出版社《老师好美》(作者为严歌苓),公共图书馆数量占 93％;另一种是百花洲文艺出版社的美剧中文翻译版《纸牌屋》,公共图书馆数量为 43 家,占总数的 93％;再一种是湖南文艺出版社的《半暖时光》(作者为桐花),公共图书馆数量为 44 家,占总数的 96％。排名第九是百花洲文艺出版社的《应许之日》(作者为辛夷坞),公共图书馆数量为 41 家,占总数的 97％。排名第十的有两种,一种是作家出版社《无尽藏》(作者为庞贝),公共图书馆数量为 24 家,占总数的 58％;一种是江苏文艺出版社《驰向黑夜的女人》(作者为叶兆言),公共图书馆数量为 33 家,占总数的 75％。在上述排名前 10 位的 14 种图书中,公共图书馆的比例最低的为 58％,最高达到 97％。可见公共图书馆对于中国文学图书的需求潜力之大。这个数据再次验证本研究此前所得出的判断,中国当代文学已经成为中国出版进军世界图书市场一个最有竞争力的板块,并且日益成为世界各国普通民众了解中国、认知中国的一个窗口。

为了更为清楚地说明这种市场特征的变化状况,本报告特别给出了公共图书馆占比较高、达到 96％,在 2014 年世界影响力排名第三的《飘窗》一书,其 58 家海外图书馆的国家分布以及图书馆具体名称,从而更为清楚地理解中国当代文学图书在海外影响的拓展范围(见表 50.4)。

由表 50.4 的图书馆名单可以发现,在 57 家海外图书馆名单中,只有 6 家为大学、研究型图书馆,其余 51 家为面向当地社区居民服务的公共图书馆。这些公共图书馆之所以选购漓江出版社 2014 年版《飘窗》,除了作者刘心武是中国知名作家之外,近些年大量中国海外移民读者亦起到了主要推动作用。

以澳大利亚为例,藏该书的 18 家图书馆均为公共图书馆,从图书馆名称就可以发现,这些图书馆差不多都处于华人集中的地区,有些甚至是新近形成的华人新移民社区,如澳大利亚博塔湾区中心图书馆就是如此。博塔湾区是一个位于澳大利亚东南部新南威尔士州东海岸的海滨城市,距悉尼 15 公里;以海滨风光优美著称,近些年不仅吸引大批中国游客观光游览,还有大量中国移民在此处购买房产,成为博塔湾镇的社区居民。作为服务于该社区居民为第一职责的图书馆,自然会为了满足当地居民的需要,不断选购新出版的中文图书。2014 年刘心武的新作《飘窗》能够进入博塔湾区中心图书馆,是华人移民的阅读需求推动而致。此外,如澳大利亚的布里斯班市图书馆、墨尔本戴瑞滨城区图书馆、悉尼加拿大湾城市信息服务图书馆等都与该馆情况类似。

在美国,刘心武的《飘窗》一书有 33 家图书馆收藏,除美国国会图书馆、哥伦比亚大学图书馆、匹兹堡大学图书馆之外,其余 30 家均为各县、镇设立的公共图书馆。除了纽约皇后区图书馆、旧金山公共图书馆等传统中国人集中的华裔社区之外;还有近些年新形成的华人集中生活区,如得克萨斯州普莱诺市,由于周边有很多一流的小学、中学,学区评分都在 8 分以上,因此新一代中国移民纷纷在此扎堆买房,今天已成为一个典型的华人社区,位列美国第六大华人城市。大量华人移民生活在普莱诺市,《飘窗》进入普莱诺镇图书馆,亦是由于读者需求拉动。

表 50.4　《飘窗》入藏海外图书馆的图书馆名称及国家分布

| 图书馆所在国家、地区、数量 | 收藏《飘窗》的海外图书馆名称 |
| --- | --- |
| 澳大利亚(18 家,全部为公共型图书馆) | 奥本市社区图书馆(AUBURN COUN - AUBURN LIBR)<br>博塔湾中心图书馆(BOTANY BAY CENTRAL LIBR,EASTGARDENS)<br>布林班克镇信息服务图书馆(BRIMBANK LIBR & INFO SERV)<br>布里斯班市社区服务中心图书馆(BRISBANE CITY COUN LIBR SERV)<br>坎贝尔敦市议会公共图书馆(CAMPBELLTOWN CITY COUNCIL)<br>坎特伯雷市议会公共图书馆(CANTERBURY CITY COUNCIL LIBR)<br>墨尔本坎伯韦尔 BOROONDARA 市信息服务图书馆(CITY OF BOROONDARA LIBR SERV)<br>悉尼加拿大湾城市信息服务图书馆(CITY OF CANADA BAY LIBR SVC) |

续表

| 图书馆所在国家、地区、数量 | 收藏《飘窗》的海外图书馆名称 |
| --- | --- |
| 澳大利亚(18 家,全部为公共型图书馆) | 墨尔本戴瑞滨城区图书馆(DAREBIN LIBRARIES:PRESTON)<br>霍尔以德市议会图书馆(HOLROYD CITY COUNCIL LIBR)<br>赫斯特区议会图书馆(HURSTVILLE CITY COUNCIL)<br>利维市信息服务图书馆(LIVING CITY SVC)<br>马瑞维柯区议会信息服务图书馆(MARRICKVILLE COUNCIL LIBR SVC)<br>墨尔本市信息服务图书馆(MELBOURNE LIBR SVC)<br>莱德市议会图书馆(RYDE CITY COUNCIL)<br>西澳大利亚公立图书馆(STATE LIBR OF W AUSTRALIA)<br>萨瑟兰郡图书馆(SUTHERLAND SHIRE LIBR)<br>亚拉贝体区信息服务图书馆(YARRA PLENTY REG LIBR SERV) |
| 加拿大(2 家,均为公共图书馆) | 埃德蒙顿市公共图书馆(EDMONTON PUB LIBR)<br>温哥华公共图书馆(VANCOUVER PUB LIBR) |
| 中国香港(1 家,为大学图书馆) | 香港中文大学图书馆(CHINESE UNIV OF HONG KONG) |
| 新西兰(1 家,公共图书馆) | 惠灵顿市图书馆(WELLINGTON CITY LIBR) |
| 美国(33 家,其中 3 家为大学图书馆,其余 30 家均为公共图书馆) | 亚拉巴马州伯明翰杰斐逊公共图书馆(BIRMINGHAM-JEFFERSON PUB LIBR)<br>加利福尼亚阿拉米达县立图书馆(ALAMEDA CNTY LIBR)<br>加利福尼亚圣马力诺市公鸡镇公共图书馆(CROWELL PUB LIBR CITY OF SAN MARINO)<br>加利福尼亚洛杉矶市公共图书馆(LOS ANGELES PUB LIBR)<br>加利福尼亚橘子镇公共图书馆(OC PUBLIC LIBRARIES)<br>加利福尼亚帕罗安托市图书馆(PALO ALTO CITY LIBR)<br>加利福尼亚旧金山公共图书馆(SAN FRANCISCO PUB LIBR)<br>加利福尼亚圣荷西公共图书馆(SAN JOSE PUB LIBR)<br>加利福尼亚太阳谷公共图书馆(SUNNYVALE PUB LIBR)<br>哥伦比亚特区公共图书馆(DISTRICT OF COLUMBIA PUB LIBR)<br>美国国会图书馆(LIBRARY OF CONGRESS)<br>乔治亚州科布县图书馆(COBB CNTY LIBR SYST) |

续表

| 图书馆所在国家、地区、数量 | 收藏《飘窗》的海外图书馆名称 |
|---|---|
| 美国(33家,其中3家为大学图书馆,其余30家均为公共图书馆) | 艾奥瓦州艾奥瓦市公共图书馆(IOWA CITY PUB LIBR)<br>伊利诺伊库克市公共图书馆(COOK MEM PUB LIBR DIST)<br>伊利诺伊艾拉公共图书馆(ELA AREA PUB LIBR DIST)<br>伊利诺伊埃文斯通市公共图书馆(EVANSTON PUB LIBR)<br>伊利诺伊绍姆堡镇公共图书馆(SCHAUMBURG TOWNSHIP DIST LIBR)<br>马萨诸塞州民兵图书馆(MINUTEMAN LIBR NETWORK)<br>马里兰州乔治王子镇图书馆(PRINCE GEORGE'S CNTY MEM LIBR SYST)<br>明尼苏达州罗彻斯特市公共图书馆(ROCHESTER PUB LIBR)<br>北卡罗来纳州教会山大学图书馆(UNIV OF N CAROLINA, CHAPEL HILL)<br>新泽西州默瑟县公共图书馆(MERCER CNTY LIBR)<br>纽约布鲁克林区公共图书馆(BROOKLYN PUB LIBR)<br>纽约哥伦比亚大学图书馆(COLUMBIA UNIV)<br>纽约公共图书馆(NEW YORK PUB LIBR)<br>纽约皇后区公共图书馆(QUEENS BOROUGH PUB LIBR)<br>俄勒冈州华盛顿县库伯公共图书馆(WASHINGTON CNTY COOP LIBR)<br>匹兹堡大学图书馆(UNIV OF PITTSBURGH)<br>得克萨斯州本德堡镇图书馆(FORT BEND CNTY LIBR)<br>得克萨斯州休斯敦公共图书馆(HOUSTON PUB LIBR)<br>得克萨斯州普莱诺市公共图书馆(PLANO PUB LIBR SYST)<br>华盛顿州国王县公共图书馆(KING CNTY LIBR SYST)<br>华盛顿州西雅图县公共图书馆(SEATTLE PUB LIBR) |
| 日本(2家,大学与公共图书馆各1家) | 东京都立中央图书馆<br>日本大学文理学部图书馆 |

在入选中国图书世界馆藏影响力评估最大的 30 种中文图书的出版社中，作家出版社、湖南文艺出版社入选图书最多，分别有 5 种；人民文学出版社有 4 种上榜，天津人民出版社、百花洲文艺出版社分别有 2 种上榜。这些显示了中国主流文学出版机构在世界图书馆系统所具有的品牌影响。

大量中国文学图书进入美国公共图书馆系统，中国海外移民起到了直接的推动作用，由此带动中国当代文学图书在美国的影响范围日益扩大和深入。美国的公共图书馆、社区图书馆遍及全美各地，高度发达的公共图书馆系统是美国社会的一个鲜明特征。70％的美国人拥有公共图书馆的读者证，比持 Visa 卡的人数还要多。如何将更多的中文图书，与欧美社会发达、成熟、完善的公共图书馆系统进行有效衔接，并进入这个庞大市场，是未来中国出版机构、图书进出口机构必须尽快解决的第一要务，也是中国图书走向世界的难得契机。

总之，随着中国经济综合实力的日益增强，中国出版已经从过去面向国内市场，正在逐步进入世界出版领域。在这样的一个时代背景下，本次研究就显得十分重要。今后我们将继续在如下两个方面做出自己的努力：第一是坚持通过全球图书馆馆藏角度，为中国 600 家出版社提供每年新品的基本市场反馈与信息动态；第二是借助严格、挑剔的世界图书馆采集系统，监测中文图书的世界影响力，特别是关注中国出版机构的知识生产能力、学术创新水平的发展状况，并及时提出针对性的建议。

【链接:《中国出版传媒商报》2015.8.25,《中国出版传媒商报》、中国文化走出去协同创新中心、中国文化走出去效果评估中心课题组,何明星/执笔,《中国图书世界馆藏影响力调查报告(2015 版)》】

# 第 51 章

# 2015 中文图书纸质馆配市场分析

　　根据国家统计局 2016 年 1 月 19 日发布的 2015 年国民经济运营情况，2015 年我国 GDP 同比增长 6.9％，其中文化产业所属的第三产业 GDP 同比增长 8.3％，高于总体情况。相较而言，2015 年整体馆配市场码洋同比增长 3.95％，低于 GDP 同比增速。

　　不过，全国地市级公共馆市场在 2015 年表现亮眼，馆藏码洋、品种、册数均有提升，其中码洋总额同比上升 10.80％，品种数同比增加 14.51％，尤其是省级公共馆码洋同比增长 13.89％，馆配品种数增长近 2 成。此外，从馆配畅销书目来看，文学类地位稳固，"大数据""新常态"成热门题材。

　　上述数据，均来源于商报·卷藏数据 950 所图书馆入藏的中文纸质图书数据。以下为 2015 年度具体分析报告。

## □ 51.1　市场概况：整体市场馆配码洋 15.40 亿，图书价格提升 4.57％

　　根据商报·卷藏系统监测数据得知，2015 年纸质馆配市场码洋、品种、单册价格均呈不同程度上涨，但册数和单品种馆配册数均呈下降趋势。

　　2015 年整体市场馆配码洋为 15.40 亿，同比增长 3.95％；品种为 99.05 万种，同比增长 7.46％；馆配册数为 3303.0 万册，同比减少 0.59％。2015 年单品种馆配册数为 33.3 册/种，同比减少 7.49％，单册平均价格为 46.62 元，同比提升了 4.57％（见表 51.1）。

表 51.1  2015 年整体馆配市场同比概况

| 统计指标 | 同比变化(%) |
|---|---|
| 码洋 | +3.95 |
| 品种 | +7.46 |
| 册数 | −0.59 |
| 单品种馆配册数 | −7.49 |
| 单册平均价格 | +4.57 |

其中,2015 年高校馆市场参与馆配的图书品种数与 2014 年相比,增长 2.17%,虽然册数同比下降 3.18%,但由于单册价格同比增长 4.81%,码洋总额仍然同比增长 1.48%。细分至各层次高校馆,一般本科及高职高专类院校馆码洋同比增长近 5%,211 工程及独立院校馆却有不同程度的减少。

公共馆 2015 年馆藏的码洋、品种、册数均有提升,其中码洋总额同比上升 10.80%,品种数同比增加 14.51%。细分至各级公共馆,码洋增量比较突出的省级公共馆码洋同比增长 13.89%,馆配品种数增长近两成,其单册价格同比提升近 7.50 元。地级市馆也不遑多让,码洋总额同比增长 11.26%。

## 51.2  入藏图书年限分布：图书馆喜新厌旧，但新书贡献率逐年下降

2015 年入藏的图书中,2014 年版图书码洋份额为 42.20%,高出 2015 年版新书 5.86 个百分点。但结合历史数据看,2014 年入藏图书中,当年版新书码洋份额低于上一年版图书 2.30 个百分点,而在 2013 年入藏的图书中,当年版新书码洋份额高出上一年版图书 2.34 个百分点。由此可见,新书对馆配市场的贡献率逐渐降低,上一年版图书码洋份额缓步上升(见表 51.2)。

根据一般的入藏规律,2015 年版图书,尤其是下半年出版的图书将在 2016 年上半年继续大量入馆。2015 年版新书中,码洋排名前三的类别分别是工业技术(T 类)、文学(I 类)、经济(F 类),三者码洋合计占到新书总码洋的一半。

表 51.2 2015 年各年份版图书码洋份额及同比概况

| 入藏图书 | 新书(%) | 前一年版(%) | 前两年版(%) | 其他年份版合计(%) |
|---|---|---|---|---|
| 2015 年 | 36.34 | 42.20 | 10.23 | 11.23 |
| 2014 年 | 38.14 | 40.43 | 10.01 | 11.42 |
| 2013 年 | 40.24 | 37.90 | 9.44 | 12.42 |

## 51.3 馆配结构：社科类图书走势喜人，医药、卫生类挺进前十

2015 年整体市场码洋排名 TOP9 类别与 2014 年相同，分别是：文学(I 类)，经济(F 类)，历史、地理(K 类)，政治、法律(D 类)，自动化技术、计算机技术(TP 类)，艺术(J 类)，文化、科学、教育、体育(G 类)，哲学、宗教(B 类)以及语言、文字(H 类)。此外，医药、卫生(R 类)同比上升 1 位，在 2015 年排名第 10。TOP10 类别码洋份额合计占整体馆配市场的 3/4，与 2014 年相比增加 0.72 个百分点。

从社会科学类与自然科学类分类的角度来看，2015 年馆配市场社科类图书码洋份额为 69.54%，同比增加 1.23 个百分点，自科类图书码洋份额为 28.19%。自科类中比重较大的工业技术(T 类)图书码洋份额同比下降 1.24 个百分点，很大程度上影响了自科类图书的馆配走势(见表 51.3、表 51.4)。

表 51.3 2015 年馆配市场码洋份额上升幅度 TOP5

| 类别名称 | 码洋份额变化(百分点) |
|---|---|
| 文学(I 类) | +1.18 |
| 历史、地理(K 类) | +0.38 |
| 经济(F 类) | +0.26 |
| 文化、科学、教育、体育(G 类) | +0.18 |
| 政治、法律(D 类) | +0.12 |

表 51.4　2015 年馆配市场码洋份额下降幅度 TOP5

| 类别名称 | 码洋份额变化(百分点) |
|---|---|
| 自动化技术、计算机技术（TP 类） | −0.63 |
| 马列毛邓（A 类） | −0.35 |
| 建筑科学（TU 类） | −0.32 |
| 语言、文字（H 类） | −0.30 |
| 艺术（J 类） | −0.25 |

## 51.4　图书价格：低价图书份额减少，中高价图书显增

从图 51.1 可见，2015 年馆配书目各价格区间册数分布与 2014 年同期相比，走势趋同，但中低价位图书比例相对减少。

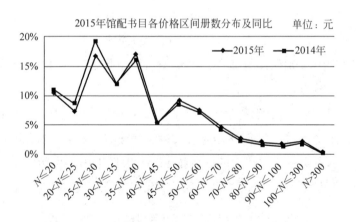

图 51.1　2015 年馆配书目各价格区间册数分布及同比

2015 年参与馆配市场，定价在 35 元及以下的图书，册数份额合计为 46.34％，同比下降 4.64 个百分点（2014 年该区间图书册数份额为 50.98％）；定价在 35 元以上的各个区间图书册数份额与 2014 年相比均有上升，其中 35～40 元（含）区间内的图书册数份额为 17.19％，同比上升 1.16 个百分点。在馆配总册数下降 0.59％的情况下，中高价位（定价在 35 元以上）图书册数

份额较 2014 年增加 4.65 个百分点,这说明市场对中高价图书接受度更大了。

## 51.5 出版社排名:市场集中度小幅下降,地方社码洋份额稳中有升

2015 年参与馆配的 580 余家出版社中,码洋排名 TOP5 的出版社与 2014 年相同。TOP20 出版社码洋份额合计为 36.27%,同比下降 0.67 个百分点。TOP50 出版社码洋份额合计为 53.70%,TOP100 出版社码洋份额合计占整体市场总码洋的 7 成,均与 2014 年持平。

从京版社与地方社来看,京版社继续保持优势。2015 年度京版社码洋合计占到整体市场的 2/3,册数份额亦超过整体市场的六成,整体市场码洋排名 TOP20 的出版社中,京版社占 18 个席位。TOP20 京版社码洋份额合计为 36%,册数份额合计接近 30%。

整体市场码洋排名 TOP50 的京版社中,码洋排名上升最快的是北京时代华文书局,上升 45 个位次,码洋份额上升 0.21 个百分点,品种份额上升 0.05 个百分点;该社单册价格同比上升 7.66%,单品种馆配册数同比增加 3.15%。排名变化榜单中排名第二的是中国文史出版社,码洋排名上升 37 个位次,码洋份额增加 0.23 个百分点;有这样的成绩,得益于其单册价格及单品种馆配册数的提升,其馆配码洋同比上升超过 70%(见表 51.5)。

表 51.5 京版社 TOP50 中排名上升最快的 15 家出版社

| 码洋排名同比变化 | 出版社名称 | 码洋份额同比变化 |
|---|---|---|
| ↑45 | 北京时代华文书局 | +0.21 |
| ↑37 | 中国文史出版社 | +0.23 |
| ↑20 | 中国财富出版社 | +0.07 |
| ↑18 | 现代出版社 | +0.13 |
| ↑17 | 北京联合出版公司 | +0.31 |
| ↑17 | 作家出版社 | +0.13 |
| ↑8 | 中国法制出版社 | +0.05 |

续表

| 码洋排名同比变化 | 出版社名称 | 码洋份额同比变化 |
|---|---|---|
| ↑3 | 中国电力出版社 | +0.05 |
| ↑3 | 中华书局 | +0.02 |
| ↑2 | 商务印书馆 | +0.09 |
| ↑2 | 九州出版社 | +0.04 |
| ↑1 | 中国人民大学出版社 | +0.08 |
| ↑1 | 中国青年出版社 | +0.05 |
| ↑1 | 人民文学出版社 | +0.03 |
| ↑1 | 电子工业出版社 | +0.03 |

2015 年整体市场码洋排名 TOP20 的出版社中,地方社(除京版社外其他出版社)占 2 个席位,分别是江苏文艺出版社、广西师范大学出版社,这两家社均同比上升 3 个位次。整体市场中地方社码洋份额同比增加 1.27 个百分点,地方社中 TOP50 出版社码洋占整体市场的 17.94%,册数份额合计为 19.28%。地方社中码洋排名前移幅度最大的是万卷出版公司,上升 57 个位次;该社码洋同比增长 67%,单品种馆配册数同比增加近 9 册/种,单册价格同比上涨 4.2 元(见表 51.6)。

表 51.6　地方社 TOP50 中排名上升最快的 15 家出版社

| 码洋排名同比变化 | 出版社名称 | 码洋份额同比变化 |
|---|---|---|
| ↑57 | 万卷出版公司 | +0.08 |
| ↑49 | 西南交通大学出版社 | +0.06 |
| ↑43 | 北方妇女儿童出版社 | +0.05 |
| ↑23 | 百花洲文艺出版社 | +0.07 |
| ↑19 | 凤凰出版社 | +0.13 |
| ↑16 | 广东人民出版社 | +0.03 |
| ↑13 | 黄山书社 | +0.06 |
| ↑13 | 天津人民出版社 | +0.04 |
| ↑12 | 重庆出版社 | +0.10 |
| ↑12 | 上海科学技术文献出版社 | +0.03 |

续表

| 码洋排名同比变化 | 出版社名称 | 码洋份额同比变化 |
|:---:|:---:|:---:|
| ↑12 | 长江少年儿童出版社 | +0.03 |
| ↑11 | 辽宁科学技术出版社 | +0.04 |
| ↑11 | 上海科学技术出版社 | +0.02 |
| ↑10 | 华东师范大学出版社 | +0.05 |
| ↑10 | 上海文艺出版社 | +0.04 |

2015年高校馆市场码洋占整体市场的七成以上，较2014年下降1.75个百分点。参与馆配的出版社中，TOP20出版社码洋份额合计为41.42%，同比增加0.28个百分点。高校馆TOP50出版社中，码洋排名上升最大的是在整体市场有着突出表现的中国文史出版社，紧随其后的是北京联合出版公司，名次上升22个位次，码洋同比增长近50%，码洋份额同比增长0.19个百分点（见表51.7）。

表51.7　高校馆TOP50出版社中排名上升最快的15家出版社

| 码洋排名同比变化 | 出版社名称 | 码洋份额同比变化 |
|:---:|:---:|:---:|
| ↑25 | 中国文史出版社 | +0.21 |
| ↑22 | 北京联合出版公司 | +0.19 |
| ↑15 | 译林出版社 | +0.12 |
| ↑14 | 凤凰出版社 | +0.12 |
| ↑14 | 作家出版社 | +0.11 |
| ↑6 | 广西师范大学出版社 | +0.06 |
| ↑6 | 国防工业出版社 | +0.06 |
| ↑5 | 江苏文艺出版社 | +0.11 |
| ↑5 | 辽宁美术出版社 | +0.09 |
| ↑5 | 上海古籍出版社 | +0.07 |
| ↑4 | 浙江大学出版社 | +0.10 |
| ↑2 | 中国人民大学出版社 | +0.11 |
| ↑2 | 中国电力出版社 | +0.08 |
| ↑2 | 上海人民出版社 | +0.06 |
| ↑2 | 中国青年出版社 | +0.06 |

公共馆参与馆配的 TOP50 出版社中,码洋排名变化排名第一的是凤凰出版社,上升 35 个位次,码洋份额上升 0.17 个百分点。值得一提的是该社单册价格是 2014 年的 2.5 倍,究其原因,凤凰出版社参与馆配的 2015 年版高码洋新书贡献不少,仅定价 7.8 万元的《中国近代铁路史资料选辑》、定价 5.8 万元的《近代教会大学历史文献丛刊》、定价 3.8 万元的《近代世界地理志》、定价 3.2 万元的《近代文科工具书》4 种图书就为该社贡献了超过一成的码洋(见表 51.8)。

表 51.8 公共馆 TOP50 出版社中排名上升最快的 15 家出版社

| 码洋排名同比变化 | 出版社名称 | 码洋份额同比变化 |
|---|---|---|
| ↑35 | 凤凰出版社 | +0.17 |
| ↑34 | 北京时代华文书局 | +0.25 |
| ↑28 | 中国文史出版社 | +0.28 |
| ↑20 | 南京大学出版社 | +0.10 |
| ↑17 | 安徽少年儿童出版社 | +0.07 |
| ↑15 | 江苏科学技术出版社 | +0.20 |
| ↑15 | 作家出版社 | +0.18 |
| ↑15 | 中华书局 | +0.16 |
| ↑15 | 百花洲文艺出版社 | +0.08 |
| ↑10 | 商务印书馆 | +0.11 |
| ↑8 | 广西师范大学出版社 | +0.12 |
| ↑6 | 北京联合出版公司 | +0.57 |
| ↑6 | 中国社会科学出版社 | +0.08 |
| ↑4 | 中国人民大学出版社 | +0.07 |
| ↑3 | 现代出版社 | +0.18 |

## 51.6 馆配畅销书:文学类地位稳固,"大数据""新常态"成热门

2015 年覆盖率排行 TOP200 的书目中,2015 年版新书占比为 63.5%。中信出版社入选 TOP200 品种数居首,有 27 种图书入选;其中,经济类占

12 种,文学类及历史、地理类各 5 种。其余含 10 种以上的出版社为:北京联合出版公司(16 种)、湖南文艺出版社(13 种)、人民文学出版社(10 种)。此外,这 200 种书中,文学类图书占到近一半,小说有 72 种、散文有 19 种;其次为历史、地理类,共有 31 种;经济类有 22 种。从细分角度来看,小说、散文类图书最受欢迎,其次是历史、传记类。

2015 年文学类覆盖率 TOP10 书目中,2015 年版和 2014 年版图书各占一半,社会小说及言情小说较为突出。2015 年前三季度文学类覆盖率榜首的《皮囊》退居全年榜第三,《群山之巅》则由第六位跃居首位。文学类中,近年来主题偏治愈系作品一直畅销,如《乖,摸摸头》讲述的是作者亲历的暖心故事,《岛上书店》则讲述一个陷入人生僵局最后走出困境的过程,以其温暖的正能量受到读者及图书馆的青睐(见表 51.9)。

表 51.9 文学(I 类)图书覆盖率排行榜(TOP10)

| 排名 | 书名 | 定价(元) | 出版年份 | 出版社 | 所属类别 | 馆配覆盖率(%) |
|---|---|---|---|---|---|---|
| 1 | 群山之巅 | 35.00 | 2015 | 人民文学出版社 | 社会小说 | 41.58 |
| 2 | 我们生活在巨大的差距里 | 35.00 | 2015 | 北京十月文艺出版社 | 当代随笔 | 41.58 |
| 3 | 皮囊 | 39.80 | 2014 | 天津人民出版社 | 当代随笔 | 40.95 |
| 4 | 时间移民 | 32.00 | 2014 | 江苏文艺出版社 | 科幻小说 | 40.21 |
| 5 | 没有女人的男人们 | 35.00 | 2014 | 上海译文出版社 | 言情小说 | 39.37 |
| 6 | 乖,摸摸头 | 36.00 | 2014 | 湖南文艺出版社 | 作品集 | 38.84 |
| 7 | 老生 | 36.00 | 2014 | 人民文学出版社 | 社会小说 | 38.53 |
| 8 | 岛上书店 | 35.00 | 2014 | 江苏文艺出版社 | 社会小说 | 36.11 |
| 9 | 冰河 | 38.00 | 2014 | 北京联合出版公司 | 言情小说 | 36.00 |
| 10 | 空岛 | 36.00 | 2015 | 作家出版社 | 历史小说 | 35.79 |

工业技术类图书码洋占整体馆配市场的 17.36%,仅比排名第一的文学类少 0.01 个百分点。随着国家对"互联网＋"战略和信息化管理的推动,各行

业也在进行相应的调整,随之产生的书籍读物也相对多了起来,覆盖率
TOP10 图书的关键词可以概括为:互联网、大数据(见表 51.10)。

表 51.10 工业技术(T 类)图书覆盖率排行榜(TOP10)

| 排名 | 书名 | 定价(元) | 出版年份 | 出版社 | 所属类别 | 馆配覆盖率(%) |
|---|---|---|---|---|---|---|
| 1 | "互联网+":国家战略行动路线图 | 58.00 | 2015 | 中信出版社 | 电子商务 | 28.95 |
| 2 | 对"伪大数据"说不 | 55.00 | 2015 | 中国人民大学出版社 | 金融理论 | 28.53 |
| 3 | 网络人的未来:移动互联网和大数据时代的100个预言 | 55.00 | 2015 | 人民邮电出版社 | 电子商务 | 27.47 |
| 4 | 机器人革命:即将到来的机器人时代 | 45.00 | 2015 | 机械工业出版社 | 机器人技术 | 26.84 |
| 5 | 时代的变换:互联网构建新世界 | 49.00 | 2015 | 机械工业出版社 | 电子商务 | 26.84 |
| 6 | 物联网设计:从原型到产品 | 69.00 | 2015 | 人民邮电出版社 | 网络与通信 | 26.84 |
| 7 | 跨界:开启互联网与传统行业融合新趋势 | 39.00 | 2014 | 机械工业出版社 | 电子商务 | 26.74 |
| 8 | 机器人科技:技术变革与未来图景 | 69.00 | 2015 | 人民邮电出版社 | 自动化技术 | 26.00 |
| 9 | 黑客简史:棱镜中的帝国 | 39.80 | 2015 | 电子工业出版社 | 信息安全 | 25.89 |
| 10 | 宽带中国与物联网 | 68.00 | 2015 | 电子工业出版社 | 网络与通信 | 25.58 |

从 2014 年年底中央首次提出我国进入经济发展新常态,到 2015 年两会期间对经济的重点讨论,"新常态"早已成为热门新词,2015 年度经济类覆盖率 TOP10 图书中,讲述经济新常态的共 3 种。中信出版社在 TOP10 经济类图书中独占 6 种,成为新书高产地(见表 51.11)。

**表 51.11　经济(F 类)图书覆盖率排行榜(TOP10)**

| 排名 | 书名 | 定价(元) | 出版年份 | 出版社 | 所属类别 | 馆配覆盖率(%) |
|---|---|---|---|---|---|---|
| 1 | 从 0 到 1:开启商业与未来的秘密 | 45.00 | 2015 | 中信出版社 | 经营管理 | 42.00 |
| 2 | 郎咸平说中国经济的旧制度与新常态 | 39.00 | 2015 | 东方出版社 | 中国经济 | 35.79 |
| 3 | 万达哲学 | 49.00 | 2015 | 中信出版社 | 经营管理 | 34.32 |
| 4 | 创业维艰:如何完成比难更难的事 | 49.00 | 2015 | 中信出版社 | 企业管理 | 31.16 |
| 5 | 21 世纪资本论 | 98.00 | 2014 | 中信出版社 | 政治经济学 | 31.05 |
| 6 | 互联网时代 | 49.80 | 2014 | 北京联合出版公司 | 电子商务 | 30.74 |
| 7 | 小趋势 2015:读懂新常态 | 45.00 | 2015 | 中信出版社 | 中国经济 | 30.63 |
| 8 | 零边际成本社会 | 49.00 | 2014 | 中信出版社 | 经济学理论 | 29.26 |
| 9 | 新常态改变中国 | 39.80 | 2014 | 民主与建设出版社 | 中国经济 | 27.58 |
| 10 | 国家命运:中国未来经济转型与改革发展 | 58.00 | 2015 | 中央编译出版社 | 中国经济 | 27.37 |

【链接:《中国出版传媒商报》2016.2.16,商报·卷藏数据组《2015 中文图书纸质馆配市场分析》】

# 附编　国际出版观象

# 第52章　国际出版集团年报显示：在线教育成为转型加速引擎

随着 2015 年 4 月 25 日培生教育集团年报的发布，各大国际出版集团的年报已悉数公之于众。商报透视各大出版集团过去一财年的表现，解读国际书业未来走势。

在学术出版领域，各集团通过平台整合、业务并购，从资讯提供商向电子解决方案提供商转型；在大众出版领域，各集团通过畅销书打造，加大电子书投入等支撑营收增长；在教育出版领域，各集团通过升级在线教育服务，完善高教服务体系拉动数字出版业务增长。

各学术出版集团的传统纸质出版业务均有不同程度的下滑，但线上业务和电子解决方案带来的大幅增长，抵消了整体业绩下滑的趋势。如励讯集团的法律合规板块，线上业务的收入增长抵消了纸质业务的下滑。威科集团将财税会计出版板块的资产都转到法律合规板块，更名为"科研与学习"，借此提高了有机增长率。目前其纸质出版的收入占比仅为 20％。威立集团也通过 CrossKnowledge 业务带来的大幅增长，平衡了传统图书销售大幅下滑带来的不利影响。

在此背景下，各集团加快了转型和战略布局。威立计划到 2015 财年结束（即 2016 年 4 月），实现从出版商向知识型公司的转型。目前威立集团 60％ 以上的收入来自于数字化产品，15％ 的收入来自电子解决方案，该集团还计划到 2017 财年（即 2018 年 4 月），实现 25％ 的收入来自电子解决方案。威科集团的数字产品及服务收入占比也达到了 80％。两家集团都在向电子解决方案提供商转型。励讯集团作为转型最早的学术出版商,2014年其数字化收入占比已达82%,而且在向电子决策工具提供商的方向推进。

各集团还通过打造统一的内容平台,开发电子解决方案,继续扩大在所在业务板块的优势地位,满足目标客户的多方需求。如励讯开发的ScienceDirect平台,威立开发的Wiley Online Library等。

威立在在线教育服务领域的开拓,成为这家学术出版商近年来业绩增长的最大亮点。如该集团打造的Deltak平台提供在线攻读学位课程,通过与教育机构的合作,为他们提供从技术到内容的全方位解决方案。据统计,目前全球攻读研究生学位的市场总值为250亿美元,而在线课程的市场只占不到1%。到2018年全球在线学习业务的复合年增长率将高达25%。此外,威立在职业发展领域的开拓可圈可点,将Profiles、CrossKnowledge与之前收购的Inscape平台整合,为企业提供全方位的人才招聘和培训业务。统计显示,当前全球人才市场总值150亿美元,其中电子学习领域的人才市场为90亿美元,评估领域的人才市场为20亿美元,人才解决方案领域的人才市场为40亿美元,并以10%的速度增长。

大众出版领域,2014年能否创造畅销书成为国际大众出版巨头总收入的决定因素。企鹅兰登书屋2014年的总收入增长了25.2%,主要增长点来自于畅销书,如约翰·格林的《星运里的错》(The Fault in Our Stars)在全球售出上百万册。其2014年出版的图书中超过500种入选《纽约时报》图书畅销榜。新闻集团旗下哈珀·柯林斯的总收入较2013年同期增长了6500万美元,旗下的维罗尼卡·罗斯的"分歧者系列"(Divergent series)取得了巨大成功,收益超过1900万美元。而阿歇特出版集团由于没有像2013年那样出现大量畅销书,所以其母公司拉加代尔集团出版业务板块的表现不如2013年,2014年总销售额为20.1亿欧元,与2013年的20.7亿欧元相比有所下降。而学乐出版社也因为在2014财年没有出现"饥饿游戏"三部曲这类大热图书,导致总收入有一定程度下降。

　　此外,电子书依旧是国际大众出版巨头依靠的主要板块,但其发展速度已经放缓。2014 年企鹅兰登书屋发行超过 10 万种电子书。阿歇特的电子书市场也有了轻微增长,2014 年阿歇特(美国)和亚马逊(美国)就电子书定价问题产生的纠纷,对阿歇特的电子书销量造成了一定的影响。

　　教育出版方面,国际教育出版商在数字市场上加大了投入力度,虚拟网校、在线课程的注册人数不断增长。2014 年,培生在线服务项目取得进一步增长,课程注册量上涨 22％。培生与北美各高校签署协议,设立新的课程项目,如与布拉德利大学签署协议开设五个关于护理和咨询的学位项目。同时它与美国健康信息管理协会合作开展线上教育业务,开发新一代虚拟实验产品作为教学技术支持。由于美国和英国教育政策上的改变,培生教育还对测评市场做出了相应调整。

　　而圣智教育于 2014 年申请破产并完成资产重组后,从 2014 年 4 月 1 日至 12 月 31 日 9 个月的时间内收入较 2013 年同期有了一定增长。在数字市场通过线上课程和数字产品拉动收入,而在教学服务方面,圣智教育采用了大量纸质教材和数字教育措施,并在两年制和四年制大学市场、研究市场、职业市场、校园市场及专业市场提供相关教育服务。

　　【链接:《中国出版传媒商报》2015.5.5,渠竞帆、刘亚《国际出版集团年报显示:在线教育成为转型加速引擎》】

# 第53章 2015 全球出版业排行透视国际出版格局与趋势

6 月 26 日发布的"2015 年全球出版业排行",不仅使中国出版业颇受关注,同时也反映出全球出版业新兴市场日益活跃,STM、教育与专业出版"基业长青"、大众出版大幅萎缩的发展态势。

此次排行榜单调研了全球 57 家出版企业,这些企业 2014 年出版业务总收入增长 11% 至 593.28 亿欧元(每家企业的年收入均在 1.5 亿欧元以上)。位列前十的企业在市场上的垄断性地位进一步加强。2014 年前 10 家出版企业的总收入增长 12% 至 318 亿欧元,首次突破 300 亿欧元大关。这个数字占了前 50 家企业总收入 582 亿欧元的 54.6%,而 2012 年、2013 年占比均为53%,也反映出全球书业在数字化、全球化和并购的转型中的演变。

从 2007 年开始制作的全球出版业排名榜单,是在法国《图书周刊》的倡议下,由奥地利书业咨询公司威辛巴特内容与咨询公司调研完成,联合英国的《书商》杂志、德国的《图书报告》、美国的《出版商周刊》和巴西的《出版新闻》共同发布。

据威辛巴特介绍,近几年统计的出版商在五六十家之间波动,但对数据的分析仅限于前 50 名。数据均来自 2014 年各企业公布的报告、直接提供的数字,或者从公司登记的官方数据。

## 53.1 新兴市场显现活力与潜力

从地区分布看,榜单前 50 名中有 5 家企业总部设在英国,包括总部分别设在英国、荷兰和美国的励讯集团。10 家北美企业中,7 家来自美国,一家来自加拿大,一家是加拿大和美国的合资企业,这 10 家企业的总收入为 186 亿欧元。德国有 7 家企业上榜,2014 年创造的总收入增长 2％至 65 亿欧元。日本有 6 家企业上榜,2014 年总收入下滑 1.9％至 34 亿欧元。法国有 5 家企业上榜,2014 年总收入增长 8％至 34 亿欧元,这一突出成绩要归功于曾为贝塔斯曼书友会法国业务的 France Loisirs 公司,通过获得畅销书授权、以不同版本重新出版,并向会员直销带来了大幅增长。

新兴市场具有的活力和巨大潜力,也吸引威辛巴特的持续关注。受法兰克福书展之托,他刚刚在法兰克福书展上公布的白皮书《2015 书业报告》(The Business of Books 2015)就提供了这样的信息。

2011 年以来,威辛巴特对巴西、中国、韩国和俄罗斯进行了专门调研,报告因此更关注新兴地区的动态发展。巴西 3 年来出版业表现稳定,但欧元汇率下滑导致巴西在榜单上表现不佳。俄罗斯同样如此,2012 年埃克斯摩(EKSMO)并购 AST 出版公司,拥有教育出版社 Prosveshchenie 的 OLMA 集团在政府支持下也大大加强了实力。两家业务均有增长,但由于卢布汇率的涨跌,3 年来增长数据几乎为零。

在当今出版全球化的格局下,出版集团业务更加分散。企鹅兰登书屋的总部在贝塔斯曼的基地——安静的威斯特伐利亚小镇,而它的源动力来自美国纽约,剑桥大学出版社和牛津大学出版社也各有约 85％的收入来自于英国以外地区。

## 53.2　教育与专业出版“基业长青”

STM、教育和专业出版仍是全球出版业收入的主要来源。威辛巴特在报告中指出,教育领域龙头老大培生集团连续 5 年居榜单首位,2014 年再次强劲增长,这主要是由于剥离大众业务企鹅出版社,将其《金融时报》与在《经济学家》杂志的股份一同并入专业板块,以专注发展教育领域。威辛巴特表示,他与培生集团讨论过报表的细节问题,并将《金融时报》和《经济学家》等报刊业收入都从总收入中扣除而保留了出版收入。励讯集团也扣除了 RBI 和风险及债券业务收入。

霍兹布林克选择了谨慎、稳健的有机增长道路,其大众业务更名为 Macmillan Publishing,科学与学术出版则更名为 Macmillan Science and Education,购入施普林格使霍兹布林克得以进入不同的全球专业出版市场,并在更多地区获得增长。

此外,威立、牛津大学社和剑桥大学社等学术出版商以及德国的教材出版商 Klett 都取得了不错的业绩。但威辛巴特指出,教育出版领域环境日益复杂化,在全球市场,尤其是美德等市场都处于动荡期。随着政府削减预算,数字化又需要大笔资金投入,有的出版社的传统业务难以保证持续。霍顿·米夫林·哈考特、麦格希和圣智三家刚刚从破产保护的阴影中走出来。

大众出版领域,除了企鹅兰登书屋并购带来的 25％的强劲增长,整体市场萎缩,前景仍处于尚不明朗的迷雾中,尤其是对于那些在其他更成熟市场运营的企业来说。2014 年进入榜单前 20 的大众出版企业都有不同程度的下滑,如阿歇特图书公司下滑 3％,艾阁萌(Egmont)下滑 7.7％,瑞典的 Bonnier 集团下滑 2.9％。哈珀·柯林斯虽取得了不小的增长,但要归因于其教育业务的大幅增长和新闻集团的重组。有传言称阿歇特将会发生并购,就像哈珀·柯林斯收购禾林一样,借此开拓全球发行网络。

## 53.3 汇率、并购搅动榜单

2014 年汇率的巨幅摇摆给榜单带来震荡。为保持与之前统计的一致性,此次榜单仍以年末的汇率来换算,但是这种统计方式带来了很大变化,励讯集团超越汤森路透跃居第二,阿歇特前进一名升至第七。此外,有一些并购产生的效应尚未显现出来,如哈珀·柯林斯在 2014 年末以 4.5 亿美元收购禾林出版社,霍兹布林克 2015 年 5 月收购施普林格,增加的 10 亿欧元收入将使霍兹布林克在 2016 年的榜单中进入前五。在儿童出版领域,迪士尼可能是全球之首,意大利的漫画巨头 Panini Group 因没有在年报中公布出版业务的收入,所以没有出现在榜单中。

需要说明的是,报告中仅统计与图书有关的收入,但事实上很难厘清。威辛巴特指出,对出版业务界定的难度,体现在四个方面:

一是图书和杂志的界限模糊,日本漫画和亚洲市场上的漫画小说常常以杂志形式出现,他将这部分收入统计进来。

二是销售渠道方面,通常都是将 B2B 的图书发行统计在内,B2C 直销收入不含在内,但是许多出版集团都有自己的书店,他在统计中将西班牙的 Planeta 和瑞典的 Bonnier 集团的 B2C 收入剥离出去,但是对中国的地方性集团以及 Klett 公司就很难分离出这部分收入。像 France Loisirs 一样,所有大型大众出版企业都在尝试各种模式,包括面向消费者的直销平台和渠道。因此这部分收入也被统计进来。

三是出版商进行跨媒体活动,如视频、游戏制作和 APP 开发,如日本的角川书店(Kadokawa)就开发了这些业务。这是出版商开发版权价值链的好机会。在教育出版领域,跨媒体战略正呈现明显的优势。

四是从事与出版相关、但跨越传统出版的活动。大多数教育出版商不只是向师生和机构销售内容,还与大型教师组织(如在韩国)合作,运营自己的培训和教育机构(如在韩国和德国)或者从政府获得资金或其他支持(如在巴西和俄罗斯)。他认为,出版业未来将呈现更复杂的转型趋势,出版的价值链以及由此产生的文化、经济现象也会发生演变。

【链接:《中国出版传媒商报》2015.6.30,渠竞帆《2015 全球出版业排行透视国际出版格局与趋势》】

# 第54章　国际出版集团并购重组为哪般？

出版集团、出版公司以及相关企业之间的并购、重组是资本市场资金运作的常见形式，特别是在欧美市场，大型出版集团的建立往往需要一个接一个地并购项目来为其商业王国开疆拓土。这其中的每一个步骤不仅会对大型集团当年的财务报表产生影响，同时也预示了该集团在未来发展道路上的布局与思考。2015年，欧美出版市场上，大型出版集团同样参与了多项并购及出售业务，商报记者对此展开梳理，力求寻找资产流动背后的企业发展趋势。

## 54.1　谋求精益求精之路

近几年，教育出版商在"互联网＋"转型下探索出一条发展道路，从传统的出售教材，开始转向在线教育、互联网测评、内容＋客户端的发展模式，技术的支撑当然必不可少。

2015年9月，美国圣智学习出版集团宣布收购位于华盛顿的教育技术公司 Learning Objects。该公司拥有自主开发、个性化定制、在线学习项目和通过学习平台为高等教育机构制定课程等方面的能力。此次并购，能使圣智学习引以为豪的数字化课程解决方案 MindTap 进一步完善功能，拓展客户群。

紧接着在10月，为了让 MindTap 更完善，圣智学习又在2015年教育技术领袖年度盛会上宣布收购了 Pathbrite 公司，该公司的顶级电子档案解决方案，能够收集、跟踪、展示学生的学习成果，帮助他们完善升学、鉴定和求职评估。该公司在900所K20机构（是美国在中小学与大学之间建立的创新学习的教育研究发展中心）中都拥有自己的用户。通过这次并购，圣智学习能够将

Pathbrite 公司的电子档案融入数字化课程解决方案中,弥补学生数字档案方面存在的一些缺陷。

这两起并购都展现出圣智学习在数字化教育领域走得更远的决心,但数字化开发对技术的要求需要有强大的资金支撑,而整个 2015 年对培生集团而言,无疑就是迅速完成业务瘦身、寻求资金支持的过程。2015 年上半年,培生集团宣布将出售旗下《金融时报》,以 8.44 亿英镑现金将《金融时报》出售给日本经济新闻社。7 月,培生集团再次以 4.69 亿英镑的价格,将旗下《经济学人》50%的股权售予拥有菲亚特汽车集团的意大利阿涅利家族,该交易全部以现金方式进行。11 月,培生集团又再次宣布将在年底前出售其在俄罗斯《Vedomosti》日报的股份,预计在 2016 年 1 月 1 日前完成交易。2015 年年初,培生集团曾在财报中表示将转型为一家专注教育的公司,这些大刀阔斧的瘦身计划也正实践着这一承诺,培生将退出传媒业,从一家多元化的综合企业转型为教育企业。

## 54.2 资源优化配置,强强联合

精益求精地深入发展是一方面,对于出版集团而言,并购重组对于有效整合旗下资源,实现内容和服务的优化配置也是一大趋势。

2015 年 2 月,励德爱思唯尔集团正式更名为励讯集团,从改名上就能看出该集团在促进旗下业务一体化发展目标上的用心。7 月,该集团旗下 LexisNexis 法律专业公司宣布购买风险分析报告供应商 MLex,实现法律与风险分析的结合,弥补发展上的短板;10 月,旗下励德信息有限公司宣布将其在澳大利亚 Cordell 信息有限公司的全部股份出售给 CoreLogic 公司。据悉,Cordell 是澳大利亚一家提供项目活动和建筑报价的信息公司,此次股份售出也从一个侧面表明励德信息有限公司渴求更适宜自身发展路线的合作方。

紧随其后,LexisNexis 法律专业公司又在 11 月宣布购买制作了获奖品牌 Legal Analytics® 的制作商 Lex Machina。Legal Analytics® 是一款软件,帮助法律企业在业务和实践方面取得突出成绩。制作该软件的 Lex Machina 公司成立于硅谷，他们正是通过出售软件，为律师提供服务，帮助律师了解不同的法律政策有可能导致哪些不良行为和后果。律师可以通过该软件，依托其技术帮助律师制定策略、引导数据，维护联邦法。

不难看出，作为全球知名的专业出版集团，励讯集团已经基本完成了数字化转型，STM 出版带来的收益在未来也会持续增长，因此，集团也希望其他业务也能尽快拥抱"互联网＋"背景下的大数据。

2015 年最吸引人目光的合并项目之一，就是 5 月，施普林格科学商业集团并购了麦克米伦科学教育集团，成立新的施普林格·自然集团（Springer Nature）。当时，新集团市场估值为 15 亿欧元，由霍尔茨布林克出版集团持有 53％的控股，尼克·坎贝尔出任 CEO。这样一家新公司的出现无疑是两家资深出版集团通过强强联合实现资源优化配置的结果。

### 54.3 拓宽业务渠道，寻求收入新增长

还有一类出版社则希望通过并购之路，为集团企业的业务发展找到新的方向，实现收入的进一步增长。

约翰威立公司 2015 年 10 月收购了 AnalystSuccess.com 网站，和宾夕法尼亚州的美国金融服务学院，借此进一步开拓教育领域业务。AnalystSuccess.com 网站上设有的 CFA（注册经融分析师）学习课程，该课程是通过简单有效的学习体验来帮助考生准备 CFA 考试。该网站除了有经验丰富的课程开发团队、优秀的分析师和课程设计专家外，还会设计优质的内容、全新的学习方法以及更容易的课程来帮助全球的考生通过 CFA 考试。这对于有意开拓专业教育的威立来说无疑是绝佳的选择。

另一家想在教育市场分一杯羹的是贝塔斯曼。2015 年 9 月，贝塔斯曼宣布成立新的独立的教育集团，随后，贝塔斯曼向美国在线教育服务提供商 HotChalk 投资 230 万美元，并成为其最大股东。HotChalk 公司成立于 2004 年，

是一家教育技术公司,其为大学开展在线学位项目并提供交互式的课程设计、内容开发工具和数据分析服务。目前,该公司已与 7 家公立大学合作在线硕士和博士课程项目。

　　贝塔斯曼 CEO 瀚韬表示,本次投资是公司拓展教育领域的一个重要步骤,为高等教育提供在线服务是贝塔斯曼重要战略之一。贝塔斯曼目前的工作方向是向教育业务发力,主要集中在健康和技术方面的在线教育服务。教育业务将成为贝塔斯曼继媒体和服务后的第三大支柱业务,营业收入将达到10 亿欧元。公司最近已完成了一系列在线教育方面的投资和收购行为,包括RediLearning 和 Alliant 国际大学,并且在秋季完成了新业务部门:贝塔斯曼教育集团的组建。

　　【链接:《中国出版传媒商报》2015.12.18,刘亚《国际出版集团并购重组为哪般?》】

# 第 55 章

# 2015 欧美出版大鳄年度"答卷"：有声书自出版悄然改变出版格局

2015 年已经接近尾声，欧美主要上市出版集团也向市场交出了年度答卷，虽然全球经济的整体疲软之势和汇率的波动给资本市场带来了强烈的冲击，但出版人依旧在坚定的出版道路上展现了自己的发展成果。整体来看，几大大众出版集团依靠畅销书平稳发展，教育出版集团继续积极推进数字化转型与建设，而专业出版再度收获数字出版红利。新兴出版产品中，电子书正在下滑，订阅模式遭遇挑战，而有声书与自出版正在悄然改变出版业板块格局。

## 55.1 大众出版 畅销书支撑大社发展

从各出版集团的三季度报和半年报来看，整体指标小幅增长。成熟的畅销书策略、成人涂色书、少儿图书的坚挺以及并购等策略，为大出版社发展奠定基础。

大众出版的领头羊企鹅兰登书屋 2015 年上半年营收 16.97 亿欧元，同比增长近 2.3 亿欧元，息税前利润为 2.07 亿欧元，同比增长 30.2%。企鹅兰登书屋市场表现强劲，主要武器还是畅销书，如《火车上的女孩》售出 450 万册，是 2015 年上半年销量最高的图书。而《五十度灰》作者 E. L. 詹姆斯的新作《格雷》出版两周就卖了 350 万册。在美国市场上，企鹅兰登书屋的图书有 306 部入围 2015 年《纽约时报》畅销书榜，其中 38 部登上榜首。这一业绩成就了其大股东贝塔斯曼，2015 年成为其史上经营利润最高的一年。

西蒙及舒斯特 2015 年第三季度销售同比增长 2% 至 2.03 亿美元，第三季度息税前利润达到 4200 万美元,同比增长 100 万美元。普利策奖获奖作品《看不见的光》的持续热销助力颇大,旗下热销书籍还有《幸存者》《掠夺与欺骗》。

哈珀·柯林斯也受到了畅销书影响,但可惜是负面的。哈珀·柯林斯第三季度全球收益增长 1% 达到 4.09 亿欧元,哈珀·李的作品《设立守望者》是主要助推力。但息税前利润却让人大跌眼镜,同比跳水 24%,为 4200 万美元。他们归咎于电子书销售和"分歧者"系列在美国销售的下降。

阿歇特母公司拉加代尔集团公布的财报显示,第三季度出版业务同比增长 2.0% 至 6.07 亿欧元,对 Quercus 和 Nicholas Brealey 出版社的收购推动了增长。其在英国的分部增长 1.2%,阿歇特旗下的 Hodder Education 出版社的业务以及 Octopus 出版社的绘本书是增长的主要动力,尤其是成人涂色书。电子书占成人平装书的市场比例下降为 30%,2014 年同期为 34%。

学乐集团 2015 年同样依靠畅销书捍卫了其在童书领域的强势地位。《我的世界》《星球大战:绝地学院之幽灵霸王》、"哈利·波特"系列等热门童书创造了巨大收益。其财报显示,2014 年 12 月~2015 年 8 月,学乐集团总收入约 10.54 亿美元,2014 年同期为 10.53 亿美元,其中童书部门贡献约 5.56 亿美元。

但上述几大出版集团只占据欧美主流市场大约 3 成的份额,据美国出版商协会(AAP)透露,美国上半年整体市场下降 4.1%,精装书和电子书市场均下降 1 成左右。

## 55.2　教育和学术出版　数字化进程影响市场表现

教育出版仍处于数字化变革期,投入较大,市场表现数据相对低迷,美国大学录取率的下降也造成了不利影响。而已经完成数字化转型的学术出版商正享受着数字化带来的红利。两者都在加强用户体验、个性化解决方案以及移动客户端上下功夫。

培生教育集团三季度财报显示,2015 年前 9 个月收入同比下降 2％,美国社区大学录取率较低、教育投资昂贵,对美国的高等教育市场造成了不良影响。培生集团先后卖掉《金融时报》《经济学人》,并可能在年底出售俄罗斯报纸《Vedomosti》,以期完全投入教育培训领域。培生将扩大其在线课程服务,近期正与英国埃克塞特大学合作发布各种学科的在线研究生学位教育。

美国圣智学习集团也公布了 2016 财年前 2 个季度财报。2015 年 3～9 月,圣智学习的收入同比下降 3.4％至 9.299 亿美元。主因是大学录取率下降以及纸质产品销售转变为数字产品销售过程中产生的收入递延。但好在高端核心数字产品销量上涨,一定程度上缓解了压力。2015 年 3～6 月,圣智学习仍将重心放在数字平台业务上,在核心产品 MindTap 平台上对用户体验、内容质量和个性化定制服务做出改善,并在 iOS 和 Android 平台上同步推出手机版,丰富终端应用。虽然整体收入下降,但仅在 2015 年 7～9 月,MindTap 上的活跃量增长 154％,CengageBrain 平台销量增长 9％,达 4600 万美元,高等教育数字单元销量也有望超过纸质产品。

已经完成数字化转型的学术出版集团则继续享受着数字化带来的红利。2015 年上半年,励讯集团收入 29.64 亿英镑,同比增长 4％,其中电子产品和面对面服务业务创造的收入合计占总收入的 86％,纸质产品业务还有进一步减少的趋势,表明该集团从纸质出版到数字化出版的转型已经基本完成。励讯集团的业务板块包括 STM 出版、展会、法律和风险及信息,STM 仍然是最大的赢利门类,潜在收入增长 6％。虽然励讯集团 2015 年上半年的数字产品取得了相当耀眼的收入,但由于纸质产品收益的持续减少,潜在增长速度同比几乎持平。

2015 年前 9 个月,威科集团收入同比增长 3％,基本源于普通业务的有机增长。2016 年,威科继续加大对数字化解决方案的投入,力求进一步巩固其在专业出版市场的领先地位,同时对提高客户个性化方案的制定能力也提出了更高的要求。此外,威科将进一步注重在移动端业务、云服务业务以及集成化方面的投入,支持相关研发项目。

## 55.3　新兴产品市场　电子书、有声书冰火两重天

电子书发展出现两极分化趋势,各大出版社的电子书销售均出现下滑,但是中小出版机构及平台仍呈现较强的活力。此外,有声书、自出版蓬勃发展,成为 2015 年的亮点,逐渐成长为市场的主力板块之一。

有声书虽然市场份额较小,但近两年逐渐成长为出版业的主力板块之一,2015 年在欧美的发展也很强劲。美国 2015 年上半年有声书整体市场依旧是增长最为迅速的板块,同比增长高达 31.0％。英国 IPR License 公司披露,2015 年上半年自出版有声书需求同比增长了 58％。除了有声书,自出版也在欧美国家蓬勃发展。尼尔森的乔纳森·斯托尔帕认为现今图书市场中的几大趋势中,最引人注目的是自出版成为继五大出版商之后的第二大市场板块。根据尼尔森数据,2014 年自出版书籍在整个市场中的份额从 14％上升到了18％。Vearsa CEO 加雷斯·库迪认为,自出版市场虽然很多未进入统计,但一直保持强劲增长。他们通过对 2015 年 5 月销售排名前 1 万名的电子书分析,27％来自于五大出版商,均价为 8.22 美元,73％其他电子书均价为 4.58美元;截至 2015 年 11 月,18％来自五大出版商,均价为 9.47 美元,其他 82％的产品均价 4.57 美元,来自自出版平台和中小出版商。

而电子书订阅模式遭遇了困境,著名电子书订阅服务商 Oyster 将于2016 年终止运营,在业内一石激起千层浪。Oyster 公司于 2013 年成立,以每月 9.99 美元的价格为用户提供百万部电子书,在欧美拥有众多用户。除了Oyster,Entitle 在 2015 年 7 月也停止了服务,Scribd 也宣布减少特定体裁作品的供应。之所以如此,是因为读者阅读太多超过了预期,平台给出版商的版权费用过高,入不敷出。至于亚马逊的 Kindle Unlimited 订阅服务,一直受到各大出版商的抵触,可能与其过低的价格有关,目前仍以亚马逊的自出版作品为主。

整体电子书市场的表现似乎也不甚乐观。AAP 的数据显示，美国出版业上半年电子书下降 10.3％，少儿类下降得尤其厉害，高达 45.5％。各大出版商的报告也印证了这一点。西蒙及舒斯特第三季度的电子书收益占比已降低为 25％；哈珀·柯林斯第三季度电子书销售占比已下降到为 20％，约为 8200 万美元，是其总利润下降的"罪魁祸首"之一。阿歇特表示，主要英语国家都遭遇了电子书市场疲软，从 2014 年年初就开始显现，特别是英国市场随着增值税上调，电子书市场份额进一步减少。

但加雷斯·库迪持不同意见，"电子书受到停滞影响的主要是顶层出版商，其他市场和非顶层零售商依然拥有强劲的增长。事实上存在着一个巨大的未被统计者追踪的灰色市场，那些由独立作者出版的电子书增长率，比主流内容高很多。"传统出版社出版的电子书价格上涨以及大出版商、出版平台市场份额缩水可能造成电子书发展停滞的错觉，但自出版以及中小出版商、出版平台的电子书产品依然表现良好。

【链接：《中国出版传媒商报》2015.12.18，刘亚、龚牟利《2015 欧美出版大鳄交出年度"答卷"：有声书自出版悄然改变出版格局》】

# 第56章　国际高管预测 2016 出版走势

　　9 月改版的 Pottermore 网站,以移动先行替代游戏元素,专门服务于已经长大的哈迷们。美国最大的图书批发公司——英格拉姆内容集团收购 Aer. io 网站,全面打通通过网站、博客和社交媒体销售纸电图书,通过移动平台和移动设备下载阅读的通道。2015 年法兰克福书展上扑面而来的移动风更是让我们感受到移动出版的时代已经到来。岁末年初之际,我们邀请国际出版界的高端人士对未来的出版走向做出预测,借此提供域外对未来书业的解读。从各位出版专家的预测回复可以发现如下趋势:

　　出版商通过建立 D2C(Direct to Consumer,指直接面向消费者)平台打通与消费者对接的渠道,如哈珀·柯林斯英国公司通过创建的 BookPerk、CookPerk 和在线活动 BFI LoveFest 收集到消费者数据,从而开展针对性的内容推送和促销。企鹅通过升级 Pelican Books 品牌的在线阅读功能,方便用户的移动获取。费伯出版社则通过为会员组织各类线上活动和培训,增进与读者的联系,改善用户体验并扩大核心读者群。

　　移动大潮下,如何开发移动内容成为焦点。APP 还是响应式网站?AppStore、Google Play 上海量的 APP 难以保证在平台上的可见性和收益,出版商还要不断更新版本、调整内容,以适应本土市场对 APP 阅读习惯的变化,还要符合技术公司不同的标准。而响应式网站通过社交网络和交互性吸引读者,提高了产品的可见性。尽管移动出版的呈现形式更加多元,但可行的商业模式多来自业外。

　　童书市场未来仍需关注根据年龄段需求开发相应产品,同时要在故事的基础上添加交互性元素。学术出版未来仍需要加强质量管理并确保高质量的同行评议。处于移动互联网的包围中,出版商尤其要确保作者和消费者的信息、声誉和资金安全,降低风险,这将是进一步开发IP和跨媒体业务的基石。

## 56.1 关键词1:移动(Mobile)

■ 岳根·博思(Juergen Boos,法兰克福书展主席)

### □ 56.1.1 改变出版生态系统

在法兰克福书展上,无论是参展商之间的谈话、书展设立的数字区Hot Spots(有80多家技术提供商参展),还是书展上主办的相关会议和活动,都印证了移动出版及移动解决方案正受到越来越多的重视这个重要趋势。2015年法兰克福书展上欧盟委员古瑟·奥廷格提出,移动这种方式是欧洲建立数字单一市场的基石。这更为移动出版成为重要发展趋势提供了佐证。

从早期出版商出版图书,使人们走出了修道院和藏经楼,到后来出现了便于携带的口袋书和小开本图书,图书一直都在移动的方式上发生变化。如今移动出版使人们随时阅读、交流以及让天下知识为我掌控的愿望成为现实。

如今出版已经比以往更加"移动",移动出版的概念已经拓展到任何可以在平板电脑、智能手机、电子阅读器、个人笔记本及可穿戴设备等移动设备上生成及消费的内容。

由于消费者有需求,因此一说到出版,就会想到用移动的形式,电子出版与移动出版几乎已经成了同义词。在这种意义上电子出版不再只是以文本为中心,它会包含并整合不同的相关创意产业和形式,如博客、游戏、教育、娱乐、知识、插画、设计、报刊、影视、音乐等。移动出版已经远远大于图书出版的范畴了。

移动出版改变了消费者购买出版产品及服务的方式；改变了媒体融合的方式，如社交阅读、加入声音、图片和超级链接的多媒体增强型图书；改变了读者与文本交互的方式，如发表评论、分享、批注等；改变了图书的形式，如小屏幕、短文、语言更轻松易读等；改变了数据使用和生成的方式；还改变了包括图书出版商在内的传媒公司的工作方式（包括内容生产、消费者行为和消费、交互、发行、货币化、广告、订阅收入和产品研发等方面）。从总体上看，它已经改变了整个出版生态系统。

#### □ 56.1.2　移动市场潜力巨大

根据 Forrester Research 的报告，全球，尤其是非洲、东南亚和拉美等地区新兴国家的消费者用于移动互联网的时间超过了用个人电脑上网的时间。移动创新的速度在这些新兴市场将加快，更多的消费者将直接用手机上网。

Global WebIndex 公司发布的统计数据显示，全球 80％的互联网用户拥有一部智能手机，近一半的用户拥有一台平板电脑，而智能手表市场仍在发展中，只有 10％的互联网用户有一块智能手表。

对于大多数新闻网站来说，超过一半的读者使用移动设备阅读网站内容。eMarketer 统计显示，美国用户每天使用移动设备的时间为 3 小时，2010 年时只有 24 分钟。

大型技术提供商都非常重视移动出版这个领域。谷歌调研数据显示，如果加载移动网站的时间超过 6～10 秒，那么 49％的用户将离开网页。因此，各公司竞相提高移动加载速度，提供界面友好、优化的更多内容。如 Facebook 于 2015 年 5 月推出的交互式媒体创建工具"即时文汇"（Instant Articles）使该网站的文章加载速度提高到普通移动网页的十倍，谷歌 10 月也开发了开源式的移动页面优化方案 AMP，以加快移动端页面呈现速度，提高用户整体体验。

欧洲正考虑在不远的将来推广使用 5G 网络，这将提高移动宽带的速度，也将是推行数字单一市场的基石。与此同时欧洲也在与美国、韩国、日本和中国开展讨论。

### □ 56.1.3 APP与响应式网站的较量

移动设备中将传感器、地理位置、湿度、眼球跟踪、手势等新技术应用其中,移动出版则拓展到了增强现实及虚拟现实等新技术领域,也可以根据用户使用及所处环境的数据提供一整套数据集。用户能够成为移动的传感器。

Flurry Analytics的数据显示,与一年前相比,移动用户花在APP上的时间占比增加了6%至86%,而花在移动网站的时间占比减少了6%至14%。

然而,APP与有响应式设计的移动网站(指使用弹性网格和布局、图片等技术,使一个网站兼容多个终端,智能地自动响应用户的设备环境)之间的战役远未结束,Atavist出版公司刚刚决定收回APP,转而与有响应模式的网站合作,理由是,苹果、谷歌等大型技术公司为本土化APP建设的基础设施既不能保证可见性,也不能保证收入。

在AppStore平台的数百万款APP中,本土化APP得到更多推介,处于主导地位。这也迫使出版商在内容和形式上做出妥协:要调整内容以适应本土对APP的习惯,还要符合技术公司不同的标准,这都要耗费时间、金钱和精力。

而在互联网环境下的移动出版,通过使用响应式设计、HTML5和Javascript,有一个无可比拟的优势,即通过社交网络和交互性来吸引读者及消费者,从而提高可见性。这是本土化APP无法做到的。

这不仅是一场关于技术的战役,也是一场关于商业的战役。基于网络的移动出版宣告了带围墙的花园和封闭式系统的终结。它也让我们开始思考移动出版的商业模式到底在哪里,因为向使用不同设备的消费者分别推介内容又会变得很难。

### □ 56.1.4 移动内容的 N 种形式

技术与出版的结合实现了增值,如今为内容提供最适合的语境(即在适合的地点和时间将内容传递给消费者才是有用的)可实现增值,选择适当的容器也可实现增值,如可穿戴设备或智能手机在消费者的生活中实现了不同的功能,出版商应想好如何向这些"器皿"里注入正确的内容。

年轻读者是移动内容的主要消费者。因此出版商需要了解尚未被发现的年轻读者的阅读习惯。滑动、滚动、缩放、跳起等技术操作改变了读者的阅读习惯,以及读者与电子屏幕及其他用户的交互性,社交阅读如今已经替代了更专注和独立的传统阅读方式。

屏幕越来越小,就需要故事内容更加简洁,有更多生动的元素,对读者有吸引力,移动方式下内容可以转化成许多新的形式,如系列小说、短的章节、定制阅读、类型小说、增强型图书等。

### □ 56.1.5 苦寻商业模式

但是移动出版的商业模式还未确立,一方面付费模式很难奏效,另一方面用户对植入广告很排斥。

虽然千禧年一代(即 1985~2000 年出生的一代)都愿意为 APP 和电子书付费,但是这个人群只占所有用户的 25%。

苹果公司 2007 年创建的 iTunes U 为移动用户提供免费的教育内容、有声和视频播放文件、图书、PDF、tv 格式的内容。此外,苹果公司与大学及其他公益性机构(如博物馆)合作,为用户提供免费内容。苹果公司实行用免费内容资助其他服务,提供免费增值服务,在免费期结束后对内容收费的模式。

虽然植入广告可为出版商带来收入,但拦截广告的软件无处不在,广告之外出版商还能找到哪些付费内容的商业模式?

### □ 56.1.6 新创公司的成功探索

一些新创建的公司在大胆尝试新的商业模式。

第一种是书店与电子阅读设备提供商建立广泛合作。德国的 Tolino 公司与德国 1800 家书店开展合作,通过 Tolino 电子阅读器销售书店的电子书,图书馆也通过 Tolino 向读者提供电子借阅服务。Tolino 还开辟了自助出版平台 Tolino Media,为自助作者提供出版及销售作品的服务。

第二种模式是将移动阅读与社交营销相结合,开发自助出版业务。加拿大的 Wattpad 公司建成了有 3000 万用户和 7000 万篇故事的大平台。虽尚未实现赢利,该网站未来希望从付费内容、版权授权和在线广告投放获利(如 20 世纪福克斯影业公司为电影《星运里的错》在 Wattpad 网站投放广告,广告内容为该网站作者受到约翰·格林启发创作出作品而且在这些作者的新书封面上刊登电影上映信息)。Wattpad 还开发了社交阅读及自助出版 APP。

第三种模式是电子书订阅。德国 Skoobe 公司则继亚马逊 2014 年创建 Kindle Unlimited 之后,开辟了电子书订阅模式,用户每月支付最低 9.99 欧元,可从 14 万种电子书书库中选书阅读。该公司实行溢价策略,希望延长线下阅读时间或用更多设备阅读电子书的用户需要另外支付费用。

第四种模式是全面开发衍生产品和版权授权业务。芬兰 Rovio 公司开发的"愤怒的小鸟"APP,成功采用免费/溢价策略,堪称 APP 领域的成功典范。用户免费下载该 APP,但想升级服务或产品就需要另外付费了。此外广告、玩具及其他衍生产品的授权也为公司带来不菲收入。

第五种模式是先线上再线下,最后仍要回归传统出版。TouTube 视频女孩佐伊·萨格的《线上女孩》(Girl Online)在火爆之后,获得西蒙与舒斯特旗下的 Atria Publishing 垂青,又出版了精装本。同样,在 Wattpad 网站上获得 10 亿点击率的安娜·托德的《遇见他之后》(After),也由西蒙·舒斯特推出了精装本。

在符合消费者愿望、商业与技术上可行的基础上才值得去创新。不是所有的技术都用于移动出版领域,只有那些被消费者接受、商业上可行的模式才值得去尝试。

移动出版的未来将比现在更多元化,消费者已经做好准备,为融语境、技术和内容于一体的新智能内容付费。

## 56.2　关键词 2：平台（Platform）

■ 斯蒂文·罗萨托（Steven Rosato，美国书展活动总监）

出版业像传媒、音乐和影视业一样，都是内容产业，所有的内容产业都依赖于数字技术来创建、发行和消费。

对我们的日常业务带来影响的不是数字技术本身，而是数字技术和创新将对出版业带来的影响。

移动的兴起对出版商将更加重要，因为它关系到出版商如何与消费者建立联系，在电子书和纸本书的可见性和销售方式上发挥更大的作用。

最近的一个例子是英格拉姆内容集团宣布收购 Aer. io 网站，该平台使出版商、零售商和作者能够通过网站、博客和社交媒体向消费者销售纸本书和电子书，未来销售图书将越来越多地通过移动平台和设备来实现。

书业最大的挑战是，出版商向更多的消费者卖出更多形式的图书，而赢利却越来越少。

这种状况是难以长久的，带来了行业不断地并购重组，并购不仅让出版商从提高效率上获得短期收益，也使出版商通过提高市场份额，在与各种分销商合作时获得更好的交易条款。

市场必然还会有进一步的并购，并购的规模和范围将对出版商，尤其是在发行和大众出版领域，长期的可见性起到关键性作用。

传统出版商和其他进入出版业的业外力量之间将产生更大的竞争。更重要的是，亚马逊已经成功地从在线零售商转型为横跨整个产业链、将作者和读者紧密联系起来的大帝国。

苹果和谷歌也为作者和创建者提供了越来越多的服务，面向全媒体并以各种出版形式推出的内容越来越多，对消费者产生的效果也越来越明显。像

Facebook 和中国的微信等在线服务,都发展成为庞大的生态系统,抵达消费者生活中前所未有的深度和广度。因此对出版商来说,吸引消费者关注正成为越来越大的挑战。

在学术出版领域,订阅是一种非常古老而成功的商业模式,过去 10 年来随着数字化的发展,这种模式也在发生改变。学术出版商有 80％以上的收入来自数字订阅业务,开放获取也逐渐被纳入到出版商的商业模式中。如今的出版业已进入多种模式共存的状态。

2016 年美国书展将迁至芝加哥举办。美国书展与芝加哥一直有悠久的历史渊源,从 1994 年到 2004 年(除了 1999 年在洛杉矶举办)书展一直都在芝加哥举办。书商与出版商都对芝加哥有亲密的回忆和密切的联系。

芝加哥具有多方面的优势:如酒店住宿成本低、开通有抵达全球各地的直航航线、庞大的交通网络等。

从商业角度讲,芝加哥在图书馆市场非常有优势,我们希望书展到芝加哥举办时,有更多的独立书店参展,无论是从纽约还是纽约以外的地区赶到芝加哥共赴盛会,与纽约相比,芝加哥的参展成本低很多。希望有更多的小型和地区出版商参展,更低成本的参展也可以为他们带来新的收益。

## 56.3　关键词 3：体验(Experience)

■ 斯蒂芬·佩奇(Stephen Page,英国费伯出版社 CEO)

出版商必须理解“移动”,将使用智能手机进行沟通作为思考问题的中心。尤其是年轻人中使用智能手机的比例越来越大,21 世纪,出版业的第一要义是了解移动这种形式。因为如果不能从专业的角度了解它,我们就难以吸引新的读者群。

这对书商、出版商和作者都是必要的功课。对出版商来说,移动的主要挑战来自营销层面。

纸本书在数字阅读到来之际顶住了压力,但是在庆祝这个趋势的时候,也不必自鸣得意。

过去曾有预言称,电子书将蚕食纸本书市场,电子书订阅收入将替代数字业务收入,书店将被电商取代,如今看来这些预言都错了。

10多年来,出版商一直受到数字化应对能力不足的指责,现在最迫切的问题不是生存,而是如何经过深思熟虑后推进业务发展。

实体书店的回暖让人高兴。书业更加多元化,年轻人和多种族的人进入书业。2015年是千禧年一代人数超过婴儿潮一代的第一年。书业有许多内容要提供给这一代人。如果能吸引千禧年一代中最优秀的人加入书业,那么书业就会兴盛。

出版商也要去体验非书数字产品领域及各种真实体验,如企鹅旗下非小说品牌 Pelican Books 的在线阅读网站和费伯出版社为会员组织的活动和培训。

数字化给我们带来了新的机遇,数字图书并没有替代纸本书,与其盯着图书的出版形式,我们还不如在能够丰富和强化阅读的非书领域大展宏图呢!

## 56.4　关键词4:抢夺(Grabbing)

■ 周海伦(Jo Lusby,企鹅兰登北亚董事总经理)

### 56.4.1　与微信、游戏抢时间

数字化仍将是出版业最大的颠覆者,正在重塑读者发现、享受和购买内容的方式。我们看到图书市场非常活跃,图书这种形式适应了出版业的变化。

我认为未来最大的挑战,不是把更多的技术带入大众出版,大众出版正在受到微信和移动游戏抢夺消费者零碎的休闲时间的挑战。当人们在地铁上或在咖啡店排队时,都会打开微信或玩手机游戏。消费者以前都会随身带一本书或杂志,而现在,虽然会在手机上下载几本图书或杂志,但常常会把时间用

在跟朋友聊天或看社交媒体网站。因此,从微信和手机游戏那里抢回阅读时间是数字转型过程中出版商面对的下一个挑战。

□ 56.4.2　跨媒体开发应注重跨界合作

在进行跨媒体开发方面非常重要的一点是,出版商与范围很广的内容和创新公司合作。图书出版商不是独立存在的,通过与其他媒体紧密合作,出版商获得了新的想法、高品质的IP内容和抵达读者的新渠道。

英美国家已经构建了设计、媒体与内容公司协调合作的生态系统。在中国,更多的是单枪作战,如果电影、技术、设计和广告公司能够更密切地合作,那么会取得更多的机会和收益。

■ 白丽雅(企鹅兰登北亚项目总监)

数字出版会让事情做得更快、更容易,如果一本电子书今天在美国出版,那么我(在中国)马上就能下单购买,很快就可以阅读。数字技术可以大大改善沟通交流、互动和达成交易的速度。出版商仍在好奇地观察数字出版,我们看到纯电子版或在线版并没有像数字与纸本捆绑的形式那么成功。

□ 56.4.3　为读者提供阅读引导

我们每天都在与其他媒体抢夺消费者的注意力,与其说未来的挑战是数字化和新技术,不如说出版商在面对如何让消费者听到我们的声音方面遇到了更大的挑战。市场上有越来越多的图书,但是阅读的人却越来越少。这种不对称性必须引起重视,我们必须谨慎小心,避免迷失方向。

如何应对挑战呢? 数字版和纸本图书之间形成更多的交互,提供更多的交流和阅读引导(例如读什么、如何读、何时读)。这一点非常重要。因为如果消费者缺少阅读指导,会无所适从或不知从众多的选项中作何选择,那么就会转向一些容易的事,而不是花时间找到一本适合的书。

在中国,我认为商业和自助出版类图书是竞争最激烈的类别,童书领域的竞争也更加明显。竞争在许多层面是残酷的,尤其是在资金层面,许多出版商在购买版权时提出的报价远远超过了一本书能带来的收入,只是为了出版这本书。因此现在有的版权会被资金充足却做不好书的出版社抢走,而有心做好书的公司却常常因资金预算不足抢不到版权。

### □ 56.4.4　电子书订阅难通行

读者还是希望能够灵活地选择阅读的内容,购买想买的内容,并决定何时购买。因此,大众领域的电子书订阅还没有非常成功的模式。有一些重要的出版商选择了批发模式,有一些则选择了代销模式。企鹅兰登对于定价和协议都非常谨慎,要一个个案例地去对待并思考采取哪种模式,我们把更好地服务读者作为讨论问题和做决策的核心。

## □ 56.5　关键词 5:竞争(Competition)

### ■ 保罗·伊文斯(Paul Evans,美国世哲出版社亚太区总裁)

施普林格和自然集团合并后,施普林格将着力继续扩大出版内容的数量,并持续打造《自然》期刊的质量及实现内容扩张。爱思唯尔则在朝着另一个方向前进——成为一家由技术引导的公司。两家公司在尽力发挥不同的作用,因此在内容传输上的差异可能在未来几年更为明显。

数字化已成为出版业很大的一部分,将继续成为发展的基石,并带来新的市场机会和新的业务模式。这将带来进一步的发展,推进开放获取出版业务。学术出版未来关注的焦点仍是质量管理并确保对内容进行恰当的同行评议。

我们将看到,由于更关注数字传输和数字产品,传统出版的收入增长更慢。开发新服务带来收入的滞后性又会影响到出版商的业务发展和现金流。

书业必须继续调整和创新,但同时必须为可能的失败做好准备,在必要时要从失败中走出来。我们必须了解哪些行动会有效果哪些没有效果,学会调整和成长,将所处的(学术)社区的需求和内容质量及传输作为工作的核心。

出版是周期性的,覆盖各学科的期刊出版仍将面临激烈竞争,因为每种期刊都代表着一个重要的国际学术圈，都是全球科研交流和传播的载体，每本期刊选择一家高质量的出版商仍面临激烈的竞争，也将继续带来赢利。

开放获取模式将继续加快发展，同时也受到争议。我认为它不会是偶然现象，而将成为亚太市场的主流，尽管不是唯一的一种出版方式。

世哲出版社不是为了收购而收购，而是从策略层面考虑收购。我们会从长远角度考虑合作伙伴是否能够支持我们现有业务的有机增长和发展。世哲将继续支持我们的股东和学术界，使他们能够获得需要的内容。

## 56.6  关键词6：开放（Open）

■ 安内特·托马斯（Annette Thomas，施普林格·自然出版集团首席科技官）

3年前成立的麦克米伦科学与教育集团（注：托马斯曾任麦克米伦科学与教育集团 CEO），主要宗旨是围绕用户的工作流程进行转型。

经过3年的实践，我们了解到在今天看来是有破坏性的才真正代表着未来，其中有些将成功，而有些将失败。如果我们希望成为未来的一部分，那么就必须接受和尝试。

麦克米伦成立了数字科研和数字教育两个技术集成部门，将所有员工都送到国王十字大学接受培训来促进部门间的合作。

3年来我们做的许多事都运行得很好，学术科研业务的增长速度是行业的3倍，教育业务的增长是行业的2倍。超越行业平均水平的高增长促成了麦克米伦科学与教育集团和施普林格的合并，这一并购相当于大众市场的企鹅与兰登书屋的合并。施普林格·自然出版集团现在是最大的 OA 出版商之一，通过其电子平台发行20多万种图书。

未来，开放获取对改变出版的方式将是一个巨大的契机，Nature 是一个历史悠久、声誉良好的品牌，自然出版集团2/3的收入都来自于开放出版业务。这其中包括开放获取文章和开放数据。在学术出版领域,掌控市场权力的不是专利,而是开放。施普林格·自然出版集团将延续《自然》期刊的专业品质,实行更加开放的出版政策。

无论是学术出版还是大众出版,都将以用户为中心和数据驱动作为发展重点。在学术出版领域,科研人员是我们一切工作的核心,他们既是创造内容的作者、对文章发表同行评议以证实其学术价值的人,也是最终的读者以及需要通过发表作品来取得工作成果的人。(摘自英国《书商》网站)

## 56.7　关键词7：风险(Risk)

■ 查理·雷德梅因(Charlie Redmayne,哈珀·柯林斯英国公司CEO)

两年前刚上任时我曾告诫出版商要警惕"D2C(直接面向消费者的)营销成为书业越来越重要的一部分时产生的风险"。在今天这个时刻,重提这个话题仍不过时。

出版商可以从D2C中获得消费者行为的数据分析,如哈珀·柯林斯就从BookPerk、CookPerk和在线活动BFI LoveFest中收集到消费者数据,然后向消费者发送有针对性的电邮活动通知和D2C计划。

虽然我们看到了契机,但却没有预见到隐藏的风险。2014年11月索尼影业公司遭受黑客攻击,导致大量个人信息被泄露,并阻止了喜剧电影《采访》的上映(该电影中有刺杀朝鲜领导人金正恩的情节,黑客组织"和平守护者"威胁将进行恐怖袭击)。一年后,Talk Talk网站受到黑客袭击,15.7万消费者个人数据遭泄露,1.56万银行账户信息被盗取。每天我们都可能遭受黑客袭击或木马病毒侵扰,手指尖一次小小的点击失误就可能让我们成为受害者。

这些教训对所有娱乐产业都敲响了警钟,但并没有引起应有的重视。为降低风险,我们需要保护作者的IP、个人信息和名誉,同时也保护消费者。与消费者建立直接联系就要求我们要承担保护消费者信息安全的责任,出版商在写内部邮件时必须谨慎小心，既要维护他们的声誉，也要保护资金上的安全。

许多出版商都抱有乐观的态度，假装这种事永远不会发生在自己身上，但是它会的。

亚马逊过去的重点是提供多品种图书和低廉价格，现在已经占有庞大的市场份额，并带来了赢利。这侵蚀了出版社和作者的收入，带来了不平等的环境。

亚马逊积极开拓新的商业模式，如电子书订阅。尤其是市场上一旦出现新的模式，亚马逊就会立即跟进。出版商、作者甚至亚马逊都面临着忽视对消费者做出的承诺的风险——我们都曾承诺展示最全的图书、根据质量和消费者口味进行推荐。亚马逊最关心的是消费者和股东，而出版商最关心的是作者，这两者是有区别的。

出版的版权归属，对开拓作者作品的潜在价值提出了挑战。出版商由于未能把版权很好地相互转移，因而失去了利用其他平台讲故事、拓展受众群及发现新读者的机会。

我们应当发挥创造力，推出最好的多媒体平台和商业解决方案，用公平、透明和适当的方式解决版权问题。

我们必须从传统向创新转变，根据作者和读者的需求进行调整，还应当支持实体书店、图书馆以及开拓抵达读者的新渠道的其他公司。

## 56.8  关键词8：交互（Interactive）

■ 克里斯汀·麦克林（Kristen McLean，尼尔森新业务拓展部总监）

12月初，Book Business 网站组织了一场关于儿童文学趋势的在线讨论，交互及个性化如何重塑童书成为关注焦点。童书出版呈现以下几种发展趋势。

趋势一：纸本书在童书市场仍表现良好。尽管有人预期电子书将在少年儿童中最受欢迎，但是儿童仍然热爱纸本书。我相信"纸本书和电子书将共存相当长的一段时间"。青少年小说和非小说是书业仅有的纸电同时增长的图书类别。大多数的图书类别过去几年都出现少有的增长，青少年图书在 2012 年到 2014 年却有两位数增长。童书成为了支撑美国图书市场的中坚力量。

趋势二：纸板书是少儿图书中增长最快的印刷图书。0～3 岁婴幼儿纸板书自 2013 年以来取得了 20％的复合年增长率。这说明家长更加重视对幼儿早教的投资。

趋势三：搭影视顺风车对少儿图书的增长有巨大影响。2013 年只有 5 本少儿书闯入畅销书榜前 20。到了 2014 年，有 16 本少儿书进榜，这 16 本书每本都有电影上映或游戏推出。游戏、影视、消费类产品和衍生产品以前所未有的方式推动了图书的销售。

趋势四：个性化是 2016 年值得关注的发展趋势。关注某个年龄段孩子，开发与图书相关的衣服、玩具等个性化产品，将成为未来市场的一个增长点。

趋势五：交互性要在故事的基础上添加。想在电子书或 APP 上添加交互性元素的出版商可以学习一下博洛尼亚童书展拉加兹奖获奖者的创新实践。孩子们不希望只有一些花里胡哨的、跟故事无关的东西，交互性一定要服务于故事本身或故事所描述的世界。

## 56.9　关键词 9：并行（Co-exist）

■ 戴维·蒙哥马利（David Montgomery，英国出版技术公司全球 CEO）

2015 年英国《书商》杂志主办的"图书的未来"大会上，移动阅读成为热议的话题。电子书订阅公司 Oyster 关闭，引起了业内对电子书订阅模式前景的关注。2016 年的大众出版将走向何方？

趋势一：电子书和纸本书将形成两个平行的市场。

2015 年最值得关注的莫过于纸本书完胜电子书。企鹅兰登、阿歇特和哈珀·柯林斯的电子书销售都出现下滑，而平装本市场重回增长曲线。

大众出版商表示，2015 年纸本书销售出现增长是因为出版商与电商的合作重新恢复到代销模式，出版商对电商的图书销售拥有更大的价格控制权。因此许多出版商都采取了重点新书纸电同价的策略，当电子书 9.99 英镑、精装本 11.99 英镑的时候，许多读者都会选择购买纸本书，因而导致电子书销量下滑。

虽然出版商的电子书收入在下滑，但并不代表数字图书市场一定会收缩，只能说明大型出版商推出的电子书只占整个电子书市场很小份额。

2015 年，一份作者收入的数据统计显示，亚马逊 Kindle 网店售出的 45％的图书都不是传统出版商出版的，这意味着亚马逊网店近一半的电子书是自助出版，由常规统计监测不到的小微企业或亚马逊旗下公司出版的。

这些书大多是类型小说，通过亚马逊的 KDP 出版而且价格低廉，它们似乎已经逐渐形成了与传统出版并驾齐驱的图书市场。我们无法知道这个隐形市场的规模和重要性，因为亚马逊不会公布这些数据。

但我们知道，现在存在有两个图书市场，一个是由大型出版商主导的市场，将更多地使用由出版商定价的代销模式来支持纸本书销售，另一个是几乎完全由电子书构成的市场，这些电子书由亚马逊旗下的出版公司出版或 KDP 自助出版，与传统出版商的图书相比，售价有很大折扣。2016 年我们将看到这两个市场在以不同方式追寻不同目标的道路上继续分化。

趋势二：大型出版商受"赢者通吃"的利益驱动，使非重点新书将遭遇更大压力。

大型出版商会如何重构自己传媒公司的定位？这包括调整商业模式，在图书以外的多媒体领域开拓 IP 以及发展多出版形式的业务，从而获得成功。例如位于英国的企鹅兰登儿童出版公司刚任命理查德·海恩斯负责其绘本的电视剧系列开发。

创建一个可以拓展到其他媒体的内容,对出版商来说潜在的回报是巨大的,但风险也很大。为了让投资能得到回报,出版商会比以往任何时候都更依赖于少数畅销书的力量。

有迹象表明,这种现象将在出版界出现,少数作者和品牌占了个别出版商销售的很大部分。由于畅销书对出版商开发跨媒体形式更加有效。所以出版商会减少图书出版品种。

2016 年我们很可能将看到至少一家大型出版商削减非重点新书品种。对非重点新书的定义将集中在几年前曾小火一把的一些作者中。他们可能会进入由电子书引领的第二个出版市场。

趋势三:有声书和童书出版将以最快速度增长。

许多出版商从成人平装书的小幅增长中获得了勇气,但是这并不是 2016 年及未来更长时间内真正的增长领域。

过去 3～5 年来,童书一直是出版商主要的增长领域。2015 年,美国童书市场增长了 13%,英国童书市场增长了 3.2%,这个趋势还会持续到 2016 年。同时,出版商向跨媒体业务的战略转型使他们专注于品牌和纸质书出版。知名的儿童品牌,如"星球大战""哈利·波特"和"我的世界"都将是许多出版商经济持续健康发展的关键所在。

出版商收入增长的主要推手将是有声书。有声书在 2015 年取得了巨大增长,仅 2015 年上半年,可下载有声书市场增幅高达 31%(美国出版商协会数据)。在英国,有声书也是大众出版商唯一一个获得两位数增长的出版领域。

2016 年这一趋势仍将继续,尤其是 2015 年在有声书领域投入巨资的企鹅兰登,以及主导有声书市场销售的 Audible 公司,都将在大笔投入有声书制作和营销后收获成果。

趋势四:出版商将寻求通过更多的品牌合作来带动图书销售。

15 年前死于作者茱迪·科尔笔下的可爱懒猫 Mog,在这个圣诞节,成为了塞恩斯伯里超市圣诞广告里的主角。科尔为此专门创作了新书《莫克的圣诞之灾》(Mog's Christmas Calamity),为读者带来新的惊喜,该书一上市就连续 4 周蝉联英国畅销书榜冠军宝座。

2015 年年初涂色书的成功吸引出版商进入品牌授权这个市场,同时出版商也将像懒猫 Mog 案例一样寻求建立更多的合作。一些非常有知名度的儿童图书中的人物形象或将成为下一年圣诞季广告活动的主角。

趋势五:版权管理成为热点。

如果出版商未来更依赖于大牌作者、品牌授权、跨媒体内容以及品牌合作,那么 2016 年必须要应对的一个问题就是版权管理。

几个世纪以来,出版商一直都在进行着版权业务,但是与其他创意产业相比,许多出版商在控制、管理和购买 IP 方面仍使用原始方法。不少出版商还在用 Excel 电子表格管理复杂的版权业务,这会严重影响业务效率以及向作者及品牌所有者等版权所有人支付版税的准确性。

进入 2016 年,我们期望更多的出版商对管理的版权进行全面评估,这将促使出版商重新进行版权审计、用新的版税登记系统代替 Excel 电子表格,来提高效率及版税统计的准确性。

## 56.10　关键词 10：互联(Internet)

■ 莫林·斯哥特(Maureen Scott,Ether Books 公司 CEO)乔治·伯吉斯(George Burgess,Gojimo 公司创始人)

"移动平台是新的互联网,移动阅读是完美的市场增长领域。"移动社交阅读网站 Ether Books 的 CEO 莫林·斯哥特表示,如今平均每个成人每天都会查看手机 221 次,其中有一半的成人承认对智能手机上瘾。

斯哥特自 1998 年以来一直活跃于移动领域。她指出,"苹果自从 2007 年推出 iPhone 手机以来,就完全改变了原先分散的移动市场。"

智能手机的迅猛发展让个人电脑相形见绌,谷歌、Facebook 和亚马逊 3 家公司为推动智能手机的市场开拓做出了不小的贡献:谷歌大力推广其 YouTube 网站和安卓操作系统,Facebook 则主要吸引智能手机用户访问其页面,每天该网站有超过 8.34 亿访客。

个人电脑可能会与你的工作相连,但智能手机却主要用于娱乐。有 90% 的用户都会把时间花在 APP 上。Ether Books 公司的前身 Openwave 在将互联网带入智能手机领域曾做出不少努力。

Gojimo 公司是一家提供学习辅助 APP 的公司,创始人乔治·伯吉斯表示,出版商要创造内容,而不是关注于进行格式转换。因为将内容调整为适应小屏幕阅读的形式,常常不起作用。

他还建议出版商跳出传统出版的心态,对 APP 进行持续更新。他建议 4 周更新一次内容和功能,因为订阅 APP 的用户都希望看到新的界面和内容。在 Facebook 网站上成功举办过一次活动后,该公司开发的 APP 每月用户数增长了 10 倍。

他指出,找到一位熟悉移动营销的专家非常重要。为了不限制市场,免费增值好于溢价增值。如果希望 APP 大卖,那么就要走免费的路线,出版商要使用硬性数据来支持决策。

在线出版平台 The Pigeonhole 公司创始人之一的安娜·简·休斯表示,出版商必须对 APP 进行 3G 和 4G 环境下的检测,对搜索引擎不断优化。否则如果移动界面不友好,谷歌将降低该网站的排名。

【链接:《中国出版传媒商报》2016.1.1,渠竞帆、刘亚《国际高管预测 2016 出版走势》】

# 后　记

　　作为品牌出版项目,"《中国出版传媒商报》·中国书业书系"已经得到了业界普遍认可。"中国书业年度报告"也一路成长,成为书业人喜爱的年度备忘录。

　　"十三五"时期是我国出版业调整产业结构、转变发展方式、加速媒体融合、打造市场主体的关键时期,也是《中国出版传媒商报》以"持续打造中国出版业第一全媒体传媒(群)"为战略目标,以体制机制创新为动力,全面推动内容生产、经营管理、品牌运作、多元发展的关键五年,我们将努力实现制度创新、组织再造、活力释放、资源集聚,做大做强《中国出版传媒商报》品牌资产和品牌影响力。

　　"十三五"期间,商报将着力构建四大板块,位居首位的专业咨询服务板块,就是要深度挖掘专业信息服务,对商报原有版面内容进行深加工,强化资讯后台整理、分类服务功能,打造系列细分专题、深度分析报告。延伸"中国书业年度"报告的品质、价值、产业链条,自然也是题中应有之义。

　　时光飞逝,"中国书业年度报告"转眼已进入第八个年头。借着这本"书业年度缩影",《中国出版传媒商报》与商务印书馆"商商联袂,在商言商,不忘初心,不离文化",商报人与商务人的领导和责编相知、相惜、相融,结下了深厚情谊。一家百年老店做事、做人、做精品的规范与风范,以及他们对职业的挚爱,对专业的执着,时时令我们感动,更不敢懈怠,只为奉献上一系列经得起时间检验的"书业报告",串起一部书业编年史。

　　谨以为记。

编者

2016 年 4 月